21 世纪旅游管理学精品图书

饭店管理原理与实务

（第 2 版）

邹益民 等编著

ZHEJIANG UNIVERSITY PRESS
浙江大学出版社

图书在版编目（CIP）数据

饭店管理原理与实务/邹益民等编著. —2 版. —
杭州：浙江大学出版社，2016.6(2024.8 重印)
ISBN 978-7-308-15965-4

Ⅰ.①饭… Ⅱ.①邹… Ⅲ.①饭店－企业管理 Ⅳ.
①F719.2

中国版本图书馆 CIP 数据核字（2016）第 131423 号

饭店管理原理与实务（第 2 版）

邹益民　等编著

责任编辑	王元新	
责任校对	杨利军　陈　园	
封面设计	春天书装	
出版发行	浙江大学出版社	
	（杭州市天目山路 148 号　邮政编码 310007）	
	（网址：http://www.zjupress.com）	
排　　版	杭州青翊图文设计有限公司	
印　　刷	广东虎彩云印刷有限公司绍兴分公司	
开　　本	787mm×1092mm　1/16	
印　　张	16	
字　　数	401 千	
版 印 次	2016 年 6 月第 2 版　2024 年 8 月第 6 次印刷	
书　　号	ISBN 978-7-308-15965-4	
定　　价	35.00 元	

再版说明

为了适应与满足我国饭店业的发展与饭店管理人才的培养需要，我们在2006年编写了《现代饭店管理》一书。出版以后，受到了读者的充分肯定，并被众多旅游院校选择作为教科书，也被一些饭店管理培训班采用作为培训教材，发行情况良好。根据图书发行周期的要求，2011年，出版社曾要求我们对此书进行修订。但是，一方面由于笔者在初次编写时充分考虑了先进性、针对性和实用性，故图书的体系和内容在当时还较好地反映了现代饭店管理的现状和要求；另一方面也由自己的惰性所致，迟迟未能动笔修改。现在，我国饭店业的管理环境发生了较大变化，面临的问题也有所改变。所以，2015年上半年才下决心修订本书。

本次修订，主要考虑了读者的阅读及旅游院校课程教学的需要。基本原则是：在保持原有基本体系的基础上，根据我国饭店面临的环境与现实问题，对内容作一些针对性的优化与充实，使其更具系统性、先进性与实用性。通过修订，力求达到三个基本目的：一是力求著作的体系更加严谨合理，体现的专业管理知识结构更加准确；二是力求著作的内容能来源于实践，而又高于实践，对中国饭店管理水平的提升起到一定的指导作用；三是力求使读者能更好地掌握饭店先进的管理理论与方法，增加现代服务管理的专业理论与经验，帮助读者提高管理的理论水平与实际的管理能力。

本书的原作者是：邹益民负责制定全书的体系结构与统稿，并负责编写第一、三、五、七、八章；邹益民、黄蔚艳负责编写第二和六章；李娜负责编写第四章；刘婷、邹益民负责编写第九章；邹益民、张宏坤、戴维奇负责编写第十章。本次修订由浙江大学饭店管理研究所的邹益民与浙江大学城市学院的何亚岚负责，具体分工为：邹益民负责制定修订的指导思想、修订编写提纲及全书的最后统稿，并负责第一、二、六、九、十章的修订与编写；何亚岚负责第三、五、七章的修订与编写；何亚岚、邹益民负责第四、八章的修订与编写。

本次修订主要在以下几方面作了较大的调整：

1. 对部分章节作了体系结构与内容方面的调整，如原书的第二、三、四、六、七、十章等。

2.对部分章节的内容作了调整与修改,如第一、二、四、五、六、八、十章等。

3.在各章充实了一些新的内容,增加了一些案例与课后思考与练习。

本次修订中,引用了许多专家、学者的观点与思想,开元酒店集团、远洲酒店管理公司、杭州浙江西子宾馆、杭州最佳西方梅苑宾馆、杭州雷迪森铂丽大饭店、慈溪杭州湾大酒店等单位为本书提供了众多素材,责任编辑王元新老师给予了诸多帮助与指导,在此一并表示感谢。对于引用的成果,我们尽可能作了标注,但因为多种主客观原因,不可避免有一定的疏漏,还请大家批评指正。

邹益民

2015 年 12 月 1 日

饭店管理原理与实务

目　录

饭店管理原理与实务

第一章　饭店管理基本问题

【学习目标】

通过本章学习,你应该:

1. 认识饭店的基本特征及其对管理的影响;

2. 把握形成饭店管理机遇与威胁、优势与劣势的主要因素;

3. 理解饭店有效管理的基本要求;

4. 掌握饭店管理的目标、职能与方法。

【引例】

宏达饭店经营为什么陷入困境①

　　宏达饭店是某市一家按五星级标准建造的商务饭店,2006年年初开业后,饭店生意一直不错,经济效益比较理想,员工流失率很低。但进入2008年下半年后,该饭店的经营开始步入困境,经济效益直线下降,员工流失率明显增加。这主要是因为:

　　(1)宏观环境发生变化。2008年5月12日,四川汶川大地震引发的抗震救灾氛围及金融危机对全球经济的影响,导致饭店客源减少和顾客消费水平降低。

　　(2)供给市场发生变化。2006年年初至2008年6月,宏达饭店为当地最高档次的饭店,在硬件方面具有绝对优势。但是,2008年6月,本市一家按五星级标准建造并由国内一家著名饭店集团管理的饭店开业,在硬件设施方面明显超过了宏达饭店。

　　(3)内部管理问题显现。饭店内部管理存在一些问题,如某些管理制度与服务规范设计不合理,导致执行效果不佳;部门之间协作欠缺,时有扯皮现象;管理等级过于森严,一些基层与中层经理人管理简单化,存在以罚代管现象。这些内部管理问题一开业就已存在,之所以在2008年上半年之前没有凸显并产生严重后果,是因为当时饭店经营形势好,经济效益不错,员工收入较高,暂时掩盖了各种矛盾。而一旦外部环境变化,经营形势不好,内部管理的各种矛盾也随之爆发。

---

　　① 该案例由邹益民根据自己的管理调研撰写,饭店名称做了虚拟处理,如有雷同,纯属巧合。

宏达饭店的案例表明，一家饭店的管理成功，离不开天时、地利、人和这三个基本要素。天时，即良好的客观环境；地利，即良好的自身条件；人和，即卓越的管理。在此，天时不如地利，地利不如人和，所以管理能力是决定因素。作为饭店经理人，须在认识管理对象的前提下，了解饭店经营环境，认知自身客观条件，据此确立管理目标，并相应选择管理路径与方法。

第一节　饭店管理对象认知

所谓管理，就是经理人为了实现预订目标，根据企业所处经营环境，对所拥有或可利用的内外资源进行计划、组织、领导和控制等一系列活动的总和。饭店管理要取得理想的效益，首先必须充分认知自身的管理对象——饭店。

一、饭店特征分析

在中国，饭店称谓多样，有的叫宾馆，有的称酒店，有的叫大厦，有的称度假村，有的称山庄，有的则称旅馆，但其本质上并无两样。根据《大不列颠百科全书》的定义，饭店就是指在商业性的基础上向公众提供住宿也往往提供膳食的建筑物。我们认为：饭店是凭借各种硬件设施，向顾客提供食宿等服务，并为顾客创造愉悦经历，从而获得相应效益的社会经济组织。饭店作为企业，与其他类型的企业一样，是一个独立的营利性经济组织，具有对外关系上的法人地位、经济上的独立性、经营上的自主性、组织上的完整性等基本特征。但是，作为以顾客为中心的高接触性服务企业，具有与工业、商业企业不同的特点。

（一）饭店产品特征

饭店的产品是服务，它表现为一个多个环节和要素组成的过程，并不最终形成一个具体的物质产品，即具有无形性的特征。顾客购买饭店产品时得到的只是一定时空内对饭店服务或设备设施的使用权，顾客购买并消费饭店产品只能得到一种主观感受和体验。这是饭店服务产品的本质特征，以下四个特征均由此而生。

1.综合性

综合性，即饭店服务产品构成复杂，影响因素众多，而且每一个环节都有若干内容和影响因素，各种内容和因素又互相联系、互相制约。饭店服务品质高低，既取决于设施设备、环境、用品、产品等物质因素，又取决于服务态度、服务技巧、服务方式、服务效率等精神因素。只要有一个环节或细节出现差错，就会导致顾客的不满，所谓"100－1＝0"就是这个道理。

所以，要提高服务品质，必须树立系统观念，实行全员、全过程和全方位的控制，注意抓好每一个服务环节，注重每一个服务细节，力求使每一次服务都能达到标准。

2.同一性

同一性，即"现做现卖"，饭店服务的生产与消费是同时或几乎是同时进行的。所以，就不可能允许饭店留出一段时间来检验提供给顾客的产品是否合格，饭店产品的最主要检验者是顾客。服务品质的高低，往往是一锤定音，无法回炉重做的。这种特性就使饭店产品具有较高的质量风险。

由此可见，要提高服务品质，就必须树立预防为主、事前控制的思想，防患于未然，注重服务现场的控制，抓好动态管理，力求把各种不合格的服务消灭在萌芽状态。

3. 差异性

差异性，是指同一家饭店所提供的服务产品存在着质量水平差异，并具有不稳定性。这主要因为：一方面，饭店服务是由人提供的，不同员工的态度、知识、能力、情绪等各有不同，即使同一员工也是处于动态变化的，由此导致服务的差异性；另一方面，顾客的兴趣、性格、心情以及素质，也直接影响饭店服务的最终效果。

由此可见，要提高饭店的服务品质，一方面必须坚持顾客至上的基本理念，注意研究并引导顾客的需求，掌握顾客的心理，并提供针对性的服务，顾客创造美好的体验；另一方面必须注重员工的塑造、组织和激励，以提高员工的素质，并使其达到最佳的组合和积极性的最大限度发挥，从而为保证服务品质的稳定奠定良好的基础。

4. 体验性

在体验经济时代，人们消费不仅仅是为了满足基本生理需要，而且还希望得到精神层面的满足，希望能够给其带来全新的过程体验。顾客来到饭店，一方面是来住宿、吃饭，满足人的生理需要；另一方面是为了获得一种美好的住宿、用餐经历，满足人的精神需要。如果说顾客生理需求的满足主要来自于服务的功能价值，那么顾客精神愉悦需求的满足则主要来自于服务的体验价值。

由此可见，饭店要想提高服务的顾客价值，就必须注重为顾客创造一种难忘而美好的个性体验。因为饭店服务不同于有形的物质产品，物质产品是一次购买，多次使用，其使用价值容易凸现；而饭店服务是一次购买，一次消费，其使用价值往往难以被消费者认可。为此，饭店必须特别注重服务体验的两个关键词：感觉与记忆。所谓感觉，就是顾客在接受饭店服务时的一种心理感受与认知。所谓记忆，就是顾客在享受服务后留在头脑中的印象。只有饭店服务具有独特的美好感觉与记忆，才有可能创造一次消费、多次享受的使用价值。

(二) 饭店销售特征

饭店产品的上述特征，使得饭店的销售活动具有以下特征：

1. 主观性

主观性，即顾客在购买、消费和评价饭店产品时的主观因素，具有重要影响甚至决定作用。饭店提供的产品是以无形服务为主体的组合，顾客在首次购买饭店产品之前无法具体接触或明确感受它们，顾客购买饭店产品具有较大的风险性；同时尽管饭店服务具有一定的客观标准，但是顾客对服务品质的评价往往带有很大的主观性，不同的顾客对同一服务品质的评价有时具有很大的不同，即使同一位顾客对同一服务在不同的时间也会有不同的评价。这就给饭店销售活动带来了难度，不能像其他实物产品的推销那样，可以借助产品的有形展示来达到"让事实说话"，从而迅速吸引顾客购买的目的。

由此可见，饭店在销售"无形服务"时，就应巧妙地提供各种有形证据来吸引顾客，让顾客眼见为实。这些有形证据包括设施设备、人员形象、环境布置、广告宣传等顾客可以直接感受的一切视觉要素。同时，必须特别关注顾客的消费心理。在此，丹尼尔·卡尼曼（Daniel Kahneman）与阿莫斯·特沃斯基（Amos Tversky）的前景理论值得我们学习借鉴。前景理论认为人的理性是有限的，人们在做决策时，并不是去计算一个物品的真正价值，而是用某种比较容易评价的线索来判断。其有四个基本原理组成：一是确定效应，在确定的好处(收益)和"赌一把"之间做一个抉择，多数人会选择确定的好处。二是反射效应，在确定的坏处(损失)和"赌一把"之间做一个抉择，多数人会选择"赌一把"。三是损失规避，多数人对损失比对收益更为敏感。四是参照依赖，多数人对得失的判断往往由参照点决定。[①]这就是说，人们在心里无意识地把财富划归不同的账户进行管理，不同的心理账户有不同的记账方式和心理运算规则。由此告诉我们，饭店在销售过程中，必须注意给顾客创造良好的第一印象，同时采用正确的促销策略，并注重引导顾客消费。

2. 易逝性

易逝性，即饭店产品生产能力的局限性与产品价值的不可储存性。首先，饭店出售的是客房与餐位在一定时间的使用权，而饭店的客房、餐位数量在一定时间内是有限的。其次，饭店产品是边生产边消费，不可能对产品进行储存，也不能运输。也就是说，某一饭店资源，如果不能在当天变为产品提供给顾客，那么其价值就可能消失。

由此可见，饭店的销售不宜轻易采用薄利多销策略，而必须注重收益管理，使饭店设施的利用率与饭店的产品价格达到一个最佳的结合点。

3. 敏感性

饭店需求在很大程度上是一种派生需求，其对外部条件具有很强的依赖性。其主要有：一是社会政治因素，即国家的政策、社会秩序、外交关系等；二是文化因素，即社会习俗、舆论导向、消费观念等；三是经济因素，即商品经济的发展程度、国民经济的发展水平和人们的消费能力等；四是旅游目的物因素，即旅游资源的吸引力及季节性等。上述四个因素是变化的，而它们的变化将直接影响饭店的业务经营，所以饭店业务经营活动必然具有较大的波动性。

由此可见，饭店销售活动要卓有成效，一方面必须对客观环境保持高度敏感，并对环境变化做出快速反应，以减少饭店经营的风险；另一方面必须掌握顾客的消费行为，不仅要满足顾客的需求，更要善于引导和创造顾客需求，通过开发各种特色产品，策划各种特色活动，激发顾客的消费行为。

(三)饭店财务特征

1. 资产专用

饭店作为提供住宿和其他服务的商业性的建筑设施与机构，要满足现代消费者的需要，必须具有相对充裕的空间及与饭店类型相匹配的功能、设施和设备，这就说明饭店建设必须投入较大的资金，属于"重资产"型企业。同时，饭店资产具有较强的"专用性"，即饭店一经建成营业，其功能一般难以改变，尤其是具有较大规模的高档饭店，更是如此。因此，饭店必须特别注重项目立项阶段的可行性研究，并注重饭店的概念设计，以免投资决策失误和设计与建设的先天不足。

2. 劳动密集

饭店是以手工劳动为基础的企业，饭店服务的基本特点又是人对人、面对面。所以，要保证饭店业务的正常运行并保持必要的品质，就必须有足够的人力资源作保证，由此使饭店成为一种劳动密集型的服务企业。因此，加强饭店人力资本的投资管理与合理控制人工

---

① 孙惟微.赌客信条——你不可不知的行为经济学.北京:电子工业出版社,2010.

成本是饭店财务管理的重中之重。

3.多重回报

作为窗口性服务企业的饭店,尤其是高端饭店,除了正常的财务回报外,还具有其他直接与间接的效益。其主要回报有:一是理想的现金流;二是物业的增值;三是良好的形象带来的间接效益。所以,对于饭店投资与经营效益的评估,应注重多个维度。

二、饭店类型划分

根据不同分类,可把饭店分为不同的类型。

(一)根据接待对象分类

对于饭店经营者与消费者来说,最基本的是根据饭店接待的主要对象及相应的服务模式加以分类。

1.商务饭店

商务饭店,是以接待商务顾客为主的饭店。商务顾客是指以从事商务或公务活动为目的而进行旅行的旅游者,一般具有"三高"消费特点,即高要求、高房价、高回头率。

商务饭店的地理位置一般是交通便利,临近商务密集区,便于顾客参加各种商务活动;设施设备、服务项目以及员工服务能力应根据商务顾客的消费需求和特征加以配置与集成。

2.长住饭店

长住饭店,是以接待住宿期较长的、在当地短期工作或度假的顾客或者家庭为主的饭店。长住饭店的建筑布局与公寓相似又有区别,客房多采用家庭式布局,以套房为主,配备适合顾客长住的家具和电器设备,通常有厨房设备供顾客自理饮食。这类饭店一般只提供住宿等基本服务,但服务讲究家庭式气氛,特点是亲切、周到、针对性强。饭店设施与管理组织及方式较其他类型饭店简单。

3.度假饭店

度假饭店,是以接待休闲、游乐、度假、疗养顾客为主的饭店,疗养型饭店亦属此类。此类饭店必须具有必要的休闲度假要素,多位于海滨、山区、温泉、景区等地,开辟各种康乐项目,如滑雪、骑马、狩猎、垂钓、划船、潜水、冲浪、高尔夫球、网球等活动来吸引顾客。该类型饭店的顾客往往具有重复消费的特征,所以判断该类饭店经营成功与否的主要标志是常客比例的高低。近年来,在许多饭店业发达的国家,已出现度假型与会议型相结合的饭店,即所谓"会议度假两不误"的度假饭店,而且被认为是当代饭店设施发展的方向。

4.会议饭店

会议饭店,是主要接待各种会议团体的饭店,通常设在大都市和政治、经济中心,或交通方便的游览胜地。会议饭店除应配备相应的住宿和餐饮设施以外,还要求饭店设置足够数量的多种规格的会议厅或大的多功能厅及相应的会议设备,接待国际会议的饭店还需配置同声传译装置。此外,会议饭店一般配备会议专业管理人才帮助会议组织者协调和组织会议各项事务。

5.汽车饭店

汽车饭店(旅馆),是以接待驾车旅行者为主的饭店,常见于欧美国家公路干线上。早期此类饭店设施简单,规模较小,有相当一部分仅有客房而无餐厅酒吧。现在,有的汽车饭店不仅设施方面大有改善,而且趋向豪华,多数可提供现代化的综合服务。

6.青年旅馆

青年旅馆,主要是为青年学生或"背包旅行者"提供住宿和自助式食品的饭店。其主要设施为上下铺的高低床,楼层有公共洗手间和浴室,另外有少量的付费洗衣机及炉具。公共设施简陋,但因收费低,所以深受旅行的青年学生及"背包旅游者"欢迎。

(二)根据计价方式分类

1.欧式计价饭店

欧式计价饭店的客房价格仅包括房租,不含食品、饮料等其他费用。世界各地绝大多数饭店均属此类。

2.美式计价饭店

美式计价饭店的客房价格包括房租以及一日三餐的费用。目前尚有一些地处僻远的度假型饭店仍属此类。

3.修正美式计价饭店

修正美式计价饭店的客房价格包括房租和早餐以及一顿正餐(午餐或晚餐)的费用,以便顾客有较大的自由安排白天活动。

4.欧陆式计价饭店

欧陆式计价饭店的房价包括房租及一份简单的欧陆式早餐(咖啡、面包和果汁)。此类饭店一般不设餐厅。

5.百慕大计价饭店

百慕大计价饭店的房价包括房租及美式早餐的费用。

(三)根据其他标准分类

1.规模

饭店规模一般是以拥有的客房数量来确定的。按目前国际上通行的划分标准,300间以下的通常被认为是小型饭店,300～600间为中型饭店,600间以上为大型饭店。

2.所在位置

根据具体地点,饭店可分为城市饭店、景区饭店、乡村饭店、机场饭店、车站码头饭店等类型。

3.营业时间

根据营业时间,饭店有全年性营业饭店及季节性营业饭店之分。

4.所有制形式

根据所有制形式,饭店可分为全民(国有)饭店、集体所有制饭店、民营饭店、合资饭店、外资饭店、个体饭店(私有饭店)。

三、饭店等级评定

饭店等级是指一家饭店的豪华程度、设施设备水平、服务范围和服务质量等方面所反映出的级别与水准。分级制度目前在世界上已较为广泛,但不同的国家和地区采用的分级制度各不相同,用以表示级别的标志与名称也不一样。目前,国际上采用的饭店等级制度与表示方法大致有以下几种:一是星级表示法,即根据一定的标准分成的等级用星号(★)

数量来表示，以区别其等级的制度，比较普遍的是五星制；二是字母表示方法，即 A、B、C、D、E 五级，A 为最高级，E 为最低级，有的虽是五级，却用 A、B、C、D 四个字母表示，最高级用 A1 或特别豪华级来表示；三是数字表示，即用数字表示饭店的等级，一般最高级用豪华表示，继豪华之后由高到低依次为 1、2、3、4，数越大，档次越低。

（一）等级评定主体

饭店等级的划分，一般由国家政府或权威的机构做出评定，但不同国家评定饭店等级的机构不尽相同，主要有以下三类：

1. 政府主体

由政府实施饭店分级制度的国家主要有：埃及、土耳其、阿联酋、意大利、罗马尼亚、英国、加拿大、中国等。政府实施饭店分级制度，主要是出于行业管理的需要。我国在旅游业发展战略上坚持政府主导，由政府组织实施饭店分级，在引导本国饭店业的软硬件建设与国际接轨方面发挥了积极作用。

2. 行业协会

由行业协会实施饭店分级制度的国家主要有：奥地利、瑞士、丹麦、法国、德国等。行业协会实施饭店分级主要是出于行业自律的需要。有些国家的饭店协会要求其会员饭店必须参加分级，欧洲国家通常由本国的饭店协会实施分级。近年来，代表欧洲 24 个国家 39 个饭店、餐馆、咖啡店等行业组织的联合体（缩写为 HOTREC）提出要统一欧洲饭店分级标准，2007 年设立了欧洲饭店业质量评价体系，对各国的饭店评级机构进行合格认证。在 HOTREC 的支持下，奥地利、捷克、德国、匈牙利、荷兰、瑞典和瑞士的饭店协会创建了"饭店星级联盟"，2009 年 9 月 14 日，该联盟发布了以德国标准为蓝本的饭店分级标准，自 2010 年 1 月开始在大部分欧洲国家实施。

3. 其他群体

第三方组织广义上是指除去政府、饭店行业协会之外的各种组织，包括旅行批发商、旅行杂志、旅行网站、学术机构等。第三方组织实施分级往往带有其自身的商业目的，有的是为获得广告收入，有的是为其会员提供信息等。由第三方组织实施饭店分级的代表国家是美国。美国主要的第三方组织有两个：一个是美国汽车协会（American Automobile Association）对饭店实施"钻石"分级；另一个是《福布斯》杂志对饭店实施"星级"分级（其前身是美孚石油公司的饭店"星级"分级）。

（二）等级评定意义

纵观世界各国的饭店分级体系，较普遍的出发点是：由公共或私人部门提供有一定公信力的信息作为消费者认知饭店软硬件水平的辅助手段，减少饭店企业营销成本，提升产品质量，便于行业规划和管理。

1. 保护顾客利益

饭店等级标志本身是对饭店设施与服务质量的一种鉴定与保证。对饭店进行分级，可使顾客在预订或使用之前，对饭店有一定的了解，并根据自己的要求和消费能力进行选择。同时，饭店等级也是评价服务质量标准的基本依据，可以有效地指导与约束饭店为顾客提供物有所值的服务，保障顾客的利益。

2. 便于行业管理

饭店等级标准规定了不同等级饭店的设施设备、功能配置、服务水平、管理等方面的基本要求与规范,这就为政府旅游管理部门及有关社会团体检查与监督饭店的服务和管理提供了基本依据,同时也为饭店之间的评比与比较提供了客观参照。此外,饭店的分等定级,也有利于同行之间平等、公平地竞争,促进不同等级的饭店不断完善设施和服务质量,提高管理水平,维护饭店的信誉。这对促进整个行业的服务标准化与管理科学化水平,具有良好的促进作用。

3. 利于企业经营

饭店的等级标准,既为饭店的建设提供了参考依据,使饭店的专业化设计与建设有章可循,也为饭店的管理提供了基本方向与方法,使饭店的科学管理有据可依;同时也为饭店的营销提供了一种思路与促销手段,有利于明确饭店的市场定位,并针对目标市场更好地展示饭店的产品和形象。当然,通过饭店等级评定,动员全体员工参与,促使员工增强争级、保级或升级的责任感,激发员工的工作热情,从而在一定程度上可增强饭店的凝聚力。

(三)等级评定方法

目前,中国饭店等级划分采用星级制。星级评定标准为国家推荐标准,各饭店可根据自己的实际情况,决定是否参加星级评定。

1. 星级标准及星级划分

中国自1988年开始实行饭店星级评定制度,国家旅游局在1988年制定了《中华人民共和国评定旅游涉外饭店星级的规定》,并从1988年9月1日起实施;1993年,国家旅游局又在前者的基础上对星级评定的规定做了修改、调整和充实,制定了《旅游涉外饭店星级标准的划分》,并于1993年9月1日获国家技术监督局批准,1993年10月1日起实施;1997年,根据形势发展的需要,国家旅游局又推出了最新版《旅游涉外饭店星级的划分与评定》(编号为GB/T 14308—1997),从1998年5月1日起实施。2003年,国家旅游局又对《旅游饭店星级标准》做了一些修改,将旅游涉外饭店变为旅游饭店,并首次提出了在原设定的五个星级基础上,增加和包含一个新的等级——白金五星级,这在国际上还是第一次。北京中国大饭店、上海波特曼丽嘉酒店、广州花园酒店成为中国首批白金五星级饭店。2010年,国家旅游局又对《旅游饭店星级标准》做了修订,并于2011年正式实施。

《旅游饭店星级的划分与评定》标准,将旅游饭店划分为一星、二星、三星、四星、五星(含白金五星)共五个等级,最低为一星级,最高为白金五星级。星级越高,表示饭店的档次越高。

2. 星级评定标准

饭店星级的高低,主要从饭店的必备项目、设施设备及服务项目、饭店运营质量三个方面进行综合评定。

(1)必备项目。其作为饭店进入不同星级的基本准入条件,规定了各个不同星级饭店应具备的硬件设施与服务项目,具有严肃性与不可缺失性。

(2)设施设备及服务项目的评分规定。在饭店设施设备及服务项目的评分表中,满分为610分。各星级饭店应得的最低分数是:一星级70分;二星级120分;三星级220分;四星级330分;五星级420分。

(3)饭店运营质量。该评价是对于饭店规章制度、操作程序、服务规范、清洁卫生、维护保养等方面所做出的系统考查,评价分值体现饭店管理环境与服务的优劣。在饭店运营质量评分表中,各星级饭店规定的最低得分率是:一星级、二星级饭店不作要求;三星级饭店为 70％;四星级饭店为 80％;五星级饭店为 85％。

3.星级评定访查规范

为配合《旅游饭店星级的划分与评定》(GB/T 14308—2003)标准的实施,规范和完善星级饭店评定工作,更好地促进我国星级饭店服务质量的提高,国家旅游局于 2006 年 3 月 7 日发布并实施行业标准《星级饭店访查规范》(LB/T 006—2006)。该规范明确了星级饭店访查的基本要求、各个不同星级饭店访查规范的评分规定、星级饭店访查结果的处理。

四、饭店集团认知

(一)饭店集团含义

饭店集团,是指以投资或经营饭店业为主体,通过产权关系、管理或品牌输出、业务合作等方式形成的多家企业的集合体。饭店集团运营必然涉及资本、品牌、业务这三个基本要素,而这三个要素不同的组合,就形成了四种不同类型的饭店集团。

1.以资本为纽带的饭店集团

这类集团拥有一定数量的饭店产权或股权,但自己并不直接经营管理这些饭店,而是交给专业的饭店管理公司管理,集团收益主要表现为所属饭店的经营利润与物业的增值。这属于运作"资本"的饭店集团。

2.以资本和专业化管理有机结合的饭店集团

拥有一定数量的饭店股权,同时自己拥有饭店管理公司,这是同时用资本和"知本"赚钱的饭店集团。目前,我国饭店市场上的本土比较大的饭店集团绝大多数还都是资本纽带加专业化管理并举的集团,集团既是业主又是经营者,拥有管理、品牌和房地产的所有权。

3.以管理和品牌输出为主的饭店集团

这类集团不一定持有饭店资产,只输出管理,其所拥有的品牌多为知名的、成熟的管理品牌,这是完全用"知本"赚钱的饭店集团。

4.以业务为纽带的饭店集团

这类饭店集团就是饭店联盟,是一种由加入该联盟的独立饭店构成的松散的饭店联合体。饭店联盟以市场的一些共同性特征为基础,以共同的关注点为主要纽带。

(二)饭店集团优势

饭店集团与单体饭店相比,具有以下明显优势:

1.规模经济效应

规模经济效应,即随着产量增加,平均成本不断降低而取得的效益。饭店集团的规模经营,一方面通过分摊广告、促销等营销费用,降低成员饭店的营销费用,另一方面通过整体采供体系,必然提高与饭店供应商的讨价还价能力。此外,它的规模经营也会降低企业在筹资贷款时收集各个金融机构的信息成本及与其交易成本。

2.范围经济效应

范围经济效应,是指企业进行多角化经营、拥有多个市场或产品时,联合经营要比单独经营获得更多的收益。饭店集团通过品牌延伸、产品线延伸及多角化经营,来实现范围经济,分散企业风险。

3.经验曲线效应

经验曲线效应,即当企业长期经营某一产品或市场时,多年累积起来的作业经验能使生产作业及业务处理速度加快,从而使产品的单位平均成本趋于下降。饭店集团通过长期运作经验的积累,形成了相对稳定的、可复制的运营模式与服务标准。这既可以避免因为专业而带来的学习成本,也能有效降低饭店建设与经营过程中的管理成本。

4.市场网络效应

饭店集团自己的订房系统或强大的营销战略合作伙伴,以及在全球范围的宣传推销活动,对成员饭店客源市场开拓提供了良好保证。同时,横向一体化经营为成员饭店带来内部客源市场,扩大了成员饭店的市场规模。

(三)饭店集团发展趋势

跨入 21 世纪以后,饭店集团的发展趋势主要表现为以下几方面:

1.寡头垄断化

随着饭店集团采用多种方式扩张,饭店集团的规模越来越大,数家巨型饭店集团将拥有更大的市场占有率,并且这些集团的行动和决策将对整个饭店市场的发展起重大作用,市场结构日趋寡头垄断化。

2."知本"扩张

在发展初期,饭店集团为了塑造品牌和形成自己的管理模式,一般采用直接经营的控制方式,比如通过独资、收购、兼并、参股等形式,拥有自己的饭店,或者通过租赁方式,直接经营饭店。而发展到现在,绝大多数饭店集团采用以"知本"为核心的管理合同与特许经营的扩张途径。另外,以联合体或合伙形式进行战略联盟也将成为饭店集团发展的主流。

3.多元品牌策略

为加速企业发展,同时又尽量降低企业整体风险,饭店集团将进一步拓展不同的饭店业务,并在不同的细分市场使用完全不同的品牌名称,即多元品牌策略。

4.多元化经营

为分散经营风险,提高盈利能力,越来越多的饭店集团通过多元化经营,以实现范围经济效应。

5.二次集团化

二次集团化,即饭店集团之间的兼并收购和饭店集团与其他相关企业集团之间的强强联合。在此基础上产生的超级饭店集团将具有国界淡漠化、行业互补化、规模全球化、品牌交叉化、经营多元化和商务网络化等特征。

第二节　饭店环境条件分析

饭店所处的各种环境,预示着饭店经营的机遇与挑战,饭店资源条件表明了饭店的优势与弱势,而饭店所具备的能力则决定了饭店目标与路径的选择。饭店管理要卓有成效,就必须追求外部环境与内部资源、能力的相互匹配。

一、宏观环境把握

关注宏观环境变化是企业能够做出快速反应的基础。宏观环境,一般是指对饭店经营活动带来市场机会和环境威胁的主要社会力量,主要由政治环境、经济环境、文化环境与科技环境等构成。分析外部的宏观环境,有利于饭店企业抓住经营机会,并尽可能避免环境的威胁。

（一）政治环境

政治环境是指一个国家或地区的政治制度、管理体制、方针政策、法律法规等方面。这些因素常常制约、影响企业的经营行为,尤其是影响企业较长期的投资行为。作为饭店经营者,必须特别关注以下因素:

1. 对外政策

国家对外政策将直接影响国际关系,而国家之间的关系,既影响国家之间经济贸易,也关系到国际旅游者的流向,从而影响饭店的客源市场。所以,饭店经营者必须关注国家外交政策给进出口贸易、国际投资及本国客源市场所带来的各种影响。

2. 政治动向

任何一个国家的政治路线和政府的行为都对本国经济的发展起着至关重要的作用。虽然政治形势剧烈变化前的征兆常带有隐蔽性,但是我们仍然可以从一些蛛丝马迹中发现政治变化的特点,预测出未来政治的发展趋势。如舆论的导向,国家领导人的某句讲话,政界要人的某次活动……都可能预示着一次大的政治变动。所以,饭店必须一只眼睛盯着市场的变化,而另一只眼睛紧紧盯住政府,注意政治信息,以抓住因国家政治形势发生变化而带来的市场机遇。

【案例】

根据蛛丝马迹,发现政治动向[①]

杰出的企业家总是能够明察秋毫,从微小的事态中分析出政治的大趋势,他们总是能够从纷繁芜杂的政治形势中找到一些有用的信息,并根据这些信息做出判断,看准方向,在别人还没有行动之前就提前做好决策。

江苏华西村党支部书记吴仁宝就对政治有着深邃的洞察力。那是在1992年年初,吴仁宝注意到多种报刊都发表了关于加大改革力度的文章,比如:

2月4日,中共上海市委机关报——《解放日报》宣布,"十一届三中全会以来的路线要讲100年",并以这句极具权威感的话作为评论文章的大字标题。

2月8日始,《文汇报》连续发表《坚持"一个中心"》《财大才能气粗》等评论文章。

2月19日始,《深圳特区报》连续发表《扭住中心不放》《要搞快点》《要敢闯》《多干实事》《两只手都要硬》《共产党能消灭腐败》《稳定是个大前提》《我们只能走社会主义道路》等8篇重点评论文章。其中最为突出的议题是抓住经济建设中心不放松,敢闯敢干敢试验。

2月22日始,《人民日报》连续发出《更好地坚持以经济建设为中心》《对外开放和利用资本主义》《改革的胆子再大一点》等社论或文章。

舆论界咄咄逼人和耳目一新的宣传态势,引起了饱经沧桑、积累了丰富社会经验的吴

---

① 方洲.中国当代名人成功素质分析报告.北京:中国青年出版社,1998:688—690.

仁宝的高度警觉和重视。

与此同时,邓小平视察南方的讲话更是引起了吴仁宝的高度注意,他明白所有的这些文章都与邓小平视察南方的重要讲话有关。凭这些,吴仁宝断定我国政府马上会掀起一个经济建设的新高潮,他知道,这又是一次企业腾飞的机遇。

机遇稍纵即逝,它不容许人用过多的时间去考虑。作为企业家的吴仁宝深知这个道理。于是他决定要抓住这次机遇,再次在华西村掀起一股经济热潮。

有了正确的想法就应该马上付诸行动,在半夜两点钟还不能入睡的吴仁宝立即电话通知村党委委员、正副村主任、各厂厂长马上召开紧急会议。

在会议上,吴仁宝说:"很抱歉,半夜三更请同志们来开会,研究工作。根据我多年的经验,中国改革的总设计师邓小平讲话了,经济加速发展的浪潮已经到来,我们要紧紧抓住盼望已久的这次机遇。机遇的动态性很强,它稍纵即逝,有时虽能持续一段时间,但早抓和晚抓大不一样,因为机遇的含金量头重尾轻。"

接着,吴仁宝同与会人员一起为华西村制定了战略目标,拿出了具体的战术措施。他们认为,经济要大上,随之而来的必定是原材料吃紧涨价,华西村要抓住这次机遇大发展就要有足够的原材料作保证,所以压倒一切的中心任务就是"借钱吃足",钱借得越多越好,原材料吃进得越多越好。同时,要大张旗鼓地搞股份制,大量吸收个人资金入股。

决策之后,马上行动。在吴仁宝的率领下,华西村从干部到群众,有钱的出钱,有力的出力,有门路的找门路,组成了一支采购大军。在短短的半个月内,他们就借款2000多万元,吸收个人资金入股400多万元,加上自有流动资金,一下子购进了近万吨钢坯、1000吨铝锭、700吨电解铜等原材料。

就在华西人使出全身招数,大举购买原材料的时候,一些人却还蒙在鼓里。因为这时,邓小平视察南方的重要讲话还没有传达到基层。3月9日至10日,江泽民主持中共中央政治局全体会议讨论和确认了邓小平的重要讲话,号召全党要认真学习。此后,全国立即掀起了一个加快改革的热潮,全国各行各业闻风而动。原材料的价格也随之迅速上扬。

吴仁宝看准了政治形势变化前的蛛丝马迹,抓住机遇,依靠"借钱吃足"四个字,就为华西村赢得了上千万元的直接经济效益。

3.政策法规

政策法规将会使国家经济形势发生或大或小的变化,政府可以给一个地区优惠政策,使这个地区迅速发展起来,也可以给一个行业优惠政策,使这个行业快速增长。当然,政府也有权制定政策抑制某个地区或某个行业的发展。如国家关于年休假的政策,对饭店业务就有着直接和深刻的影响。当然,各种法规对饭店经营管理的影响也不言而喻,比如《反不正当竞争法》、《劳动合同法》、《食品安全管理法》等的实施,都会给饭店提供相应的机遇与挑战。

(二)经济环境

经济环境是指企业赖以生存与发展的社会经济状况和国家经济政策,是影响消费者购买能力和支出模式的因素。

1.发展阶段

任何一个国家、地区经济的发展都是不平衡的,其发展过程也是呈现波浪式前进的,即经济发展具有周期性。所以,饭店必须研究经济发展的规律,及时把握经济发展的周期,抓住经济发展过程中的各种变化,以正确制定和调整饭店的战略方案。

2.经济政策

在不同的经济发展周期,国家往往会采取不同的宏观调控政策,以保持经济的可持续发展。所谓宏观调控,是指政府为实现(总量)平衡,保持经济持续、稳定、协调增长,而对货币收支总量、财政收支总量、外汇收支总量和主要物资供求的调节与控制。通常把政府为弥补市场失灵采取的其他措施也纳入宏观调控的范畴。政府的宏观调控主要表现为国家利用经济政策、经济法规、计划指导和必要的行政管理,对市场经济的有效运作发挥调控作用。

3.经济指标

一个国家与地区的经济状况,一般是通过各种经济指数表现出来的,故分析宏观经济环境除了关注国家经济政策外,须特别关注国民生产总值、人均收入、人口数量、物价指数、恩格尔系数等各种经济指标。

(三)文化环境

文化环境,即一个国家或地区的民族特征、文化传统、价值观、宗教信仰、教育水平、社会结构、风俗习惯等情况。每个国家或地区都有自己的传统文化和生活习俗,并影响人们的消费方式。当然,反映一个国家或地区的民族本质的核心文化和相关习俗,往往具有很强的持续性,一般不会轻易改变,而其他次要的文化和习俗以及社会结构等,则比较容易变化。

1.主流文化

主流文化(又称官方文化)是一个社会、一个时代受到倡导的、起着主要影响的文化。长期以来,中国基本上属于大一统的文化环境。如在中国的封建社会,中国的主流文化主要是以儒家文化、佛教文化、官本位文化和小农文化为代表的传统文化;从新中国成立以后到改革开放以前,中国的主流文化则是以"五讲、四美、三热爱"为核心的共产党人文化。改革开放以后,中国开始进入文化多元化的时代:一是传统文化根深蒂固,盘根错节;二是时代文化特征明显,如商业文化、明星文化、网络文化;三是外来文化也绝不可小觑。不过,目前中国社会的主流文化仍然是以"中国梦"为核心的共产党人的正能量文化,而且得到了进一步的深入与弘扬。

2.风土人情

风土人情,是指一个地方特有的自然环境和风俗、礼节、习惯的总称。饭店的经营不可能根本性地改变当地的文化习俗,而只能通过结合其文化背景,推出迎合当地社会文化氛围的饭店产品,才能在较长时期内占领市场。若与当地的社会文化环境格格不入,一般很快会被淘汰。当然,饭店可以在适应当地社会习俗的基础上,推陈出新,标新立异,引导消费,培育新的消费理念与消费方式。

3.舆论导向

主流媒体的信息,一方面反映或预示着国家政治、经济、文化等方面的现状和趋势,另一方面也会对社会经济活动和人们的消费方式起到一定的引导作用。

【案例】

中国保龄球市场兴衰记[①]

20世纪90年代初,中国开始引进保龄球,媒体对保龄球运动赞誉有加,称之为绅士运动,因而受到了中国广大消费者的追捧,顿时使中国的保龄球市场出现了少有的火爆场面。如1993年,萧山宾馆投资近200万元,从美国引进了4道保龄球设备,开设了浙江省第一家保龄球馆,一开业,生意就非常火爆,50元一局的价格,还经常出现排队等候的现象,一到周末,更得提前预订,否则一定是没有球道。结果,不到2年,就全部收回投资。之后,杭州等地纷纷开设保龄球馆,生意也一直不错。但是,进入1999年,保龄球市场风云突变,原因是美国学者保罗·福赛尔的一本名为《格调》的书(该书是论述社会等级和生活品位的著作,有关资料表明,它在当年中国畅销书的排行榜上排名第一),使得中国的消费者改变了对保龄球的看法,导致中国的保龄球市场一落千丈。在《格调》一书中,保罗·福赛尔认为运动确实反映了一个人的格调和档次,而他把保龄球运动列为平民运动。他在书中写道:"上层阶级有游艇,贫民阶层有什么? 保龄球! 如果你希望保住自己的上层地位,切记永远、永远不要打保龄球。一旦沾上,你的中上层地位立刻就会降低。"[②]中国不少消费者参与保龄球运动本来是追求时尚,为了显示自身的社会品位,而现今得知,保龄球运动实际上是一种平民运动,保龄球消费需求的急剧萎缩也就在情理之中了。现在,保龄球馆在杭州已基本绝迹,全国各地也为数不多。

由此可见,饭店要了解社会文化环境,可通过关注主流媒体的信息,及时发现蛛丝马迹,尽早掌握社会经济活动和人们的消费倾向。

(四)科技环境

科技环境是指一个国家或地区的科技水平、科技政策、科技创新和科技发展动向等因素。科学技术的发展,与饭店产品的设计、饭店设施的改造、饭店品质的提高和经营成本的降低,都有着极为紧密的联系。有时,一种新的科学技术的出现,往往会改变一个产业的方向,甚至改变这个世界。互联网技术的诞生与发展对于这个世界的影响,就是一个典型的佐证。作为饭店经理人,应特别关注新材料、新能源、新设备、新技术的研发动态,认真研究其在饭店经营管理活动中的适用性、先进性与经济性,并及时加以适度利用。

在目前及未来相当长的时期内,饭店经理人尤其必须高度重视移动互联网对饭店经营管理的影响。"在互联网'互'的阶段,商业逻辑发生了根本性的改变。这种改变体现在三个方面:一是企业可以不通过销售中介(渠道)直接向用户销售产品;二是企业可以通过信息中介(媒体)直接向用户传播信息,用户也可以直接向企业反馈信息;三是用户之间不再是相互隔绝的,他们之间可以直接传播信息。"[③]在此背景下,饭店经营者必须充分思考新媒体、大数据、物联网等的运用,正确把握"互联网+"这一产业变革的发展趋势。

饭店管理原理与实务

---

① 该案例由邹益民根据自己的工作经历撰写。

② 保罗·福塞尔.格调.梁丽真等,译.北京:中国社会科学出版社,1999.

③ 钟殿舟.互联网思维.北京:企业管理出版社,2014.

二、行业环境分析

行业环境是企业生产经营活动最直接产生影响的外部环境。美国学者迈克尔·波特在《竞争战略》一书中指出,行业环境在很大程度上决定了企业的竞争态势。迈克尔·波特认为,在一个行业中,存在着五种基本的竞争力量,即现有竞争者、潜在竞争者、替代产品竞争者、购买者、供应者。这五种基本竞争力量的状况及综合强度,引发行业内在经济结构的变化,从而决定行业内部竞争的强度和最终获利能力。[①]

(一)现有竞争者

影响饭店市场竞争最重要的因素是已进入市场的饭店数量及其竞争结构。由于各地在饭店数量与结构上的不一致,不同地区、不同城市的饭店之间的竞争激烈程度是不一样的。从理论上说,现有饭店之间的竞争有以下三种基本模式。

1.纯粹竞争抗衡模式

这是饭店竞争最为激烈的抗衡模式。其基本特征是:在同一市场中存在着为数较多的竞争实力差距不大的饭店,每家饭店在市场中只占较小的份额;产品相互间存在着较高的替代性,没有明显的特色与差别;饭店业的进退障碍较低;由于饭店数量较多,相互间很难形成统一的决策与行为。

在纯粹竞争的抗衡模式中,竞争主要集中在饭店产品定价上。因为产品是相似的,对消费者来说,选择饭店产品的主要依据是价格。如果哪一家饭店能够提供比其他饭店更低的价格,那么这家饭店就能将其他饭店的顾客吸引到自家饭店。当然,也存在着非价格竞争因素,这就是通过广告等手段来宣传与促销饭店的产品,培育饭店良好的企业形象,造就顾客对饭店产品的主观差异。但是,如果各家饭店的广告宣传内容趋同,消费者依然无法很好区别不同饭店产品,效果就不令人满意。

2.纯粹垄断抗衡模式

这是一种没有竞争对手的特殊的抗衡形式。这种现象,可能会出现在饭店的某项业务或服务方面,也可能出现在某种类型的饭店,如奢华饭店或主题饭店。在纯粹垄断的市场中,通常会有很高的进入障碍,这种障碍的构成,既可以是自然的因素,也可以是人为的因素。在纯粹垄断市场上,只有唯一的供给者,饭店往往凭借自己的垄断地位与垄断力量获得高额的垄断利润。不过,这种现象一般是暂时的。因为在市场经济条件下,只要有利可图,就会有新的投资者进入。

所以,在纯粹垄断的市场中,处于垄断地位的饭店,必须与时俱进,锐意进取,不断构筑进入"壁垒",才能保证自己相对的垄断力量。

3.垄断竞争抗衡模式

如果说纯粹竞争与纯粹垄断描述的是饭店之间抗衡的两种极端形式,那么垄断竞争则是介于上述两者之间的一种抗衡形式,它具有纯粹竞争与纯粹垄断两种抗衡模式各自的某些特点,同时又拥有不同于上述两种抗衡的新特点。在垄断竞争市场,存在着一些规模大小不等、相互间产品差别不大的饭店,其中规模较大的少数几家饭店占有了市场较大的份额。

---

① 迈克尔·波特.竞争战略.陈小悦,译.北京:华夏出版社,1997.

在垄断竞争抗衡中,饭店可以通过自己产品的差别,用灵活多变的价格来争取客源市场,也可以通过饭店之间的联合来稳定价格与各自的市场份额,以谋求饭店利益的最大化。在此,饭店的决策与行为需要特别注意遵守国家的《反不正当竞争法》。

(二)潜在竞争者

潜在竞争,即新企业拟加入饭店行业的竞争。潜在竞争的强度主要取决于以下因素。

1.资金壁垒

饭店业是资金密集型行业,经营饭店所需占用的大量资金也是构成进入壁垒的一个重要来源。资金与饭店的硬件设施的投资密切相关,特别是高档饭店的建造,巨额的资金占用会让众多的投资者望而却步。

2.专业壁垒

作为创造一种生活方式的高层次服务企业,饭店管理需要专业的知识与技能,这些知识与技能,对于新建饭店来说通常是欠缺的。为保证饭店服务的高质量与管理的高效率,新饭店如果采用委托管理方式,就会明显增加管理成本而影响饭店的经营效益;但如果自主管理,则可能由于专业经验的缺乏,导致经营管理水平低下而影响市场竞争力。

3.市场壁垒

客源多少必然影响饭店市场进入壁垒的高低。市场容量也就是某一特定地区客源的数量。如果市场容量大,现有饭店间的竞争程度相对较低,则对新进入者的排斥力量就较小;如果市场容量小,现有饭店间的竞争已十分激烈,新建饭店的加入会加剧现有饭店客源市场的竞争,降低每家饭店的市场份额,因而新进入者就会遇到同行各种可能的抵制。

(三)替代产品竞争者

替代产品是指那些与饭店企业产品具有相似功能的其他产品,如饭店的餐厅与饭店周围的餐馆,后者就可以被视为是前者的代用品。应当指出,是否是替代产品竞争者,重要的不是形式上的同行或不同行,而是顾客的需求是否具有可替代性。代用品威胁不同于饭店之间的产品替代,后者属于在同一行业中不同饭店提供的产品差别,而代用品通常是指不同行业之间具有相似功能的产品,这些产品可以因为技术进步与创新出现,也可以因为其他行业的产品功能延伸产生。比如顾客休闲放松的目的,可以通过到饭店度假来达到,也可以通过看电影、听音乐会等形式来实现。

(四)购买者

购买者竞争力量,也就是购买者的讨价还价能力,其主要取决于以下四个方面。

1.市场供求状况

在供不应求的情况下,由于产品短缺,必然导致购买者为了得到有限的饭店产品而不顾价格的高低。可以说,在此情景下,购买者无讨价还价能力。如在旅游旺季、重大节庆活动期间,就是如此;反之亦然。

2.市场信息程度

当购买者对市场信息了解不多时,他通常会支付较高的价格,因为较高的搜寻成本会迫使他放弃再搜寻的努力。如果购买者掌握了较为充分的市场信息,他会利用自己拥有的市场信息对饭店施加压力,购买价廉物美的饭店产品。

3.购买产品数量

如果购买者购买的数量较多,饭店总是愿意按较低的价格出售自己的产品,原因在于较多的数量可以给饭店节约相关的费用,有助于提高设施设备利用率。

4.饭店产品特色

如果饭店产品具有较高的可替代性,即购买者存在着众多的选择,那么,饭店的竞争压力就大;反之,如果饭店产品富有特色,能够赢得消费者的偏爱,在相同的价格下消费者就会首先选择购买该产品,这时购买者的讨价还价能力就弱。

（五）供应者

供应者竞争力量,即饭店供应商的讨价还价能力。对于供应商而言,其能力主要取决于以下几方面。

1.资源垄断程度

如果某种资源是由供应商垄断经营的,特别是当这种资源在饭店经营活动中起着举足轻重的作用,那么供应商通常处于优势地位,可凭借垄断地位最大限度榨取饭店利润。

2.资源短缺程度

当市场上某种资源供不应求时,供应商就会抬高价格,短缺程度越严重,供应商讨价还价的能力也就越强。

3.购买相对份额

无论供给者数量多少,当饭店购买某种资源的数量占到某一供给者全部市场较高的份额时,饭店就有可能通过讨价还价减轻自己的压力。

三、自身条件评估

饭店自身条件,包括资源与能力两个基本要素。资源是指能为饭店所利用,并能产生出经济、社会和环境效益的各种因素的总和。这些因素可以是有形的,也可以是无形的;可以是已开发的,也可以是潜在的、未开发的;可以是内部资源,也可以是外部资源。能力则是指企业配置资源,发挥其生产和竞争作用的能力。对于企业自身条件的评估,主要体现在以下五个方面。

（一）企业经济实力

经济实力是饭店企业资本运行能力的综合反映,其主要指标包括以下几个。

1.经济规模

经济规模可从两个层面加以分析:一是物质形态,主要表现为饭店的接待能力,如饭店的档次,饭店的设施与功能,饭店的客房数量、餐位数等。饭店企业作为一个地区接待服务的窗口部门,往往是城市的脸面,接待能力强的饭店往往会引起当地政府的重视,成为当地高层次和大型活动的接待中心,因而接待能力的高低往往也反映了饭店在当地的社会地位。二是货币形态,主要表现为饭店营业收入。对于国家和当地政府而言,饭店营业收入的背后是税收,营业收入的多少决定了纳税的多少。所以,营业收入从某种意义上表明了饭店对当地经济的贡献,可在一定程度上反映其在当地的影响力。

2.资产状况

资产包括各种财产、债权和其他权利,如流动资产、长期投资、固定资产、无形资产、递延资产等。在其他条件不变的情况下,饭店资产总量越大,实力越强。资产质量更能反映企业实力,如资产负债率高低与资产盈利能力。但资产负债率也不是越低越好,过低的负债意味着企业发展能力有限。资产盈利能力则涉及资产的分布。对于集团来说,资产质量主要体现在资产在不同产业之间的分布上,若大量资产分布或投入到盈利较弱且增长空间有限的产业,则说明企业的资产不佳。而对于单体饭店来说,资产质量主要体现在投资结构及在不同功能部位的分布情况上,如饭店投资中,土地、公共部位建设等投资额过大,客房设施投资不足,则必然影响资产盈利能力。因为客房是饭店的核心业务、利润的主要来源。

3.融资能力

融资是指企业向资本市场、银行及其他金融机构、外部其他单位及个人,以及企业内部筹措所需资金的一种财务活动。饭店企业要保持长期健康的发展,就必须有合适的融资渠道和较强的融资能力。融资渠道的合理性与融资能力的强弱是考察饭店经济实力的重要指标。一般来说,融资渠道包括国家投资、银行贷款、企业内部积累、发行债券、发行股票、融资租赁和商业信用等。

4.财务业绩

财务业绩好坏是评价饭店经营管理水平高低的主要指标,也是决定饭店能否生存与发展的根本。反映财务业绩的指标包括营业收入、销售增长率、股价上升率、成本、经营利润、应收账款、营业利润率、资金利润率等。其中利润是饭店经营活动的效率与效益的最终体现,是衡量、考核饭店经营成果与经济效益的重要尺度。

(二)组织管理能力

组织管理能力是企业把握方向、整合资源和控制运行的能力,主要表现为企业的决策能力与执行能力。

1.企业决策能力

企业决策能力是企业把握方向、抓住机遇和整合资源的筹划能力。其主要取决于以下三个方面:一是决策机制,如由谁做决定、独裁还是民主决策、有哪些程序等;二是决策方法,如采用经验决策还是运用科学决策;三是决策水平,即饭店决策者的知识、胆略、经验等。

2.企业执行能力

企业执行能力是把经过科学决策的方案有效实施的能力。关键取决于以下三个要素:

(1)企业文化。企业有明确的使命、追求的目标以及相应的行为准则。所有人都意识到该做什么,不该做什么,而不是各自为政、同床异梦。

(2)企业规则。明确规定做事的准则和处置的办法,形成雷厉风行、令行禁止的工作氛围和习惯。

(3)领导能力。饭店经理人通过卓越的领导技巧,指导、激励、协调员工愉快地完成本职工作的能力。

(三)科技创新能力

科技创新能力是饭店企业生产与销售具有成本和质量优势服务产品的能力,具体包括设计、提供与销售等方面的创新能力。

1.服务设计能力

饭店的设计,主要体现在硬件和软件两大方面。从硬件设计来说,最主要有三个基本环节:一是概念设计。概念是饭店管理专家与企业经营者在深思熟虑的基础上提出的,并体现在设计任务书中,包括饭店的外形、风格、特色与基本功能等方面。二是功能设计。这方面主要包括饭店的内部布局、功能衔接以及功能能否兼容,哪些是亮点,哪些是配套的。三是装修设计。装修设计决定饭店的风格、档次,也决定饭店的投资额度。在饭店硬件设计上,饭店企业应选择专业的设计公司,并提供明确的设计思想。从软件设计来看,则主要体现在服务功能、服务产品和服务规范等的设计。

2.服务提供能力

饭店服务提供能力,实际上就是满足顾客需求、赢得顾客满意的能力。其主要取决于以下几个方面:

(1)预见顾客需求的能力。了解顾客的需求是满足顾客需求的前提,而顾客的需求是多种多样、瞬息万变的,它具有多样性、多变性、突发性的特点。饭店从业人员必须具有敏锐细致的观察能力,既要掌握顾客共性的、基本的、静态的和显性的需求,又要分析研究顾客的个性的、特殊的、动态的和隐性的需求。

(2)提供规范服务的能力。规范服务是顾客满意的基础,饭店必须向顾客提供标准化的服务。

(3)提供个性化服务的能力。个性化即做到服务具有针对性、灵活性和超常化。针对性,就是要根据不同顾客的需求和特点,提供一对一的服务。灵活性,就是在服务过程中随机应变,满足不同顾客随时变化的个性需求。超常化,就是要打破常规、标新立异、别出心裁、推陈出新,让顾客有一种前所未有、意想不到的感觉和经历。超常化的服务,既可以是其他饭店所没有的、顾客所没有想到的服务,也可以是与众不同的独特服务。

3.服务销售能力

服务销售能力是让顾客理解、接受、欣赏饭店产品或服务的能力。从总体上来说,饭店营销能力主要体现在三个层面,即先进的营销理念、科学的营销战略与卓越的营销策略的统一。营销理念是饭店营销活动的指导思想;营销战略的关键是在市场细分的基础上,进行目标市场选择与市场定位,确立相应的营销方针;营销策略是饭店通过合适的产品策略、价格策略、渠道策略与促销策略来保证实现饭店的营销战略。

(四)内部凝聚力

内部凝聚力是企业愿景、企业氛围和回报体系对员工的影响力。其主要取决于以下三个要素。

1.发展空间

发展空间,表明企业给员工以多大的机遇。机遇越多,则凝聚力越大。发展空间既取决于企业的发展规模和水平,又取决于企业的人力资源政策。传统的人事管理往往把规范与控制员工的行为作为管理的重心,而不注重对员工的开发,导致饭店员工动力不足、能力缺乏的状况。根据不同员工的特长与潜质,让员工有发挥自身才智的空间,在此基础上实现群体的优势互补,是组织活力的源泉。因此,要提升员工对企业的忠诚度,就必须实现人力资源管理重心的转移,从规范员工行为向开发员工潜能转变,重视员工的成长,同时实现饭店的目标与员工个人的目标。

2.工作环境

工作环境,表明企业给员工营造怎样的工作氛围。理想的工作氛围应该是"团结、紧张、严肃、活泼",即既要有高标准的工作要求和适度的竞争压力,又要井然有序,宽松愉快,有压力释放的空间;既要通过竞争机制,使员工产生一种力争上游的干劲,又要通过理解关爱,让员工拥有和谐、友善、融洽与心情舒畅的感觉。

3.绩效回报

绩效回报,表明企业将给员工个人目标的实现提供怎样的平台。有效的绩效回报制度可以吸引优秀人才,降低员工的流失率,促使员工努力工作。通过绩效回报,不仅使员工的生活得到保障,而且使员工的自身价值得以实现。饭店绩效回报制度主要有晋升制度、培训制度、奖励制度、薪酬制度等。要使员工对饭店的回报感到满意,必须要重视员工的个性化需要,结合岗位、贡献的不同,科学安排职务的晋升、晋级与薪酬结构,同时重视非财务报酬的作用。

(五)外部亲和力

外部亲和力,实际上就是饭店企业与社会公众的协调能力。饭店与社会公众协调的能力主要表现为利益、目标、态度、行为的协调能力。

1.利益协调能力

利益,即好处。在公共关系学中,利益是指社会组织和公众各自在物质和精神上的需求的满足。在饭店关系协调中,利益协调是最本质的东西。饭店与公众能不能取得合作,关键在于两者在利益方面有无互补需要以及是否实现利益上的互补。尊重各自的利益需求,确保在相互交往和合作中对方的利益与自身的利益都能较好地实现,是饭店关系协调工作的一项重要原则。利益协调的关键在于了解双方的利益需求,寻找双方的利益共同点,并努力使共同的利益得到实现。

2.目标协调能力

目标,即组织与个人希望通过努力达到的结果。目标协调,就是饭店将自身目标、利益群体目标、社会公众目标统一起来,使三者达成和谐,保持一致。如果我们把饭店看作一个系统,那么它内部的成员就是这个系统的构成成分,要使饭店能够有凝聚力和稳定发展,饭店目标与饭店成员个体目标就必须在一个目的点或环上结合好。如果我们把饭店与相关公众也看作是一个更大的系统的话,那么,饭店的目标与相关公众的目标也必须在一个点或环上取得一致,这样,两者才能形成稳定和谐的合作,建立起良好的关系。

3.态度协调能力

态度是我们对待事物的看法与心理倾向。态度协调是对双方精神、思想状态进行协调,使双方在认识上取得相互了解、理解,在情感上接近、融洽,在意向上相互有合作欲望,为行为协调打下基础。态度协调主要从认知、情感、意向几个方面入手。认知方面主要是向相关公众输送准确的信息,使对方有一个正确的、准确的、全面的判断,克服偏见。情感协调主要是帮助饭店与相关公众建立彼此间的友谊和好感,消除相互关系中的冷漠、敌视、仇恨等不利于关系建立和发展的感情障碍。意向协调主要是指培育相关公众对与饭店的合作思想倾向,纠正已经出现的不利于双方合作的思想状态。

4.行为协调能力

行为协调是指社会组织对自身的行为或公众的行为进行调整,使双方统一步调、统一行动,在行动上相互支持、相互配合,形成合作。饭店关系协调工作中的行为协调,既包括政治行为协调,又包括经济行为、文化行为、科技行为等的协调;既有项目的行为协调,又有时间上的行为协调、空间上的行为协调以及环节上的行为协调等。

四、SWOT分析方法

SWOT，即优势（Strengths）、劣势（Weaknesses）、机会（Opportunities）、威胁（Threats）的英文首写字母的缩写，是对饭店环境条件分析的基本方法。优势与劣势分析侧重于饭店自身条件与主要竞争者的比较，如饭店的地理位置、资金实力、设施设备、服务产品、品牌等级、员工素质、管理水平、企业声誉等。而机会与威胁分析则侧重于外部环境的变迁及其对饭店现有与潜在的影响，如国家政策、市场需求变化、竞争力量改变、科学技术发展、社会文化变革等。

分析环境条件，目的在于追求内外协调，制定正确的发展战略。SWOT矩阵是一种综合考虑与评价饭店外部环境与内部条件的各种关键战略要素，从而选择合适经营战略的分析工具。根据企业内外部环境的不同状况，SWOT矩阵为企业提供了四种可供选择的战略：

（1）SO战略。饭店外部环境中出现了机会，而企业本身恰好有把握机会的优势。对此，饭店可采取依托内部优势、利用外部机会的发展型战略。

（2）ST战略。饭店外部环境中出现了明显的威胁因素，但企业内部有应对威胁的优势。在此情况下，饭店可采取两种应对战略：一种是充分利用现有优势，在其他领域或市场上建立机会，以多元化经营来分散环境带来的风险，比如饭店集团在饭店行业不景气时涉足房地产业来分散风险；另一种是采取直面威胁的态度，利用优势化解威胁。这种做法要求饭店有足够的实力和优势，以有效规避外部潜在威胁。

（3）WO战略。饭店外部环境中存在机会，但企业资源不够，呈现劣势。此时就要求饭店采取扭转型战略，集中力量改变劣势，同时有效利用外部机会。

（4）WT战略。饭店外部环境中存在威胁，企业内部又有明显劣势。此时企业最好采取防御型战略定位，以避开威胁，同时争取以空间和时间消除内部劣势。

第三节 饭店管理路径选择

饭店管理必须有效，即既要达到效果（实现预订目标），又要保证效率（保证以合理的投入达到目标）。而要实现有效管理，就必须特别注重饭店管理的目标、职能与方法。

一、管理目标确立

有效管理，必须坚持目标导向。管理目标，即饭店经营管理活动追求的方向与要求达到的高度。

（一）管理目标构成

为了实现饭店的持续发展，饭店通常应在以下四个方面确立自己的管理目标。

1.社会责任目标

饭店企业是社会的一个细胞，它的生存和发展取决于社会对它的承认。所以，饭店企业必须承担社会分工所赋予的社会责任,履行企业的社会义务。

饭店企业的社会责任目标主要体现在以下三个方面:一是在促进对外开放,改善投资环境,提供税收,扩大劳动就业,保证社会稳定,促进地区经济繁荣方面的目标;二是在强化基础,改革创新,提升管理水平,提供满足社会需要的饭店服务产品,促进本地区企业管理水平提高方面的目标;三是在发展社会慈善与公益事业,以及促进本地区社会主义精神文明建设方面的目标。

2.企业发展目标

企业发展是饭店经营管理的内在动力,也是增强饭店市场竞争能力的关键。饭店发展目标是提升饭店企业各方面素质,增强发展能力的目标,主要表现为饭店等级的提高、规模的扩大、设施项目的增加、经营范围的扩大、人才的开发以及品牌的塑造等方面的目标。

3.企业市场目标

市场是企业生存的空间,饭店必须适应、占领并努力创造市场。饭店市场目标主要表现为原有市场的巩固、潜在市场的开拓和新市场的创造。市场目标最基本的指标是:营业收入、平均房价、人均消费、市场占有率、境外顾客所占比例、团队顾客所占比重、顾客满意度、忠诚度等。

4.企业收益目标

收益目标是饭店一切经营活动的原动力,它不仅关系到全体员工的切身利益,也决定着饭店的发展。它主要包括三个方面:一是资金目标。资金是企业正常运行的基本要素。其一般可用资本结构、现金流量、新增普通股、运营资本、贷款回收期等财务指标来表示。二是盈利能力目标。盈利能力反映了企业给业主、股东的回报率和经营效益大小,一般可用营业收入、利润总额、投资收益率、销售毛利(净利)等指标来表示。当然,要取得良好的经济效益,除了扩大收入来源外,还必须有相应的成本控制目标。三是员工收益目标,主要有员工薪酬水平、增长比例等。

(二)管理目标要求

饭店管理目标是否科学合理,主要取决于以下五点。

1.目的性

目的性,即饭店在确立目标时,必须明确为什么要有这个目标,它对指导饭店的经营活动有何重大意义。饭店管理目标必须正确并清晰,从而使员工在工作开始前就明确自己"为何要做",要达到什么结果。有了明确的目的,才会明确工作的意义,才会有明确的方向,才会有清晰的行动方案。

2.先进性

一般而言,饭店管理目标的确定,应根据饭店发展与竞争的态势,全面分析饭店现有的各种资源条件和通过努力能够获得的其他资源条件,并充分考虑各方面可能的创新。总之,饭店管理目标要有先进性,应从纵向上实现自我跨越,具有兴奋感,从横向上实现改变竞争地位,具有超越感。

3.现实性

在保证先进性的同时,饭店管理目标必须是经过努力可以实现的。因此,饭店管理目标的制定还要考虑饭店的现实能力,目标必须适中、可行。如果目标过高,可望而不可即,必然会挫伤员工的积极性,浪费企业资源。但是,思路决定出路,不同的路径决定不同的发展高度,饭店管理目标是否可行,关键在于是否找到实现目标的路径与方法。

【案例】

不同思路决定不同的高度[①]

又到了一年一度制定第二年计划的时候,K饭店管理层根据集团公司下达的基本任务,确定了9700万元的营业收入计划指标。但是,当准备进一步分解指标并制定方案时,集团公司的一位副总裁来到饭店,并询问了第二年的营业计划。当总经理回答了9700万元营业收入的目标后,副总裁问为什么是9700万元。总经理回答:一是集团公司给饭店下达的基数是9500万元;二是今年预计完成实绩9500万元;根据适当增长的原则,确定了跳一跳能够实现的目标。副总裁问:今年你们在集团排名第几位? 如果明年实现9700万元,你们在集团的排名又是第几位? 总经理回答:今年是第二,估计明年实现目标还是第二位。副总裁又问:明年第一位的饭店的营业收入预算是多少? 总经理回答:据了解是9800万元。对此,副总裁认为这一目标值得商榷。最后,饭店管理层提出了1亿元的营业收入目标。但是,到具体落实时,大家感到实现1亿元的营业收入缺乏现实基础。对此,副总裁与饭店管理层进行了交流。副总裁说:现在有一个桃子,挂在2.8米的高空,请问你们能否拿到。前厅部经理回答跳一跳就能拿到。副总裁说:桃子在4.8米的高度,你们能拿到吗? 客房部经理回答用桌子与椅子就能拿到。副总裁问:桃子在9.8米的高度,你们是否能拿到? 工程部经理说用升降梯可以拿到。副总裁又问:那么如果桃子在25米的高度,你们还能拿到吗? 安全部经理回答可以借消防队的"云梯"拿到。副总裁又提请大家思考:为什么你们做不出1亿元营业收入的可行预算? 大家顿时感到,不同的路径与方法,决定不同的目标高度,按照原来9700万元的经营思路,当然难以做出1亿元的营业预算。最后,大家打开思路,积极寻找新的经营增长点,很快找到了实现1亿元营业收入的思路与方案。

4.系统性

系统性,就是目标具有层次并互相联系,互相促进。饭店管理目标大体可分为企业目标、部门目标与岗位目标三个层次。三者之间互相联系、互相制约、互相促进,从而形成有效的目标控制体系,使得组织与所有员工的行动保持一致,确保企业饭店管理目标的顺利实现。因此,在饭店管理目标的设计与分解过程中,必须体现多层次目标之间的相互关联性。

5.精确性

精确性,即饭店管理目标是可以准确衡量的,是可在事后予以检验的。同时,饭店管理目标必须有完成时间期限,标明起止时间,意味着企业可以对各项任务按照时间段进行考核,而且一旦出现与预期不相符的情况,也可以进行相应的追踪调查,明确特定期间相应的责任人。

(三)管理目标确定

饭店管理目标的确定,主要可采用以下方法。

---

① 该案例由邹益民根据自己的工作经历撰写。

1.标杆超越法

标杆超越法,即通过选择标杆企业,将本饭店产品、服务和管理等方面的实际情况与这些标杆进行定量化评价和比较,寻找差距,进而制定相应的管理目标。

运用标杆超越法,关键问题是正确地选取标杆。饭店企业选取标杆要根据企业自身的实力,既可以选择行业最先进的企业为标杆,也可以把主要竞争对手作为标杆。

2.盈亏平衡分析法

饭店管理目标中一个最基本的目标就是盈利目标,作为经营者必须知道,自己的店最低限度收入为多少才不会亏损,盈亏平衡分析法通常用来寻找饭店企业的销售目标界限。

线性盈亏平衡分析的假设条件如下:①生产量等于销售量;②生产量变化,单位可变成本 v(含单位销售税金)不变,从而使总生产成本成为生产量的线性函数;③生产量变化,销售单价 p 不变,从而使销售收入成为销售量的线性函数;④只生产单一产品,或者生产多种产品,但是可以换算为单一产品计算;⑤固定成本分摊年限为一年。

线性盈亏平衡点的确定,如图 1-1 所示。

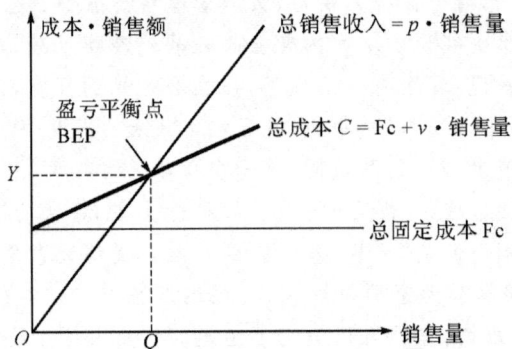

图 1-1　饭店线性盈亏平衡分析

图 1-1 中,总销售收入线与总生产成本线的交点,即为盈亏平衡点 BEP。在该点上,饭店营业总收入等于总生产成本,饭店达到盈亏平衡,该点所对应的销售量、销售额及生产能力,是饭店企业实现盈亏平衡的临界水平,也是饭店企业计划年度中营业目标的底线。图 1-1 有关变量的定义如下:

(1)以销售量表示的盈亏平衡点 $BEP(Q) = Fc / (p - v)$

(2)以生产能力利用率表示的盈亏平衡点 $BEP(\%) = 盈亏平衡点销售量 \times 100\% / 正常销售量$

(3)以销售额表示的盈亏平衡点 $BEP(Y) = Fc \times p / (p - v)$

假设饭店企业希望获得一定的目标利润为 B,则:

目标销售量 $Q = (Fc + B) / (p - v)$,目标销售额 $Y = (Fc + B) \times p / (p - v)$

3.时间序列分析法

时间序列,是指同类社会经济现象在不同时点上的相继观察值排列而成的一组数字序列。时间序列分析法是通过时间序列的历史数据揭示各项经济指标随时间变化的规律,运用一定的数学方法将这种规律延伸到未来,从而对该经济指标的未来值做出预测。因此,时间序列分析法也叫历史延伸法,或外推法,可以用于制定饭店企业未来的管理目标。其一般步骤如下:在固定的时间间隔点上采集与饭店管理目标相关的各项指标在过去一段时间内的观察值,比如年销售额、市场占有率、平均房价、客房出租率等;依据观察值的时间顺序生成各项指标的时间序列,包括一系列历史观察值集合和一系列未来观察值集合;建立合适的预测模型,根据时间序列中的历史观察值得出未来观察值的预测值;根据预测值确立饭店企业未来各阶段的战略目标。

二、管理职能运用

饭店管理目标的实现,有赖于饭店管理的职能。目前,管理学家对管理职能并未形成统一意见,在此列出四种最重要的管理职能。

(一)计划职能

计划职能,是指饭店通过周密细致、科学合理的调查研究,并收集整理相关资料,进行综合分析与预测,最后做出相应的决策,以此为基础确定未来某一时期内饭店的发展目标,并规定实现目标的途径与方法的管理活动。其关键环节主要包括确立目标、选择路径、制定方案。

制定科学的计划,必须对饭店企业的内外条件进行严格的科学分析。要通过调查研究,全面分析,搞好综合平衡,并从长期实践过程所取得的经验中找出规律性,从而保证计划的科学性、预见性。计划形式要多样化,既要编制综合的经营计划,又要编制各项专业活动的具体计划,并把计划指标层层分解落实。

(二)组织职能

组织职能,就是为了实现饭店企业的共同任务和目标,对员工的活动进行合理的分工和协作,合理配备和使用资源,正确处理人们相互关系的管理活动。其目的在于使饭店业务经营活动协调地、有秩序地进行,不断提高业务经营活动的效益。

组织职能主要体现在两个方面:一是组织体系的建立,并使之符合饭店的客观运行规律,如机构设置、职权安排、岗位设计等;二是合理有效地调配饭店的人、才、物、信息、时间等资源,形成接待能力,即对接待业务进行组织。组织职能是饭店计划职能的自然延伸,并贯穿于饭店管理的全过程。

(三)领导职能

领导职能,致力于方向的把握和员工积极性的调动,主要表现为指挥、协调与激励。指挥,是经理人通过下达指令等方式,率领其下属努力实现既定目标的领导行为。协调,就是经理人围绕一个目标,对饭店各个环节和各个部门的活动进行统一安排和调度,使它们互相配合,紧密衔接,消除和减少矛盾和脱节现象,以有效地实现饭店管理目标。激励,是指经理人为了特定目的而去影响员工的内在需要,激发员工的动机,从而引导和强化员工行为的过程。

(四)控制职能

控制职能,就是按照既定的目标、计划和标准,对饭店业务经营活动各方面的实际情况进行检查、监督与核算,发现差距,分析原因,采取措施,予以纠正,使工作能按原定计划进行,或根据客观情况的变化,对计划作适当的调整,使之更符合实际。饭店要实现有效的控制须具备三个条件:有明确的标准;及时获得发生偏差的情况;有纠正偏差的有效措施。

三、管理方法选择

饭店管理职能的实施,离不开相应的管理方法。饭店管理方法众多,最基本的主要有以下三种。

(一)制度管理法

制度管理法,就是指饭店将饭店管理中一些比较稳定的和具有规律性的管理事务,运用制度的形式规定下来,并通过有效的执行以保证经营管理活动的正常进行的管理方法。要有效发挥制度管理的功能,关键必须注重以下三个环节。

1.制度管理可行性

制度管理的可行性,即饭店的制度制定与实施具有客观基础和现实条件。关键必须做到以下三点:

(1)目的性。饭店制度必须根据饭店经营管理的需要和全体员工的共同利益来制定,服从饭店经营管理的目标。对员工而言,制度不仅要起到规范员工行为的作用,而且还必须起到引导与激励作用。制度的出发点本着"鼓励发扬优点、抑止消除缺点"的思想,从而使制度起到"扬善"的作用。因此,饭店在制定制度的过程中,既要充分考虑饭店的目标,又要充分考虑员工的利益,实现饭店与员工的双赢。

(2)客观性。饭店制度必须遵循客观规律,符合客观实际,并考虑到制度实施的客观条件。在制定制度时,必须有科学严谨的态度,各种制度的制定都要做到认真研究、仔细推敲,不可随心所欲。同时,要求制度条文要明确、具体、易于操作。

(3)层次性。饭店制度必须考虑到绝大多数员工的思想觉悟水平、心理承受能力。为此,饭店制度可以考虑分为三个层次:一是刚性制度,即要求员工不折不扣执行的制度,如有违反,必受处罚;二是弹性制度,即规定基本准则,而不规定具体步骤与方法,员工可以在基本原则下根据具体情况,灵活处理;三是导向性制度,即希望员工努力做到的,组织将依据员工的行为表现与程度,给予不同程度的奖励,即员工可做可不做,不做不会处罚,但会影响自己的回报。

2.制度管理严肃性

制度管理的严肃性即维护制度的权威性和强制性。关键必须做到以下三点:

(1)威慑力。即要让每个员工清楚地认识到制度规范作为一种带有法规性质的管理手段,具有无差别性特点,在规范约束范围内一律平等,没有变通的余地;遵守制度,按制度办事,这是每个员工应尽的义务;制度就是"高压线",是不可违背的,违反制度必将受到制度的惩罚。

(2)公平性。制度是一套理性的、非人格化的体系,是一系列抽象的、封闭的准则,是全体员工共同遵守的准则,是员工行为的依据。有制度必依,违反制度必究,制度面前人人平等。

(3)无情性。即执行制度,必须以制度为准绳,以事实为依据,不因人而异,不随心所欲,不感情用事。在饭店管理过程中,要体现制度的权威性、公平性和无情性。

3.制度管理艺术性

俗话说,制度无情人有情。这就是说,饭店经理人一方面要严格按照制度办事,另一方面在具体管理中要注意方式方法,把管理工作艺术化,从而提高管理的有效性。关键必须做到以下三点：

（1）针对性。即要求饭店经理人在执行制度中坚持"一把钥匙开一把锁"，必须针对不同的员工采取不同的方法，做到批评和处罚的有的放矢。

（2）灵活性。即要做到具体情况具体分析，灵活处理，如奖惩并举、恩威并施、将功补过等。

（3）情感性。即要做到以理服人，以情感人，把执行制度和思想工作结合起来，把执行制度和解决员工的实际问题结合起来。

（二）文化管理法

文化管理，就是从文化的高度来管理企业，强调人的能动作用，重点在于人的思想和观念。文化管理的基本方法就是加强与完善企业文化建设。企业文化是在企业发展过程中形成的、反映自身企业管理特征的、被全体成员认可的企业意识形态与表现方式。

1.构建独特的企业文化

企业文化作为企业的灵魂，首先必须是企业自己的文化，要具有独特性和不可复制性，能够体现企业家的追求与个性，并形成完整的结构与体系。

（1）使命愿景。企业存在的价值，不是由它的名字、章程和条例来定义的，而是由它的使命来定义的，因为企业使命规定了企业的根本性质与存在理由。所以，企业首先必须明晰企业的使命，发布"立身之本"的宣言。企业愿景是企业对未来的一种憧憬和期望，体现企业永恒的追求。它是一种意愿的表达，可以激发员工充满激情地关注企业的未来。

（2）价值观念。表明一个组织的基本信念与基本准则，展示组织的基本性格和公众形象，是组织和个人行为的基本指南。企业价值观一般具有两个主要特征：一是体现基于行业特性的企业的基本信念与准则。二是体现基于企业创始人的领导层的价值倾向，即企业价值观往往与企业家的个性特征紧密相连。

（3）经营哲学。即指导企业经营管理的基本理念，也就是企业获取利润、参与竞争、赢得顾客的指导思想。

【案例】

开元旅业集团企业文化[①]

企业使命：营造中国品质，创造快乐生活。

诠释：开元是一个富有民族责任感的企业。开元致力于创造具有国际影响力的中国民族品牌。开元是一个注重品位与质量的企业。开元致力于创造优质的产品和提供一流的服务，并把中华民族特有的亲和、亲切的禀性注入开元"优质的产品"和"一流的服务"之中，营造富有东方文化的开元品质。开元是一个创造幸福的企业。开元致力于让顾客和员工都享有高品质的生活，并从中感受快乐。

企业愿景：成为持续追求价值领先的旅游产业投资与运营集团。

价值观念：争先，勤奋，严谨，关爱。

---

① 邹益民，张冠明，颜亮，等.企业持续发展的基本法则.北京：旅游教育出版社，1997.

诠释：

争先。争做第一，永不言败；与时俱进，永不满足。

勤奋。专心致志，恪尽职守；脚踏实地，真抓实干；按时按量，及时反馈；竭尽全力，超越期待。

严谨。尊重科学，系统思考；求真务实，言而有信；注重细节，一丝不苟；精益求精，追求完美。

关爱。关爱顾客，关爱员工，关爱社会，关爱环境。

经营哲学：关注客户，用心服务；创造特色，打造品牌；制度为基，以人为本；快速反应，结果为准。

2. 创造可知的企业文化

企业文化是企业全体员工的共同追求、基本信念与行为准则。只有被员工广泛认知并充分领悟的企业文化，才能成为指导员工行为的企业文化。因此，企业要通过多种形式和途径，来传递企业文化，使企业文化人人皆知，并深刻理解。

(1)完善标识，宣传推广。企业文化的宣传推广主要通过视觉和听觉来传播。在视觉上，比较直观的企业文化视觉传递就是企业的名称和企业的标志等符号。在听觉上，企业文化的传递主要是员工与顾客沟通过程的言语传递以及企业的店歌和宣传口号。

(2)学习培训，融会贯通。传递企业文化最直接的就是员工的行为。顾客在与员工接触的过程中，能感受到企业文化的差异。比如香格里拉的企业文化是殷勤好客，从香格里拉员工的行为举止中，你就能强烈地感受到香格里拉员工融合了东方文化的热情和温暖。而要让员工行为折射出企业文化，就必须让员工知道并理解企业文化。为此，除了集中的企业文化培训外，在企业文化的宣贯方面，饭店企业应积极地倡导员工自主学习。要让员工能够自主学习，企业必须为员工创造自主学习的平台，包括企业文化的相关资料、企业内部营造的企业文化氛围等。

(3)专项活动，引人入胜。"文化灌输"不是消除"文化差异"的有效办法，最有效的办法莫过于"让体验说话"。专项活动是企业文化的主要载体，是展现企业文化的舞台，没有专项活动支撑的企业文化将缺乏感召力。企业文化的专项活动应该具有连续性、广泛性、发展性等特点。专项活动的连续性是由企业发展的连续性决定的，企业的现在是由过去堆积而成的，过去的好坏可以影响甚至决定现在和将来。从另一个角度讲，文化实际上需要一定的时间的沉淀才会变得清晰和耐人寻味。专项活动参与的广泛性，是指要尽可能让更多的员工参与其中。企业毕竟是企业，不可能所有员工停工，都去参与企业文化活动，但是可以轮流参与，分批参与。给更多的人参与的机会，让员工感受到企业文化是大家的文化，而不是管理层的文化，不是某一些人的文化。专项活动的主要目的是让那些平凡岗位的人找到一些成就感，传递企业的人情味，让更多的人感受到被人注目的感觉，收获成功的喜悦。因此，这就要求企业文化的专项活动在设计时能够尽可能多地兼顾到多数人的诉求。专项活动的发展性，是指专项活动要跟着企业的发展和社会的发展而发展，不能一成不变，否则就缺乏吸引力和时代感。活动的内容、活动的形式、活动参与的人数、活动项目多少都应该因时而变，与时俱进，让专项活动具有强大的生命力，能够持续推进。

3.打造可信的企业文化

企业文化要成为企业的灵魂，就必须"落地"，即将企业文化打造成可信的文化，被员工、顾客、社会感知和认同。如果企业文化仅仅是纸上写写、墙上挂挂、会上讲讲、媒体吹吹的漂亮文字，那么，企业文化就有可能成为吊在半空中的"鬼魂"。它不仅不能成为鼓舞员工的精神力量和指导员工的行动指南，而且会成为混淆员工视听和摧残员工意志的"幽灵"。

(1)机制设计，贯穿其中。要让企业员工相信企业文化，首先必须让企业文化在管理机制中有所体现，使企业文化的实施具有机制的保证。

(2)榜样示范，魅力无穷。俗话说，榜样的力量是无穷的。企业文化需要榜样示范。榜样是企业文化的人格化，是企业文化的有效性的体现，同时也是企业文化产生影响力的一个重要方式。企业文化榜样主要有两种：一是企业领导；二是英雄模范。前者是企业的精神领袖，是企业的文化教主，潜移默化地影响着所有的员工。后者是企业文化的虔诚教徒，其对企业文化的忠诚和对企业做出的贡献是其他员工努力的目标。

(3)实践证明，功成名就。要使企业文化成为员工的灵魂和行动指南，必须让员工确信企业文化是企业成功的法宝；要让社会认同一个企业的文化，必须以企业的成就告诉社会公众，这个企业是一个成功的企业，是一个富有高度社会责任感的企业。

(三)现场管理法

现场管理法也称为"走动管理法"，就是指饭店经理人通过深入现场，加强巡视检查，以调节饭店业务经营活动中各方面的关系的方法。

1.了解情况，掌握动态

经理人的正确决策有赖于客观全面的决策信息。饭店经理人应通过深入现场，掌握第一手材料，比如通过现场观察、询问等方式，了解下属的工作状态，掌握饭店业务运行情况，了解顾客对服务的评价等信息。

2.检查工作，纠正偏差

由于人性的弱点和知识、经验、能力、情绪等原因，下属在工作中难免会出现这样或那样的问题，同时也可能出现计划与实际情况的差异。这就要求经理人加强检查，对下属的不良动机与行为起到一定的威慑作用，并及时发现问题，纠正各种偏差。

3.解决困难，联络感情

饭店经理人通过现场走动，主动寻找下属在工作环境、条件等方面的问题与困难，并及时帮助解决；同时，经理人要通过巡视，加强与下属的思想交流，增进情感交流，让员工有倍受重视的感受。

4.发现亮点，及时奖励

任何人都有得到他人认可的强烈欲望，所以当一个人在工作中有所发明、有所成绩时，总希望有人赏识，有人分享。因此，饭店经理人必须要善于发现下属的闪光点，并及时给予认可与鼓励，经理人一句由衷的赞美往往能激发下属的创造欲和更加积极工作的欲望。

5.业务指导，发现人才

员工在工作中难免会遇到一些困惑与问题，此时饭店经理人就要像一名循循善诱的导师一般对其进行正确的引导，让员工看清工作的发展前景以及努力的方向；同时，经理人要通过现场观察下属的实际工作，发现具有潜质的优秀人才。

【思考与练习】

一、思考题

1.何谓有效管理？饭店实现有效管理的关键是什么？

2.如何理解饭店的基本特征？

3.怎样理解饭店经营环境与饭店管理的关系？

4.饭店怎样科学制定企业的管理目标？

5.如何理解"制度无情人有情"这一观点？

6.饭店企业文化是专家设计出来的吗？为什么？

7.饭店经理人怎样才能提高现场管理效果？

二、练习题

选择一家饭店，通过必要的调查研究，运用 SWOT 分析法，撰写一个关于饭店面临的机遇与挑战及拥有的优势与存在的不足的专项咨询报告。

三、案例分析题

建盛饭店的困境①

建盛集团公司的主业是建筑与制造业，有 11 家分厂和子公司。建盛饭店是该集团公司所属企业。该饭店按四星级标准建造，有客房 425 套，餐位 1200 个，大小会议室 12 个，并拥有 KTV 包厢、桑拿中心等娱乐设施。

集团公司对人、财、物实行统一管理，饭店中层以上管理人员由公司任命，饭店的主要经营决策由公司制定。饭店的总经理由公司的一名副总裁兼任，公司从另一家饭店招聘了一位常务副总经理，主持日常的经营管理工作。饭店人事部和财务部受公司人事部、财务部和饭店双重领导。该饭店的高层经理人和职能管理部门的经理基本上从公司有关部门调入，经营部门的经理人主要从其他饭店招聘。公司对于该饭店的基本要求是必须为公司创造良好的形象，同时在经营上实行自负盈亏，保证经济效益持平。

饭店开业以后，上下级之间、部门之间的矛盾众多，扯皮现象严重，尤其是职能部门和经营部门的矛盾更为突出：经营部门埋怨职能部门有官僚作风，不为一线着想；职能部门则认为经营部门做事无计划，不守规矩。同时，饭店从新华书店买了几本其他饭店的管理制度和服务规范，稍加修改，作为本饭店的制度和规范。但是，在实施过程中，碰到了难以执行甚至无法执行的情况。

开业一年来，该饭店矛盾众多，困难重重，服务质量和经济效益均不甚理想，饭店管理陷入了困境。

思考并回答以下问题：

1.该饭店为什么会陷入困境？

2.该饭店要摆脱困境，你认为应该采取怎样的措施？

饭店管理原理与实务

---

① 该案例由邹益民撰写，企业名称为虚拟，如有雷同，纯属巧合。

第二章 饭店竞争能力管理

【学习目标】

通过本章学习,你应该:

1. 充分认识饭店竞争能力管理的重要性;
2. 深刻理解饭店市场竞争的基本要素;
3. 正确把握饭店市场竞争战略类型及选择依据;
4. 全面掌握饭店市场营销策略的基本思路与方法;
5. 理解掌握饭店创新管理的基本环节。

【引例】

杭州最佳西方梅苑宾馆的市场竞争谋略[①]

杭州最佳西方梅苑宾馆的前身是中国煤矿工人大厦,1991 年开业时,是一家以煤炭系统内部接待为主的招待所。1993 年,进行了企业化股份制改造,并更名为杭州梅苑宾馆。

梅苑宾馆领导层深刻认识到,在市场经济条件下,要参与市场竞争并在竞争中站稳脚跟、打开局面,首先必须有正确的市场定位,并努力在所在区域处于领先地位。根据宾馆的硬件设施与市场环境,宾馆定位于以接待本土化会议为主的会务型饭店,并对饭店进行了相应的硬件改造。1994 年,为了实现市场领先地位的竞争目标,宾馆开展了创评三星级饭店的工作,并聘请了曾经由国际饭店管理公司管理过的亚洲华园宾馆进行顾问管理。首先,宾馆根据市场客源情况的转变,设计调整了服务产品和服务规程,加强了质检和培训,并通过机制的调整,实行了全员劳动合同制、岗位(职务)工资制和干部聘任制三大制度的改革,大大提高了员工的工作积极性,增加了企业的活力,并如期被国家旅游局星评委评定为三星级饭店。之后,为进一步扩大和提升梅苑宾馆的知名度,宾馆全面实施了创建"精品三星"的工作,并取得了显著成效。自 1995 年以来,梅苑宾馆连续被评选为"浙江省最佳星级饭店"。在此后的数年间,梅苑宾馆良好的服务和产品,使其在会务市场确立了较大的竞争优势,并在所在区域处于领先地位。

但是,到了 20 世纪末和 21 世纪初,一方面,杭城饭店业四星级以上的饭店已超过 30 家,竞争空前激烈;另一方面,一大批经济型饭店崛起,数量不下百家,不断地抢占市场。在

---

① 该案例由邹益民根据杭州最佳西方梅苑宾馆提供的材料改写。

这样的背景下,以会务为主要市场的梅苑宾馆的竞争优势已不复存在。2003年,为了提高宾馆的市场竞争能力,管理层审时度势,果断做出决策:一方面对饭店的硬件设施进行了局部改造,并进一步完善了经营管理体系,申报创建四星级饭店;另一方面引进国际品牌,加盟"最佳西方(Best Western)"。与此同时,宾馆对目标市场进行重新定位,制定了以散客为主、会议为辅、团队为补充的市场定位,饭店也由会议型饭店转型为商务散客型饭店。之后,宾馆借助争创四星级饭店的契机与最佳西方的国际品牌支持,进一步调整充实了营销队伍,制定了系统的营销策略与服务品质控制体系,不断强化国际品牌饭店的形象。由于宾馆星级的提高、国际品牌的影响及营销与管理措施的到位,宾馆吸引了不少外资、合资企业的外宾散客及欧美团队的入住,客源结构得到了优化,使宾馆的国际商务型饭店氛围日渐浓郁,顾客满意度与宾馆的经济效益逐年提高。

实践证明,引进国际品牌,争创高星级饭店,全面改善软硬件条件,以及合理的市场定位和市场转型,给梅苑宾馆带来了良好的效益。

梅苑宾馆的成功经验表明,在日趋激烈的竞争环境中,饭店企业要生存与发展,就必须在市场调研的基础上,确立自己的市场定位,设计提供符合市场需要的产品,并建立完善的管理体系。作为饭店经理人必须清晰地认识到:市场经济是竞争经济,饭店企业作为市场经济的组成部分,必须敢于竞争,善于竞争,正确选择市场竞争谋略,合理制定市场营销策略,不断增强创新管理能力,以不断提升在市场竞争中制胜的能力。

第一节　饭店市场竞争谋略

思路决定出路,战略照亮未来。根据市场经济的要求,在未来企业经营活动中,企业必须遵循以下规则:一是诚信,这是市场经济的道德规则;二是双赢,这是市场经济的交易规则;三是法制,这是市场经济的管理规则。饭店要提高市场竞争中制胜的能力,首先必须正确认知市场竞争,明确市场竞争定位,正确选择市场竞争战略。

一、市场竞争认知

市场竞争,是指经济主体在市场上为实现自身的经济利益和既定目标而不断进行的角逐过程。它一般由竞争者、竞争目标、竞争场与竞争策略四个要素构成。在此,竞争者是策略的制定者,是竞争的核心;竞争目标源于竞争者的需要,是竞争者之间角逐的对象;竞争场为竞争者提供活动的场所、范围,它源于竞争者的活动;竞争策略则是竞争者为了达到竞争目标而运用的手段和工具,是竞争的表现形式。

(一)竞争主体

竞争主体,即竞争的参与者。要形成竞争,必须要两个以上的竞争参与者。是否构成竞争,主要取决于经济主体目标的同一性与资源、利益的有限性。对饭店而言,主要存在三种竞争:一是饭店企业之间的竞争,主要表现为争夺有限的资源(人、财、物等)和消费者;二是饭店企业与供应商之间的竞争,主要表现为讨价还价;三是饭店企业与消费者之间的竞争,同样表现为讨价还价。当然,从市场竞争的角度,还存在消费者之间的竞争和供应商之间的竞争,前者主要表现为争夺各自需要的饭店产品,后者主要表现为争夺各自需要的供货饭店。市场竞争的形式是由市场的供求关系决定的。当市场供大于求时,饭店企业之间的竞争就会异常激烈,当然供应商之间的激烈竞争也不可避免;在市场供不应求的情况下,消费者之间争夺有限饭店服务商品的竞争将成为竞争的主流,另外,饭店之间为争夺有限的物质资源也必然打得不可开交;在市场供求相对平衡的情况下,市场竞争形式非常复杂,存在多种关系的竞争。

(二)竞争客体

竞争客体,即竞争目标。这里的目标是指满足竞争者自身"生存"与"发展"需要的"利益"和资源。在竞争中,竞争参与者之间是相互对立、相互制约的,即一方的经济利益和资源拥有越多,另一方就越少。

在现实经营中,一些饭店企业认为要想在竞争中占据主动,就必须打败竞争对手,即以此作为竞争的目标。其实,这是片面而有害的。在市场经济条件下,价值规律决定着生产要素流动的方向、速度和规模,资本内在的利益驱动,推动着资本不断向利润率高的地区、行业、企业运动。资本运动的方向代表着结构调整的方向,代表着生产力升级的方向。正是以资本对利润的最大追求为动力形成的市场机制,推动生产要素的优化组合和产品、产业、投资结构优化,以及生产力水平的提高。所以,只要有利可图,永远不可能没有竞争对手,饭店业更是如此。因为饭店业不像工厂、商店那样容易转产,其本身的建筑结构、功能布局的特殊性决定了服务功能的相对稳定性。所以,当一家饭店由于竞争对手的强烈攻击无法生存时,一般不会改变其饭店的功能,而只能换一个更强的业主或经营者,即换一个更强的竞争对手。优胜劣汰的竞争法则,只是告诉饭店企业要想掌握竞争的主动权,就必须比别人做得更优、更好。

(三)竞争空间

竞争空间即竞争场,饭店的竞争场就是市场。市场是买卖双方进行交换的场所。而对于饭店经营者而言,饭店市场则特指饭店服务产品的现存和潜在的购买者。根据市场的不同状况,可以分为:

(1)潜在市场。这种市场主要有两种情况:一是对饭店服务产品有消费欲望,但是目前还没有消费的实力;二是有消费的实力,但没有消费的欲望。

(2)可获得市场。即对饭店服务产品有兴趣,也有购买能力的顾客。

(3)目标市场。即最有潜力且饭店最有能力获得的顾客。

(4)已渗透市场。即饭店已进入经营的那部分目标市场。

掌握不同的市场及它们之间的关系,具有两方面的意义:一是可以准确地衡量与预测不同市场的需求量规模;二是可以制定适当的扩大市场占有率的营销策略。

一家饭店要想在竞争中真正立于不败之地,不仅要有占领市场的理念和策略,更要有创造市场的理念和策略。

创造市场,实际上就是提高市场的绝对量和相对量,绝对量就是总量的扩大,相对量则是质量的变化和类型的改变。创造市场关键在于顺应潮流,把握趋势,不断创新。其基本途径主要有以下几条:一是通过宣传,倡导新的消费观念,把潜在的客人变为现实的客源;

二是在新的地区与领域,采取卓有成效的推销手段和策略,开发新的市场;三是增设新的服务设施和项目,扩大消费者的选择范围,以创造新的市场需求。

(四)竞争策略

竞争策略,即竞争者针对竞争中可能出现的各种情况,制定的相应对策和决策。饭店的竞争策略,总体上可分为价格竞争策略与非价格竞争策略。饭店竞争策略反映了饭店不同的竞争层次。从目前来看,饭店竞争大体可分为以下三个层次。

1.价格竞争

价格竞争,就是饭店为了实现一定的经营目标或经营战略,把产品价格调整到正常定价水平以下或以上,以排斥竞争对手、赢得市场的一种竞争策略。在绝大多数情况下,价格竞争主要表现为采取降价的办法来提高市场占有率。低价竞争与其他竞争策略相比,虽然具有直接、简便、迅速等优点,但这是一种低层次的竞争。因为它是一种无门槛、低效应、高风险的竞争。如果单纯采用低价竞争,可能会带来以下弊端:

(1)低品质。消费者可能会认为低价格的品质要比高价格的品质差。同时,由于低价格产生低效益,可能导致服务质量下降的状况。

(2)低忠诚度。采用低价竞争或可暂时取得市场占有率,但却往往难以持续。因为靠低价吸引的顾客无忠诚度可言,他们往往是"墙头草两边倒,哪里便宜就往哪里跑"。

(3)高财务风险。低层次的价格竞争有可能导致入不敷出、应收账款增加和坏账损失提高。

所以,从战略角度来看,低价竞争绝不应成为企业竞争的理想选择,而只是在特定条件下的一种应急策略。如果饭店拟采取低价竞争策略,要想行之有效,需特别注重以下三点:

(1)主动,就是要力争主动地率先降价,凭实力夺市场。这就要求在采取降价前,准确地掌握市场信息,充分估计竞争对手可能会采取的对策。然后,果断行动,以求在有效的时间内,获取尽可能大的效益。

(2)适度,就是要将降价幅度控制在目标的适度范围内。降价幅度过大,会造成不应有的损失;幅度过小,则不能启动市场,达不到降价目的,造成无谓牺牲。低价竞争绝不是随波逐流,而是要更好地达到自己的营销目的。特别是在低价竞争中处于被动地位时,切不可简单地仿效他人,一定要冷静地分析具体情况,再予以果断决策。

(3)技巧,即在具体实施低价竞争时,在商品价格的制定中,要根据自己的营销目标,结合不同的商品、不同的消费对象和不同的竞争对手,正确采用不同的定价策略,以取得最有效的竞争结果。

2.品质竞争

品质竞争,即通过高品质服务提高顾客的满意度,来赢得市场的竞争策略。这应该是饭店之间竞争的基本策略。

品质竞争的关键在于建立顾客价值导向的基本准则。饭店要提高服务品质,首先必须立足于研究我们的服务对象——目标顾客群体。随着市场经济的日趋完善,我国饭店的消费者也日趋成熟,主要表现在:一是消费者的经验越来越丰富,消费者越来越会挑剔;二是个性化消费越来越突出;三是消费者的消费越来越精明;四是消费者的自我保护意识越来越强。这就要求饭店必须更新服务模式,提高服务与管理水平,以适应消费者的需要。

3.品牌竞争

品牌竞争,即通过创造著名品牌来占领市场,并获得高附加价值的竞争策略。这是最高层次的竞争,也是饭店业的发展趋势。实施品牌竞争策略,饭店应通过品牌塑造与推广,来唤起消费者的欲望,拨动消费者的心弦,带给消费者超值的享受,培养消费者的忠诚度,以实现别人卖得少,你卖得多,别人卖得便宜,你卖得贵的超值获利目标。

【案例】

杭州浙江西子宾馆的品牌竞争之道①

浙江西子宾馆是浙江省警卫局所属的接待经营型饭店,位于杭州美丽如画的西子湖畔。随着改革开放的不断深入,西子宾馆也随之开始转型,除了完成一定数量的接待任务以外,更多的是与市场接轨,参与市场竞争。

警卫局与宾馆领导深知,竞争之道,实质是品牌竞争之道。要想在竞争中脱颖而出,就必须扬长避短,发挥优势,打造自己的品牌。为此,浙江西子宾馆从真正进入市场那天起,就开始步入了品牌建设之路。他们主要进行了以下卓有成效的工作:

(1)品牌形象定位。浙江西子宾馆充分利用"名湖、名园、名人、名店"的客观优势,将宾馆定位于"世界文化遗产里集诗意气质与时尚情结的体验型文化饭店",致力于为客人提供深厚的传统文化体验,使客人置身于风景如画的西子湖畔,尽享"优活"人生。在此,体验型文化是宾馆的应有之义;诗意气质是宾馆的传承之美;时尚情结是宾馆的时代之香。据此,他们确立了"一个让心灵散步的地方"的品牌标识语。

(2)目标顾客定位。根据品牌形象定位,浙江西子宾馆将目标市场定位于高文化知识、高社会影响和高生活品位的商务与休闲度假散客。

(3)硬件产品设计。除了设计最具西子风韵的客房、最具西子特色的餐饮与湖光山色的康乐活动外,还精心设计了专项产品。如针对暑假、春假、秋假、寒假、六一等时段的亲子产品;针对闺蜜、同学、战友、朋友等小聚的需求聚会产品;针对情侣市场推出基于恋爱婚姻阶段(相识→热恋→求婚→结婚→生子→倦怠→怀旧)的不同产品,包含情侣自助餐、求婚、订婚宴、婚宴、满月酒、结婚周年庆等产品;针对银发市场的修身养性疗养等需求推出养生产品;针对文化需求市场推出文化创意类的饭店产品。

(4)特色服务打造。一是以"精细私密"接待高端政务客人,即提供优质卓越的管家式服务和高度个性化的接待流程,突出浙江西子宾馆的"细腻"和用心极致。二是以"高效到位"服务高端商务客人,即在深度把握商务客人居住需求和生活习惯的基础上提供服务,向国际一线商务饭店品牌学习具有国际标准的服务流程,同时融合东方文化气息和人文关怀,在"高效到位"中超越客人的期待。三是以"恰到好处"关心休闲度假客人,即最大限度地尊重客人对私密性的要求,给予客人足够的个人生活空间和休闲活动场所,保证服务到位不越位,恰如其分,恰到好处。

(5)品牌有效传播。一是完善服务品质管理体系,不断提高服务品质,充分利用顾客的口碑,进行品牌传播;二是充分利用自媒体,准确传播宾馆的品牌价值与品牌诉求,促进顾

---

① 该案例由邹益民根据西子宾馆提供的资料撰写。

客对宾馆品牌的理解与认可;三是通过传统媒体与新媒体,宣传推广宾馆的品牌形象;四是通过各种专项营销活动,激发顾客消费欲望,引导顾客需求,促进顾客消费行为。

正是浙江西子宾馆坚持品牌经营之路,宾馆的客房收益、餐饮收入始终处于杭州市乃至浙江省高星级饭店的领先地位,顾客满意度与忠诚度逐年提升,并荣获中国饭店"金星奖"等多种荣誉称号。

浙江西子宾馆的成功经验表明,在未来日趋激烈的竞争中,中国饭店只有致力于品牌竞争,不断提升饭店服务价值,才能创造理想的社会经济效益。

二、市场竞争定位

在一个特定的行业中,企业的竞争地位可用不同的指标来表示,例如,可以用相对市场占有率和企业的实力等来表示,也可以用不同方式表现出企业所处的竞争地位。美国著名市场营销学教授菲利普·科特勒根据各企业在行业中所处的地位,把它们分成以下四类。[①]

(一)市场领先者

市场领先者,是指在相关的产品市场中占有最大市场份额,并且在价格变化、新产品开发、分散覆盖和促销手段上,对其他企业起着领导作用。居于市场领先地位的企业要想继续保持其市场领先地位,需要从以下两个方面进行努力:

(1)企业必须找到扩大总需求的方法。处于统治地位的企业,由于其占有的市场份额大,通常在总市场扩大时得益也最多。为了扩大总市场,市场领先者通常采用以下几种方法:一是寻找其产品的新客户。二是寻找产品的新用途。企业可以通过发现和推广产品的新用途来扩大市场。三是说服消费者在各种场合更多地使用该产品,消费者更多地使用,该产品的销量就会增加,企业扩展市场的目的就能达到。

(2)企业通过良好的防御和进攻策略来保护现有的市场份额。市场领先者在努力扩大市场总规模的同时,还必须注意保护自己现有的市场不受侵犯。市场领先者为了保护它的地盘,一般采取两种防御措施:一种是静态防御,即市场领先者在企业周围建造一个牢固的守卫"工事",以防止竞争者的侵略。另一种是动态防御,即在竞争对手向自己发动进攻前,先向对手发动进攻,使竞争者一直处于防守地位,而自己则从被动变为主动。

(二)市场挑战者

市场挑战者,是指那些积极向行业领先者或者其他竞争者发动进攻来扩大其市场份额的企业。这些企业可以是仅次于领先者的大公司,也可以是那些让对手看不上眼的小公司。只要是为了扩大市场份额,对市场领先者或其他竞争者发动进攻的企业,都可称为市场挑战者。

挑战者对竞争对手的进攻主要有以下两种方式:

(1)直接进攻,即直接从正面向竞争者发起攻势。在直接进攻中,市场挑战者是针对竞争对手的产品、广告价格、包装等发起攻击,若想进攻成功,挑战者一般要有超过竞争对手的实力,否则难以成功。这种进攻方式实质上是向竞争者的优势展开进攻。

---

① 菲利普·科特勒,洪瑞云,梁绍明,等.市场营销管理(亚洲版).郭国庆,成栋,王晓东,等,译.北京:中国人民大学出版社,1997.

（2）间接进攻。这种方式是挑战者避开直接向竞争者居优势的现行领域进行攻击，而是绕到竞争者的后方，攻击竞争者较薄弱且较容易进入的市场，以扩大自己的资源基础和市场份额。间接进攻方式有三种方法：多样化地经营无关联产品；用现有产品进入新的地区市场；引入新技术开发换代产品，当换代产品的性能达到或超过现有产品时，挑战者就有力量向市场领先者发起直接的正面进攻。

（三）市场追随者

市场追随者，是指那些不愿扰乱市场形势的一般企业。这些企业认为，它们占有的市场份额比领先者低，但自己仍可以盈利，甚至可以获得更多的收益。它们害怕在混乱的市场竞争中损失更大，它们的目标是盈利而不是市场份额。

为了不招致领先者的报复，市场追随者常常仿效市场领先者，为购买者提供相似的产品和服务。市场追随者通常用以下三种方式进行追随：

（1）紧追不舍。追随者在尽可能多的细分市场和营销组合领域中模仿领先者，追随者往往几乎以一个市场挑战者的面目出现，但它如果并不激进地妨碍领先者，它们之间的直接冲突便不会发生。有些市场追随者在刺激市场方面很少动作，它们只希望靠市场领先者开辟的领域坐享好处。

（2）有距离追随。市场追随者仅在主要市场以及产品创新、价格水平和分销上追随领先者，而在其他方面则同市场领先者保持一段距离。

（3）有选择追随。此类企业不完全地追随市场领先者，而是有选择地进行追随，即根据自己的情况在有些方面紧跟领先者，以明显地获得好处，而在其他方面又走自己的路。这类企业可能具有完全的创新性，但它们又避免直接地与市场领先者发生对抗。这类企业通常会成长为未来的市场挑战者。

（四）市场补缺者

市场补缺者，是指那些选择不大可能引起大企业注意的市场的某一部分进行专业化经营的小企业。这些企业为了避免同大企业发生冲突，往往占据着市场的小角落。它们通过专门化的服务，包括对某一类型的最终使用者服务、按照客户需要的服务、专业化生产某一种有特色的产品、把销售对象限定在少数特定的顾客等来占领市场。

（1）市场补缺者在经营上的特点是：高度集中，不愿意样样都干；通常拥有质量高、价格低的产品或服务；单位产品成本较低；在产品的研发、新产品引进、广告、促销和人员开支上花费较少；优越的售后服务等。

（2）市场补缺者成功与否关键在于市场补缺基点的选择上。这些企业通常寻找一个或多个安全且有利可图的市场补缺基点。一个理想的市场补缺基点一般有下列特征：一是该补缺基点有足够的规模和购买力，企业有利可图；二是该补缺基点有成长潜力；三是该补缺基点被大企业所忽略或不愿意满足；四是企业有市场需要的技能和资源，可以进行有效服务；五是企业能够靠已建立的顾客信用，进行自卫来抵制竞争者的攻击。

（3）市场补缺者承担的主要风险是选定的市场基点可能会枯竭或受到其他竞争者的攻击，市场补缺者往往选择多个补缺基点，作为自己经营的领域，以增加企业的生存机会。

三、市场竞争战略

从市场竞争功能来看，可分为有效竞争和无效竞争。有效竞争是一种有序、公平、适度的竞争,是一种按照一定规则,在公平、合理、机会均等的原则下,具有良好的动机,运用正当的竞争手段,达到经营管理最高效力的竞争;而无效竞争则是一种无序、不公平、不适度的恶性竞争。根据迈克尔·波特的观点[①],饭店可采取的基本竞争战略主要有以下三种类型。

(一)低成本战略

低成本战略即成本领先战略,就是使企业的总成本低于竞争对手的成本,甚至在同行业中处于最低,从而取得竞争优势的一种战略。成本领先战略强调以很低的单位成本为价格敏感的消费者提供标准化的产品与服务,故这种战略也叫价格竞争战略。

1.实施条件

饭店企业要成功实施低成本战略,应注意其中隐含的六个条件:一是企业所在市场为完全竞争的市场;二是在顾客心目中,价格差别比产品差别更重要;三是目前饭店之间的产品几乎是同质的,且大多数顾客的需求相似;四是随着饭店规模的扩大、服务项目的增加,能有效提高饭店吸引力,可以迅速降低产品平均成本;五是饭店与现实的竞争对手处于同一档次;六是饭店产品需求弹性较大,降低价格能有效刺激需求。

2.潜在风险

尽管成本领先战略可帮助饭店取得价格优势,防止新进入者侵蚀本饭店的市场份额,但也存在以下风险:

(1)可能会使竞争者效法,降低成本带来的优势,继而压低整个行业的盈利水平。

(2)顾客的价格敏感性可能下降,不愿意反复享用缺乏特色的产品,转而寻求更新颖、更高品质的服务。

(3)为使成本最低而进行的投资,可能会使企业局限于目前的战略计划中,而难以适应外部环境和顾客需求的变化。

3.实施途径

(1)促进纵向、横向一体化。通过纵向一体化,消除其上游企业利用其资产的专用性敲其竹杠的机会主义行为,从而节约交易成本和生产成本。通过横向一体化,扩大企业的生产规模,获规模经济之利,并且增加市场控制权。

(2)推进战略性合作。其目的是和其他企业共同分摊某种具有明显的正外部性的经济活动的成本。同时,战略性合作也可以实现饭店间及其他企业间战略资源的互补,降低竞争强度,对竞争环境的变化做出敏捷的反应,减少不确定性,实现饭店产品的多样化和企业间的协同,更好地服务与方便顾客。

(3)实施全面成本管理。①成本筹划,即以价值工程思想为依据,设计合理的成本。②管理设计,即对饭店的管理要素进行科学的整合,降低管理成本。③标准化管理,即通过标准化,保证饭店业务活动的正常运行和服务质量的稳定,并减少人员,提高劳动生产率。④成本控制,就是对饭店成本费用进行预测、核算、监督、考核、分析等工作。

(二)差异化战略

差异化战略,是指为使企业产品与竞争对手产品有明显的区别,形成与众不同的特点而采取的一种战略。

---

① 迈克尔·波特.竞争优势.陈小悦,译.北京:华夏出版社,1997.

1. 实施条件

饭店实施差异化战略,一般应具有一定的外部与内部条件:

(1)外部条件。主要有:一是市场基础,即顾客需要有特色的产品,并愿意支付相应的附加值;二是法律基础,即国家对差异化产品有必要的法律保护;三是技术基础,即社会能为饭店创造差异化产品提供必要的技术支持。

(2)内部条件。饭店应具有足够的市场调研与产品创新能力,饭店对顾客需求有深层次的把握,并能根据自身优势,创造顾客认可的差异化产品。

2. 潜在风险

实施差异化战略,尽管可以帮助饭店增强讨价还价的能力,提升顾客的忠诚度,并形成强有力的进入障碍,但是,该战略也存在一定风险:

(1)要想创造性地将本身的优势与目标顾客群的真正需求结合起来,并非易事。

(2)饭店产品差异化创新需要付出代价,但竞争对手则可能会以很低的代价来模仿这些差异特征。当许多饭店都开始拥有某种特色时,这种特色就变成了一般性能。

(3)饭店为使产品具有特色所进行的投资会导致成本的增加,从而引起价格上升,可能影响产品销售。

(4)顾客需求发生改变,不再需要饭店提供差异化产品或服务,或竞争对手开发出更具差异化的产品或服务,导致饭店原有消费者投向竞争者的怀抱。

3. 实施途径

饭店差异化战略实施的基本途径是服务创新,需注意以下一些问题:第一,差异化创新不应以少数顾客的需要为依据,而应着眼于目标市场顾客的需求。第二,独特产品应努力形成体系,并充分让顾客理解。第三,差异化产品要努力成为一种名牌,产生品牌效应。第四,饭店要注意运用有关的法律和制度,保证本饭店的独特优势不被模仿侵权。第五,实施差异化所得到的溢价大于为此而付出的成本。

【案例】

引领市场潮流的顶级西餐①

杭州雷迪森铂丽大饭店是 2013 年 11 月开业、按五星级饭店标准建设与管理的高档商务饭店。饭店高层领导认识到,面临竞争日趋激烈的饭店市场,一家新的饭店要站稳脚跟,打开局面,必须与众不同,具有独特的竞争优势。所以,开业前,饭店就组织管理层进行了专题研讨,重点讨论优势产品的打造问题。他们根据杭州市萧山区的饭店普遍对西餐不是很重视,一般将西餐作为饭店餐饮的配套辅助产品的情况,确立了"打造顶级西餐,引领市场潮流"的基本目标,并制定了比较完善的实施方案,一步步向着既定目标迈进。

首先,人才保证。饭店聘请了有澳门君悦饭店、澳门银河饭店西餐行政总厨工作经历的 Paul 及其米其林团队,并聘任 Paul 为饭店餐饮部副总监兼西餐行政总厨,全面负责高端西餐产品打造。

其次,产品极致。开业之初,饭店选择在萧山已有一定市场基础的自助餐为突破口。

---

① 该案例由邹益民根据杭州雷迪森铂丽大饭店提供的材料改写。

饭店的管理层深知,要赢得顾客,产品是基础。为此,饭店对自助餐的产品进行了精心策划,自助晚餐共设七大档口,300个品种,海鲜档、西点档尤为突出。尽管自助晚餐价格定位在298元/位,加收15％服务费(萧山市场自助晚餐定价基本在168~188元/位,不收取服务费),但由于品种丰富,品质优良,环境优雅,自助晚餐一经推出就广受好评,迅速打开了西餐的市场。随后,饭店进一步推出了西式婚宴、西式宝宝宴、西式婚宴主题茶歇、高档酒会、奢华西式套餐等,绚丽的场地布置,精美的餐具和食品,规范的西式服务,让消费者大开眼界,好评如潮。

再次,活动策划。为了保持自助晚餐的吸引力,饭店在开业三个月后策划了各类特色美食节,如地中海风情美食节、米其林美食节、泰国美食节、巧克力甜品秀、意大利美食节等。每个美食节均聘请外籍及我国香港、澳门地区顶级名厨来饭店亲自操刀,同时聘请泰国特色舞蹈演员、意大利行为艺术画家、甜品秀模特等到现场表演,烘托异域氛围,打造宣传亮点。

最后,宣传推广。2013年11月月初,酒店西餐、西点试做成功,艺术造型和口感均达到较高的水平,饭店就推出了为期一周的"公众开放日",在大堂区域两侧搭建茶歇台,本地居民均可到店参观并免费品尝精美西点。消息一经公布,每日有大量市民出入酒店,对酒店高档的硬件设施和精美西点赞不绝口,在市民层面口口相传。之后,饭店又举行了一天的"媒体开放日",邀请新闻媒体70多人到店参观、交流,每人获赠饭店体验券,但不做任何发稿要求,媒体记者在参观交流过程中多次通过微信、微博等新媒体发布饭店各类照片和即将开业的信息,在媒体圈打开了信息传播的渠道,同样取得了理想的效果。

经过近一年的经营实践,饭店餐饮的西餐产品赢得了市场的高度认可,预订量大幅提升,彻底打开了萧山西餐市场,西餐成为饭店最受欢迎的产品之一。2014年,新浪微博将饭店的普罗旺斯西餐厅评为"最佳人气餐厅";2015年,《橄榄餐厅》杂志将普罗旺斯西餐厅评为"最佳西餐厅"。

(三)集中化战略

集中化战略又称市场聚焦战略,是指饭店将自己的经营目标集中在特定的细分市场,并且在这一细分市场上建立起自己的产品差别与价格优势。

1.适用条件

饭店实施集中化战略需具备以下三个基本条件:一是确有特殊需求的顾客存在,并具有必要的规模;二是尚未发现其他竞争对手试图在上述目标细分市场中采取此战略;三是饭店在某些特定市场中具有一定的实力与优势。

2.潜在风险

尽管饭店实行集中化战略能以更高的效率、更好的效果为某一特定的对象服务,从而超越竞争对手,但是,其同样存在一定的风险。

(1)由于全部力量和资源都投入了一种产品或服务一个特定的市场,当顾客偏好发生变化,技术出现创新或有新的替代品出现时,这部分市场对产品或服务需求下降,企业就会受到很大的冲击。

(2)饭店提供的专业化服务既增加了其他竞争者替代的难度,但一旦目标市场衰落或消费需求发生改变,也增加了本饭店产品进入其他细分市场的难度。

(3)竞争者打入了企业选定的目标市场,并且采取了优于企业的更集中化的战略。

3.实施途径

艾·里斯和杰克·劳特劳在《定位》一书中指出,定位的目标是使某一品牌、公司或产品在顾客心目中获得一个据点,一个认定的区域位置,或者在预期顾客的头脑里占有一席之地。[1]饭店市场定位必须向自己特定的目标顾客传递准确的信息,如果定位与传递的信息不符,那么定位就是一股逆火,会招致相反的结果。饭店实施目标集中战略,必须要坚持"有所为,有所不为"的原则,懂得"有所得,必有所失"的道理,通过比较优势分析,清楚自身的优势和不足,采取"扬长避短"、"在夹缝中求生存求发展"的策略,合理地选择企业所期望的目标市场,在自己有相对优势的市场领域谋求发展。

【案例】

先生免进:瑞士的女士饭店[2]

29岁的克莱尔·乔伊是英国的一名银行家,她几乎每个星期都要去一趟瑞士的苏黎世。她听说苏黎世开办了一家专门招待女性的饭店后,马上就订了一个房间。乔伊说,她已经非常讨厌走进苏黎世各家饭店的酒吧了,因为走进那些酒吧,无论是服务员还是陌生人都会问她:"小姐,你等人吗?"

事实上,这家名为"女士优先"饭店的目标顾客就是像乔伊这样的女性高级管理人员。这些事业有成的女性认为,传统的饭店有时候让她们觉得很不自在,她们宁愿享受客房用餐服务,而不愿独自一人在饭店餐厅里用餐。

"那里简直就是我们女人的天堂,"乔伊说,"辛苦劳累了一天,你想要的就是平和与宁静,但是孤单一人在餐厅就餐可能会是很吓人的经历。餐厅里总是挤满了男人,服务员给你安排一张桌子,你得面对每一个人,一切都是那么无遮无拦,暴露无遗,太难受了。"而位于苏黎世湖附近的女士饭店除了大堂接待区之外,饭店内的任何区域都不准男人进入。饭店的所有工作人员都是女性,因此,客人入住以后可以完全放心,他们在饭店里绝不会遭遇男人。她们可以穿着晨衣从自己的卧室到楼顶的健美美容中心,随意到处溜达。她们也可以充分地放松自己,洗洗土耳其浴,蒸蒸芬兰桑拿,或者享受一番中国式按摩的妙处。

据饭店经理耶尔·施奈德介绍,"女士优先"饭店规模并不大,只有28个房间,是由苏黎世一个非营利性的女商人协会开办的,建造耗资160万英镑。饭店的内部装修也是由女性室内装饰设计专家承担,处处体现为女士服务的宗旨。比如说,浴室设计跟普通的三星级饭店相比要大一些,灯光也好一些。浴室里备有灯光调解器,但是没有刮须器插座。

饭店每夜收费120英镑。客房内的衣柜是特别设计的,适合于挂裙子之类的衣物。通常在迷你酒吧里可见的巧克力和花生被瑞士无糖饼干和亚洲小吃所代替。早餐也体现出节食减肥的理念,用意大利"卡普契诺"式早餐代替鸡蛋、香肠和糕点之类的食品。

集中化战略实施的基本途径主要有以下几点:

(1)饭店设施针对性。即所有设施与功能设计都应基于特定目标顾客的需求和爱好。

---

[1]　艾·里斯,杰克·劳特劳.定位.王恩冕,于少蔚,译.北京:中国财政经济出版社,2002.

[2]　案例来源:中华女性网,作者吴小龙.

比如客房,可称为顾客的"家外之家",住饭店从本质上讲就是住客房。一般而言,饭店客房设施设备应该功能齐全,使用方便,布局合理,环境优雅,色调宜人,安静舒适,洁净安全。客房的服务应该物美价廉,及时周到;安全卫生,舒适方便;热情诚恳,礼貌尊重;亲切友好,谅解安慰。但是,作为采取目标集中战略的饭店,其客房定位必须因自己的目标顾客而定,如老年客房、青年夫妻客房、新婚客房、单身女性客房、休闲度假客房、商务客房等。

(2)利益诉求专一性。即利益诉求必须满足特定目标顾客的欲求,使顾客深切感受到饭店"特别的爱献给特别的您"的情感。

(3)服务标准独特性。即服务标准必须为特定目标顾客的需求而设计。饭店要通过自己的专门化、个性化服务策略,使目标顾客产生忠诚。

(4)营销活动主题性。即营销活动针对特定的目标顾客设计营销主题,在此主题下营造相应的环境,营造一种独特的气氛和情调,从而产生吸引力和新鲜感,以此吸引特定的目标顾客群体。

第二节　饭店市场营销策略

饭店竞争战略最终主要是借助于饭店的营销活动实现的。要使饭店营销活动卓有成效,必须选择并有效实施营销策略。

一、营销组合策略

目前,比较有代表性的营销组合策略主要有三种:一是美国学者麦卡锡(Jerome McCarthy)于 1960 年提出的 4P,即 Product(产品)、Price(价格)、Place(渠道)、Promotion(促销)营销组合策略。这是最基础、最经典的营销组合策略。二是美国学者劳特朋(Lauteborn)教授提出的 4C 理论,即 Consumer(顾客)、Cost(成本)、Convenience(便利)和Communication(沟通)营销组合策略。4C 营销组合策略实质上是以顾客满意为中心的营销策略,即从"顾客请注意"转向"请注意顾客"。该理论认为,企业营销组合策略应充分关注顾客需求,降低(顾客)成本,创造便利,有效沟通。三是由美国学者唐·舒尔茨(Don E. Schuhz)提出的以竞争为导向的 4R,即 Relevance(关联)、Reaction(反应)、Relationship(关系)和 Reward(回报)营销组合策略。4R 将企业的营销活动提高到宏观和社会层面来考虑,提出企业与顾客及其他利益相关者应建立起命运共同体,巩固和发展长期的合作关系,强调关系管理而不是市场交易。该理论认为,企业的营销组合应紧密联系顾客,提高市场反应速度,重视与顾客的互动关系,追求合理回报。

(一)产品策略

1.产品组合策略

产品组合策略,即饭店对产品组合的宽度、广度、深度和密度进行不同的结合。宽度是指饭店共有多少产品系列,如客房、餐饮、康乐等。长度是指每个产品系列可以提供多少种不同规格的产品,如康乐有桑拿、健身、网球、KTV 等。深度是指每一规格的产品能提供多少项服务内容,如桑拿有干蒸、湿蒸、擦背、修脚、按摩等服务内容。密度是指各分类产品在使用功能、生产条件、销售渠道或其他方面的关联程度。

一般来说，饭店的产品组合策略主要有以下三种：

（1）缩减策略。即饭店缩小产品组合宽度、广度和深度，加强产品组合密度。该策略有利于饭店减少资金占用，加速资金周转；有利于广告促销、分销渠道等的目标集中，提高营销效率。加强产品系列的关联性，有利于饭店资源的充分利用，有利于饭店产品的整体销售。

（2）扩展策略。即饭店拓展产品组合的宽度，或加强产品组合的深度，以扩大经营范围。它有利于饭店充分利用资源，适应多样化或多层次的消费需求，扩大市场，为饭店减少分散经营风险。

（3）延伸策略。即饭店延伸现有产品组合长度。其中，在高档产品中，增加廉价产品项目，为向下延伸；在原有产品组合内增加高档产品项目，为向上延伸；向上下两个方向延伸，则为双向延伸。

2. 产品开发策略

产品开发策略，即新产品设计、创造的思路与方法。

【案例】

宜必思酒店的市场定位[①]

宜必思是法国雅高酒店集团在 1974 年创立的一家连锁经济型平价酒店，1972 年受当时法国石油危机的影响，法国政府觉得国内的大企业很难扶持，于是决定转向扶持中小企业。雅高集团的两大主席之一、创始人保罗·杜布吕敏锐地觉察到这里有个巨大的商机：法国的中小型企业会越来越多，它们的员工出差入住酒店的比例也会越来越高，酒店业生意一定会火起来。但是，杜布吕又觉得中小企业的员工住酒店一定不会像大企业那样，住雅高那样的豪华酒店，一般只会住三星以下或者无星的酒店。于是，杜布吕决定创立一家专门供中小企业员工入住的酒店，但当时法国的酒店业竞争已很激烈，杜布吕认为宜必思必须走差异化的路线，找出自己的价值主张。为此，他提出了一个全新的酒店概念——经济平价型，希望通过价格战击败对手。

通过严谨认真的调研和基于经营雅高酒店的多年经验，杜布吕发现法国人比较看重酒店的九大元素：一是餐饮；二是建筑的美感；三是外出的便利性；四是安静的房间；五是床的舒适性；六是环境的卫生；七是大堂的宽敞浪漫；八是前台服务的热情；九是完备的家具设备。

但要同时满足这九个元素，宜必思付出的成本必然很高，根本无法做到平价，但如果不满足这九大元素，又很难吸引来顾客，该怎么办呢？经过思考，杜布吕想到了解决办法，他从九项顾客最看重的元素中挑出了三项加以重点强化，分别是安静的房间、环境的卫生和床的舒适性。因此，宜必思没有餐厅，前台没有过多的接待员，酒店的地理位置也不是很好，这些都极大地降低了成本，硬件设置条件一旦降下来了，支出费用也就低了，平价得以实现。之后，杜布吕开始宣传和放大宜必思强化的三项优势。顾客们很快把注意力转了过来，不再踌躇于其他元素，自此宜必思酒店顾客盈门。

---

① 徐立新. 企业党建参考报，2012-01-30.

以上案例告诉我们,饭店新产品开发,须在市场调研基础上,明确基本的指导思想与基本思路。一般而言,饭店产品开发必须遵循以下三项基本原则:

(1)注重顾客价值。饭店产品开发须以顾客价值创造为核心,以实现顾客满意和顾客忠诚为目标。顾客价值,即顾客对饭店所提供满足其需求的服务,在感知利得和感知利失之间的权衡。感知利得是顾客体验了饭店服务后,对其所获得利益的整体性评估;感知利失是顾客为获得相应利益所付出的成本。根据4C理论,成本是指顾客购买和消费服务的成本。一是货币成本,即顾客在得到和消费服务过程中所耗费的货币价值;二是时间成本,即顾客在得到和消费服务过程中所耗费的时间价值;三是体力成本,即顾客在等待和使用服务中耗费的体力支出;四是精神成本,即顾客在购买和消费服务中所付出的精神代价,如由于饭店在某个环节上的不周或员工态度的冷漠,以致发生争执而产生的烦恼。在饭店服务过程中,前三种成本是顾客必须支出的,所以关键是合理,即物有所值。而第四种成本是顾客的非正常支出,饭店必须杜绝这种成本。

(2)注重层次开发。按照现代营销理论整体产品观念,饭店产品开发须注重核心、辅助与延伸这三个功能层次的关系,根据"先核心,后辅助,再延伸"的思路进行科学设计。一是核心功能,是顾客希望从产品中获得的最根本利益。例如,顾客购买食品的核心利益是满足充饥和营养的需要。不同顾客对核心利益的要求不尽相同。例如,选择经济型饭店客房的顾客,其追求的核心利益是经济、清洁、快捷的住宿体验,而选择豪华饭店客房的顾客,其追求的核心利益则是尊贵、舒适、享受的住宿体验。核心产品设计,关键在于找准不同顾客的核心需求。二是辅助功能,即顾客自己并不直接需要,但要得到核心服务所需经历的过程,即辅助服务过程,如总台入住接待服务、结账服务、客房整房服务、餐厅点菜服务等。对此,顾客一般要求越快、越简洁越好。辅助功能与核心功能构成了饭店服务功能的主体,是不可或缺的,它应该能满足顾客的一般需要。三是延伸功能,即为了满足顾客的特殊需求而提供的额外和临时性的功能。例如,饭店开设到机场、市区的定时班车;为提前预订的常客免费提供机场接送服务;为会议免费提供拍照服务等。一般来说,饭店即使不提供延伸功能服务,顾客也没有理由抱怨或投诉。延伸功能是为顾客提供的附加功能和利益,常常超越顾客的心理预期,在饭店经营中被称作"创造惊喜",其作用是增加饭店服务的价值,使饭店的服务与其他竞争者区分开来,从而培养顾客忠诚度。所以,延伸功能的设计往往被饭店作为差异化竞争战略的一部分,饭店可从物质、价格、心理等方面适时向顾客追加附加价值和利益。

(3)注重价值工程。饭店作为经济组织,创造理想的经济效益,这是饭店的基本使命。饭店产品必须具有有效性,即以最少的投入,达到预订的目标。为此,饭店产品开发必须注意价值工程的研究。所谓价值工程(Value Engineering,VE),就是以最低的总成本,可靠地实现产品或服务的必要功能,从而提高产品或服务的价值。价值工程涉及价值、功能和寿命周期成本三个基本要素。价值是指某种产品(劳务或工程)的功能与成本(或费用)的相对关系,也就是功能与成本的对比值。功能是指产品的用途和作用,即产品所担负的职能或者说是产品所具有的性能。成本是指产品周期成本,即产品在研制、生产、销售、使用过程中全部耗费的成本之和。价值工程以功能分析为核心,以寻求最低寿命周期成本,实现产品的必要功能为目标。提高饭店服务价值的基本途径主要有:①功能不变,降低费用。如餐厅开餐和临近结束客流量较小时,减少员工的投入量,以降低饭店的人力成本。②功能提高,费用适当增加。如以接待会议为主的饭店增加午后二进房服务项目,以提高客房的舒适度。③功能提高,费用不变。如有效利用员工的工作时间,在不增加人力的情况下,改进服务程序和方式,增加服务项目。④功能适当降低,费用大大下降。如对只有极个别顾客需要或一年中只有几天使用的项目加以重新组合,达到功能性兼容。⑤功能提高,费用降低。如立式总台改为坐式总台,既营造了亲切宽松的氛围,又降低了顾客和员工的体力成本。

3.产品生命周期策略

产品生命周期是指一种新产品从开始进入市场到被市场淘汰的整个过程,一般可分为介绍期、成长期、成熟期和衰退期四个阶段。据此,饭店应制定不同的营销策略。

(1)介绍期营销策略。该阶段的特点是产品刚刚进入市场,知名度低,不被人们所熟悉。此时的营销策略主要有:①快速撇脂策略,即采用高价格和高促销方式推出新产品。这一策略的适用条件是:产品有较大的需求潜力;目标顾客求新心理强,急于购买新产品;企业面临潜在竞争者的威胁,需要及早树立品牌形象。②慢速撇脂策略,即采用高价格、低促销的方式推出新产品,以期迅速获得更多的利润。这一策略的适用条件是:市场规模较小;产品已有一定的知名度;目标顾客愿意支付高价;潜在竞争的威胁不大。③密集渗透策略,即以低价格、高促销方式推出新产品。这一策略的适用条件是:该产品市场容量相当大;潜在消费者对产品不了解,且对价格十分敏感;潜在竞争较为激烈;产品的单位生产成本可随生产规模和销售量的扩大迅速降低。④慢速渗透策略,即以低价格和低促销方式推出该产品。这一策略的适用条件是:市场容量很大;市场上该产品的知名度较高;市场对价格十分敏感;存在某些潜在的竞争者,但威胁不大。

(2)成长期营销策略。该阶段的特点是:顾客对该新产品已比较熟悉;销售量迅速增加,企业利润增长很快;竞争者也随之增加。此时的营销策略主要有:①努力提高产品质量,增加产品服务的特色;②寻找市场或开辟新的细分市场;③积极开发新的营销渠道;④根据产品需求弹性和市场竞争程度,选择适当时机降低售价,以吸引对价格敏感的潜在顾客。

(3)成熟期营销策略。该阶段的特点是:销售量虽仍有一些增长,但市场已趋饱和,销售量已呈逐步下降趋势;竞争十分剧烈,产品价格亦趋向一致;类似产品增多,市场不断出现某种品牌的同类产品和仿制品;企业利润开始下降。此时的营销策略主要有:①市场改革。它一般不需改变产品本身,而只是改变销售方法,扩大销售对象。②产品改革。即将产品的特性予以显著的改革,向顾客提供新的利益,以便维持老顾客、吸引新顾客。③营销组合改革。即改革某些营销组合因素,如降价、增加广告、开辟多种销售渠道,以刺激其销售量。

(4)衰退期营销策略。该阶段的特点是:产品销量由缓慢下降变为急剧下降;利润大幅度下降,甚至出现负效应;顾客已在期待新产品的出现;更多的竞争者退出市场。此时的营销策略主要有:①连续性对策。即继续沿用过去的市场、渠道、价格和促销活动,让产品自行衰退直至消亡。②集中性对策。即把人力、物力、财力集中到最有利的细分市场和销售渠道上,从中获取更多的利润。③榨取性对策。即大幅度降低销售费用,以"榨取"尚可获得的利润。④放弃策略。即停止经营衰退期的产品,转向新产品经营。

（二）价格策略

影响饭店定价的主要有成本、需求和竞争三个因素，其中：成本决定饭店产品价格的下限；需求决定饭店产品价格的上限；竞争状况则调节价格在上限和下限之间不断波动，并最终确定饭店产品的市场价格。饭店价格策略主要有以下四种。

1. 成本取向定价策略

成本取向定价策略，即以饭店产品成本为基数，加上饭店盈利来定价的策略。这种策略实际上是一种保证目标利润或尽量减少亏损的定价策略。

（1）成本加成法。即在总成本或单位成本基础上，加上一个固定的成本加成率即利润率来确定价格。其计算公式为

单价＝单位成本×（1＋成本加成率）

【例2-1】 某饭店餐厅青岛啤酒每瓶的进价5元，餐饮部加成50％（利润率50％），那么销售价是多少？

解：单价＝单位成本×（1＋成本加成率）

每瓶啤酒价格＝5×（1＋50％）＝5×1.5＝7.5（元）

（2）目标收益定价法。即根据总成本和预计的总销售量，确定饭店应达到的目标利润，从而计算价格的方法。其计算公式为

$$P = \left(\frac{F_C + P_A}{Q} + V_C \right) \frac{1}{1 - S}$$

式中：P 为销售单价；Q 为销售量；V_C 为单位变动成本；F_C 为固定成本总额；P_A 为利润；S 为营业税率。

【例2-2】 某饭店有400间客房，全部客房年度固定成本总额为3200万元，单位变动成本为120元/（天·间），预测出租率为80％，年度利润目标定为960万元，客房的营业税率是销售收入的5％，试确定客房的价格。（小数点后四舍五入）

解：根据公式及所给数据资料，计算如下：

$$P = \left(\frac{32000000 + 9600000}{400 \times 80\% \times 360} + 120 \right) \times \frac{1}{1 - 5\%} = 501（元）$$

（3）保本点定价法。即利用盈亏均衡点的原理来定价的一种方法。其计算公式为

收支平衡保本单位产品价格＝应摊固定成本÷总产量＋单位产品变动成本

【例2-3】 某饭店有400间客房，全年分摊客房固定成本为3200万元，单位变动成本为120元/（间·天），为应对市场竞争，饭店决定让利不让市场，仍要保持原80％的出租率。求保本点房价？（小数点后四舍五入）

解：饭店客房保本点价格＝年度分摊固定成本总额÷（客房总数×出租率×365）＋
　　　　　　　每间客房的变动成本
　　　　　　＝32000000÷（400×80％×365）＋120
　　　　　　＝394（元）

这种定价方法的关键在于正确预测在不同价格下的需求量。

（4）边际贡献定价法，又称变动成本定价法。此定价是饭店仅计算成本中的变动成本而不计算固定成本，以预期的边际贡献适当补偿固定成本。边际贡献就是产品销售收入减去变动成本后的收益。边际贡献定价，一般在产品供大于求情况下，饭店之间进行价格竞

争时采用。其计算公式为

商品价格＝单位变动成本＋单位产品边际贡献

2. 需求取向定价策略

需求取向定价策略，即以顾客对饭店产品需求程度和价值理解、认可程度为依据来制定价格。

（1）理解价值定价法。即以顾客对饭店产品的认识程度为依据而制定价格的方法。此方法的特点是根据顾客的主观感受和评价，而不是产品的成本来定价。运用该定价方法，关键点是饭店必须准确测定产品在顾客心目中的价值水平。

（2）区分需求定价法。即将同一产品定出两种或多种价格，运用在各种需求强度不同的细分市场上。具体方法有：①同一产品对不同顾客的差别定价，如散客价、团队价、协议价等；②同一产品在不同时间的差别定价；③同一产品在不同地点的差别定价；④等级差价，这也是按照饭店产品等级不同，根据顾客需求层次的不同而制定出不同的价格。采用区分需求定价法应注意：第一，市场必须能够细分，并且在不同的细分市场上能反映出不同的需求强度；第二，须掌握顾客的购买动机、心理需求，使区分需求定价更能满足不同顾客的需求；第三，等级差价大小要适宜，使顾客不会过于计较差价，容易接受，而不至于引起反感。

3. 竞争取向定价策略

竞争取向定价策略的主要依据是将对市场价格有决定影响的竞争者价格作为定价基础。

（1）随行就市定价法，即饭店使自己的产品价格维持在同行业的平均水平。在竞争激烈而产品需求弹性较小或供需基本平衡的市场上，这是一种比较稳妥的定价法。

（2）追随领导者企业定价法，即饭店为应对或避免竞争，或者为了稳定市场以利长期经营，采用以同行中影响最大的饭店价格为标准，来制定本饭店的产品价格。

（3）率先定价法，即在竞争激烈的市场环境中，率先提出具有竞争性的价格，为当地饭店树立榜样。此方法一般适合处于领先地位、实力雄厚的企业或新产品的定价。

4. 心理取向定价策略

心理取向定价策略，即根据不同类型顾客购买饭店产品的心理动机来制定价格的策略。

（1）尾数定价法，即保留价格尾数，采用零头标价。该方法一般适用于大众饭店产品和需求价格弹性较强的商品。

（2）声望定价法，即利用顾客常将价格档次当作产品质量最直观反映的心理进行定价。此方法一般适用于某些声望高、信誉好的高档饭店和稀缺产品。

（3）招徕定价法，即利用顾客廉价消费的心理，对饭店某一产品以低价或降价的办法吸引顾客，借机扩大销量，并带动其他产品的销售，提高饭店的整体效益。

（三）渠道策略

营销渠道是指饭店把产品销售给最终顾客所经历的全部中间环节和途径。

1. 营销渠道方式

营销渠道方式可分为直销渠道和分销渠道两种。直销渠道，即饭店直接把产品销售给最终顾客的策略。分销渠道，即饭店利用中间商把产品销售给顾客的策略。营销渠道方式选择，主要应考虑产品、营销对象、饭店自身实力等因素。由于饭店产品具有无形性和同一性等特点，故饭店营销渠道方式原则上应以直销为主、分销为辅。

2.中间商选择

中间商的选择一般应坚持三条基本标准：一是经济标准，即中间商的销售能力和利用渠道的成本；二是控制标准，即饭店对中间商是否有足够的驾驭和控制能力；三是适应标准，即两者之间的匹配程度，尤其是订立长期契约的中间商与饭店之间的匹配程度。

3.营销渠道发展趋势

(1)渠道结构扁平化。即销售渠道越来越短，销售网点越来越多，饭店与顾客的距离越来越近。销售渠道短，增加了企业对渠道的控制力；销售网点多，则增加了产品的销售量和知名度。

(2)渠道终端个性化。为适应新市场形势的需要，企业开始以终端市场为建设中心来运作市场，出现了"一对一营销"、"定制营销"等。

(3)渠道成员关系紧密化。未来渠道建设上，将更加强调信息交流的双向性和双方利益的共享性，以协同合作为基本理念，确保整个营销系统的均衡发展。

(4)渠道日渐网络化。互联网时代，无论是饭店自有网站还是其他中介网站和移动客户端，均成为饭店产品销售的重要平台。

(四)促销组合策略

促销组合策略，就是饭店通过各种方式影响和说服顾客购买本饭店的产品。

1.广告促销

广告是指通过购买某种宣传媒介的空间或时间，向饭店的公众或特定市场中的潜在顾客进行推销或宣传的一种促销工具。

(1)广告策划。广告大师威廉·伯恩克认为，成功的广告必须具备三个基本特征，即关联性(Relevance)、原创性(Originality)、震撼力(Impact)，简称ROI准则。关联性，即广告创意的主题须与商品、消费者密切相关。原创性，即广告创意应与众不同，必须有所创新以区别于其他商品和广告。震撼力，即广告作品在瞬间引起受众注意并在心灵深处产生震动的能力。要达到以上目标，关键在于广告创意，即提供创造性的构思、手段和点子。美国学者罗瑟·里夫斯(Rosser Reeves)于20世纪50年代提出的"独特的销售主张"(Unique Selling Proposition)，简称USP理论，值得饭店借鉴。该理论的要点是：①找出产品特性，即广告须说出产品的独特之处，一定是竞争产品不能提出或不曾提出的；②发挥建议功能，即广告须对顾客提出一个建议，即买本产品将得到的明确利益；③刺激顾客购买，即广告须对销售有实质作用，具有足够力量吸引、感动顾客，促使顾客前来购买。

(2)广告媒介选择。广告媒介是指广告信息的载体，如报纸、杂志、广播、电视、网络等。饭店进行媒介选择时，一要考虑目标顾客所关注的媒介，如高端商务饭店一般适合选择财经报刊、航空刊物等作为信息传递的媒介；二要根据产品特征及产品使用者的喜好；三要充分考虑广告费用，即饭店应结合自身经济实力理性选择媒介。

(3)广告效果评估。其主要有两个维度：一是沟通效果测试；二是销售效果。沟通效果测试主要判断广告是否在有效传播信息，主要有以下三种评价方法：①触及率测定。这里的触及率指的是接触过广告的人数占被测总人数的百分比。如某广告发布后，被测人数为10000人，经测定看过的人数为5000人，其广告触及率为(5000/10000)×100%＝50%。

②知晓度测定。知晓度通常是以广告接受者对企业名称、品牌、商标等的记忆程度为测定内容。通过诸如"你看过××饭店的××广告吗?"等问题来统计品牌的知晓人数,然后以知晓人数占测定人数的百分比作为知晓度。③理解度测定。理解度通常以广告接受者对广告内容、产品功能等的了解程度作为测定内容。销售效果是指广告对饭店产品的销售产生的影响,主要有三种评价方法:①广告费增销率测试法,它反映的是销售额增加率与广告费用增加率的百分比;②历史资料分析法,即利用饭店过去的销售额和广告支出,采用回归分析的方法来确定两者之间的相关关系,从而测定广告的促销效果;③试验设计分析法,在饭店不同目标市场投入不同比例的广告活动,根据相应销售业绩的对比,来确定广告与销售的关系。

2.人员推销

人员推销就是饭店员工采用口头表达形式,劝说顾客购买饭店产品。其主要策略有:

(1)展示吸引策略,即带顾客参观饭店设施,或邀请顾客参与饭店的某类活动,使之产生良好的感性认识。一般来说,当顾客受到温馨幽雅环境与优质服务的吸引,价格的敏感度就会随之下降。

(2)升级包围策略,即通过提升接待规格来建立与顾客的关系。如饭店向大客户推销会议产品,先是销售人员出面接待,在适当时机营销部经理与之会面,必要时总经理再出面接待。这样做的目的是让顾客感到自己被高度重视,从而在感情上与饭店结下不解之缘。

(3)销售访问策略。饭店专职销售人员的外部促销主要表现为销售访问。根据不同的访问目的,一般可以分为:①一般性销售访问。这种访问,既有对老客户的拜访,旨在联络感情,树立企业的良好形象;也有对新客户的访问,目的在于告知饭店信息,开发新的客源。②特定机会销售访问。这是一种针对具体特定销售机会的访问,目的是说服特定的顾客接受本饭店的销售方案,促成顾客的消费行为。③技术性销售访问。这是一种咨询和售后服务性的访问,如顾客来饭店消费后或听到顾客对饭店的一些意见时,饭店销售人员跟进拜访,目的在于及时发现和弥补饭店的不足,让顾客全面准确地了解饭店,消除顾客的误解,使顾客对饭店产生信任感。

3.营业推广

营业推广亦称销售促进,是指为促进顾客购买、中间商与员工积极推销而采取的鼓励措施。

(1)顾客推广,即针对顾客,促成其直接购买的措施。其主要有五种策略:①优惠型促销。这是针对顾客求廉心理而设计的"加量不加价"的促销活动,典型的活动方式有打折、赠送折价券、消费退款、特价销售、样品赠送等。②娱乐型促销。这是针对顾客追求文化品位和精神享受的心理而设计的。其典型的活动方式有节日庆典、生活情趣、专题概念(如夏季清凉文艺晚会)促销等。③展示型促销。这是针对顾客求知、好奇的心理而设计的。其典型的活动方式有现场示范、样品展览、现场参观等。④竞赛型促销。这是针对顾客好胜争强的心理而设计的。其典型的活动方式有生活趣味竞赛、特殊技能竞赛、娱乐竞赛、体育竞赛、相关知识竞赛等。⑤抽奖型促销。这是针对顾客侥幸心理而设计的,主要是通过有奖销售来吸引顾客。比如,圣诞晚会的抽奖活动,即顾客购买圣诞大餐的门票后,也就获得了抽奖机会。但是,根据《中华人民共和国反不正当竞争法》的规定,单件抽奖奖品的金额不得超过5000元。不过,如果顾客的抽奖机会不是来自购买行为,则不受此条款限制。

（2）中间商推广，即针对饭店中间商采取的措施。其主要有批量折扣、销售奖励等，目的在于激发中间商推销本饭店产品的积极性。

（3）员工推广，即针对本饭店的销售人员而采取的措施。其主要有销售提成、业绩奖励等，目的在于激发饭店销售人员的积极性。

4.公共关系

公共关系又称公关，是指饭店为改善与社会公众的关系，促进公众对饭店的认识、理解及支持，以树立良好饭店形象，促进商品销售的一系列公共活动。饭店应根据不同的公关目的，注重以下三种类型的公关：

（1）建设型公关。适用于饭店成立初期或首次推出经营项目时，饭店为了打开知名度而进行的公关活动。目的是通过诱导，使公众对饭店或饭店活动产生兴趣，进而了解、支持饭店，在公众中形成良好的第一印象。

（2）维系型公关。适用于饭店稳定发展时期，通过开展此类公关活动，巩固饭店现有的良好公关状态，维持已有的好形象。

（3）矫正型公关。适用于饭店与外界环境出现不协调因素，或与公众发生摩擦，或饭店遇到风险时采用。此时饭店应查清问题的症结所在，采取各种应对措施，努力将损害降到最低，挽回声誉。

二、关系营销策略

关系营销概念是由美国学者巴巴拉·本德·杰克逊（B. B. Jackson）于 1985 年提出的，一经提出，迅速风靡全球，并不断得以充实完善。

（一）关系营销特征

关系营销，即把营销活动看成是一个企业与顾客、供应商、分销商、竞争者、政府机构及其他公众发生互动作用的过程，其关注的焦点是顾客的满意度和忠诚度。其主要特征有：

（1）信息沟通的双向性。社会学认为关系是信息和情感交流的有机渠道。交流应是双向的，即可由企业开始，也可由营销对象开始。广泛的信息交流和共享，可以使企业赢得支持和合作。

（2）战略过程的协同性。在竞争性的市场上，明智的营销管理者应强调与利益相关者建立长期的、彼此信任的、互利的关系。这可以是关系一方自愿或主动地调整自己的行为，也可以是关系双方都调整自己的行为，以实现相互适应。

（3）营销活动的互利性。关系营销的基础，在于交易双方之间有利益上的互补。如果没有各自利益的实现和满足，双方都不会建立良好的关系。关系建立在互利的基础上，要求互相了解对方的利益需求，寻求双方利益的共同点，并努力使双方的共同利益得到实现。真正的关系营销是达到关系双方互利互惠的境界。

（4）反馈控制的及时性。关系营销要求建立专门的部门用以跟踪顾客、分销商、供应商及营销系统中其他参与者的态度，由此了解关系的动态变化，并及时采取措施消除关系中的不稳定、不利于关系各方利益共同增长的因素。

（二）关系营销层次

关系营销理论认为，关系营销的核心是企业在获得新顾客的同时，尽量保住老顾客，并

使之转为忠诚顾客。饭店在实施关系营销时,可从以下三个不同的级别梯度展开:

(1)一级关系营销。也称财务层次顾客关系营销,即饭店通过价格和其他财务上的价值让步,吸引顾客与企业建立长期交易关系。如常客优惠、消费累积分奖励等。

(2)二级关系营销。也称社交层次顾客关系营销,即饭店和顾客之间建立了交易关系以外的社会性联系。社交型关系营销主要是通过建立顾客组织的形式来实现,如成立顾客俱乐部,使之成为顾客的"情感归属地"之一,让饭店与顾客之间保持更为紧密的情感联系。

(3)三级关系营销。也称结构层次顾客关系营销,即饭店和顾客相互依赖对方的结构发生变化,双方成为合作伙伴关系。三级关系营销的建立,在存在专用性资产和重复交易的条件下,如一方放弃关系将会付出"沉没成本",即已在这件事情上有过投入,又因为改变而不可收回的支出。关系的维持则具有价值,从而形成"双边锁定"。

(三)顾客关系管理

顾客关系管理(Customer Relationship Management,CRM),就是利用现代信息技术手段,不断加强与顾客交流,不断了解顾客需求,并不断对产品及服务进行改进和提高,以满足顾客的需求的连续过程。其基本目的在于培养忠诚顾客,而培养忠诚顾客的关键在于提高顾客的沉没成本。

(1)个性化服务。首先,个性化服务要求体现服务的针对性。这里既有某类顾客群体的差异化服务,如商务楼层、女士楼层,也有顾客个体的差异化服务,如私人管家、一对一服务等方式。其次,个性化服务要求体现服务的灵活性。即在服务过程中随机应变,满足不同顾客随时变化的个性需求。

(2)数据库营销。建立完善的顾客数据库,是实现顾客关系管理的技术保障。目前,中国饭店业已处于"大数据"时代,饭店应该与"大数据""结盟",以更好地服务顾客、发现新的商业机会、扩大新市场以及提升效率。"大数据"具有容量大、多样化,速度快、高价值等特点。它既包括顾客在本饭店的消费行为信息,也包括顾客在其他领域的消费信息;既包括顾客本人的所有消费信息,也包括与顾客密切相关的人的消费信息。借助大数据技术,将这些信息整合起来形成饭店重要的顾客资料库。

(3)常客奖励计划。即饭店对于消费相对频繁的顾客提供一系列购买优惠、增值服务或其他奖励方式。其基本方式是建立各种形式的会员俱乐部。

三、网络营销策略

网络营销是基于互联网,开展的一系列旨在促成顾客认识、认同、购买和积极评价的营销活动。它是一种以顾客为导向、强调个性化的营销方式,通过买卖双方的互动,促成消费行为的发生。

(一)网络预订

目前,我国饭店可利用的预订网络主要有:

(1)中央预订系统(Central Reservation System,CRS)。中央预订系统通常为大型集团性饭店公司建立和拥有。在组织上,这些系统由遍布于客源地的预订中心办公室组成。在技术上,这些办公室通过免费电话、网络与顾客进行沟通,为顾客预订所有企业成员的产品提供服务;在内部,通过计算机使企业成员相互联网,实现顾客、价格、产品等信息的共享。

（2）全球分销系统（Global Distribution System，GDS）。全球分销系统由航空公司订票系统发展而来，发展到今天，它不仅能够预订机票，而且可以预订饭店、出租车、景点和剧院门票等。全球分销系统将各种旅游及相关企业整合其中，其终端设立在旅行代理商的营业场所。

（3）旅游目的地营销系统（Destination Marketing System，DMS）。按照世界旅游组织的定义，DMS 系统包含"游、购、行、吃、住、娱"六大旅游要素。它是开放式的体系架构，集旅游信息服务、互联网电子商务、旅游行业管理于一体，通过互联网、呼叫中心、旅游咨询中心等渠道直接为游客服务。

（4）互联网分销系统（Internet Distribution System，IDS）。随着旅游产业规模的扩大和技术的发展，基于计算机和因特网的分销渠道应运而生，它们通过网络进行 B2B 和 B2C 的产品组合、分销等。其销售模式为饭店—旅游网络公司—顾客。

当然，饭店应开发自己官方网站的预订引擎，即顾客与饭店在网络上进行直接销售的预订模式。另外，值得关注的是，随着手机媒介功能的开发，4G 时代的到来，饭店网络预订系统已进入了一个全新的移动预订时代。

（二）搜索引擎营销

搜索引擎营销（Search Engine Marketing，SEM），就是根据用户使用搜索引擎的方式，利用用户检索信息的机会尽可能将营销信息传递给目标用户。饭店产品消费具有较大的异地消费性，为减少消费风险，顾客很有可能会通过搜索引擎工具检索相关的饭店信息。其主要实现方法有：

（1）竞价排名，即由饭店为自己的网页购买关键字排名，饭店付费后才能出现在搜索结果页面，付费越高者排名越靠前。

（2）购买关键词广告，即在搜索结果页面显示广告内容，实现高级定位投放，饭店可以根据需要更换关键词，相当于在不同页面轮换投放广告。

（3）优化网站，即对网站进行程序、内容、版块、布局等的优化调整，使网站更容易被搜索引擎收录，提高用户体验和转化率进而创造价值。通过对网站优化设计，使得网站在搜索结果中靠前。

（三）虚拟社区营销

虚拟社区又称在线社区或电子社区，它为有着相同爱好、经历或者专业相近、业务相关的网络用户提供了一个聚会的场所，方便他们相互交流和分享经验。较之一般网站，虚拟社区的受众更具鲜明的族群个性和感情色彩。虚拟社区为饭店提供了优质的营销平台，可以帮助饭店有效识别并满足顾客需求。在虚拟社区中，人们根据自己的兴趣爱好自发聚集在一起，在虚拟社区提供的交流空间里，自由表达自己的真实需求与想法。饭店可以根据这些成员在社区中留下的各种信息，进行市场分析，有助于饭店了解顾客偏好，锁定目标顾客。根据顾客在虚拟社区中提出的意见和建议，饭店进行定制化产品设计，以便有效实现对不同顾客的特别关怀。

特别值得关注的是，社区成员对于广告的敏感度非常高，在这里与讨论主题无关的商业推销活动会令人反感。因此，在虚拟社区进行广告宣传时要注意与顾客的互动性，如在成员有需求或是有疑问时适时地推荐产品，或是对消费的疑问进行专业性解答和帮助，尽量以公正的第三方身份对产品进行评估。若实在需要进行广告宣传时，也不能太直接，应以理性的方式，根据顾客的实际需要来进行广告宣传。

（四）病毒式营销

病毒式营销并非真的以传播病毒的方式开展营销，而是通过用户的口碑宣传网络，信息像病毒一样传播和扩散，利用快速复制的方式传向数以千计，甚至数以百万计的受众。病毒式营销的实质是借助网络口碑形成一种有利于本饭店产品或是品牌的舆论环境。

现代营销理论认为，营销方式正在从传统的 AIDMA 营销法则［Attention（注意）、Interest（兴趣）、Desire（欲望）、Memory（记忆）、Action（行动）］逐渐向含有网络行为特质的 AISAS［Attention（注意）、Interest（兴趣）、Search（搜索）、Action（行动）、Share（分享）］模式转变。在全新的 AISAS 营销法则中，两个具备网络特质的"S"［Search（搜索）、Share（分享）］的出现，体现了互联网时代下搜索和分享的重要性。在互联网上，用户可以自由地对自己感兴趣的东西进行搜索；购买产品或服务之后，再通过互联网这个交流平台，将体验形成口碑告知他人。因此，网络评价、网络口碑成为顾客重要的"消费信息源"。基于此，饭店业应重视网络口碑也即网络评价的管理。一般来说，饭店应指定专人或是委托第三方机构，关注本饭店的网络评价，并及时做出相关回复。同时，利用文本分析法、关键事件分析法等手段，定期对网络评价进行汇总、分析，以此判断饭店服务品质现状，并据此寻求有效提升服务品质的举措。

（五）微营销

微营销是以移动互联网为主要沟通平台，配合传统网络媒体和大众媒体，通过有策略、可管理、持续性的线上线下沟通，建立、转化和强化顾客关系，实现客户价值的营销策略。

1. 微博

微博营销，是饭店以每一个听众（粉丝）为潜在营销对象，利用微型博客向网友传播企业信息、产品信息，树立良好的企业形象和产品形象的营销策略。微博营销应特别注意以下四点：

（1）传递价值。微博应是一个给予平台。只有那些能对浏览者创造价值的微博自身才有价值，此时企业微博才可能达到期望的商业目的。

（2）彰显个性。微博营销竞争激烈，千篇一律的营销手段将使得受众产生审美疲劳，只有那些具有个性魅力的微博账号（其实是账号后面的微博营销者）才能脱颖而出，才具有很高的黏性，可以持续积累粉丝，并吸引他们的专注。

（3）准确定位。微博粉丝多少是微博营销成功的关键要素，但对于企业微博来说，"粉丝"质量更重要。因为企业微博最终的商业价值，需要这些有价值的粉丝加以实现。

（4）强化互动。"活动内容＋奖品＋关注（转发/评论）"的活动形式一直是微博互动的主要方式，此时更多的人是在关注奖品，对企业的实际宣传内容并不关心。其实，相较赠送奖品，微博经营者认真回复留言，用心感受粉丝的思想，更能唤起粉丝的情感认同。这就像是朋友之间的交流一样，时间久了会产生一种微妙的情感连接，而非利益连接，这种联系持久而坚固。当然，适时结合一些利益作为回馈，粉丝会更加忠诚。

2. 微信

微信营销是指企业利用微信平台，通过向用户传递有价值的信息，最终实现企业品牌力强化或产品、服务、销量提升的一种营销策略。微信与微博具有以下差异：微信具有高到达率、高曝光率、高接受率、高精准度、高便利性等优点。微博是自媒体，微信则是兼具自媒体和用户管理的双重身份；微博是一对多，微信是一对一，更具有针对性，精准度高；微博更偏向传统广告，微信则是真正的对话；微博的曝光率极低，微信的曝光率几乎是100%；微博是开放的扩散传播，而微信是私密空间内的闭环交流；微博是弱关系，微信是强关系，用户价值更高；微博是一种展示工具，微信是一种联络工具。

（1）实用有效，简便易行。感知有用性是饭店微信吸引用户的前提因素，感知易用性则是饭店微信得以推广和拓展的基本保障。饭店企业应从微信内容的实用度、微信获取信息、产品预订、产品购买的便捷程度、开展有用的活动等方面提升用户获取信息和实施操作的效率，从而提升饭店微信用户的感知有用性。同时，应从优化界面、简化流程以及提高信息获取的流畅性等方面加强饭店微信易用性的打造。

（2）趣味相投，互动制胜。感知趣味性和互动参与是走向体验经济时代用户最为追求的因素。饭店微信公众号在进行用户管理时，应尽量将用户的身份与类别进行细化，深入分析本企业微信用户的特征，并根据其兴趣点，进行信息的推送和活动的开展，从提升信息内容的趣味性、开展趣味活动，以及用具有亲和力、有趣的语言与用户进行交流沟通等来加强用户的感知趣味性。同时，饭店应通过对用户的评价、响应进行及时反馈、定期开展高频率的活动，让用户参与到饭店微信的互动中来，甚至通过模块设计，使用户能与饭店微信的其他用户进行交流，来加强用户的参与性、体验性和互动性，通过互动抓住用户，并提升用户的满意度和忠诚度。

（3）成本控制，安全第一。成本是用户选择微信而非其他新媒介的关键因素；安全第一，则是任何媒介都该秉承的原则。饭店企业应通过简化流程，对推送信息的大小通过合理化控制等方式来降低用户的时间成本、精力成本和经济成本。此外，目前越来越多的饭店微信支持用户在线预订和购买，企业应保障用户在使用过程中的个人隐私，为用户提供安全的使用和支付环境，并充分履行承诺，保障线上线下产品一致，甚至线下为用户提供超期望产品，给顾客带去惊喜。通过以上种种途径控制成本，保障安全，让顾客放心地、主动地"黏"上饭店微信。

3. 微电影

微电影是指企业为本身塑造的一种影视宣传媒介，通过微视频的模式，将企业精神、企业产品等企业最重要的信息进行剧情化、视频化、专业化制作的一种视频载体。"碎片化"的信息接收方式的形成催生了微电影的诞生与发展。微电影形式简单，短小精悍，恰好在"体型"上契合了受众即时消费的诉求，它既可以满足时间上的"碎片化"需要，也可以满足传播上的"碎片化"需求。饭店运用微电影营销，应特别关注以下几点：

（1）精准制导。饭店须清楚自己的品牌和产品定位，准确地把握目标消费群体，在此基础上进行精准营销，寄商业诉求于有声有像的电影情节中，以达到吸引观众又传播企业广告诉求的双重目的。

（2）内容至上。好的微电影作品应将企业品牌融于故事情节，让观众产生情感共鸣，使观众在潜移默化中接受企业品牌。

（3）娱乐休闲。普通的企业宣传片纯粹以宣传自身为目的，容易引起受众的抵触情绪。所以，微电影应以一种娱乐休闲的方式进入网民的视野，让受众从中享受到轻松愉悦的感觉,使全民参与收藏、分享、讨论甚至是二次创作,进而释放微电影的影响力。

(4)科学评估。微电影效果评估可从三个维度来测评:一是微电影的播放量和主动传播的数量,可从播放量和微博转发数、论坛跟帖数等来考量;二是品牌知名度提升,可从百度指数、淘宝指数等工具来统计;三是订单转化率。

四、事件营销策略

事件营销,即饭店通过策划、组织和利用具有新闻价值的人物或事件,吸引媒体、社会团体和消费者的兴趣与关注,以提高饭店或产品的知名度、美誉度,树立良好品牌形象,并最终促成产品销售的手段和方式。事件营销的本质就是让事件策划成为新闻。

(一)事件营销特征

(1)事件依托性。事件营销的核心就是事件,无论是企业自行策划事件还是借用已有的社会热点,事件营销始终围绕着一个主题,以此实现企业的营销目标,建立企业的良好形象。

(2)第三方公正性。事件营销是通过借助第三方公正组织或权威个人,将其产品、服务、理念较真实地传递给目标市场及目标群体,提升其关注度。所以,事件营销比广告更具隐蔽性和持久性。

(3)双重目的性。事件营销的目的表现在产品(服务)销售和形象塑造两个方面,借助一个事件进行有针对性的营销传播,能避开媒体多元化而形成的噪声干扰,从而提升企业品牌的注目率。

(4)宣传成本较低。以新闻事件方式进行的宣传和销售促进,避免了其他营销方式的高额宣传费用的产生,可以达到低投入、高回报的宣传效果。

(二)事件营销原理

(1)事件营销的原始动机——注意力的稀缺。注意力是对某条特定信息的精神集中。当各种信息进入人体的意识范围,人们将关注其中特定的一条信息,然后决定是否采取行动。注意力对于企业来说,是一种可以转化为经济效应的资源,把握住大众的注意力,也就有了事件营销的动力。

(2)事件营销的实现桥梁——大众媒介议程设置。大众媒介议程设置,即大众传播媒介具有一种为公众设置议事日程的功能,传媒的新闻报道和信息传达活动以赋予各种议题不同程度显著性的方式,影响着人们对周围世界的"大事"及其重要性的判断。因此,如果企业想成功地实施一次事件营销,只有凭借传媒开展的新闻传播、广告传播等大众传播活动,营造出有利于企业的社会舆论环境,才能帮助企业达到借势或造势的目的,引起大范围的公众重视。

(3)事件营销的必要途径——整合营销资源。事件营销需要整合内外各种资源,尤其需要整合多种媒体发布渠道与信息,整合多种营销工具。

(三)事件营销成功要素

(1)目的性。事件营销须有明确的目的,要与自己饭店的特征及品牌核心价值相匹配。

(2)重要性,即事件内容的重要程度。判断内容重要与否的标准主要看其对社会产生影响的程度。影响越大,新闻价值也越大。

（3）接近性。越是心理上、利益上和地理上与受众接近或相关的事实，就越能引起人们的注意。

（4）显著性。新闻中人物、地点和事件的知名度越高，新闻价值也越大。国家元首、政府要人、知名人士、历史名城、名胜古迹往往都是出新闻的地方。

（5）趣味性。大多数受众对新奇、稀奇、古怪、独特、有人情味的东西比较感兴趣。一个事件只要具备一个要素就具备新闻价值，如同时具有的要素越多、越全，新闻价值自然越大，肯定会成为新闻媒介竞相追逐的对象。

第三节　饭店创新能力管理

饭店能否在竞争中得以生存与发展，最终主要取决于其持续动态的竞争优势。而要培育这种优势，关键在于加强企业的创新管理，提升企业的创新能力。

一、创新基本认知

（一）饭店创新含义

饭店创新是指管理者能够创造出一种新的更有效的资源配置范式。其主要有：

（1）提出一种新的经营思路并加以实施。新经营思路如果是可行的，这便是管理方面的一种创新，但这种新的经营思路并非针对一个饭店而言是新的，而应对所有饭店来说都是新的。

（2）创设一个新的组织机构并使之有效运转。组织机构是饭店管理活动及其他活动有序化的支撑体系。一个新的组织机构的诞生是一种创新，但如果不能有效运转则成为空想，而难以产生实际的效果。

（3）提出一个新的管理方式方法。如饭店的客户关系管理、员工忠诚度管理等。一个新的管理方式方法能提高生产效率，或使人际关系协调，或能更好地激励员工等。这些都将有助于饭店资源的有效整合，以达到饭店既定目标和责任。

（4）设计一种新的管理模式。管理模式是指饭店综合性的管理范式，或者说是饭店总体资源有效配置实施的范式，如盈利模式。这个范式如果对饭店的综合管理而言是新的，则自然是一种创新。

（5）进行一项制度的创新。管理制度是饭店资源整合行为的规范，既是饭店行为的规范，也是员工行为的规范。制度变革会给饭店行为带来变化，进而有利于资源的有效配置，使饭店更上一层楼。

（二）饭店创新动因

1.社会环境变化

饭店企业作为社会的经济组织，不能离开其生存的社会环境，而社会的政治、经济、文化与科技总是不断进步、不断发展的。所以，饭店也必须与时俱进，有所变革，有所创造，有所发展。

2.市场竞争压力

进入 21 世纪以后,我国饭店业面临着日趋成熟的市场经济、渐入佳境的知识经济和势不可挡的全球经济。在此背景下,市场竞争的空间虽然扩大,但竞争层次也随之提高,饭店企业要想在激烈的竞争中求得生存与发展,唯有创新发展,才可能立于不败之地。因为饭店经营,犹如逆水行舟,不进则退。

3.饭店发展要求

任何饭店都有自己的使命与愿景,都希望为社会创造财富,为顾客创造愉悦,为员工创造机会,为股东创造利润。这就决定了饭店必须有所发展,由此要求饭店必须有新的观念、新的思路、新的方法和新的行动。

(三)饭店创新阻力

1.管理组织控制

任何一个组织都会有控制,只不过是控制的程度不一样而已。组织控制的目的是让组织成员形成一致的步伐,朝一个方向去努力,这也是管理产生的基础。但实际的情况是,在管理过程中对组织控制得越严,组织成员活动的空间就越小,就越不自由,由此产生创新成果的可能性也就越小。

"管理就是控制"的理念深植于饭店企业,饭店的组织控制一般都比较严格,规定和制度很多,一级控制一级,而且级别很多,这无疑对饭店的创新是非常不利的。

2.短期利益考虑

创新意味着对企业现实做法的一种改变,甚至是一种颠覆。所以,任何创新一方面需要企业投入必要的资源,另一方面需要经历一个过程,往往不是轻而易举、一蹴而就的。如果一家饭店只考虑短期利益,那么就不可能有创新的动力。从现实来看,一家饭店只关注现在不关注长远的问题,一方面可能因为激烈的市场竞争导致饭店生存的压力,由此建立了相对急功近利的绩效考核体系;另一方面可能主要是由于饭店管理队伍的不稳定造成的。管理人员的频繁流动,不仅使饭店经营管理风格失去持续性,同时也失去了创新与发展的基础。

3.过度分析论证

任何创新都是有风险的,既可能成功,也可能失败。饭店实施创新时需要进行分析论证,以降低决策的风险。但如果在创新实践中分析论证过度,就会导致创新受阻。因为任何创新方案都不可能是完美无缺的。

4.习惯路径依赖

习惯是一种既定的行为与作业方式。创新就是对原有习惯的打破和否定,并形成新的习惯,所以习惯也是创新的重要阻力之一。习惯的另一种表现形式是经验,经验也是束缚创新的阻力。一个饭店越是沉醉于以往的成功经验,就越容易忽略竞争环境的变化,创新的动力就越不足,也就越可能在激烈的竞争中遭受挫败。

二、创新思维培养

(一)创新思维基础

与一般思维相比,创新思维的新颖性、独创性和突破性非常明显。创新思维的基础主要体现在以下几个方面：

1.丰富的想象力

想象是创新思维的重要特征。没有想象，就不会有创造和创新。对于想象的重要作用，大发明家爱因斯坦曾经有过深刻的论述："想象力比知识更重要，因为知识是有限的，而想象却包括世界上的一切。"他自己也正是从大胆的"如果一个人以光的速度追赶一条光线运动"的想象出发，而提出了举世闻名的"相对论"。

2.敏锐的洞察力

以敏锐的洞察力去观察和接触客观事实，并将其与已有的知识进行联系和比较，发现它们之间的相似性和差异性，从而为创新提供真实可靠的依据，这也是创新思维的特征之一。所以，凡是具有创新思维的人，都特别留意意外现象，因为意外现象往往是创新成功的重要线索。

3.活跃的灵感

灵感是一种突发性的心理现象，是有关心理因素协调活动所涌现出的最佳心理状态。创新思维往往处于灵敏的状态中，表现为注意力高度集中、想象的骤然活跃、思维的特别敏锐和情绪的异常激昂。

4.好奇的追求

没有好奇，就不会有创造和创新。创新思维追求的好奇包括两个方面：一是求新；二是求异。求新包括新观点、新设想、新方案、新规则等。求异则主要表现为对一些司空见惯的现象或已有定论的观点等进行怀疑和批判，转向、多向或逆向地予以思考。

（二）创新思维方式

创新思维方式，就是人们在已有经验的基础上，通过发散求异等方法，从某些事实中进一步找出新关系、寻求新答案的思维方式。

1.逆向创新思维

逆向创新思维，即对司空见惯的、似乎已成定论的事物或观点反过来思考的一种思维方式。比如大众饭店品牌一般采用价廉物美的营销策略，而高端饭店品牌则可运用逆向思维，采用物以稀为贵的营销策略。

2.纵向创新思维

纵向创新思维，即沿着一个问题，按照既定方向，由浅入深、由低到高，从而创造新发现与新思路的思维形式。比如，把顾客的用餐价值从吃饭的功能价值提升到享受的体验价值。

3.侧向创新思维

侧向创新思维，即利用其他领域的知识和资讯，从事物或问题的侧（横）面进行思考，从而寻求新答案的思维形式。比如，饭店从自主经营到合作经营、外包经营的转变。

4.综合创新思维

综合创新思维，即通过对事物的有机组合、演绎归纳、系统提炼等方法，去寻找新答案的思维方式。比如，如家酒店当时进入市场时就运用此思维方法创造了新顾客价值曲线，即通过增加舒适性与方便性提高住宿质量；通过连锁会员管理、免费网络服务等倍增顾客利益，通过减少餐饮设备、大型停车场等设施降低企业成本；通过剔除购物、娱乐、会议设施降低企业成本。

（三）创新思维开发

开发和培养创新思维，关键必须打破员工头脑中已有的一些思维定势，然后通过训练，不断提高创新思维的能力。

1. 从众思维定势

所谓从众，就是跟在众人后头，随大流，看到别人做什么自己也做什么，别人怎么做自己也怎么做。从众的最终表现是高度的一致性。在现实生活中，从众心理和从众思维十分普遍。这一方面是屈服于群体的压力，不愿意因自己与众不同而遭受群体攻击；而另一方面是因为人心里可能都有"跟着大家走，没错"的认识，以消除害怕和恐惧，获得安全感。

要打破从众思维定势，就应该确立"真理往往在少数人手中"的理念，培养敢为人先、标新立异的思维方式，养成凡事多问为什么的思维习惯。

2. 权威思维定势

权威是一种思维的标尺和参照，任何领域都有权威存在。权威靠深厚的专业知识来确立，所以又称"专业权威"。在工作或生活中，人们往往习惯于引证权威的观点，以说明自己说法或行动的正确性。而一旦发现与权威相背离的观点或做法，便会想当然地认为其必错无疑，甚至大加讨伐。这就是典型的权威思维定势。

打破权威思维定势，关键是要破除"专家迷信"，防止权威泛化。要学会正确审视权威，第一要确认是不是本专业的权威；第二确认是不是本地域的权威；第三要确认是不是当今最新的权威；第四要确认是不是借助外部力量的权威；第五要确认其言论是否与他自身利益有关。此外，要意识到即使是专家或者权威，他也是人，也会失误与犯错。

3. 经验思维定势

经验思维，即人们过于依赖经验而形成固定的思维模式。其实，经验是一柄双刃剑，用得好对任何人来说都是难得的宝贵财富，但人的思维如果陷入经验当中拔不出来，形成一种非常牢固的定势，就会变成阻碍个人创新或发展的强大阻力。

要破除经验思维定势，关键必须意识到经验的局限性，任何经验都存在时空狭隘性和主体狭隘性。同时，必须意识到世界是复杂和千变万化的。

4. 书本思维定势

书本思维，即书本是经验的总结和提升，是理论化、系统化的知识。换句话说，知识传达的是世界的"理想状态"。因此，学习书本，但不能迷信书本。毕竟理论与现实总是有一定的差距。如果迷信书本，照本宣科，不加思考，就可能脱离实际。在知识经济时代，知识传播越来越快，而有效期却越来越短，任何人要想获得发展，都要不断地从书本中学习新的知识并加以应用，而应用的过程，实际就是一个创新的过程。

三、创新活动组织

（一）构建创新机制

创新机制，即企业不断追求创新的内在机能和运转方式。要积极推动创新，饭店就必须建立与完善创新机制，以创造理想的创新空间与动力。

1. 创新动力机制

创新动力机制，即创新的动力来源和作用方式，是能够推动企业创新实现优质、高效运行并为达到预订目标提供激励的一种机制。饭店创新动力机制除了一些外在动力外,关键在于建立企业内在的动力机制,即主要通过制定各种激发、鼓励员工创新的政策和措施来推进企业不断创新发展。

2. 创新运行机制

创新运行机制,主要包括创新管理的组织机构、运行程序和管理制度。饭店应注重建立知识、信息共享机制,使企业组织朝着扁平化、柔性化方向发展,从而提高企业整体创新能力。

3. 创新保障机制

创新保障机制,即在创新利润的驱动下,企业充分挖掘利用和发展内部资源并广泛吸纳外部资源,加强人才、技术、资金、信息等资源储备,不断谋求创新发展的保障机制。首先要积极强化企业的人才优势;其次要在技术与信息上构建科学的机制;再次要不断加大科研创新经费的投入,为员工从事创新提供必要的资金支持。

(二)营造创新氛围

在保守和封闭的环境下是很难进行创新的,因而饭店应该注重营造良好的创新氛围。

1. 给予员工充分的信任

有关创造性的心理研究表明,只有在心理安全的情况下,人们的创造性思维才会畅通无阻地发挥。当人们能够自主地根据情形采取行动时,他们往往会表现出更多的积极性,也更有可能产生不同寻常的观点和想法。为此,饭店必须给员工以适度的工作空间,并授予足够的自主权。

2. 保护员工创新积极性

饭店要进行创新活动,需要全体员工参与和贡献智慧,因此饭店管理者应积极支持与鼓励员工的创新思想与行为,及时奖励可行性高、具有开发价值的创意构思和创新项目。

3. 建立开放式沟通渠道

为广泛地收集信息和建议,饭店需要建立畅通的横向和纵向沟通渠道,如总经理信箱、合理化建议箱、员工恳谈会等形式,鼓励员工提出更多的建议和看法。同时,饭店还应鼓励员工之间开展各种形式的交流与探讨,鼓励发表具有多样性的见解。

(三)重视学习导向

研究表明,饭店以学习为导向,会对饭店创新氛围与创新能力起到调节作用。因此,饭店应该重视学习导向。

1. 树立全员学习理念

组织学习是企业在特定的行为和文化背景下,建立与完善组织的知识和运作方式,通过不断运用相关的方法和工具来增强企业适应性与竞争力的方式。组织学习有两层含义:第一,学习本来就是用于描述人的行为的,组织的学习实际上是一种比喻,是用人的行为比喻企业的行为;第二,组织学习是组织不断努力改变或重新设计自身以适应不断变化的外部环境的过程,是组织革新的过程。因此,必须建立起全员学习、终身学习的观念,增强饭店的适应性、竞争力和革新性。

2. 虚心向同行学习

学习导向可以是组织内部的学习,也可以是走出组织的学习,由于组织内部的成员相处多了,在工作的思路上可能会存在较大的同质性,这时,外部的学习将有助于更好地、更有创造性地开展工作,进行创新。中国古代哲人说过:"海纳百川,有容乃大";"他山之石,可以攻玉"。其他饭店创造的先进经验和做法,是饭店业共有的资源和共同的财富。因此,饭店企业要想超越自我,超越他人,就必须集思广益,博采众长,为我所用。

3.学习国际饭店先进经验

在全球经济一体化的背景下,国际化竞争不可避免。我国的饭店企业必须加快国际惯例与国际饭店的先进经验等方面的学习,以适应国际竞争并与国际接轨。对国际饭店先进经验的学习要带有研究性,不仅是补充知识的问题,更重要的是要把掌握饭店业发展的规律和趋势作为学习的出发点,把解决饭店中的实际问题作为落脚点,把国外的经验和中国饭店的特色结合起来,对现实问题进行前瞻性、研究性思考,提出工作新思路,通过学习不断促进工作的改进。这实际上就形成了一种创新。

【思考与练习】

一、思考题

1.如何理解市场经济? 如何理解市场竞争?

2.饭店为什么要明确自己的市场定位?

3.饭店三种竞争战略的特点及实施条件是什么?

4.为什么说"4P 营销策略"是最基本的营销策略?

5.饭店怎样提升企业的网络营销水平?

6.饭店怎样创造良好的口碑?

7.饭店怎样增强企业创新能力?

8.饭店经理人怎样提高自己的创新能力?

二、练习题

选择本地的一家高星级饭店,在调查研究的基础上,提出在新形势下饭店转型升级的基本思路与措施。

三、案例分析题

凯宾斯基饭店:绝不降价——五星酒店五星价[①]

1992 年,由德、中、韩三国合资兴建的北京凯宾斯基饭店正式开业了。开业伊始,正值北京的高星级饭店群体形成之际。京广中心、中国大饭店等现代化酒店相继落成,而王府饭店、北京饭店等老牌名店也完成了硬件的改造,重新加入到大竞争圈中,高档次酒店的队伍迅速得以壮大。

有限的客源总量面临着陡然间猛增的接待规模顿显匮乏,长期以来一直处于供不应求地位的京城酒店界终于也到了"皇帝女儿也愁嫁"的时候。众酒店一时间难以适应,尤其是对于新近开业的酒店来说,更是别无选择,只能披挂上阵,仓促应战。这就是市场的真实面貌。

---

① 饶勇.现代饭店——经营智慧与成功案例.广州:广东旅游出版社,1999.

"沧海横流，方显英雄本色"，残酷的客源战终于打响了。各大酒店纷纷施展出自己的看家本领，对准自己的优势客源区域猛下功夫。有以行业背景为依托的，则通过行政手段来确保"肥水不流外人田"，如一些中央机关部门办的宾馆；有背靠国际连锁集团的，则大打集团预订网络的主意，如香格里拉、凯悦等；也有一些百年老店，如北京饭店，则把营销重点放在过去的"回头客"身上，留住一个算一个……既无行业优势，又无历史积累的酒店就只有降价让利，通过拼设备、拼硬件来维持营运了。而对于1992年前后的北京市场来说，这种不得已而为之的"下下策"竟然成了相当多酒店的选择。

凯宾斯基饭店则避实击虚，绕过大家都咬住不松口的国内旅游市场，先行一步进军商务客源市场，率先确定以接待商务客人和国际会议为主、辅以境外旅游客源的营销体系。同时大量优价出租公寓写字楼，以此来带动客房的出租，并明确以高消费型客源为主攻方向，及时退出对中低档客源的争夺。这一点在当时的大气候下，的确是未雨绸缪，也需要足够的勇气和实力。

商务客源市场上的不懈努力终于得到了丰厚的回报。开业第一年也就是1993年，饭店全年客房出租率就已达58.31%，营业收入总额高达1.9亿元，经营利润7970万元，位列全国行业50强，并成功地接待了德国总理科尔一行，开创了民间饭店接待国宾之先河。

然而，饭店领导层并未因此而停止其对营销的更高追求，考虑到当时固定客源主要局限于欧洲市场，较容易受到政治、经济或外资因素的影响，客源基础相对脆弱，经营风险较大，饭店高层领导又提出了树立国际性大酒店形象的经营思路，放弃"单条腿走路"的老路子。

在新思路的指引下，1993年以后，饭店主动参与国际国内的多种旅游促销展览，招聘专人负责对政府部门和国外驻华使馆的销售，组成了一支中外合作、各显神通的销售队伍，迅速开辟了除欧洲外的美洲、东南亚、日韩和中东等新的地区市场，形成了自己的多元营销网络，彻底扭转了"单条腿走路"的被动局面。这一点在日后的竞争中作用越发突出。

1995年年底，由于北京地区高星级饭店总量的持续扩容，市场竞争日趋白热化，并再度引发了商家们最敏感的"价格大战"。少数急功近利的饭店为了眼前的利益而不惜牺牲同行们的利益，又一次扛起了"降价竞争"的大旗，而且来势汹汹。一时间，酒店价格开始大幅度下滑，严重危及酒店的正常经营利润，也不可避免地造成了服务管理水平的整体跌落。

凯宾斯基饭店作为当时经营效益最卓著的排头兵，自然也受到了"降价风潮"的波及。由于一些酒店"自杀式"的不正当竞争的影响，饭店客源组织遇到了前所未有的困难，在跌破成本的低价诱惑下，一些常年客源流失了。但成熟的经营者们处乱不惊，在反复分析形势、仔细斟酌研究后，他们甩出了"撒手锏"——同档饭店同价位"战术"，即任何同档次饭店的价格这里都接受。而这一战术的根据就是：五星级饭店，就应该理直气壮地卖五星级的价格。

凯宾斯基人对自己的软硬件优势充满信心，同时也深信，明智的客人们在价格相同的同档次饭店中只会选择服务管理更优秀者，与其屈尊去斗价格，损人不利己，不如理直气壮比服务，将行业竞争引入健康合理的轨道。

在这样的思想指导下，凯宾斯基饭店不但没有在淡季陷入无休无止的价格战，反而保持了平均房价水平，并进一步在顾客心中巩固了自己的形象，脱颖而出，凸显了自己的至尊地位，同时又以现身说法赢得了同行们的称道和认同，客观上制止了"降价风潮"的进一步蔓延。

　　这就是凯宾斯基人的经营之道，既充分满足顾客们的愿望，又不牺牲自己的利益，同时也兼顾到整个旅游饭店市场的稳定和发展，正所谓"利人，利己，利社会"。

　　思考并回答以下问题：

　　1.凯宾斯基饭店为什么能够在激烈的市场竞争中站稳脚跟、打开局面？

　　2.凯宾斯基饭店的成功经验说明了什么道理？

　　3.从该案例中，你得到了什么启示？

第三章　饭店前厅业务管理

【学习目标】

通过本章的学习,你应该:

1. 充分认识前厅业务的地位与作用;
2. 掌握饭店前厅气氛控制的内容与方法;
3. 掌握饭店客房预订的程序与控制;
4. 掌握饭店入住接待程序与服务控制方法;
5. 掌握饭店客房收益管理的基本环节与方法。

【引例】

美国饭店运营的"奇怪"逻辑[1]

美国的节日很多,每到节日,也是饭店业最忙碌的时候。感恩节时王先生一家到拉斯维加斯去旅游,预订了豪华的凯撒皇宫大饭店的房间,标准房每晚 159 美元,用信用卡预付了账单。可到了那里后,接待员一查电脑,发现预订的房间已经没有了,于是问王先生愿不愿意升级到 259 美元的房间,但是要多付 100 美元,王先生拒绝了。

接待员想了一下说:"那么给您升级到 2500 美元的高级套房。"王先生听了觉得奇怪,多付 100 美元升级尚不同意,现在却要升级到 2500 美元的豪华房间,这多出来的钱王先生当然更不愿意付了。可接待员小姐笑眯眯地补充道:"升级到 2500 美元的房间是不要你多付钱的,我们还是按照 159 美元收费。"一开始王先生还以为自己听错了,仔细询问才知道确实如此,于是全家住了一夜最高级的套房。

回来后王先生始终不明白这是一个什么逻辑。不久前,王先生再度到这家饭店住宿,特意找了他们的经理询问:为什么住 259 美元的普通房间要多付差额,但是 2500 美元的豪华房间却慷慨提供? 这位叫史密斯的经理同样非常耐心地回答了王先生的问题:

"当时我们由于房间紧张,所有的普通房间已经订满了,只剩下 259 美元的房间,我们估计 259 美元的房间一般消费者也还是可接受的,所以能销售出去,才让你多付。即使你不住,其他人也还是会来住的。但是几千美元的豪华套房销售比较难,没有人预订的话,一般是不会临时来住的,因此我们就干脆给你享用,空着也是空着,让你享用一下,你不就是我

---

① 冯颖如.全球化视角饭店经营与管理.北京:企业管理出版社,2008.

们的回头客了吗？而且，你对这样的超值服务一定会满意，当你向朋友介绍这段经历，不就是在为我们促销吗？如果哪一天连豪华套房也都订完了，我们还会拿出更高级的房间给你。我们愿意让顾客占到好处，也不影响我们的声誉。"

上述案例表明，前厅作为饭店的门面，是顾客进入饭店的第一站，管理者与员工的服务、营销意识及技巧，直接影响顾客的住宿体验与对饭店的忠诚。前厅部（Front Office）是饭店销售饭店产品、组织接待工作、调度业务经营以及为顾客提供一系列前厅服务的综合性服务机构，其接待服务质量以及部门的管理水平，直接影响整个饭店的经营效益和企业形象。饭店前厅管理应围绕"气氛良好，服务到位，保证高效，卓越推销，理想效益"的基本目标，抓好前厅气氛与日常业务及客房收益等方面的管理工作。

第一节　饭店前厅气氛控制

前厅气氛是顾客亲身感受饭店的第一印象。前厅气氛的控制，既是饭店设计的重要环节，也是前厅管理者的主要业务工作。

一、环境气氛控制

环境气氛是指硬环境，主要是由设施、用品等物品因素营造的氛围。其主要取决于以下因素。

（一）功能规划

1.功能配置

环境气氛的营造必须以满足功能需求为前提，一味强调美观，而忽略顾客的基本功能需求，则是舍本逐末。前厅功能设置与饭店档次紧密相关，一般来说，档次越高，前厅的功能相对也越多。对于一家具有一定规模与档次的饭店来说，饭店前厅一般由交通走道、入口门厅区、休息等候区、总服务台、公共休息区以及公共洗手间与电梯等对外服务设施和空间组成，与此相连的一般还有大堂吧（咖啡厅）、商场、商务中心等其他服务场所。

2.空间布局

（1）空间面积。前厅是饭店重要的交通枢纽，也是主要的服务场所和顾客活动的集散地。因此，必须有相应的面积作保证。前厅面积一般由交通面积、休息等候面积和总服务台等对外服务设施的面积组成。前厅面积大小与饭店的等级、规模、类型等要素有关。

（2）空间高度。前厅空间高度必须适中，高度过低，会使顾客产生一种压抑感，而过高则造成空间浪费，并导致能源消耗的上升。

（3）功能布局。为了提高空间使用效率与质量，在完整的前厅空间中，不同功能的活动区域应该适当分割，对各个组成部分能一目了然。

（4）空间变化。要根据前厅功能及位置条件，注意围透结合、明暗结合、虚实结合，分清主次，突出主题，错落有致。切忌单调空旷，喧宾夺主。

3.流线设计

前厅流线设计必须顺畅,尽可能缩短主要人流路线,并避免交叉干扰。如饭店前厅通向其他服务场所的线路中断或扭曲,无论在视觉还是心理上,都会给顾客造成不良情绪,并且会降低服务人员的工作效率。通常,前厅人流方向从入口为起点,向各功能分区发散后,合于电梯,或反向行之,人们在前厅的进出往返形成通畅的运动空间。

(二)光照设计[①]

光是体现室内视觉效果的关键因素,是形成空间、色彩、质感等审美要素的必要条件;同时,光也是改变室内气氛和情调的最简捷的方法,可以增添空间感,弥补室内原有的缺陷,营造优雅气氛,达到理想的室内效果。

光照,首要功能是照明,它可以分为自然采光和人工照明两种。自然采光是将自然光引进室内的采光方式,自然光线具有亮度、光谱等特性,并且与自然景色相连。视觉实验表明,人眼在自然光环境下比在人工光环境下具有更高的灵敏度。一年四季太阳光线的位移,每时每刻的变化都向室内提供时间、气候等信息,丰富视觉形象,也带来了大自然的勃勃生机。自然采光除了带给人亲切、舒适的感觉外,还能节约能源、利于环保。所以,饭店大堂应尽可能采用自然采光。人工照明是通过各种灯具照亮室内空间,有强光、弱光、冷色光、暖色光、可调节照度和光色的照明等。人工照明是室内照明设计的重要内容,照明手段的不断创新和灯具的发展给前厅的灯光设计注入了源源不断的生机。

光照设计既要达到采光功能上的照度要求,还要满足艺术上的装饰要求,因此,灯光设计包括功能性照明与艺术性照明两部分,而不同等级的饭店两者的比重并不相同。经济型饭店基本上采用功能性照明,而豪华饭店则大量使用功能性与艺术性相结合的照明,在某些重要厅室还使用纯艺术性照明。室内照明艺术的应用关键在于如何搭配各种光源、如何利用照明的组合设计来营造前厅所需的氛围,达到预期的效果。

(三)装修设计

1.色彩设计

色彩是最强烈的视觉冲击物,它不仅可以直接渲染、烘托出不同的空间气氛、情调,显示不同的性格、风格,而且还可以对人的生理、心理产生作用。正确地运用色彩,可以形成艺术美感,凸现饭店主题,营造饭店空间的意境。前厅环境色彩设计应注重室内不同区域功能、顾客心理需求、饭店所提供产品之间的有机统一。

色彩设计,首先要确定前厅环境总体的色彩基调,然后再针对不同区域的功能设定搭配的色调。处理色彩的关系一般遵循"大调和,小对比"的基本原则,即大的色块间强调协调,小的色块与大的色块间讲究对比;在总体上应强调协调,在局部的重点突出对比,以起到画龙点睛的作用。同时,色彩还应注意色相宜简不宜繁,主要色调原则上不宜超过三色,彩度宜淡不宜浓,明度宜明不宜暗。

2.陈设布置

前厅陈设布置既是体现饭店文化层次的标志,也可以起到塑造饭店主题的作用。常见的陈设与装饰包括织物、墙饰、雕塑、摆饰等。前厅的陈设与装饰必须注意品位,并和大堂

[①] 邹益民,张世祺.现代饭店房务管理.沈阳:辽宁科学出版社,2004.

的装修主题相协调。

3.绿色环境

随着社会节奏的变快,人们的生活压力日趋紧张,人们在追求物质利益和精神享受的过程中,越来越注重身心健康的发展。绿色环境的营造无疑能给顾客以清新、自然、充满生机的感受。绿色环境设计,既要注意建筑材料的环保,又要通过自然与人工的绿色饰品,点缀出充满生机、饶有情趣的氛围,改善饭店有限空间的微观环境。

二、服务气氛控制

服务气氛是由服务项目、服务方式、员工形象等表现出来的一种氛围。

(一)服务项目控制

前厅服务项目,既直接关系到顾客的方便程度,也是营造饭店服务气氛的重要组成部分。作为一家高档次的饭店,以下服务项目必不可少。当然,随着饭店之间竞争的不断加剧和顾客需求的日益提高,饭店前厅个性化服务项目正在不断涌现。

1.迎送服务

门厅迎送服务,是指对顾客进出饭店正门时所进行的一项面对面的服务。门厅接待员是代表饭店在大门口迎送顾客的专门人员,当顾客抵店时,门厅接待员要主动相迎,为顾客拉开车门,热情欢迎顾客,协助顾客下车并卸下行李,提醒顾客清点行李以防物品遗留在车上,并招呼前厅行李员,将顾客引领入店。当顾客离店时,门厅接待员要将顾客的用车召唤至大门口,协助行李员将顾客的行李装上车,并请顾客核对行李,协助顾客上车坐好,轻关车门,向顾客致意送别,并欢迎顾客再次光临。

2.行李服务

行李服务工作由前厅部专设的行李处承担。行李处在大门入口处的内侧,既易于被顾客发现,又便于行李服务员观察顾客抵离店的情况以及时与前台的入住接待和收银处联系。

3.问询服务

问询处负责接受顾客的问讯及查询、处理顾客的邮件、提供留言、访客服务及有关委托代办服务等。

4.结账服务

结账服务主要的工作有:负责为住店顾客设立各自的账卡;接受各部门转来的客账资料;与饭店所有消费场所的收款员或服务员保持联系,催收核实账单,及时记录顾客在住店期间的各种赊款;为顾客兑换外币;为离店顾客办理结账、收款或转账等事宜。

5.电话服务

总机提供的服务项目包括转接电话、叫醒服务、简单问询服务、留言服务、呼叫找人、阻止外来电话进入客房、替顾客保密、监视火警报警装置等。这一服务项目虽呈现弱化趋势,但现在仍是必备的服务项目。

6.信息服务

给顾客以清新、准确的服务信息,让顾客感受到热情、真诚、方便的服务氛围,这也是前厅服务气氛的重要组成部分。一般来说,大堂显要位置应有准确的饭店平面分布图,各种设施与服务的形象符号和图形标志必须符合国际标准,大堂内的公共信息(天气、时间、外币兑换等)应该准确及时,大堂内有自助查询信息的设备,操作简易方便,信息准确,大堂内有关顾客的宴请、会议、展示等活动的信息(举办单位、会务组及举办地点等)应该指引清楚。

7.金钥匙服务

"Concierge"(金钥匙)一词来源于法文,原指公寓或饭店的守门人负责迎送顾客和掌管客房钥匙。金钥匙服务诞生在法国,1929年,法国饭店中一群拥有丰富服务经验的世袭委托代办礼宾司给顾客提供尽善尽美的专业化服务。这些服务包括从代办修鞋补裤到承办宴会酒会、充当导游等大大小小的细致服务,目的是为顾客提供一般饭店没有的具有"一定难度"的所谓"额外"的服务。1952年4月25日,欧洲9个国家饭店的礼宾司代表来到法国夏纳,成立了"国际金钥匙协会",费迪南德·吉列特(Ferdinand Gillet),这位来自法国巴黎SCRIBE饭店的礼宾司被推选为该组织的主席,后被尊称为"金钥匙"之父。

金钥匙的标志是两把交叉在一起的金钥匙,两把金光闪闪交叉的金钥匙代表着饭店委托代办的两种主要职能:一把金钥匙用于开启饭店综合服务的大门;另一把金钥匙用于开启该城市综合服务的大门。现在,金钥匙服务按照国际金钥匙组织特有的金钥匙服务理念和由此派生出的服务方式,为顾客提供"一条龙"的个性化服务。这种服务通常以"委托代办"的形式出现,即顾客委托,职员代表饭店为顾客代办。

我国第一把"金钥匙"产生于广州白天鹅宾馆,我国亦于1997年被国际金钥匙组织接纳为成员方。中国饭店金钥匙的使命是:为全世界旅行者提供高效、准确、周到、完美的服务,倾尽全力将卓越的服务体现在我们所做的每一件工作中,为顾客解决难题,带来惊喜。中国饭店金钥匙的追求是:在顾客的惊喜中找到富有的人生。中国饭店金钥匙的服务精神是:用心服务,追求极致。

【案例】

饭店金钥匙服务精神[①]

刘强先生是常住在上海市区某饭店的一位商务客人。某一个星期五下午,他在回浦东前来到饭店礼宾部留言:"明天有宏达公司张先生给我送一试验仪器,请帮我代为接收,并寄存在礼宾部。"饭店礼宾部金钥匙小包接受了此项委托。

但是,第二天下午2时,刘强打电话至礼宾部,询问宏达公司的仪器是否送到,饭店金钥匙小包告诉刘强,仪器已于上午送到。这时,刘强突然大声质问:"为什么不把试验仪器送到浦东?"小包在电话里没有作任何解释,立即按刘强提供的地址将仪器送到了浦东。

三天后,那位顾客回到饭店,小包才将他的亲笔留言拿出来,并婉言说明。刘强在歉意之下,惊奇地问小包:"为什么那天你不作解释呢?"小包笑了笑答道:"为了不影响您的假日情绪或可能要进行的工作,把仪器及时送到您的手中是最好的选择,至于您当时说我们什么,这并不重要。"

---

① 该案例由邹益民根据报刊资料改写。

（二）人员形象控制

人员形象，是前厅服务气氛最重要的组成部分，应特别注重以下三个方面。

1. 精神面貌

良好的精神面貌可以体现出服务人员良好基本涵养的内在因素，显示出饭店高标准的管理水平。前厅员工的精神面貌应做到：端庄大方的仪容仪表；亲切自然的脸部表情；精神饱满，随时为顾客提供服务的姿态。

2. 体态举止

体态举止是一种行为语言，前厅服务人员的站立、行走、入座、引领等姿势，会使顾客产生视觉反应，形成愉悦的心情。设计标准、规范的举止行为，不仅可以提高工作效率，同时也能形成美感，让人赏心悦目。

3. 礼貌礼节

中国是一个"礼仪之邦"，"有礼"的员工总可以给人形成"有理"的印象。常见的礼貌礼节包括迎送礼、问候礼、称呼礼、鞠躬礼、握手礼以及交流过程中所使用的敬语、谦语等，通过"以礼待人"的工作态度和"以理服人"的工作方式，必然能换得顾客的真诚与配合。

（三）服务方式控制

服务方式是完成服务工作的桥梁，也体现了服务的专业性与艺术性，其设计的基本原则如下。

1. 高效

服务方式必须本着实用高效的思想，注意精简服务流程，提高工作效率。如前厅的一站式服务，将接待、问询与收银合三为一，既可以避免顾客多站等候，减少接待手续，同时也可以锻炼员工，使其得到多职能的训练，提高竞争力。

2. 体贴

顾客接受前厅服务时，大多处于被动接受状态，饭店应从顾客的角度着想，注重细节关怀，加入人性化的理念，同时还可以结合一些硬件设施，或者直接对服务设施进行人性化的改造，以营造出浓郁的服务氛围。如一些精品饭店将站立服务改为坐式服务，既可以使顾客缓解疲劳，也可以避免等候的急躁现象。当然，对于员工而言，也可以降低劳动强度和放松身心。

3. 独特

饭店制胜法宝之一在于与众不同，同样的服务采用独特的服务方式，可以使顾客留下深刻印象，也易于传播。独特的服务方式，主要体现在前厅礼宾服务、服务人员的服饰与语言、VIP迎送方式等方面。

三、营业气氛控制

前厅是饭店客流量最大的场所，更是顾客进入饭店的必经之地。顾客一进入饭店，所见到的、听到的、触摸到的一切都对他的购买行为产生影响。因此，饭店应营造出浓厚的营业气氛，刺激顾客的消费欲望，影响顾客的消费倾向。

（一）常规气氛布置

前厅既是饭店提供综合服务的场所，同时也是作为饭店产品的重要销售场所，即顾客与饭店产品供应方发生"交易",进行消费的场所。为此,饭店应该利用前厅内外空间,加强饭店服务产品的促销,如利用各种服务宣传资料架、客房价目表、客房优惠促销信息、大堂入口、电梯厅等处电视屏显示的饭店的服务设施与活动来进行促销等。所有这些,不仅起到装饰性作用,同时也达到了促销的作用。当然,前厅部位的所有宣传设施、用品与广告等,必须注意适度,并且必须有品位和档次;否则,就会破坏前厅的气氛。

(二)特别活动促销

饭店的经营秘诀之一在于常变常新,需要经常性或周期性地推出特色产品或者特色服务项目,而前厅是宣传推广特色活动的极佳位置。前厅营造特别活动的促销氛围,主要体现在两个方面:一是在重大商务活动期间,通过气球、气拱门、彩旗及欢迎牌等形式,渲染商务气氛;二是在大堂推出大型主题营销活动的精美广告与场景布置,如美食节、主题婚宴等。

(三)节假日的营造

岁时礼仪是传统中国人千百年来遵从的习俗活动,是我国古代民俗活动的重要组成部分。我国传统的节庆活动很多,例如春节的贴春联、吃年夜饭,元宵节的赏灯笼、吃元宵,端午节的悬艾、饮雄黄酒,中秋节的赏月、吃月饼,重阳节的插茱萸、饮菊花酒等。同时,随着全球化浪潮的渐入佳境,各种"洋节日"也纷纷为国人所接纳,如圣诞节、情人节等。饭店借助传统节日的契机,可将前厅加以特别的装饰,推出与传统节日相关的活动或食品,设置节日主题展台,展示饭店自制的节庆礼品,使之具有浓郁的节日气氛和习俗情调。这样,既弘扬了民族传统文化与世界文明,又能借此开发特色产品以助销售。当然,在不同的节日也可选择播放不同的乐曲。比如,春节的背景音乐宜采用中国的传统乐曲,如《春节序曲》、《步步高》、《喜洋洋》、《新春乐》、《金蛇狂舞》、《娱乐升平》等。圣诞节的背景音乐则应选用圣诞节的传统曲目,如 *Silent Night*(《平安夜》)、*When a Chila is Bom*(《伟大的时刻》)、*White Christmas*(《白色的圣诞》)、*We Wish You a Merry Chirstmas*(《圣诞快乐》)、*On Holy Night*(《神圣之夜》)、*Jingle Bells*(《铃儿响叮当》)、*Silver Bells*(《银铃》)等。

第二节　前厅日常业务管理

日常业务,即前厅的常规业务,具有固定性、重复性、规范性等特点。

一、客房预订管理

预订客房不仅为顾客提供预先保证,同时也为饭店有效销售提供依据。科学的预订管理能为饭店提供稳定的、长期的客源,直接为饭店带来利润。

(一)客房预订渠道

客房预订,可分为直接渠道和间接渠道两种。直接渠道就是顾客不经过中介而直接与饭店预订处联系,办理订房手续。间接渠道是订房顾客由第三方订房机构等代为办理订房手续。总的来说,饭店应以直接渠道为主,尽可能地提高直接渠道的比重,以掌握客房销售的主动权,并获取最大利润。但由于人力、财力等方面的限制,饭店难以仅仅通过直接渠道而获得充足的客源,利用间接渠道在所难免。但饭店应注重间接预订渠道的选择与控制,主要应综合考量以下四个基本要素。

1. 细分市场

每家饭店因其所处的地理区位与出售的产品不同,细分市场结构也不相同,而不同细分市场客源又会来自不同的渠道商。例如,商旅散客主要来自饭店官网、集团中央预订系统、饭店预订部、OTA 网站或手机客户端(APP)等,当然,内外宾的订房渠道会有所不同;旅行团体主要来自旅行社、旅游批发商和全球旅游分销商(如 GDS)等;会议团体主要来自于政府、协会、企事业单位等机构。

2. 顾客行为

如今,饭店产品销售渠道趋于多元化的同时,也带来顾客消费行为的多样化。不同类型销售渠道或同类型不同商家的预订渠道都具有其独自的特性和相应区域的客户群体。如果饭店平时善于积累和分析住店顾客的消费行为以及住客选择渠道商的兴趣偏好,掌握和了解不同渠道商特征,那么在选择预订渠道时就能筛选出与饭店客源类型相适应的渠道商,自然也就容易对同类型的预订渠道进行取舍,实现准确的渠道定位和渠道再优化。

3. 管理成本

饭店选择的销售渠道越多,付出的管理成本也越高,因为每一位经理管理渠道的精力是有限的。除此之外,还要考虑佣金和折扣优惠的因素,因为除饭店直销渠道外,间接销售渠道都是要支付佣金或给予折扣优惠的。就 OTA 网站而言,不同的 OTA 收取的佣金不尽相同,渠道成本也不相同。例如,在同一地区,有的 OTA 网站佣金标准是收取售价的 10%,而有的则是收取 12% 乃至 15%。因此,在渠道选择时还应充分考虑佣金、折扣等成本要素,以保证饭店的收益不被侵蚀。

4. 数量控制

从市场供需的角度看,由于饭店的产品资源都是有限的,因此在选择预订渠道的数量上应考虑与饭店产品供应能力相适应,尽量保证在满足饭店产品容量的前提下通过减少渠道的数量来降低管理成本,并能保证渠道经理有精力与渠道商进行有效的沟通。

(二)客房预订类别

根据客房预订性质,通常可将客房预订分为以下三类。

1. 确认类预订

确认类预订是指顾客的订房要求被饭店接受,而且饭店以口头或书面形式给予确认,一般不要求顾客预付订金,但要求顾客须于预订入住日的规定时限到达。这类预订一般在前厅当日排房时提前安排,尤其是客房销售紧张时期,以保证顾客的预订。

2. 保证类预订

顾客通过预付订金来保证其在某个特定时间或有特定订房要求时进行的预订。这是一种双向约束的承诺服务,饭店与顾客任何一方无法满足对方协议要求,都将受到经济惩罚。订金一旦预付后,饭店与顾客之间即确定契约关系,保证了双方的利益,也对双方行为进行约束。

3. 等待类预订

饭店在客房已订满的情况下,因考虑到预订取消及变更可能,而进行的超额预订。对这类预订顾客,饭店不给予预订确认,但享受在有空余客房时优先安排的待遇。

（三）客房预订控制

对客房预订进行控制的目的：一是提高客房出租率和平均销售收入；二是保证顾客预订要求，树立饭店诚信形象。

1. 客房预订政策

制定合理的客房预订政策，一方面是为了满足顾客要求，保护顾客的利益；另一方面是为了利于饭店的经营管理，保护饭店自身的合法权利。这些政策应涉及预订业务中主要的、容易产生问题的几个方面，其中包括：

（1）预订规程：预订操作程序、接受预订的数量、期限、团体与散客预订的比例、超额预订的比例等。

（2）预订确认：确认的对象、确认的时间、确认的方式等。

（3）订金收取：收取订金的对象、收取订金的形式与数量、限期或分段收取的方法等。

（4）预订取消：通知取消预订的期限、预订金的退还办法等。

（5）饭店责任：因饭店原因顾客无法入住时，饭店应承担的责任及处理规定等。

（6）顾客责任：顾客未能如约而来、逾期到达、迟缓通知、取消或更改预订应承担的责任及处理规定等。

2. 客房预订程序

客房预订一般分为预订受理与处理两个阶段。受理预订工作基本相同，而在处理阶段则需要根据预订类别与饭店客房的实际销售情况进行不同对待。其基本的流程如下：

（1）受理预订。此环节最重要的就是要获得顾客的完整信息，需要了解的要点主要包括：住宿顾客姓名、性别、人数，预期抵离日期、交通工具、来往地点、客房类别、数量与价格、预订者姓名、联络方式及其他特殊要求等。

（2）接受或婉拒预订。迅速查询客房出租情况并回复顾客，要采取有效策略，满足顾客需求，争取最大客房出租率。不要轻易拒绝顾客的要求，尤其是在客房较紧张的情况下，既不能满口承诺，也不能断然拒绝。

（3）确认预订。预订员接受顾客的预订后，应对其预订要求及顾客信息加以确认，确认方式可分为口头确认和书面确认，可能情况下，应尽可能书面确认，保证类预订则必须书面确认。对于一些大型团体、重要顾客等订房的确认函，一般可由前厅部经理、销售部经理或者饭店总经理亲自签发，以示尊重与重视。

（4）复核预订。这是为防止预订情况的变化，提供给顾客的一项售前服务。这既保证顾客的预订需求，给予一种受重视的感觉，同时也为饭店提供了准确的客房销售信息，提高饭店的经济效益。预订复核一般分别在离抵达日期前一个月、前一周及前一天的三个时间进行。

（5）预订更改与取消。预订虽然通过确认，但在顾客抵店前都可能对预订内容做出更改甚至取消。对于更改或取消，预订人员应该根据不同要求进行相应处理，并做好书面及电脑记录，同时通知有关部门进行调整。

（6）抵店准备。预订处应提前将预订信息通知相关部门，以便各部门提前做好准备。抵店当天，前台接待员应根据订房具体要求，提前分配房间，并将有关细节（变更或补充）通知有关部门，共同完成顾客抵店前的各项准备工作。

3. 预订控制手段

为了提高客房预订的准确性与可控性，客房预订部门应通过以下工作加强控制：

（1）加强对预订员及其他有关人员的培训教育，提高其工作责任心和业务素质。

（2）不管是手工操作还是采用电脑操作的饭店都应准确记录顾客的订房要求，如是电话或面谈预订，应复述顾客的预订内容，解释饭店专用术语的确切含义及有关规定，避免出现错误、遗漏或误解。

（3）建立和健全前厅部与销售部、客房部、订房代理处有效的沟通制度，前台应正确掌握可租房的数量，预订未到、提前抵店、延期离店、未经预订直接抵店、临时取消及住店顾客换房等用房变化数。

（4）对订房的变更及取消预订的受理工作应予高度重视，确保信息处理准确及时。

（5）加强与协议合作单位的联系。更好地把握其商务客源，特别是常客公司秘书，与签有协议价的公司建立良好关系。

（6）加强对不同预订渠道的监控。及时识别重复预订，特别是团队预订，因团队预订的取消会给饭店收益带来较为严重的影响，所以应给予特别的重视。

（四）预订失误处理

由于众多原因，客房预订失误的情况在所难免。对于预订失误，饭店应区别不同情况，妥善处理。对于持保证类预订或确认类预订在规定时间里抵达的顾客，由于种种原因而导致顾客没有房间的，通常采用如下方法解决：

（1）诚恳地向其解释原因并致歉意；

（2）征得顾客同意后，将顾客安排到其他同类型饭店，并负责提供交通工具和第一夜的房费；

（3）如顾客同意，将搬回本饭店的时间告诉顾客；

（4）临时保留顾客的有关信息，以便向顾客提供邮件及查询服务；

（5）做好顾客返回本饭店时的接待工作，如大堂值班经理欢迎、房内放致歉信、赠送鲜花水果等；

（6）向订房委托人发致歉信，对造成的不便表示歉意，并希望顾客以后有机会再次光临；

（7）事后向提供援助的饭店致谢。

对其他预订种类的顾客届时无房提供时，应热情礼貌地向顾客说明，帮助推荐其入住其他饭店，并欢迎他第二天如有空房时入住本店。

对于预订失误，固然需要正确处理，但归根结底还是要加强防范，尽可能减少预订失误。

二、接待业务管理

顾客接待是前厅对客服务过程中的一个非常重要的阶段，直接关系到顾客的第一印象与最后印象，也直接关系到饭店客房的销售结果。因此，必须注意以下关键环节。

【案例】

"以牙还牙"的前台接待员[①]

Julie 女士是杭州 Y 饭店的公司客户，也是 Y 酒店集团的金圈会员。某年 5 月的一天，

---

① 伍佳. 杭州 Y 饭店软件服务水平提升策略研究. MBA 学位论文,2010.

Julie女士到总台办理离店手续,此时正值中午退房高峰,加上又是午餐时间,总台人手不多,仅有1名接待员和1名实习生在匆忙地为客人办理手续。Julie老远就看见总台前的长长的队伍,她瞧了下表,12点10分!她要去赶1点40分的飞机,而且当天只有这一班飞机。从饭店到机场正常行驶最少也要45分钟,时间非常赶了。于是她没有多想,绕开人群直接走到总台的最前面,对接待员David说:"快,给我办下退房。"

"请您到后面排队。"见Julie女士插队了,总台接待员David下意识地拒绝。此时,排在后面的几个客人也对Julie女士表示了不满。听到后面客人的回应,David感觉自己做对了,就耸了耸肩膀,继续忙手里的活。

"我赶飞机,要迟到了,给我先办下吧!"Julie明白自己理亏,但是看到时间紧迫,就和David商量。

"那可不行,凡事总有先来后到。"David两手一摊表示爱莫能助。

"你……我可是你们饭店的金圈会员啊!"见接待员不肯给她办手续,Julie有些生气了。

"我们饭店有很多会员,后面的客人都是我们的会员。"David并没有让步。

"你个×××,你到底给不给我办?"Julie女士急得爆了粗口,用手里的矿泉水瓶不停地敲打台面。

"素质这么差,叫天皇老子也不给你办,赶不上飞机活该。"见Julie女士情绪激动,David也不高兴了,不冷不热地冒出一句话。

"信不信我的瓶子扔过来?"Julie女士见接待员不仅不帮忙,还在说风凉话,无名火涌上心。David恨恨地说:"有本事你就扔啊,我还怕你不成……"

"嗖!"话音刚落,只见Julie女士手里的矿泉水瓶子就落到了David的身上。"敢砸我!"说时迟,那时快,年轻气盛的David捡起矿泉水瓶子又朝总台外面的Julie女士砸了回去,所幸矿泉水瓶砸偏了,落到了地上。众人一片哗然,Julie女士也被吓了一跳,她没想到瓶子会被扔回来,惊魂未定的她立刻在总台咆哮起来,声称人身安全受到威胁,要报警、找媒体曝光,引来了诸多客人围观。大堂经理、前厅经理纷纷出来道歉,最后由总经理亲自出面致歉并免除了Julie女士此行的房费、餐费等一切费用,并安排其当天晚上住饭店,次日又安排送机场方才平息这场风波。

(一)办理入住登记

1.欢迎识别顾客

接待员应主动向顾客问好,对顾客表示欢迎,询问顾客有无预订。若有预订,则应根据顾客所提供的详细信息迅速查阅预订信息,并核实其订房的主要内容,经过顾客确认后,办理入住手续。一般来说,对于VIP、常客和预订的顾客,则应提前做好登记手续的准备,尽量缩短入住登记的时间,尤其是VIP顾客,通常享受先进客房,在客房内签字登记的礼遇规格。对于会议团体,应根据会务组与销售部的具体协议进行安排。

若没有预订,根据客房销售情况答复顾客,原则上应尽可能地把客房销售给无预订直接抵店的顾客(这类顾客称为Walk in)。对于无预订直接抵店的顾客,无论散客、旅游团体都须按照标准的入住登记手续进行办理。因为办理入住登记,既是安全管理的需要,也是饭店获取顾客信息,以便提供个性化服务的需要。

2. 确定付款方式

确定付款方式的目的，是便于决定顾客住店期间的信用限额以及加快退房结账时的速度。付款方式通常包括现金、信用卡、支票及转账等。现金是最简易的付款方式，流通方便，缺点是顾客入住时间较长时，担保费用较高，顾客难以理解。信用卡是使用最广泛的付款方式，应确认顾客所持信用卡是否为饭店所接受的信用卡，其是否有效，通常根据各银行要求，获得信用授权，缺点是信用卡需要交易手续费。而支票、转账等方式使用相对较少，操作相对比较复杂，一般要求有相关人员的批准方可接受，主要是团体及公司客户使用，接待员应向顾客清楚地说明转账款项的具体范围。

3. 提供完善服务

在以上各项工作完成之后，接待员应制作房卡，向顾客说明入住的基本事项，把房卡交给顾客，指明客房方向，最后预祝顾客住店期间愉快，并安排行李员帮助运送顾客行李。

顾客离开后，应立即更新客房状况，修正电脑记录，将顾客信息迅速通知总机及客房部，然后建立顾客的相关资料及档案，制作顾客的账单等。在与顾客的初次接触中如获得顾客的重要附加信息，应进行添加，为今后给顾客提高超值服务做好准备。

（二）有效销售客房

接待入住顾客的过程，也是销售客房的过程。对于 Walk in 顾客，应询问顾客的住宿要求，同时查看当天的客房预订状况及客房状态，再根据顾客需要向其介绍客房情况及饭店的其他设施和服务项目，并积极推销合适的客房。

1. 掌握房态

房间状态的准确性是客房销售以及对客服务质量的关键因素，前厅员工必须准确掌握饭店的各类房间状态：

（1）住房 OCC（Occupied）：被顾客租用的客房。

（2）可售房 V（Vacant/Valable）：客房设备设施完好，已做好接待准备的空房。

（3）走客房（On change）：刚退房正处于清扫整理状态的客房。

（4）预期离店的退房 ED（Expected depart）：离店日期为当日的客房。

（5）维修房 OOO（Out of order）：迅速进行维修，减少经济损失。

（6）预留房（Blocked）：留给将入住的预订顾客的房间，通常并不分配具体的入住者，根据其进店先后顺序进行安排。

2. 合理排房

影响销售达成的主要因素通常包括房间类型、价格、停留时间等，根据不同的顾客类型及消费需求以及饭店实际情况给顾客安排合适的客房类型。饭店排房应掌握三个"有利"的原则：一是有利于顾客。从顾客的角度着想，提供人性化服务，如家庭顾客通常安排在连通房或邻近房，以便相互照顾与联系。二是有利于员工。为各部门的服务工作创造宽松环境，如团队顾客尽量安排在一起，以便客房部对其进行统一服务。三是有利于饭店。使饭店"少投入多产出"，如在淡季将顾客安排得比较集中，可以减少能源等消耗。掌握排房的技巧，不仅要有一定的管理理念与服务精神，而且还要熟悉工作流程。

3. 控制房价

对客房价格的控制，可以有效提高饭店的平均客房销售收入，最终按计划实现经济收益目标。作为总台服务人员，除了严格执行饭店制定的房价政策外，关键应掌握推销技巧。

（1）注重报价技巧。价格不只是简单的数字排列，总台接待员能适时运用巧妙的报价技巧，则更容易使顾客尤其是价格敏感型顾客接受。报价也是一门艺术，应根据顾客的不同特征与即时反应，迅速做出答复，"试探性"报价法比"和盘托出"报价法更具回旋余地。结合客房价格与顾客特征可采用的报价方法有三种：一是冲击式报价法，即先报出价格，再介绍客房。这种方法适合于有价格优势或低廉的房间，针对对象是消费水平较低的经济型顾客。二是夹心式报价法，又称三明治报价法，即在介绍客房服务与设施的中间报出价格，以缓冲房价的冲击，引导顾客对服务设施进行更多的考虑与比较。这是一种中性的报价方法，适用于推销中档客房。三是鱼尾式报价法，即先介绍客房，再报出价格，把价格放在最后，使顾客忽略价格的刺激。这种方法适合于价位高但具备服务或设施优势的客房，主要针对消费能力较高的享受型或功能型顾客。

（2）注重语言艺术。同样内容通过不同的语言表达，可能销售的结果不同，如"真不巧，只剩下最后一间客房了"与"您真幸运，还有一间最适合您的房间"的听觉效果是截然相反的。常见的语言技巧主要有：①"第三者意见"，常用于买卖双方各自维护自己的看法而相持不下时，以"假设"或"实际"存在的第三者来促进交易达成。"第三者"可以是人，也可以是数字、现象或者某件事情。如"某某也很喜欢这类房间"。②"替别人下决心"，常用于顾客犹豫不决时，为阻止顾客反悔，抢先替顾客下决心，其适用于较无主见的顾客。如"要不您先登记一下"、"这样您先住下，如不满意，再给您换房"。③"扳道岔"，是指设定两个选择对象，引导顾客从思考是否入住转换为对住宿条件的判断选择，增加销售成功率。如"请问您是要标准间还是套间"。

（3）凸现产品优势。扬长避短，尤其以"最"制胜，如"离某风景点或交通场所或商业点最近（仅需要×分钟或×公里）"、"我省最早的五星级饭店"、"我市最高的饭店"、"可以看到西湖的房间"、"某某名人曾经下榻的饭店"等，加深顾客印象，也便于顾客传播。

（4）适度提供优惠。主动判断顾客类型与需求，并进行针对性的促销，选择性给予优惠，使顾客感受到惊喜。优惠可以是价格优惠，也可以是服务的无偿增设。如："你们是一家人，我给您介绍我们饭店的连通房，这样你们可以方便照顾你们的父母，价格按照两间普通标准间计算，一般我们可是按套房销售的。""非常幸运，您是我们饭店五周年的第88位顾客，为此我们给予您房价8折，并提供免费早餐。"这里要注意优惠应该是有理由的、有限制的。

（三）顾客信息管理

准确掌握顾客在消费过程中的各种需求，达到信息互动共享，在饭店管理中的重要性日益凸现，顾客信息管理已成为饭店一项重要的基础管理工作。

1. 顾客信息收集

前厅对于顾客信息的收集，主要可以通过以下途径：

（1）预订及住宿资料。顾客预订及住宿资料是饭店收集顾客信息的一个重要途径，很多顾客的需求都会在预订及住宿时说明，店方应该把顾客的相关信息汇总到顾客档案中，如顾客的姓名、性别、年龄、出生日期、婚姻状况、通信地址、电话号码、公司名称、职务、职称等，以及谁来预订、通过什么方式预订、什么时机订房、订房的类型等。这种预订、住宿档案资料，如果通过研究分析，有助于选择合适的销售渠道，同时了解我们的目标市场，因为从中可以知道我们经常住店的是哪些顾客，我们的目标市场在哪里。

（2）顾客意见反馈及饭店的顾客意见表。顾客在消费中会提一些建议和对饭店的看法，这需要饭店给予重视并有效采纳。顾客的投诉和不满记录，也能反映顾客的某些特征与特殊需求，须引起重视，并做好总结和分析。同时，饭店还须特别关注顾客在网络中对饭店的评价，并从中获取相关的顾客信息。

（3）服务人员收集的各种顾客需求等资料。饭店前厅服务人员在服务过程中，每天都能收集最新的顾客信息，如顾客的爱好、生活的习惯，包括宗教信仰和禁忌以及住店期间的一些特殊需求等。前厅应建立必要的制度与方式，及时收集顾客信息并反馈到饭店客户档案库。

2.顾客信息传递

大多数信息通过口头与书面形式传递，而在网络时代，借助饭店管理信息系统、网络渠道传递顾客信息也变得极为常见。其主要形式包含：

（1）管理信息系统生成的各类表单。随着社会进入信息时代，计算机系统成为饭店信息传递的重要手段。其在信息统计的精确性、处理的高效性、传递的即时性、范围的全球性方面有着无与伦比的优势。

（2）交班日记与记事簿。这是各班组之间在对顾客服务中相互联系的纽带，主要用来记录本班组的当班情况以及工作中发生的问题，另外还包括本班组尚未完成需要下一班组继续跟进的事宜。

（3）会议。这是一种弹性较大的传递形式，其可以是管理人员之间的正式会议，也可以是各班组之间的简单工作布置。会议通常有书面记录，应作为饭店的档案进行保管。

3.顾客信息控制

对顾客信息进行有效控制，是饭店前厅部的工作重点。在对顾客信息进行管理的过程中，应掌握以下原则：

（1）及时传递信息，体现信息价值。顾客信息具有客观性、时效性等特征，前厅在处理顾客信息时，须快速做出反应，及时传递给相应的信息接收人，以发挥其最大功能。当然，还须确保准确性。

（2）关注信息反馈，延伸信息价值。为确保信息沟通的准确性及应用价值，不但要检查传送出去的线路是否完整，还要重视对于信息利用的情况反馈，即在一次信息的基础上，制造二次信息。通过信息的循环，使一次信息价值不断延伸，使单信息变成信息群。比如前台员工向顾客介绍当地的旅游景点，是单向的信息，当顾客回饭店后，再询问顾客的游玩感受，以了解顾客对我们所提供信息的确认度，以免出现信息失误。在网络化时代，饭店既要关注各主流网站中对自身饭店的顾客评价，更要注重及时反馈，特别是顾客的负面评价，能及时跟进处理，尽可能解决顾客的不满意心理，把坏事变成好事。

（3）处理信息资料，延长信息寿命。信息具有可再现性、可存储性及可积累性等特点。对信息资料进行整理、存档与保管，可以不断探索和开发信息新的价值。饭店工作人员准确记录了顾客的特征与喜好，如生日、口味、枕头偏好，那么在二次服务时，就能更好地提供个性化服务。例如，系统中记录了顾客第一次度蜜月住店时入住的是1018房，当他们再次抵店时依然给他们分配了1018房，其结果可能是触景生情，记忆犹新，幸福满满。

三、前厅客账管理

前厅客账管理工作的好坏，既关系到前厅服务品质高低，也直接关系到饭店营收的最终实现。

（一）客账记录

客账记录是前厅收银处的一项日常业务工作，为了避免因工作差错而发生逃账、漏账情况，前台收银处的客账记录必须有一套完备的制度来保证，并依靠各业务部门的配合及接受财务部的审核监督。客账记录的要求主要有以下几点。

1. 账户清楚

前厅接待处给每位登记入住的顾客设立一个账户，以记录该顾客在饭店居住期内的房租及其他各项花费（用现金结算的项目除外）。它是编制各类营业报表的资料来源之一，也是顾客离店时结账的依据。账户应分类归档，取用方便。

通常，饭店为散客建立个人账户，团体顾客建立团体账户。团体顾客如有不愿意接受综合服务费标准的限制，准备零点宴请用餐或其他消费时也要另立个人账户，但户头必须清楚、准确，切忌混乱不清，特别是姓名、房号必须与住宿登记表的内容保持一致。

2. 记账准确

前厅为顾客建立客账后，即开始记录顾客住店期间的一切费用。对顾客的房租采取依日累计的方法，每天结算一次，顾客离店，加上当日应付租金，即为顾客应付的全部房租，一目了然。其他各项费用，如饮食、洗衣、长途电话、电报电传、理发、书报、康乐等项目，除顾客愿以现金当时结算外，均可由顾客签字认可后由各有关部门将其转入前厅收银处，记入顾客的账卡。这就要求记账准确，顾客的姓名、房号、费用项目和金额、消费时间等必须清楚，和顾客账户记录保持一致。

3. 转账迅速

顾客在饭店停留时间短，费用项目多，每一位顾客一系列的消费都在几天，甚至几小时内发生，这就要求转账迅速。各业务部门必须按规定时间将顾客账单送到前台收银处，防止跑账、漏账发生，以保证准时结账、准确无误。

（二）顾客离店结账

现代饭店一般采用"一次结账"的收款方式。所谓"一次结账"，是指顾客在饭店花费的全部费用在离店时一次结清。这样，既能给顾客带来方便，又能提高饭店的工作效率。顾客离店结账工作程序，可分为顾客退房前、退房时和退房后三个阶段。

1. 退房前工作

前厅夜班员工根据客房状况资料，制作"次日预期离店顾客名单"。在饭店旺季，还可提前一天发出离店通知单或通过电话与顾客联系，获取顾客确切的离店日期及时间。同时，检查有否需要转交的顾客留言或邮件。前厅收银处要对当日预期离店顾客的账户，预先审核，做好结账准备。

2. 退房时工作

顾客离店要求结账时，应注意以下几点：

（1）收银员应面带微笑，问清顾客的房间号，找出账卡，并重复顾客的姓名以防拿错。与此同时，收回客房钥匙。

（2）收银员在习惯上要询问顾客在不久前是否接受过要付费的服务，如离店前有否打过电话，同时检查这些服务是否已经登账，以避免漏账。

（3）向顾客报告在饭店的消费总数，开出总账单。如果顾客支付现金，则在账单上盖上"收讫"戳；如果顾客使用信用卡，则按照饭店有关信用卡的使用规定和要求进行处理。如果由接待单位负责支付，则请顾客或接待单位人员签字，按事先约定的方式转账。

（4）收银员要对顾客表示谢意，并欢迎再次光临，征求顾客对改进饭店服务工作的意见，顾客离开账台时，祝愿他们旅途愉快，一路平安。

3.退房后工作

收银员在顾客离店后，要将顾客的登记表、结账单等各种凭据汇总存档，以供夜间审核和建立客史档案。同时，向饭店各有关部门传递顾客离店信息并调整客房状态。

总之，离店结账是顾客与饭店的最后一次接触，饭店希望在办理退房手续过程中，达到结清顾客账目，维护正确的客房状况，建立客史档案，并给顾客留下良好印象的目的。

（三）客账催讨

有些顾客住进饭店后并没有决定离店日期，居住时间长至数周或数月，账款一直上升，而尚不结付，此时必须通知该顾客前来付款以免其欠款太多，以致发生问题。催促顾客付款，可以采用电话和书面两种形式。遇到欠款很多又拒不付账者，应报告主管处理。另外，发催款通知单之前应先让主管看过，以免得罪特殊顾客。

（四）夜间审核

夜审工作，即核查上个夜班以后所收到的账单，把当天尚未入账的款项记录在顾客账户上，并做好汇总和核查工作。

在夜审的基础上，夜审员还负责制作报表，做好客房收入统计、餐饮收入统计、综合服务收入统计以及全店收入审核统计，上报总经理室并转送其他有关部门，作为掌握和调整经营管理的重要依据。

第三节　饭店客房收益管理[①]

收益管理（Revenue Management 或 Yield Management）诞生于 20 世纪 80 年代，最早是由民航系统开发的一种谋求收入最大化的经营管理技术。饭店客房收益管理是一种通过把现有饭店客房以最合适的价格分配给已确定的细分市场来提高利润的销售额最大化的一种方法。

一、收益管理指标

客房收益管理是否有效，需要通过一些可衡量的指标来判断。一般来说，饭店实施客房收益管理，需特别关注以下指标。

1.客房出租率

客房出租率是表示饭店客房销售情况的重要指标。其计算公式如下：

---

① 主要参考：胡质建.收益管理.北京：旅游教育出版社，2009.

客房出租率＝已出租的客房数÷可供出租的客房数×100％

在此需注意，客房出租率不是开房率，出租房不包括内部工作用房、招待用房；而开房率则包含这两类用房。

2. 平均房价

平均房价，即饭店每出租一间客房所获得的平均客房收入。其计算公式如下：

平均房价＝客房营业收入÷已出租的客房数

3. 平均可供出租客房收入

平均可供出租客房收入（Revenue Per Available Room，RevPAR）的计算公式如下：

RevPAR＝实际平均房价×客房出租率

＝实际客房营业额÷全部房间数

如：A 饭店有客房 200 间，公布房价 800 元。某日销售客房 100 间，房费收入 65000 元。则：

RevPAR＝实际平均房价×客房出租率

＝65000÷100 ×50％＝325(元)

或　　　RevPAR＝实际客房营业额÷全部房间数

＝65000÷200＝325(元)

4. 房价实现率

房价实现率＝日平均实际房价÷日平均潜在房价×100％

通过对房价实现率的计算，管理者可以知晓实际房价在多大程度上偏离了门市价。因此，房价实现率对折扣管理十分重要。

5. 客房收益率

客房收益率是实际实现的客房销售收入与潜在的客房销售收入的比值。

实际销售收入＝实际售出房数×日平均实收房价

潜在销售收入＝实有客房数量×日平均潜在房价

由此，可得客房收益率的计算公式：

收益率＝实际客房销售额÷潜在客房销售额×100％

【例 3-1】　某饭店共有 500 间客房，每间客房门市价为 850 元，某天实际销售了 450 间客房，平均销售房价为 625 元，则其收益率为多少？

解：收益率＝(450×625)÷(500×850)×100％＝66.18％

6. 市场占有率

市场占有率，也称实际市场占有率，是指一个饭店客房的实际销售量(或销售收入)占客房实际市场销售总量(或销售总收入)的比例，表明了饭店的市场地位与竞争能力。其计算公式为

$$市场占有率＝\frac{本饭店实际销售客房总数(或本饭店实际客房收入)}{市场实际销售客房总数(或市场实际客房收入)}×100％$$

7. 应有市场占有率

应有市场占有率是指一个饭店客房的销售量根据其接待能力在客房市场销售总量中应该占有的比例，它等于该饭店接待能力占市场接待能力的比例。应有市场占有率越高，表示该饭店接待能力越大，在市场中的重要性越高。其计算公式为

$$应有市场占有率=\frac{本饭店可供销售客房总数}{市场可供出租客房总数}\times100\%$$

8. 市场渗透指数

市场渗透指数是一个与主要竞争对手比较的指标,通常有客房出租率指数、平均房价指数和平均可供出租客房收入指数,表明了饭店的市场地位与竞争能力。其计算公式为

$$客房出租率指数=\frac{该饭店客房出租率}{竞争对手客房出租率}\times100\%$$

$$平均房价指数=\frac{该饭店客房平均价格}{竞争对手客房平均价格}\times100\%$$

$$平均可供出租客房收入指数=\frac{该饭店平均可供出租客房收入}{竞争对手平均可供出租客房收入}\times100\%$$

在以上 8 个指标中,RevPAR 是衡量客房收益管理绩效的最重要指标。

二、收益管理系统

收益管理系统是一个辅助分析、预测和决策的工具,通常是一个计算机软件或者一系列计算机软件。饭店管理人员可以利用这个工具对市场的供求关系进行分析和预测,按照预测的结果和收益管理系统的建议调整销售策略,最大限度地提高客房出租率和平均房价。收益管理系统的主要功能有以下几个。

(一)分析功能

收益管理系统的分析功能体现在能收集、整理和回顾历史数据,展现过去产品和服务销售的情况及其发展变化的规律,以及各细分市场的预订行为规律和消费能力,并生成各种方便阅读的图表。

1. 分析客房销售

饭店业务季节性和周期性的变化呈现出一定的规律,这与饭店所在的国家和地区的经济的季节性和周期性息息相关。所以,通过分析以往客房的销售情况,如客房数量和平均价格、高峰期和低谷期等,掌握这些规律,大体上可以预计未来市场需求变化的大致情况,从而制定出相应的预算和收益管理策略。收益管理系统能利用收集和整理数据的强大功能,把数据调入设定的程序和模块中进行计算与分析,能自动生成反映饭店市场组合和各细分市场情况、消费者行为的规律以及未来需求和销售变化情况的各种图表及报告。

2. 分析顾客行为

收益管理系统还能将顾客分为不同的产出组,同一个产出组的顾客的购买和消费行为类似,例如,他们什么时候开始订房,住多少天,什么月份入住,星期几入住,以及他们通过什么渠道订房等都很相似,这样的划分,可以使你很清楚自己的市场构成,从而逐一制定策略,采取针对性的措施。历史数据还能帮助饭店将自己的产品个性化,针对不同群体的特点提供不同的产品,满足他们的不同期望。例如,商务散客往往希望在房间里能够免费使用互联网,因此你可以提供一个包括免费互联网的价格给他们;旅游度假的散客往往希望房价里包括免费的早餐,希望得到有两张双人床的房间,那么,饭店就可以提供一个价格,能使他们得到两张双人床的房间以及免费的早餐。收益管理系统还具有提供竞争对手实时价格情况的功能,其价格模块能自动在网上搜索和比较竞争对手的价格,从而建议饭店销售的价格,帮助饭店把这些信息同别的信息,如竞争者的情况等结合起来,做出收益管理决策。

3.提供相关报告

收益管理系统能够提供其他各种各样的报告和图表,可满足收益管理人员分析和研究的需要。例如,收益管理系统能提供反映某段时间或某天饭店已经获得的预订情况的报告或被取消的预订的情况报告、销售渠道组合的报告、细分市场组合的报告、各个价格等级的销售情况的报告、各种类型的房间的销售情况的报告、各种价格代码的销售情况报告、国家和地区的客源情况报告、客房预订按日累积的情况报告以及实际销售情况与预算和上一年同期比较的情况报告等。由于技术的进步,这些报告的展示形式多种多样,除传统的数据表格、柱形图、饼图、线形图外,还包括立体图、雷达图、部分图、气泡图等特殊图表,十分直观,易于阅读和理解。

(二)预测功能

预测功能,即收益管理系统推算未来市场需求情况的功能。要发挥此项功能,必须做以下几项基本工作:

(1)收益管理人员要把影响市场需求变化的事件输入收益管理系统,并确认它们的影响程度。

(2)收益管理人员定义市场需求等级,初步确定未来两年每天的市场需求的等级,并输入收益管理系统。

(3)收益管理人员根据市场需求等级建立相应的价格体系,并输入收益管理系统。

(4)收益管理人员根据预测分析定义未来两年每天各个细分市场和销售渠道可获得的最大房间数量及最高平均房价,并将其输入收益管理系统。

(5)收益管理系统自动从饭店管理信息系统调用有关实际销售和预订情况的数据,自动输入预测模块。

(6)收益管理系统综合上述因素,预测市场需求水平,并提出优化组合的策略和建议。

(三)优化功能

在收益管理这个领域,优化技术指的是通过有效管理控制各类产品的组合、细分市场的组合、销售价格的组合以及销售渠道的组合,最大限度地提高收入。收益管理系统进行优化时,有以下四个重要参数。

1.距离入住日期天数

通常,离入住的日期还很远时,订房的人不多,而且饭店还有很多空房要出售时,收益管理系统会建议将起点价格定得较低,从对应的需求等级的起点价格开始销售房间。当接到一定数量的预订,达到预期的目标,饭店可出租的房间和距离入住日期的天数越来越少,而订房的人越来越多时,收益管理系统就会建议将最高公共价格(不加限制的、任何人都可购买的价格)升级。

2.市场需求等级

市场需求等级决定最高公共价格的起点价格以及往上提升的速度和幅度。

3.竞争对手价格

由于市场竞争的存在以及顾客越来越习惯于"货比三家",饭店的定价不能不参考竞争对手的价格。当然,由于不清楚竞争对手已经获得的预订情况以及它们的目标和策略,饭店价格不能简单地跟随竞争对手的价格变化而变化。

4.剩余房间数量

在市场需求量相同的情况下,对于拥有300间客房的饭店来说,当可供出租的客房数量只有20间和有120间时,其收益管理的策略是不一样的。

三、收益管理策略

饭店提高客房营业收入的办法不外乎两种:一是提高单位房价;二是提高客房出租率。收益管理关注的焦点是如何寻找到一个房价与出租率的最佳结合点,以提高客房收益。不过,实施客房收益管理,必须符合公平买卖的原则,均衡买卖双方的利益,并注意兼顾眼前利益和长远利益,不能因一时的收益而不顾信誉。关键必须注重以下四个环节的有效控制。

(一)价格控制

价格是顾客最敏感的消费因素,是销售最直接的管理杠杆,是饭店营利增减的主要手段。运用有效的价格策略,是达到客房收益最大化的基本手段。

1.产品差异

客房产品是收益管理的主要研究对象。客房差异既满足了不同消费层次、不同需求和不同喜好的市场的需要,也为饭店经营者利用房间的这些差异来拉开价格的距离,利用价格来促销和增加饭店收入提供了客观的条件。收益管理就是把客房产品根据其物理属性和社会属性进行分档,使其具有一定差异性,使得客房在不同的市场供求关系和竞争态势下,采取不同的价格。例如,根据房间面积的大小、装修的规格、朝向、室外景观、房间设施与服务项目等,分为不同的客房类型与等级,然后给不同类型的房间制定不同的价格。

2.市场供求

市场供求直接决定了客房价格的高低。目前在供大于求、竞争激励的市场态势下,饭店价格管理不可能是单一的静态价格,而是多重、有市场竞争力的动态价格。动态价格包括了协议公司散客优惠价、旅游团队房价、会议团队房价、长住客房价、门前散客浮动价等。对于饭店来说,在制定动态价格时,最有参考价值的资料数据是同一地区相近竞争对手饭店的分类房价。

在一个市场短暂的“求大于供”的时机,最基本的消费心理就是“求”而不是“供”。节假日和当地有重大活动时,往往是饭店获利的最佳时段。如何利用这一时段获取最大收益,是饭店发挥最佳管理收益效能的时候。这一时段的管理格言应该是“该出手时就出手”,该提价时就提价。否则,时不待我,机不再来。

3.折扣配置

折扣配置,就是经营者在准确预测未来顾客需求的基础上,确定相应的折扣策略,寻求出租率和房价的最佳结合,达到客房收入的最大化。也就是在需求低时,通过较大的折扣,谋求出租率的上升;在需求高时,通过取消折扣,谋求平均房价的上升。最终,使饭店收益达到最优。这一办法的关键在于需求预测是否准确,并寻找饭店销售的规律性。

一般来说,饭店的协议顾客使用的房间大多集中在普通标准客房,而饭店的豪华房、豪华套房、总统套房、行政房空置率都比较高,而房况则较好。为了改变这种资源闲置的情况,饭店管理者应向前厅部充分授权,前厅部经理再向接待员充分授权,只有用“随行就市”的理念,才能让前厅的接待员有卖出豪华类客房的空间。

4.综合平衡

当力图提高营业收入时,管理者可直接操纵的工具是价格。首先,根据需求预测结果决定提价还是降价以及升降比例;其次,计算价格变化后若要保持收入不变所必须达到的出租率(即寻找同等收益下的出租率与价格的新的组合点);最后,将计算结果与价格变化后的实际出租率相比较,如后者小于前者,说明价格变化不可行,否则可行。

同等收益出租率=价格变化前出租率×(变化前价格÷变化后价格)

应该注意的是,尽管客房收入相同,但不同价格与出租率的结合点所代表的经营状况是不同的,具体如表 3-1 所示。

表 3-1　客房收益表

序号	实售房数	出租率	日平均房价	客房收入	收益率
1	190	56.30%	$88.42	$16800	52.50%
2	200	66.70%	$84.00	$16800	52.50%
3	210	70.70%	$80.00	$16800	52.50%

从表 3-1 可以看出,虽然三种组合所得收益相同,但 1 的实售客房数最少,所以经营成本最低,且单位房价最高,所以利润最高。而 3 的实售客房数最多,导致经营成本最高,而单位房价最低,则利润最低。

(二)客源市场

菲利普·科特勒(Philip Kotler)和约翰·博文(John Bowen)指出:"收益管理背后的概念是通过定价的差别来有效地管理收益和库存,而它的基础是被选择出来的细分市场的需求弹性。"[①]

通常,饭店客源是多元化的,从大的层面划分,有团体客源和散客。在团体客源中,又可分为旅游团体、会议团体、商务团体等;在散客中,又可分为商务散客、度假散客、旅游散客等。不同类别的顾客消费的需求、价格和特点也有很大的不同,因此其消费行为模式也不一样。饭店的客源市场通常不是单一的,收益管理的主要任务之一就是要研究饭店客源市场的细分情况,研究不同市场的价格敏感度和需求弹性,确立饭店最佳的客源结构,以获得最大收益。

不同的客源市场具有不同的订房模式,饭店应研究并充分利用订房模式的规律,通过合理管理价格的供给来换取客房收益最大化。假设:商务散客通常在离入住日前两周内订房,度假散客通常在入住前四周内订房。针对这种情况,饭店可以在离入住日前还有 28 天到 14 天期间推出较低的价格去吸引度假散客,以提高客房出租率。在离入住日前还有 14 天时升价,等待商务散客订房。这样,饭店就可争取到部分度假散客的生意,提高饭店的客房入住率和市场占有率,同时又能从商务散客那里得到较高的平均房价,从而提高饭店收入。

此外,不同客源市场还有不同的消费模式。例如,商务团队顾客可接受的房价通常比旅游团体顾客高,而且他们通常会有较高的餐饮消费预算,可能会租用会议设施和使用商

饭店管理原理与实务

---

① Kotler P,Bowen J. Marketing for Hospitality and Tourism. NJ:Prentice Hall,2013.

务中心的服务。旅游团体顾客可能会购买旅游纪念品,使用康乐设施,但在饮食方面比较节省,不太会使用会议室设施。有鉴于此,当一家以接待商务团体顾客为主的饭店将来某日仅剩下30间客房,现在有旅游团体顾客要求预订,是否卖给他们呢? 如果不卖给他们,将来能卖出去吗? 如果饭店能预测到将来会有商务团体需要这些客房,就不会急于卖给旅游团体,因为,显然卖给商务团体更有利,饭店会得到更高房价,会有会议和餐饮方面的收入,从而能提高饭店的总体收入。

(三)超额预订

饭店客房产品具有时效性,虚耗的客房当天卖不出去,其价值将永远消失。顾客预订后不到的现象时有发生,因此为确保饭店收益,收益管理的对策就是实行有选择的超额预订,即在订房已满时,再适当增加订房数量,以填补失约顾客造成的房间空置损失。不过,如果实行超订而导致部分顾客手持订单却因饭店客满而无法入住的现象愈演愈烈,会使饭店的信誉受到损失,引发法律纠纷。所以,饭店应根据各自的实际情况,加强超额预订的控制。

1.超订比例

合理掌握超额预订的比例。其主要依据有以下三个:

(1)根据团队订房和散客订房比例调整。团队订房多由旅行社、专业会议、外交机构、贸易公司等订房,事先有计划和安排,取消或预订不到的可能性较小,而散客预订的随意性较强或受外界因素影响较大。所以,当某一天团体预订多,散客预订少,就应相对减少超额预订的比例。

(2)根据临时预订与保证预订的比例。若当日保证类预订的比例较少,则可适当增加超额数;如果当日预订多为保证类预订,则不宜进行超额预订。

(3)根据预订资料分析订房动态。根据饭店长期的预订资料分析预订取消率、预期不到率、提前离店率以及延期离店率等因素,推算出超额预订率。其计算公式如下:

$$O = Q \cdot r - D \cdot f$$

式中:O 为超额预订数量,Q 为接受客房预订数量,r 为临时取消百分比,D 为预计退房数量,f 为逾期住宿率。

2.预订控制

(1)要按时核对预订。有些顾客提前很长时间就预订客房,在入住前这段时间内,会有一些顾客因为种种原因而无法近期抵达或者取消了旅行,但不是所有顾客都会主动通知饭店。前厅部要在顾客抵达前通过电话与顾客进行多次核对,一旦变更迅速做出调整,并通知相关部门将客房重新预订或销售给其他顾客。

(2)要增加保证类预订。预收保证金或要求信用卡担保,将风险合理转嫁给顾客,尤其在饭店营业高峰如节假日、当地重大经贸活动时,更需如此操作。

(3)签订团体协议时设置限制性条款。由于多种原因,团体顾客可能出现预订失约的情况,这对于饭店造成的损失相对也较大。所以,饭店与团体组织者签订协议时,一般应设置限制性条款,如要求他们提前支付至少50%的押金;抵达日期前某天给团体预留的房间数就是最终记费房间数,此后如果团体的实际入住房间少于这天的预留数,团体要支付没有使用房间一定比例的费用,等等。

3.加强协作

加强与营销部门协调。由于大部分预订顾客由营销部门的协议单位操作产生，而营销部门的各位营销员为了扩大本人业绩，一般会放宽要求给协议单位，所以有必要在产生超额预订时加强与营销部门的沟通，加强对超额预订的控制，减少饭店损失。

当然，为了保证超额预订的有效实施，还必须与同行建立业务协作关系。即使饭店超额订房不准或遇意外事件，导致顾客抵店无房时，也可安排顾客住本地区其他的同类型饭店。

(四)时机把握

时间因素是制定客房价格策略的关键要素，不同的时间与时段和住宿时间的长短也直接影响价格策略。

1.容量控制

预留一定数量的客房，在特定的时间，以特定的价格销售的做法叫作容量控制法(Capacity Control)。容量控制法的基本思想是把握好客房销售的时机和节奏。为了提高客房出租率，很多饭店急于尽快把客房销售出去，尽可能多地预订客房，甚至很早就将某一特定时期的客房预订一空，并引以为豪。其实，这样做未必最好，有时会失去很多潜在的收益。因为在市场需求比较大、客房比较紧俏的情况下，比较晚才订房的顾客由于时间的紧迫以及迫切需要获得客房的心理压力，愿意支付比很早就预订的顾客高得多的价格。提早预订的顾客由于没有上述的压力，所以对价格比较挑剔，常常货比三家，挑挑拣拣，不愿出较高的价格。如果饭店把所有的客房早早地预订出去，无疑损失了获得更高价格的机会，从而减少了饭店的收益。为了取得最大收益，饭店应该预测不同细分市场的需求，根据各细分市场提早订房的习惯来决定提前多少天，以什么价格，把多少间客房卖给度假休闲顾客、商务散客、政务顾客、商务团体顾客以及旅游团体顾客，甚至要预留一定的客房卖给较晚才来订房的顾客(如提前一周预订的顾客)，以使一部分客房取得最高的销售价格。

2.时滞控制

时间因素是制定客房价格与确定销售渠道的关键要素。另外，不同的时间与时段和住宿时间的长短也直接影响价格策略。时滞控制，就是通过制定不同的预订与优惠策略，有效控制顾客的住宿时间，以最大限度提高客房收益。对饭店客房产品来说，是鼓励顾客延长住宿天数还是让其缩短住宿的天数，考虑的因素更复杂，不仅要考虑需求的情况，还要考虑价格的情况。有时饭店要设定最低入住天数限制，有时要设置最高入住时间限制。

(1)最低入住天数限制。需要设置最低入住天数限制的情况大致有两种：一是在淡季或需求处于低谷的时候，饭店推出特价房以填补住房率的不足，这些特价要求获得一定的销售量才能发挥最大效用，那么饭店就会要求顾客至少住两晚才可享受这个特价。例如，饭店推出周末150美元一间房的家庭特价，为了提高星期五和星期六两天的出租率，饭店规定顾客至少住两天才能享受这个特价。需要设置最低入住天数限制的另一种情况是在旺季或需求处于高峰的时候。例如，饭店在某个星期四只剩下最后10间客房，预计市场的需求远远超过这个数，而第二天是星期五，饭店只预订了60%的房间。这时，如果饭店对星期四不设最低住房天数限制，那时客房很可能被只住星期四一晚的顾客买去，从而使那些想住星期四、星期五两晚的顾客订不到房，影响了星期五的出租率。相反，如果饭店要求星期四入住的顾客至少要住两晚，那么只住一晚的顾客将订不到房，只有订两晚或者两晚以上的顾客才能订到房。由于市场需求很大,饭店并不难找到这样的顾客,可见此时最低住房天数的限制起到了一箭双雕的作用:既能使星期四的房间卖完,还能提高星期五的住房率。一般来说,停留多日的顾客为饭店带来的收益往往高于只停留一天的顾客。从经营成本的角度来说,多一些住宿时间长的顾客,将能节省饭店客房的开支。因为这意味着减少了顾客更换的时间,减少了顾客入住登记和结账的数量,从而减少了前台的工作量和住房转成空房,需要更换所有用过的易耗品、毛巾和床单等的次数和数量,从而节约了客房的物品和劳动力成本。这一点在旺季时尤为重要。

（2）最高入住天数限制。最高入住天数的限制主要是用于避免一些支付低价的顾客住宿的时间过长,占用了本来可以出售给支付高价的细分市场的顾客的情况。例如,为了提高淡季和低谷期的业务量和收入,饭店有时会推出一些特价赠券,如给予顾客五折优惠的赠券。如果不控制这些赠券使用的天数,顾客在饭店旺季或高峰期的时候也使用,饭店本来可以收全价而现在只能收到半价,无疑很不合算。所以,为了防止这些特价赠券被滥用而造成饭店收入流失,饭店应当在这些赠券上注明此赠券只适用于某日至某日以及顾客住宿的最高天数。

3.升档销售

升档销售就是饭店通过恰到好处的推销,促使顾客接受高价位客房,以实现收益最大化的一种策略。升档销售的技巧之一是只对价位较低的房间实行超额预订,这样,一旦客房数量不够时,可动员非保证类预订的顾客由低价的房间改住高价的房间,这对饭店来说是有利可图的。技巧之二是鼓励前台预订员尽量推销价位高的房间。升档销售应注意销售对象和时机,其对象主要是价格敏感度较低的商务顾客,而升档销售的最佳时机一般为客房紧缺和夜深人静之时。

【思考与练习】

一、思考题

1.饭店前厅业务的重要性主要体现在哪些方面?

2.饭店应怎样有效控制客房预订渠道?

3.受理或婉拒预订要考虑哪几个因素?

4.什么是超额预订? 实施超额预订要考虑哪些因素?

5.饭店前厅应怎样提高不同顾客入住时的愉悦体验?

6.饭店总台服务人员应怎样实现客房的有效销售?

7.饭店提高客房收益的基本策略主要有哪些?

二、练习题

1.选择一家高星级饭店,通过实地考察体验,感悟该饭店的前厅气氛,寻找存在的问题,并提出改进的意见和建议。

2.某饭店是一家四星级饭店,共有 500 间可出租客房,今年 5 月出售了 1.2 万个房晚,获得客房收入 480 万元。另外有四家四星级饭店与该饭店位于同一地区,互为竞争对手。这五家饭店共有 2000 间客房,同月这五家饭店共售出 4.2 万个房晚,客房收入为 2000 万元。请计算该饭店应有市场占有率、实际市场占有率,该饭店客房出租率、平均房价和平均可出租客房收入三方面的市场指数。结合计算结果,说明这些指数和指数揭示的含义。

三、案例分析题

不同服务理念与技巧的差异[①]

某饭店总台,一位顾客清晨5点40分左右到达饭店欲开房间。服务员让他登记后问他住几天,顾客说当天就走,服务员在抵离日期上写了12月3日至12月3日,并收了一天预付款。办好手续后,顾客进房休息了。18点,顾客还未退房,说是马上退,结果到了20点才来退房。收款员按规定要收取他一天半房费,顾客跳了起来。虽然服务员耐心解释,根据饭店规定,6点前进店、18点后退房要收1天半房费,但顾客认为他当天来当天走,房卡上也只有一天,只肯付一天房费,并在总台大声争辩,说饭店存心宰他。收款员只好请示值班经理。值班经理问清事情的来龙去脉后,免去了顾客半天房费,但顾客还是余怒未消,愤然离去。

同样,总台另一名服务员也碰到这类事,一位顾客也是早晨6点以前约5点40分来开房间。服务员不但熟悉饭店规定,而且责任心强,便预先将收费规定告诉顾客,让顾客有个准备。顾客看了一下手表,笑着说:"那我晚点进房好了。"并由衷地夸奖服务员:"您想得很周到,我觉得你们饭店很有人情味,并不仅仅为了赚钱。"随后又询问了一些饭店的设备设施情况,服务员趁机向他介绍了饭店的餐饮、娱乐项目,然后才叫他办理登记手续,顾客愉快地办好了入住手续。

同样的一件事,给顾客的印象是完全不同的。前一位服务员责任心不强,事先也没跟顾客说清楚,18点顾客未退房时也没有及时提醒他要加收半天房费,两次疏忽埋下了隐患,虽然收费是按规定办事,但顾客却有被骗的感觉;后一位服务员似乎有点"越轨",但他"为顾客着想,使顾客满意"的行为给顾客的印象是深刻的,很容易使顾客成为饭店的回头客,所以灵活加上不失原则的服务技巧,使他成为总台的一流员工。

尽管客房产品要通过买卖行为来实现其价值,但饭店利益与顾客利益是相辅相成、缺一不可的,总台服务员必须权衡得失,兼顾两头。显然,5点40分入住,20分钟时间收半天房费,顾客不满意是可以理解的,确有"宰客"之嫌。

思考并回答以下问题:

1.同是清晨来饭店开房,两位顾客的印象为何截然不同?

2.辨析两位服务员在执行饭店同一收费规定中不同的服务理念和服务技巧。

饭店管理原理与实务

① 陈文生.酒店管理经典案例.福州:福建人民出版社,2011.

第四章　饭店客房业务管理

【学习目标】

通过本章的学习,你应该:

1. 充分理解客房业务在饭店经营中的地位;
2. 掌握饭店客房硬件设计的准则、内容与趋势;
3. 掌握饭店客房服务组织的基本环节与方法;
4. 掌握饭店客房成本控制的基本内容与方法。

【引例】

世界著名饭店集团纷纷推出创新客房产品[①]

喜达屋(Starwood)集团下的威斯汀(Westin)酒店,自 1999 年开始推出"天堂之床"(Heavenly Beds)的客房,之后 10 年间,威斯汀推出数款天梦新品,包括 2000 年的天梦儿童床、2001 年的天梦淋浴喷头、2002 年的天梦狗狗床和 2008 年的天梦 SPA 品牌。2009 年,全球威斯汀酒店与度假村专门设计策划并组织了欢庆"天梦之床"诞生 10 周年的活动。

希尔顿(Hilton)集团在美国洛杉矶富豪区比华利山的饭店推出自己的特色概念——"睡得香客房"(Sleep Tight)。该客房采用加厚的床垫,高雅而又不透光的艺术窗帘,闹钟铃响时自动开启的台灯,按各人生活习惯设置的生物钟可调灯箱等。而希尔顿集团的另两种客房新产品分别为"健身客房"(Health-fit Room)及"精神放松客房"(Stress-less Room)。客房内增设一系列设施,例如按摩椅毯、放松泉池、瑜伽术教学录像带等。希尔顿集团曾在全美 8 家饭店各推出一间样板房,每间投入 1500～5000 美元,观察市场反应。顾客的反馈意见是新奇、舒适、印象深刻,有益于身心健康,睡眠效果好,为此乐意支付较高价格。

著名的雅高集团在巴黎的 Sofitel 高档品牌饭店中率先尝试"高科技好客房"的创新,这是雅高集团的第一间创新客房。客房中,床比 King Size 还宽,卫生间更大,照明也更好,采用可旋转的液晶显示电视屏幕、遥控芳香治疗系统、环绕音响系统、独具创新的三角形陈设。更新改造的目的只有一个,那就是让顾客感受到非同一般的舒适、安全和快乐。

几大世界著名饭店集团之所以关注客房产品的设计与创新,是因为客房是满足顾客休

---

① 该案例由邹益民根据网络上的资料整理。

息睡眠功能的基本设施,也是顾客在饭店停留时间最长的活动空间,客房业务是饭店的核心业务,也是饭店最重要的盈利中心。饭店客房业务管理水平的高低,既直接关系顾客对饭店服务的满意度,也直接决定饭店经济效益的好坏。饭店客房业务管理应围绕"宾至如归、舒适典雅、消耗合理、周转迅速"的基本目标,做好客房硬件设计、服务组织与成本控制等方面的工作。

第一节　饭店客房硬件设计

客房硬件是顾客对客房感知的最初印象,也是评价客房档次高低及舒适程度的主要依据。

一、硬件设计原则

(一)突出功能第一

一般来说,顾客对客房普遍注重的因素有:房间宽敞明亮,通风良好,材料环保,色调和谐,设施齐全,家具舒适,安全可靠。因此,客房硬件设计必须满足宁静、安全、舒适这三个基本要求。

(1)宁静。客房是顾客休息的场所,必须注重有效的隔音与控制噪声措施,给顾客创造一个宁静的环境。通常,客房的噪声主要来自城市环境噪声、客房之间传递的噪声、客房内部的噪声和客房走廊的噪声等。为此,饭店客房设计须特别注意窗扇、门扇、楼板、分隔墙等设施的隔音,同时要选择低噪声客房设备。

(2)安全。安全是顾客的基本需求,重要性不言而喻。客房安全主要表现为防火、治安和保持客房私密性三个方面的基本要求,需要完善的安全设施、科学的服务规程及严谨的安全管理制度加以保障。从硬件设计角度,主要体现在建筑设计、功能布局、设备配置与安全设施管理系统等方面。随着科学技术的进步,为饭店客房安全硬件设施管理系统的完善提供了良好的基础,如微型监控系统、无匙门锁系统、安装红外感应装置等。

(3)舒适。从硬件角度,舒适的客房至少具备四个基本条件:一是空间充足,布局合理;二是设施完善,装饰精致;三是保养完好,运转正常;四是用品齐全,项目配套。

(二)服从饭店经营

客房硬件设计必须服从饭店的经营要求,主要应考虑下列因素:

(1)饭店特性。饭店类型、等级及所在地域不同,饭店硬件设计为了与之匹配而应有所不同,比如度假饭店与商务饭店、高星级饭店与低星级饭店的差异。

(2)顾客类型。顾客的不同类型决定了他们所喜欢的房间各异。饭店客房硬件设计,必须注意不同类型顾客的差异、不同国家顾客的差异、不同性别顾客的差异等。

(3)消费水平。饭店客房硬件设计必须充分考虑本地区的经济发展水平,以顾客对客房产品的消费水平为参考依据,不能过度超前,否则就会导致客房收益与客房成本不相匹配的情况。根据国际上比较通行的千分之一定价方法,客房出租价格原则上应达到客房造价的千分之一。

(三)提高利用效率

客房利用效率主要包括空间利用效率和实物利用效率,它涉及客房经营的效益。

(1)空间利用效率。主要表现在客房空间的综合利用以及可变换利用两方面。空间的综合利用,是指一个空间区域的多功能、高效率利用,如在一个客房内,组合成多个功能空间。可变换利用,是指客房的类型设置与内部布置,应随着市场的变化而具有一定的可变换性,如设置一定数量的灵活套间,单人间与大床间灵活出租等。

(2)实物利用效率。主要表现为客房的设施设备要体现"物尽其用"的原则,如家具应尽量减少不必要的抽屉,饰面材料宜采用不易脏、坏的材料,对行李架易碰撞墙面应采取保护措施,损耗较大的地面可选用块状耐磨的人造地毯等。

二、硬件设计内容

(一)客房类型配置

客房类型配置是否合理,既直接关系到顾客的满意度,也直接关系到客房的经营效益。客房类型设置必须依据饭店的性质、档次、目标顾客结构等因素加以决策。根据客房配置,饭店一般可设置以下客房:

(1)单人房。有一张单人床,适用于单身顾客。这类客房比较理想的规格应为 $1.5m \times 2m$,这类客房的比重将不断增加。

(2)大床房。有一张大床,适用于夫妻和部分特殊顾客。这类客房比较理想的规格应为 $2m \times 2m$(或者更大一点)。此类客房在客房类型中数量占比相对较少。

(3)标准房。有两张标准床,适用范围较广,是饭店主要客房类型。

(4)多床房。有多张床,这种客房类型主要存在于经济型饭店,适用于经济型顾客或家庭。

(5)套房。套房即由两间以上客房组成的客房。套房通常有以下六类:一是普通套房。由一个卧室和一个起居室组成,卧室与卫生间相连,内有一张大床或者两张标准床,起居室设有盥洗室,内有便器与洗脸台。二是商务套房。此类套房专为商务顾客设计,一间为卧室,一间为起居与办公室,有些商务饭店以此类客房类型为主。三是连通套房。由两个相邻的标准间组成,两房之间用一扇隔音性能好、安装门锁的门从中隔开,可做两个标准间或一个套间销售,比较灵活。四是双层套房。双层套房也称立体套间,其布置为起居室在下,卧室在上,两者用室内楼梯连接。五是豪华套房。与普通套房结构基本相同,主要特点在于注重客房装饰布置、房间氛围及用品配备,以呈现豪华气派。也有的为三套间,即在两套间的基础上,增加一间书房或会议室,且床为大号双人床。六是总统套房。通常只有在高星级饭店才设置此类套间,一般由五间以上的房间组成,包括主人房、女主人房、会客室、书房、餐厅、起居室、随从房等。装饰布置非常讲究,造价昂贵。

(6)残疾人客房。一般布置在便于轮椅进出的交通路线最短处。客房门宽度要求为90cm,并配有自动闭门装置。客房内通道及卫生间入口处有足够宽度供轮椅进出。卫生间的门宽同样为90cm,卫生间内空地尺度需能使轮椅回旋。在墙壁、浴缸、洗脸盆、马桶边增设牢固扶手,扶手分设水平段与垂直段,以便残疾人随处扶靠。另外,客房警报系统周详,开关设置位置应放低,以便顾客在轮椅上使用。

(二)客房空间设计

饭店客房空间设计,主要是指客房空间大小、空间分类及空间布局等方面的决策与设想。由于受地域、投资成本、建筑设计、饭店档次等各因素影响,饭店客房空间设计不尽相同。不过,客房室内空间设计的目标是一致的,即满足顾客在客房中基本活动的需要,并使空间达到最有效的利用。

1.空间尺度

客房空间尺度主要体现在开间、进深、层高三个层面,这是保证客房舒适度的基本条件。一般来说,客房空间尺度与饭店档次成正比,档次越高,客房的空间尺度也越大。当然,也不是越大越好,必须适度。同时,客房空间尺度与客房类型、客源结构、盈利目标紧密相关。

2.空间功能

一般来说,为了满足顾客的住宿需求,客房应具有以下功能空间:一是睡眠空间,一般布置在客房角落的安静区,它的基本设施是床和床头柜。二是盥洗空间,主要设备有洗脸台、沐浴设施和坐便器等,并配有照明装置和通风设施。三是起居空间,一般设在窗前明亮区,放置小圆桌和软座椅,供顾客休息、饮食及会客等。四是书写空间,一般布置在通道区,在床的对面,或者安排在窗前明亮区。五是贮存空间,一般设在房门进出小过道侧面,往往是入墙式壁橱,是客房内的贮存空间。

随着顾客需求的多元化发展,客房新功能应运而生,因此,饭店在进行客房空间设计时,也应根据实际需求,增加选择性的功能空间设计,这些设计主要是对新型服务内容的补充,如办公空间、餐饮空间、康乐空间等。

3.空间布局

空间布局,即客房各功能区块的分割、安排等。一般来说,客房内主要可分成三个区域:小走道、卫生间、卧室。小走道是客房外进入客房内的过渡空间,在这个部分,我们通常会集合交通、衣柜、小酒吧等几个功能。卫生间空间独立,风、水、电系统交错复杂。卧室一般应合理安排睡眠、起居、休闲、工作这四个重要功能区块的位置,关键在于科学分割、合理交融。

(三)室内装潢设计

客房室内装潢设计的内容可分为色彩运用、照明设计、装饰设计等几个方面。饭店客房经营者要根据顾客的文化素养、习惯和爱好,创造符合顾客生理、心理要求的,能获得精神享受的室内环境。

1.色彩运用

在人们的视觉感知过程中,色彩是比形体更令人注意的现象,它能影响人的情绪,创造氛围、情调。客房的色彩运用主要有以下两种方法:

(1)调和色,即在同种色调上改变明度与彩度而得来的系列色。将系列色用于同一室内很容易获得协调的效果。若干种低彩度的、不同色调的色彩同时用于室内,往往也能获得调和色的协调效果。

(2)对比色,即使用反差较大的色彩。对比色有红色与绿色、黄色与紫色等。大面积的红色与绿色在一起会造成色彩的不协调。然而,"万绿丛中一点红"则是生活中对比色协调的优秀范例,其原因在于对比色的运用必须有一定的面积差。在客房室内设计中,往往采用大面积的背景色彩,然后在局部地方采用小面积的强烈对比色,可取得十分协调的色彩效果。

2.照明设计

光是创造室内视觉效果的必要条件,为进一步创造良好的客房室内视觉效果,增加客房室内环境的舒适度,必须对客房照明进行精心设计。

(1)整分有序。客房照明设计,一般采用整体照明与局部照明相结合的手法。对客房内不同部位,照明的要求也不同。客房卧室一般选用低强度的普通光,作扩散照明。在床头、写字台、座椅旁、衣柜处、过道顶部都设有局部照明的专用灯。客房浴室一般采用中强度的普通光。

(2)灯光柔和。无论是床头灯还是落地台灯,都应该选用温和的色调。这样能让顾客放下戒备之心,安心入眠。当然,饭店还可以设计一些色彩温馨的壁灯等装饰灯,不仅能美化房间,还能满足顾客的不同需要。

(3)照度适当。客房照明设计的基本功能要求是亮度适当,使顾客看得清,看得舒服。

(4)注重艺术。客房照明除了满足基本功能之外,还应达到照明的艺术性,渲染客房室内环境。灯具座、灯罩样式的选择,应与室内装修风格相匹配。

(5)安全低耗。要选择安全可靠的灯具,以利于日常维修与管理。便携式灯具的拖线,应安排在隐蔽的部位。同时,要提高灯具的利用效率,节约能源,降低照明费用。

3.装饰设计

客房不应该只满足于成为一个顾客住的地方,更应该满足顾客的心理需要,让顾客有温馨感,有情调感,有身份感。为此,客房装饰设计应通过彩色墙纸、手绘图片、装饰画、工艺品、绿色植物等元素的装饰布置,以凸显客房的主题及风格,彰显客房品位。

(四)设备用品配置

1.设备配置

饭店客房设备配置,必须注重以下四点:一是针对性,即根据客房的不同档次、客源结构和服务项目,选择不同的设备。二是协调性,即设备的大小、造型、外观色彩、质地等,必须与客房相协调,整个房间应有一个统一的主色调。三是经济性,即要考虑节能效果,方便操作,易于维修保养。四是安全性,即要考虑是否具有安全可靠的特性及装有应急设施。

2.家具选择

不论从功能、数量和所占空间来看,家具在饭店客房室内布置中都占有主导地位。饭店客房硬件设计,对家具在尺度、数量以及风格上都须经过精心的规划。

选择客房家具,既要考虑功能,又要注意美观。家具功能选择的原则是:实用舒适,尺度合理,质地坚实,易于清洁。家具美观选择的原则是:格调统一,色彩协调,式样美观。

为了创造良好的氛围,饭店客房家具都是成套成组配置的。各种单件家具,随着环境要求做不同的组合,可以形成具有不同效果的空间。家具布置设计的原则:一是要有疏有密。疏者,留有顾客的活动空间;密者,以家具组成顾客的休息、使用空间。二是要有主有次,即突出主要家具或陈设,其余作陪衬。

3.用品配备

客房用品可分为一次性消耗品与多次性消耗品。一次性消耗品,是指供顾客一次性消耗使用或用作馈赠顾客而供应的用品,如"五小件"、信封、信纸、明信片、针线包等。随着可持续发展理念的深入,饭店一次性消耗品的配置趋势是将逐渐减少,直至取消。多次性消耗品,是指可供多批顾客使用,原则上不允许顾客带走的客房用品,如布件、杯具、烟灰缸等。

客房用品配置必须遵循如下原则:一是实用。客房用品是为了方便顾客的住店生活而提供的,"物尽其用"是用品选择的基本原则。二是美观。美观而大方的客房用品布置在清洁舒适的客房里,其本身就令人赏心悦目。反之,则有粗糙、贬值之感。三是适度。客房用品应能够体现饭店的档次并突出其风格,而不是种类越多越好,尤其是一次性消耗品的品种与数量。不同饭店的各类客房由于等级、规格、风格不同,在配置客房用品上可根据各自的经营决策及实际需要而增减,形式、规格也不求一致,但不能违背经营原则,不能降低规定的客房标准,要从满足顾客需要出发,使客房的"价"与"值"保持一致。四是价格合理。因为客房用品的耗量很大,故价格因素不能忽略。要好中选优、优中选廉。

三、硬件设计趋势

科学技术的发展及顾客要求的日益提高,促使饭店客房硬件设计出现了一些新的变化趋势,这些趋势主要体现在人本化、家居化、智能化和主题化等方面。

(一)人本化

作为现代化的饭店,在客房设计上应体现"科技以人为本"的原则。"以人为本"就是要从顾客角度出发,在客房硬件设计上更深层次地体现关怀人、尊重人,如客房的私密性、无障碍、符合人体工学的设施设计,使顾客在使用客房时感到更加方便、舒适。

(二)家居化

家居化趋势主要体现在:首先,客房空间适当加大,卫生间面积更是如此。其次,通过客用物品的材料、色调等来增强家居感,如多用棉织品、手工织品和天然纤维编织品。最后,客房设施配备家庭化。一些商务饭店部分客房内配备加湿器、按摩椅、迷你洗衣机、简单厨房设施等家居设备。一些度假饭店更加注重提供家庭环境,客房能适应家庭度假、几代人度假的需要。

(三)智能化

智能化,是指由现代通信与信息技术、计算机网络技术、行业技术、智能控制技术汇集而成的针对某一个方面的应用。客房硬件设计,将通过网络等高科技手段,使顾客得到高度信息化与个性化的服务。比如,在智能化的客房中,顾客可以体验如下美妙感受:客房内将为顾客提供网上冲浪等上网服务,顾客所需一切服务只要在客房中的电视电脑中按键选择即可;顾客更可以坐在屏幕前与商务伙伴或家人进行可视的面对面会议或交谈;顾客可以将窗户按自己的意愿转变为美丽的沙滩、辽阔的大海、绿色的草原;还可以虚拟的客房娱乐中心参加高尔夫球等任何自己喜爱的娱乐活动;房间内的光线、声音和温度都可根据顾客个人喜好自动调节并可以声控;提供由电脑控制水温的带冲洗功能的马桶等;游玩回来的顾客可以马上无线连接客房内的照片打印机并打印输出照片。此外,客房设置无钥匙门锁系统,以顾客的指纹或视网膜鉴定顾客的身份;客房中安装红外感应装置,服务员不用敲门,只需在工作间通过感应装置即可知道客人是否在房间,但却不会显示顾客在房间中的行为。

【案例】

杭州黄龙饭店的智能客房[①]

智慧酒店是现代酒店业发展的趋势,已成为业内许多酒店提升竞争品质的探索之路。杭州黄龙饭店是中国首家推出以"科技"为品牌战略手段,打造智慧型酒店,以创造顾客独特的酒店体验。一整套令人叹为观止的"智慧酒店"解决方案,引起了业内外的广泛关注。国内最先进的无线网络、智慧客房导航系统、全世界第一套电视门禁系统、全球通客房智能手机、互动服务电视系统、机场航班动态显示服务、DVD 播放器/电子连接线及插孔、床头音响、床头耳机、四合一多功能一体机等,使客人无论是徜徉其中,还是置身饭店外,都能获得尊崇、体贴、智能的客户体验,已成为智慧酒店发展的典范。

假如身为黄龙饭店的 VIP 客人,在你走到离总台 5 米远的地方时,饭店服务员就能识别客人身份。进入饭店后,VIP 客人不用办任何手续就能完成入住,而且客房将自动按照其习惯进行相关设置,如自动调节光线、温度等,让客人能够马上在自己熟悉的舒适空间里工作和休息。这是因为黄龙饭店为饭店的 VIP 客人制定了特殊的智能卡。借助 RFID 的应用,凭借此卡,VIP 顾客一进入饭店即可被系统自动识别。

黄龙饭店的所有客人,入住后,也不用像以往那样担心饭店客房太多而找不到自己所属的客房,因为出了该楼层电梯,前面就有指示牌会根据客人登记的房间号,将相关区域亮起来,而且箭头可以不停地闪动,直到把客人引导到其所属的客房。客房内的互动电视系统可以自动获取客人的入住信息,并且在客人进入房间时主动欢迎客人入住,系统的背景画面和音乐还可以随季节、节日、客人生日及特殊场合而自动更换。如果客人恰巧正在沐浴或已就寝,或者在其他不便应答的时候有人按门铃,也不必像往常那样走到猫眼去看门外到底是谁,因为门外的图像会主动跳到电视屏幕上,一目了然,然后方便客人决定以什么样的形象去开门。

(四)主题化

主题化,即客房设计将更加融入文化元素与符号,使客房具有个性化和高品位。主题客房是在保留标准客房的基本功能基础上,增加新的功能作为卖点,以此吸引顾客。主题客房设计的成功标志关键在于具有吸引力,让顾客产生兴趣并认可。因此,主题选择及精心策划,是真正占领主题客房的舞台的先决条件。常见的主题客房类型包括:

(1)以顾客特征为主题。对顾客的基本特征进行功能细分,如根据年龄设计的老人客房、儿童客房;根据性别设计的女性客房、男性客房;根据职业设计的商务客房、作家客房、IT 客房等;根据顾客特殊需求设计的蜜月客房、高考客房、星座客房等。

---

① 张勇,杭州黄龙饭店智慧酒店体验之旅,第一资讯,2014-09-09;大地风景旅游规划院.智慧旅游的典型应用——黄龙饭店的实践,2011-09-23.

（2）以建筑风格为主题。主要以室内装饰所代表的民族地域风情为题材,如中式古典风格、欧式风格、和式风格、现代主义风格、乡土风格、少数民族风格等。

（3）以时尚热点为主题。抓住社会时尚潮流、热点问题,将客房进行快速包装。这种主题客房的时效性较短,消费顾客群体针对性强,以新鲜感取胜,一般需定期更新主题,以免适得其反。

（4）以兴趣爱好为主题。寻找吸引力较强的兴趣主题,如以汽车、足球、邮票、文学、书画、影视等为主题。这类主题客房,使顾客在住宿的同时,提升对该兴趣的认识,并得到一种独特的体验。饭店也可以此为由,建立相应的社群。

（5）其他。可定为主题的选材内容实际很多,如可以季节为主题、以节日为主题、以花鸟鱼虫为主题、以特殊环境为主题、以特殊服务项目为主题等。

第二节　饭店客房服务控制

一、服务项目设置

设置客房服务项目的宗旨在于满足顾客物质享受与精神享受两方面的要求,即在保证顾客基本需求满足的基础上,使顾客获得愉悦感。为此,饭店客房服务项目的设置,应坚持以下三项原则。

（一）适应原则

饭店服务项目的设立要注重服务项目的有效性和实用性,关键必须注重以下四个适应:

（1）饭店在设立客房服务项目时,必须满足目标顾客的基本要求。饭店目标顾客不同,客房服务项目设置不同。

（2）饭店在设立客房服务项目时,必须适合不同类型饭店的要求。饭店类型不同,客房服务项目设置也有所不同。

（3）饭店在设立客房服务项目时,必须符合饭店等级标准的基本要求。饭店档次不同,反映在客房服务项目上就有多寡之分。

（4）饭店在设立客房服务项目时,必须服从饭店服务品质目标要求。

（二）适度原则

饭店在设立客房服务项目时,必须注重经济性,体现"物有所值"的经营观念,既要考虑顾客需求层次,又要考虑饭店运营成本。对于一家饭店,一般须设置以下服务项目:

（1）安全服务。这是饭店客房服务的必要项目。

（2）客房整理。这是最主要的服务项目,一般包括日常与计划清洁卫生两部分:前者是进行常规整理,主要针对住房,一般是白天进行客房大清扫,晚间提供夜床服务;而后者则是进行分段性全面整理,一般仅适用于空房或长住客房,如地板打蜡、洗地毯、擦窗、家具除尘及打蜡、清扫墙面、卫生间清洁消毒等。

（3）会客服务。为顾客有来访者时提供的服务，如添加椅子、茶具与茶叶，提供热水冰块，协助迎送访客，房间简单整理等。

（4）洗衣服务。洗衣服务的重点包括准确判断洗衣服务需求（顾客不在的情况）、洗衣的具体要求（如衣物数量、洗涤方式、洗涤时间等）以及及时送还顾客衣物。

（5）擦鞋服务。为方便顾客擦鞋，饭店一般提供擦鞋服务，服务方式包括：一是在客房内放置擦鞋纸，由顾客自己使用；二是顾客将鞋放在指定位置，由客房部提供服务；三是在饭店适当的位置摆放自动擦鞋机。

（6）茶水服务。根据顾客需要，在客房迷你冰箱及小酒吧架上，放置固定数量和品种的饮料及食物，一般在旁边会放置酒具及收费清单，服务员应及时补充消耗饮料，并将消费情况通知前台。

（7）租借服务。客房内物品设置是根据用品使用频率与成本角度出发的，必然难以满足每位顾客的所有需求，因此客房服务中心通常为顾客提供特殊物品的租借服务，如冰袋、变压器、多功能接线板等。

（8）拾遗服务。由于住店时大意或离店匆忙而整理行李疏忽，难免会发生遗失物品的情况，客房部一般会建立顾客遗失物品记录，根据不同的遗失物品采取不同的处理措施。

（三）适时原则

适时原则，即饭店服务项目设置，必须适应社会时代特点。因为顾客需求具有时代性，不同社会发展阶段，顾客具有不同的需求。目前，中国饭店经营面临个性化、娱乐化、体验化、网络化的特征，饭店服务项目的设置，需要考虑这些特征。比如"一键通"服务项目，顾客只要摁一个号，就能解决在饭店遇到的任何问题，大大提高了对客服务效率；饭店实行的中式做床服务，将厚重的毛毯改为轻薄的棉被，使客人感到更方便、更舒适。

二、服务活动组织

为了正常开展客房服务活动，必须对客房服务活动进行有效的组织，具体包括以下四方面的内容。

（一）服务形式选择

根据饭店的实际规模与接待层次以及当地劳动力成本情况，合理选择客房服务组织形式。客房服务组织形式，目前主要有以下三种方式：

（1）楼层服务台。这是我国传统的客房接待服务方式，即在客房区域每个楼层都设立服务台，每个服务台仅对所在楼层负责。由于位置因素，这种服务形式更具亲切感、安全感以及高效率，但人力成本及管理成本较高，有时甚至会对顾客产生"压迫感"，主要适用于接待型饭店。

（2）客房服务中心。这是目前绝大多数饭店采用的客房服务形式。为尽量减少对顾客的干扰，降低经营成本，饭店设立集中的客房服务中心，一般设立在客房部办公室，通过传呼机等现代通信工具，形成"客房服务中心—楼层服务员—顾客"的流线型服务模式，统一对所有客房进行调度。

（3）行政（商务）楼层服务台＋客房服务中心。为改善单一服务形式，提高客房管理水平，目前我国饭店以客房服务中心这一服务形式为主，另在商务或行政楼层设立行政（商务)楼层服务台,为顾客提供普通客房服务及酒吧、简易早餐等特殊服务。

(二)服务规范设计

客房服务规范主要包括服务质量标准、服务提供规范以及质量控制规范。客房服务规范的制定,必须遵循以下原则:

(1)方便顾客。实行标准化管理的目的在于使顾客获得满意的服务,因此客房服务规范必须以顾客需求的满足为出发点。在客房服务中,既要按程序提供规范化服务,以保证服务的质量,又应根据顾客的不同特点和要求,提供灵活机动的针对性服务。

(2)方便操作。方便员工操作,减少不必要的体力消耗,提高工作效率,是制定客房服务规范的目的之一。因此,规范应该简明、实用,使员工易于理解和掌握。

(3)方便管理。实行标准化管理的目的在于提高工作效率和质量。所以,客房服务规范必须符合自己饭店实际情况,并做到定性和定量相结合,能量化的尽量使用量化标准,对不能定量的标准则要用清晰、准确的文字来表达,以便检查与考核。同时,规范必须相互协调,形成体系。

(三)服务过程控制

控制服务过程,客房管理者主要应抓住以下三个环节:

(1)合理分配任务。即要安排好工作,使服务员明确"做什么和为什么"、"何时做和何地做"、"何人做和怎样做"。同时,明确接待规格、重点对象、质量标准、完成任务时限和设备物品数量。

(2)注重现场管理。要加强现场巡查,检查落实执行情况,按质量控制规范检查各方面的工作。同时,要努力指导员工的工作,调节员工的情绪,激发员工的工作积极性。此外,要注重对客交流,处理各种突发事件。

(3)严格标准查房。客房各级管理者须按照各自职责,检查不同数量的各类客房。总的原则是所有提供给顾客使用的客房应严格按各类客房的完好与整洁等标准进行检查,尤其是空房。对住客房的检查,要尽可能选择在顾客不在房的时候进行。

(四)个性服务管理

顾客类型千差万别,需求千变万化。所以,要使顾客真正满意,客房服务管理就必须在对客房顾客进行分类及完善客史档案的基础上,针对不同类型顾客的不同需求,提供针对性的个性化服务。当然,个性化服务还需要倒金字塔的组织结构、必要的授权制度和良好的员工培训加以保障。一般来说,客房服务的个性化,可采取以下模式:

1.群体性个性化模式

群体性个性化模式,即饭店为顾客提供适合不同细分市场的客房产品及服务,虽然在每一个细分市场内该产品或服务仍保持着共性,保持着标准化,但是这种模式已经考虑到不同客人群体的不同需要。例如饭店为商务顾客设计的行政(商务)楼层,针对各细分市场而设计的老年人客房、女性客房、家庭客房等。

2.选择性个性化模式

选择性个性化模式,即为饭店提供给顾客一个产品原型,然后根据客人要求进行修改。这一模式允许客人在标准产品或服务项目的基础上提出自己的要求或是修改建议,饭店在合理且可能的原则下满足顾客的需要。例如按照顾客喜好摆放客房装饰品,增设客房租借用品,更换窗帘等。随着电脑技术的发展,个性化服务可通过电脑——Guest Operated Devices(顾客自选装置)来实现。顾客的留言、查询消费账目、结账、叫醒服务、客房送餐和 Vod 点播(客房视像点播系统),都可以由顾客通过客房电视电脑系统自由选择并处理。

【案例】

眷念中国"家"①

Greg Webb,是美国 GBC 通用公司委派在中国宁波市慈溪合资工厂的质量控制监督经理。他在慈溪工作期间,一直住在杭州湾大酒店,是酒店的长住顾客。

Greg Webb 是个典型的美国人,独立又注重个人隐私,不抽烟,在房间时不喜欢被人打扰。所以,酒店特别为他安排了位于走廊末端的、僻静独立的"无烟房间"。房间内的双人布艺沙发是他最喜欢的家具,他每次回来,都要倚靠在布艺沙发上,静静感受工作中难以享受到的那份柔软与惬意。针对 Greg Webb 的性格特点,酒店多年如一日"小心翼翼"地特别照顾好他这个在"中国的家"。酒店安排了固定的资深清卫员专门打扫,房内的物品井然有序地放在他最顺手的位置,摊放在书桌上的资料从不用担心有人会"好心"去整理。当他在房间时,大家都默契地暂时停止了对该房间的服务,也不会有不合时宜的电话铃声和敲门声。但在他需要时,只要一个电话,报纸、水果等即刻送到。酒店及员工非常关注 Greg Webb 在酒店的生活,尽可能使他感到舒适舒心,无任何后顾之忧。当酒店从他朋友的口中得知他喜欢喝无糖的可乐,便特别安排人员采购;发现他喜欢吃熟透的外皮黄而里带黑的香蕉,房务中心就会每天安排专人对香蕉进行特别处理,待捂得熟透了,方才放入他的房间。Greg Webb 定期回国,每次只要他告知酒店出发的日期,从机票预订、机场送机、行李打包甚至选择礼物,酒店金钥匙都会提前为他安排妥帖!可以说在对他的服务中,已无需言语的叮嘱,因为酒店每位服务员都熟知他的生活喜好。Greg Webb 非常享受酒店这种"润物细无声"般的服务与默契。

酒店时时刻刻尽心尽力的精细化服务,让他非常感动,也使他把酒店当作自己的家一样。他自告奋勇担任英语培训老师,免费为员工进行英语口语培训。每次,酒店一有文艺联欢会以及文化活动,都少不了邀请 Greg Webb 参与,只要有空,他都会乐滋滋地热情参加。当然,Greg Webb 的生日,酒店每年都要给他制造不同的惊喜和感动。比如有一年的生日,当 Greg Webb 下班匆匆踏入大堂,"Happy Birthday!"前厅服务员亲切的问候声起。他怔住了:"今天是我的生日?"——他竟然忘记了!从大堂到他入住的楼层房间,一路上,路过的服务员都送上了美好的生日祝福,让他非常开心,笑靥如花。回到房间不久,他听到了轻轻的敲门声,开门一看,他呆住了,精致的玫瑰花、散发着芬芳的红酒以及摇曳的烛光——酒店的管理人员和员工正推着蛋糕车走入房间,大家热情地一起为 Greg Webb 唱生日歌祝福,并送上中国的唐装作为礼物——酒店知道他非常热爱中国传统文化,这次特意为他制作了浓浓中国味的唐装。这一切,让 Greg Webb 非常惊喜,也非常感动,连连说"Thanks"。

工作结束回国后,Greg Webb 始终难忘在慈溪杭州湾大酒店的美好回忆。思念情切,

---

① 该案例由邹益民根据慈溪杭州湾大酒店提供的素材编写。

竟2次自费返回中国,到慈溪杭州湾大酒店寻找过去的回忆。他经常说,常常梦回慈溪杭州湾大酒店,也常说,慈溪杭州湾大酒店是他在中国的家,这里有他生命里最难忘的感动和最珍贵的回忆,他的心永远和酒店在一起!

3.高度个性化模式

高度个性化模式,是指定制化的服务模式,即不管饭店是否有相应的服务规范,只要顾客提出的要求是合理的,饭店就应尽最大可能去满足。同时,顾客千差万别,客房服务又应该针对不同顾客的不同服务需求,提供不同的服务。如长住顾客与短暂住宿顾客的需求是不一样的。饭店客房产品为顾客实现完全定制化显然有一定的难度,因为饭店客房产品所出售的是使用权,而不是所有权。不过,对于长期租用客房的顾客,为了体现其尊贵,饭店可按照顾客的要求设计、装修、布置整间客房,连同整套家具与摆设,即完全为顾客量身定做。

三、清洁服务控制

客房清洁工作是客房部的主要工作之一,清洁、整齐、安全、舒适是客房的基本要求,加强对客房清洁工作的控制,是达到"宾至如归"的前提。

(一)日常清洁

客房日常清洁工作是每日对客房进行的固定的、程序化的清洁卫生工作,为客房的正常销售时刻做好准备。为保证清洁质量与工作效率,饭店必须做到清洁程序标准化,应培训员工按照规定的清洁程序与方法进行客房整理。

1.进入客房

饭店员工要进入客房,须特别注意以下几点:

(1)查看房态。如发现客房挂出"请勿打扰"牌时,一般不可以敲门进房做卫生清洁,直至顾客把"请勿打扰"牌标志解除。如下午2~3点还显示"请勿打扰"标志时,服务员应及时报告楼层领班,一般情况下,领班应打电话到"请勿打扰"房,询问顾客希望在何时为他清洁房间,如顾客明确告之具体时间,领班应相应做好人力调剂安排,如果要求清洁的时间已过白班的工作时间,领班应向下一班交班,如果打电话后顾客回答当日不需做清洁,也应做交班记录,使下一班了解客房情况。如房内无人接电话时,领班应打开房间,注意进门前一定要敲几遍门,不要随意地打开房门,如发现房内无异常,将门关上离开,做好交班记录并随时观察这间房。这样检查主要是防止顾客由于身体或心理方面的原因在房内发生意外。一旦发生,由于有了每班查房制度,便可及时发现,检查时应特别检查房内有无行李,如无行李,有可能顾客跑账,应及时与客房部和值班经理联系。

(2)必须敲门并自报身份。因为客房的主人是顾客,进入他人房间必须经过他人许可,即使明知顾客不在房间或者是空房,也要敲门,这是必须养成的一种职业习惯。

(3)酌情处理。客房服务员进入客房整理,需根据实际情况处理。一是顾客不在客房,服务员可进入客房清洁整理。二是顾客在房内,服务员应该征求顾客意见。如顾客不同意此时清扫客房,服务员应向顾客道歉并轻轻离开此房;同时,可视情况征询顾客希望何时清扫,并把顾客要求清扫客房的时间记录在"客房清扫日报表"上,以免遗忘。如顾客允许,则在房门口等候顾客开门。三是顾客还在睡觉,应马上退出,轻轻把门关上;若顾客已醒但未起床或正在起床,应马上道歉说明后退出,以免给顾客造成不便。

2. 整理房间

(1)从上到下。在清洗卫生间和房间抹尘时,应采用从上到下的方法进行。

(2)从里到外。卧室地毯吸尘和擦拭卫生间地面时,应采用从里到外的方法进行。

(3)环形整理。即在房间抹尘、检查房间和卫生间的设备用品时,应从房门口开始,按照顺时针方向进行,这样可以避免出现卫生死角或重复整理,既省时省力又提高清洁卫生的质量。

(4)抹布使用。首先必须干湿分开。擦拭不同的家具设备及物品的抹布,应严格区别开,做到干湿分用。例如,房内的灯具、电视机屏幕、床头板、音控板等处只能用干抹布,不能用湿抹布,否则易发生危险或污染墙面等。在此,要特别注意通过必要的约束机制,坚决杜绝使用客用棉织品擦拭家具、卫生洁具及地面等情况。其次要注意折叠使用。擦拭家具设备、物品时,不论是干抹布、还是湿抹布,都应折叠使用,这样可以提高抹布的使用率,有利于提高清扫速度,保证客房清洁卫生质量。

(5)结束检查。服务员整理房间完毕退出房间时,必须进行自查,家具摆放是否符合标准、客房内的各种用品是否补充齐全、是否遗留工作用具与用品等。

3. 情景处理

(1)顾客在房时的整理。如果顾客在房间内,须征求顾客意见,在得到顾客指示后才能进行。服务员整理房间时应该注意:第一,严格按规范操作,动作要轻,速度要快。第二,不要主动跟顾客闲聊,以免干扰顾客及影响自己的工作。第三,打扫完毕后应对顾客说声:"对不起,打扰您了!"第四,出房时面向顾客轻轻把门关上。

(2)有住客但顾客不在房时的整理。整理此房间时应该特别注意:第一,房间电话铃响不能代顾客接电话。第二,不要随便移动顾客的物品,如必须移动要及时放回原位。第三,不得翻看顾客的书籍、信件、相册等。第四,不得坐在顾客的床上、沙发或椅子上休息,或边整理房间边看电视。第五,除了顾客丢在垃圾桶里或在台面上的瓜壳果皮等垃圾,不得丢弃顾客的物品,哪怕是一张纸片、一个空瓶。

(3)正在整理房间时顾客回房。首先,服务员应停止手中的工作,热情与顾客打招呼。其次,询问顾客身份,如为房间主人,以帮顾客取电为由核对房匙;如为访客,礼貌地请其到大堂等候。再次,询问顾客是否方便继续打扫房间,如顾客同意应尽快进行,以免影响顾客休息;否则就等顾客再次外出时打扫或按顾客要求时间来打扫。最后,离开房间时,应礼貌地说:"对不起,打扰了,再见!"并随手将门轻轻关上。

(二)计划卫生

客房计划卫生工作是在日常整理客房的清洁卫生的基础上,拟订周期性的清洁计划,采取定期循环的方式,清洁客房中平时不易做到或无法彻底清理的项目。例如地板打蜡、清洗地毯、擦窗、家具除尘及打蜡、清扫墙面、卫生间清洁消毒等。由于计划清洁工作具有周期性,并且通常均匀安排在员工完成日常清洁工作外的上班时间,这类工作多为利用一些辅助清洁工具和清洁剂来完成。因此,应加强对员工相关使用知识的培训,保证工作的安全性和正确性,同时合理安排计划卫生的时间,平衡员工的工作任务。

(三)定期消毒

由于饭店是公共场所,客房是顾客停留时间最长、接触最多的有限空间,从顾客与员工的身心安全角度出发，加强客房的消毒工作控制，是预防疾病的主要手段。客房消毒通常包括客房用具、卫生间洁具、杯具的消毒清洁。由于消毒工作消耗时间较长，且显性效果小，容易造成服务与管理的漏洞，因此，应加强员工的保健意识与疾病预防知识教育，并建立严格的管理制度。

第三节　饭店客房成本控制

一、客用品的控制

客用品是供顾客使用的生活资料，具有品种多、使用频率高、实用性与适用性强、消耗弹性大等特点。因此，加强客用品的控制是客房物资用品管理最重要的一个环节。

（一）实施定额管理

1. 一次性消耗品的消耗定额

以一定时期内完成客房接待任务所必需的一次性用品数量为基础，将客用品的消耗定额加以确定，并逐月分解，落实到各个楼层。其计算公式为

$$A = B \times X \times F \times 365$$

式中：A 为单项客用品的年度消耗定额，X 为客房数，F 为预测的年平均出租率，B 为平均每个房间日配备量。

例如，某酒店有客房 300 间，年平均出租率为 80％，牙膏、圆珠笔的单间客房每天配备额分别为 2 支、1 支。求该酒店牙膏、圆珠笔的年度消耗定额。根据上述公式计算得

牙膏的年度消耗定额＝2×300×80％×365＝175200（支）

圆珠笔的年度消耗定额＝1×300×80％×365＝87600（支）

确定定额标准后要按定额供应，以满足顾客需要。当顾客有额外需要时应满足其需求。同时对某些消耗不足或超额消费的物品可在各楼层内部调剂，尽量使单位时间内接待的总人次所消耗的物品总量不突破计划指标。

2. 多次性消耗品的消耗定额

多次性消耗定额取决于其年度更新率的高低，其定额的确定方法是：首先应根据饭店的星级或档次规格，确定单房配备数量，然后确定棉织品的损耗率，最后计算出消耗定额。其计算公式为

$$A = B \times x \times f \times r$$

式中：A 为单项棉织品年度消耗定额，B 为单房配备套数，x 为客房数，f 为预测的客房年平均出租率，r 为单项棉织品年度损耗率。

例如，某酒店有客房 400 间，床单单房配备 3 套（每套 4 张），预计客房平均出租率为75％，在更新周期内，床单的年度损耗率为 35％，求其年度消耗定额。根据上述公式计算得

床单的年度消耗定额＝$B \times x \times f \times r$＝3×400×75％×35％＝315（套）

3. 客用品储备定额

客用品储备管理对成本的影响也是我们不可忽视的方面。以下是客用品储备额的

饭店管理原理与实务

公式：

客用品储备额 $= \sum$（某种用品日均消耗量 × 单价 × 储备日数）

储备日数＝在途日数＋验收日数＋整理准备日数＋供应间隔日数＋保险日数

某种用品供应间隔日数＝最合理的加工生产批量/该种用品日均消耗量

例如，某酒店有客房 300 间，年平均出租率为 70％，牙膏的单间客房每天配备额为 2 支，单价 0.5 元，牙膏的最合理加工生产批量为 10000 支，运途 2 天，验收 1 天，整理准备 2 天，保险天数为 2 天。求该酒店牙膏的储备额。根据上述公式计算得

牙膏的供应间隔日数＝10000/(300×70％×2)＝23(天)

储备日数＝2＋1＋2＋23＋2＝30(天)

牙膏储备额＝300×70％×2×0.5×30＝6300(元)

(二)加强日常控制

设立客房部中心库房的饭店，可由中心库房的物品领发员或客房房务中心对客房楼层的客用品耗费的总量进行控制。负责统计各楼层每日、每周和每月的客用品使用损耗量。结合客房出租率及上月情况，制作每月客用品消耗分析对照表。

楼层领班主要通过服务员整房报告控制每个服务员使用的消耗品，分析和比较各服务员每房、每客的平均耗用量。服务员按规定数量和品种为客房配备和添补用品，并在工作表上做好登记。领班凭工作表对服务员使用客用品情况进行核实，防止服务员偷懒或克扣顾客用品据为己有。同时，领班还可通过现场指挥和督导，督促和检查服务员清扫房间的工作流程，减少客用品的浪费和损坏。

(三)倡导绿色消费

对客用品的控制，是创建绿色饭店的要点之一。饭店在客用品的使用上应倡导节约能源及 4R 理念(降低 Reduce、替换 Replace、循环 Recycle、研究 Research)，在保证顾客基本功能的需求和服务质量的基础上，培养有环保节约意识的员工及有绿色消费心理的顾客，积极倡导绿色消费行为，获得社会、饭店、顾客的三赢。

二、客房布件控制

布件又称为布草或棉织品。在饭店的经营活动中，它不仅被作为一种日常生活必需品提供给顾客使用，而且常常被用于装饰环境、烘托气氛。同时，由于饭店布件使用量大，容易损耗。因此，搞好客房布件管理，既关系到饭店的服务品质，又关系到饭店的经济效益。

(一)核定布件需要量

各种布件的需要量，应当根据每个饭店的等级、各类客房的床位数量及替换率等来核定。本着既要保证经营需要，又要保持最低的消耗和库存周转量的原则，确定各类布件配置的件数和套数。

1.在用布件的数量确定

在用布件是指投入日常使用及供周转的那部分布件。在确定数量时，要考虑如下要求：饭店关于客用布件换洗的规定，饭店客房出租率达到 100％时的周转需求，饭店客房一天 24 小时营运的使用特点，洗衣房工作流程对布件周转的影响，布件周转过程中的损耗与流失数量，等等。

2.备用布件的数量确定

备用布件是指存入总库以备更新、补充用的布件，又可称为库存布件。备用布件量要根据以下因素决定：布件更新的速度和数量，布件采购或定制的周期，库房贮存的面积与条件，资金占有的损益分析，等等。

(二)做好布件使用控制

客房部在日常使用布件的过程中，要建立严格的收发制度，设计科学的工作程序，确定有效的控制方法，控制好布件的使用。

在用布件除在客房里有一套之外，在楼层布件房应存放多少、工作车上要置多少、中心布件房要存放多少以及各种布件的摆放位置等，都应有统一的规定。同时，客房等部门领用布件时，必须填写申领单。控制布件领用数量的原则是"以脏换净"。如果申领者要求超额领用，应填写供物申请并经有关人员批准。如果中心布件房发放布件有短缺，也应开出欠单，作为以后补领的依据。在日常布件送洗和分发过程中，布件房要逐件清点检查，在保证进出布件数量正确的同时，要把好质量关。凡是有污点或破损的布件要及时送还重洗或作报废处理，以保证布件的质量。洗衣房送到中心布件房的布件，要分门别类堆放整齐，以方便发放和清点。

(三)确定布件的更新率

更新率是指布件每次替换数量占原有布件数量的百分比。由于饭店的等级不同，服务水准和规格不同，布件更新率不可能完全一样。饭店规格越高，对布件要求也越高。布件更新时，一般采用以旧换新的办法。为了便于识别，可以在布件上印字，注明更新的批次。布件房收回旧的布件后，要视情况分别予以处理。凡能利用的就要加以利用，但不能与在用的布件混杂在一起。报废的布件可以改制成小床单、抹布、枕套、盘垫等。

(四)定期进行存货盘点

布件房应对布件分类，同时登记实物数量和金额，并设"在库"和"在用"科目，分别控制实物和楼面在用数量。在设立账卡的基础上，布件房要每月或每季度进行一次存货盘点。这个制度不仅是为了控制丢失的数量，也是为了方便会计核算。在对布件盘点的基础上进行统计分析，能及时帮助客房部管理人员发现存在的问题，堵塞漏洞，改进管理工作。

三、清洁用品控制

清洁用品包括清洁剂与清洁设施设备。

(一)清洁剂分类

使用清洁剂的目的是提高工作效率，使被清洁的物品更干净、更美观，并延长其使用寿命。但是，清洁剂和被清洁物都有较复杂的化学成分和一定的性能，如果使用不当会损伤物品。按照化学性质划分，清洁剂可分为以下几种类型。

1.酸性洗涤剂(pH<7)

酸性洗涤剂主要有：

(1)盐酸(pH=1)。主要用于清除建造时留下的水泥、石灰斑垢。

(2)硫酸钠(pH=5)。可与尿碱起中和反应，用于清洁卫生间便器，但必须量少且不能常用。

(3)草酸($pH \approx 2$)。用途同盐酸和硫酸钠,但效果强于硫酸钠,须慎用。

(4)马桶清洁剂(呈酸性,$1 \leqslant pH \leqslant 5$,含合成抗酸性剂,安全系数增加)。主要用于清洁卫生间坐便器,有特殊的洗涤、除臭和杀菌功效。

(5)消毒剂($5 < pH < 9$)。呈酸性,除了用于卫生间的消毒外,还可用于消毒杯具。

2.碱性清洁剂($pH > 7$)

碱性清洁剂主要有:

(1)玻璃清洁剂($7 \leqslant pH \leqslant 10$)。有液体大桶装和高压喷灌装两种。前者主要功效是除污斑,后者可去除油垢。

(2)家具蜡($8 \leqslant pH \leqslant 9$)。可去除动物性和植物性的油污,并在家具表面形成透明保护膜,防静电、防霉。

(3)起蜡水($10 \leqslant pH \leqslant 14$)。用于需再次打蜡的大理石和木板地面,强碱性可将陈蜡及脏垢浮起而达到去蜡功效。

3.中性清洁剂($pH \approx 7$)

中性清洁剂主要有:

(1)多功能洗涤剂($7 \leqslant pH \leqslant 8$)。略呈碱性,含表面活性剂,可去除油垢。除不能用来洗涤地毯外,其他地方均可使用。不仅很少损伤物体表面,还具有防止家具生霉的功效,是饭店用量最大的一种洗涤剂。

(2)洗地毯剂。专用于洗涤地毯。因泡沫稳定剂的含量不同,又分为高泡沫和低泡沫两种。低泡沫一般用于湿洗地毯,高泡沫用于干洗地毯。

(二)清洁剂管理

1.清洁剂使用控制

清洁剂只有正确使用,才能达到效果。所以,客房员工必须掌握各类清洁剂的属性与正确的使用方法,保证清洁剂的使用效果。

2.清洁剂安全管理

高压罐装清洁剂,挥发溶剂清洁剂,以及强酸、强碱清洁剂都存在不安全因素。前两者属易燃易爆物品,后者会对人体肌肤造成伤害。对于清洁剂的安全管理,一是要制定清洁剂的安全管理制度;二是要培训员工掌握清洁剂的正确使用方法;三是要配备相应的清洁剂防护用具;四是在使用强酸和强碱清洁剂时,要先做稀释处理;五是禁止员工在工作区域吸烟,减少危害源。

3.清洁剂消耗控制

清洁剂消耗控制要有专人负责,在每天下班前对楼层给予补充。每周或每半个月对品种和用量进行盘点统计。对于用量大、价格低的清洁剂(如多功能清洁剂和马桶清洁剂等),可采用购买大桶装,使用时再分发的管理方式。对于用量难以控制,价格又较高的清洁剂(如家具蜡、罐装玻璃清洁剂、空气清新剂和金属擦拭上光剂等),一定要妥善保管,建立登记、领用、消耗记录等制度,控制使用。

(三)清洁设备管理

机器清洁设备是指需要经过电机驱动的清洁器具,如吸尘器、吸水机、洗地机、洗地毯机、打蜡机等。对于清洁设备的管理,须特别注意以下两个基本环节。

1. 清洁设备选择

(1)方便性和安全性。清洁设备的操作方法要简单明了,易于掌握。安全是设备操作的基本要求,要优先选择具有防止事故发生保护装置的设备。

(2)尺寸和重量。设备的尺寸和重量会影响设备的工作效率及其机动性,如吸尘器在房间使用以选择吸力式为佳。

(3)使用寿命和设备保养要求。设备应坚固耐用,设备的设计应便于清洁保养,并配有易损件备件,这样能相对延长设备的使用寿命。

(4)动力源与噪声控制。针对客房区域的环境要求,在选择清洁设备时应考虑用电是否方便,同时应尽可能选用低噪声设备。

(5)单一功能与多功能。单一功能的清洁设备具有耐用和返修率低等特点,但会增加存放空间和资金占用。如果要减少机器件数,可选用多功能设备和相应的配件。但多功能设备由于使用率高,返修率和修理难度也高。

(6)价格对比与商家信誉。价格比较不仅要看购买时的价格,还应看售后服务的价格和零部件修配的可靠性等。质量上乘的产品往往来自一流的厂家和供应商,所以购买前也应对厂商的信誉做充分了解。

2. 清洁设备使用

(1)房务车。房务工作车的布置应按饭店的规定进行,不能在车上随便堆放杂物。推拉房务工作车时应注意万向轮在前,定向轮靠后,避免因硬拉而损坏房务工作车。房务工作车应装有缓冲器或其他弹性防护装置。推拉时应掌握行进方向,以免撞伤墙面或撞坏其他物件。房务工作车应经常擦拭,保持清洁。定期对房务工作车车轮加油,进行润滑和消声。

(2)吸尘器。吸尘器的使用须特别注意:一是首次使用前,应阅读使用说明书,按说明书叙述的方法将吸尘器安装好备用。二是每次使用前必须检查电线有无破损,插头有无破裂或松动,以免引起触电事故。三是拉吸尘器时要一手拿吸尘器吸管,一手拉着吸尘器的抓手。这样方便拉动,避免碰撞其他物体。四是发现地毯上有体积较大的或尖利的物体,如纸团、针尖、图钉等,应及时捡起,以免损坏内部机件和造成吸管堵塞。吸尘器堵塞时,不能继续使用,以免增加吸尘器的真空负荷。五是如果不是干湿两用吸尘器,不能用来吸液体、黏性物、金属粉末等。六是有集尘指示器的吸尘器,不能在满点上工作,若发现指示游标接近满点,应立即停机清理。七是吸尘器在使用过程中应随时将刷子上的毛发及绒绒头清理干净。若发现刷头磨损偏大,应及时更换,否则会影响吸尘效果。八是吸尘器若有漏电或电动机温度过高以及异常声响,应立即停机检查。

(3)吸水机。在使用过程中,除应注意清洁设备的一般使用与保养事项外,还应特别注意以下两点:一是使用完毕后,要将各种配件洗刷干净,晾干后装入配件箱内保管;二是拆卸时动作要轻,做好吸水机的维护工作。

(4)洗地毯机、洗地机。在使用过程中,应特别注意以下几点:一是打开机器时,应注意水箱是否保持密封,以防污水、清洁液外流;二是清洁工作完毕,要将剩余清洁液抽至污水箱内,然后倾倒干净;三是使用完毕后,应擦净机身,并把各种配件清洗干净,晾干后妥善保存。

四、人工成本控制

人工成本是客房部经营管理费用中的大项,因此,做好客房的人工成本控制至关重要。根据边际人工成本递减规律,我们既不能盲目地缩减人工成本,也不能盲目地增加人工成本,投入规模是有限的,投入要计算经济性,要把握好边际人工成本与边际产出的关系,人工成本的增加所带来的产出有一个最佳的限度,超过这个限度,追加人工成本,产出增长量就会小于追加的人工成本量,得不偿失,再继续增加人工成本就是浪费。

(一)合理定岗

定岗是按照专业化原则将一个整体分解为若干部分,然后将性质相同或类似的任务合并为一个岗位。每一组相同或类似任务构成一个岗位,但构成不同岗位的一组工作的总量却可能存在差异,有的一组任务可能需要多个人完成,有的一组任务则可能还不能满足单个人每个工作日的工作量,更为重要的是需要合理统筹各项工作之间的比例关系,这时就产生了定员问题。它要求根据饭店的发展现状,以精简高效、提高劳动效率为原则,合理确定岗位及数量。

定岗是客房部组织管理的重要内容,同时也是影响客房部工作效率、服务质量以及管理费用的重要环节。客房定岗不科学,势必导致两个结果:一是机构臃肿,人浮于事,工作效率低,人力资源成本增大;二是职能空缺,员工工作量超负荷,工作压力大,积极性下降,服务质量下降。

(二)科学定额

客房部进行员工招聘前首先要确定员工的劳动定额,劳动定额的确定,以操作的测试结果为依据。劳动定额的计算公式为

$$X = [T - (t+B)] \div [(A+D) \times (1+f)]$$

其中,T 为每天规定的劳动时间,t 为准备的作业时间,B 为结束工作的时间,A 为清扫一间房的时间,D 为随机服务时间(一般高档饭店的随机服务时间较长,应根据饭店的具体情况加以确定),f 为休息与自然停顿的系数。

假设:随机服务时间为 8 分钟,清扫一间客房的时间为 25 分钟,准备工作的时间为 8 分钟,结束工作的时间为 8 分钟,休息与自然停顿的系数为 0.14。

每天规定的劳动时间为 480 分钟(60 分钟×8),将上述数据代入计算公式得

$$X = [480 - (8+8)] \div [(25+8) \times (1+0.14)]$$
$$= 464 \div 37.62$$
$$= 16(间)$$

劳动定额的确定,在运用科学计算方法的同时,还应考虑到班次、员工的实际情况等因素。一般早班员工要清扫 12~14 间客房,中班员工要负责 40~50 间的夜床服务,早班领班负责带 6~8 名服务员检查 60~80 间客房,中班领班要负责 160~200 间客房的工作区域,实习生和新员工开始工作时,劳动定额较低,一般清扫 6~9 间客房,熟练之后劳动定额随之增加。

(三)合理定员

客房定员就是在确立客房组织架构的前提下,确定各部门、各岗位工作人员的数量,为

每个岗位匹配相应的工作人员，并保持各个岗位之间工作进度的协调。客房服务人员数量的配备，除了依据劳动定额外，还应考虑以下因素：

（1）经营状况。饭店的出租率、客源结构、服务项目等都将影响客房工作量，而出租率是测算工作量的基础数据。

（2）服务形式。使用客房服务中心服务形式的饭店，通常比运用楼层服务台服务形式的饭店，人员配备更精简。

（3）工作环境。饭店建筑结构、客房类型等形成不同的工作环境，对员工工作效率有一定影响。

（4）劳动工具。客房服务的劳动工具也是影响人员配备的主要因素，工具的齐备完好与现代化程度可以提高员工手工劳动的质量与效率。

（5）员工素质。除了人员的年龄、性别等差异外，其性格、文化程度、专业训练水平、工作经验等，都将影响劳动定额。

（6）劳动成本。当地劳动力市场的供求状况，会影响员工的人力成本，饭店通常会从收益角度以及饭店的经济实力考虑人员配备。

（7）管理水平。饭店对卫生标准的设置、工作流程的设计、员工的组合安排、客源市场的预测等，不仅体现饭店管理水平，也决定客房的员工配备。

具体做法是在确定劳动定额的基础上，针对客房的工作岗位编制定员。按岗位定员，就是根据岗位组织机构服务设施等因素，确定需要人员工作的岗位。再根据岗位职责及业务特点，考虑各岗位的工作量、开动班次、员工的出勤率等，确定各岗位配置的人员数量，这种方法适用于从事固定性工作的岗位。

【思考与练习】

一、思考题

1.客房业务管理在整个饭店管理中的地位与作用如何？

2.从顾客需求的变化趋势来看，饭店的客房设计将重点关注哪些方面？

3.主题客房的前景如何？它的发展主要取决于哪些因素？

4.饭店客房服务形式的选择，主要应考虑哪些因素？

5.客房的个性化服务主要有哪些？客房个性化服务的基础与关键要素是什么？

6.客房用品、布件与清洁剂的选择和控制关键要考虑哪些因素？

二、练习题

通过网络学习途径，搜索并选择具有代表性的饭店客房设计与布置的图片和资料，分析总结一间客房设计与布置的关键成功要素。

三、案例分析题[①]

今天早会上，饭店总经理给客房部布置了三项工作：一是为保证高品质的婚宴市场的竞争力，饭店决定推出在饭店举办婚宴送一间婚房（套房）一晚及其他优惠服务的促销活动，要求客房部策划一个婚房的装饰布置方案。二是10天后饭店将有一个20人的穆斯林教

---

① 该案例由邹益民根据报刊资料及自己的工作实践编写。

徒组成的团体入住饭店,时间为3天,要求客房部制定一份穆斯林教徒组成的团体的客房接待服务方案。三是要求客房部针对昨天发生的一位顾客的投诉事件,提出处理意见,并提出整改方案。

投诉事件的情况是这样的:

昨天,一位常住顾客的西装脏了需要清洗,见服务员小李进房打扫卫生,他便招呼说:"小姐,请把我这套西装清洗一下。"随后因有事就离开了房间。小李当时想顾客也许工作繁忙,随即帮顾客填写了洗衣单。由于缺乏专业知识,加之顾客说是清洗,她就填写了"湿洗"洗衣单。当班的洗衣工是刚进洗衣房工作不久的新员工,她毫不犹豫地按照洗衣单上的要求对这套西装进行了湿洗,结果造成衣服洗后有点变形缩水。

顾客收到西装后,十分恼火,责备小李说:"这套西装价值上万元,理应干洗,为何湿洗?"小李连忙解释说:"先生,真对不起! 不过,我是照您交代填写的,没想到会……"顾客更加气愤,打断她的话说:"我明明告诉你要干洗,怎么硬说我要湿洗呢?"小李感到很委屈,不由分辩说:"先生,实在抱歉! 可我确实……"顾客气愤之极,抢过话头,大声嚷道:"我要向你们经理投诉!"当天晚上,他就找到大堂经理投诉,并要求在明天中午12点之前听到处理意见。

思考并回答以下问题:

1.你认为客房部应设计一个怎样的婚房装饰布置方案?

2.你认为接待穆斯林教徒组成的团体的服务方案应该包括哪些内容与要求? 应该注意哪些服务细节?

3.假如你是客房部经理,你会怎样处理这起投诉事件,并将提出怎样的整改方案?

第五章　饭店餐饮业务管理

【学习目标】

通过本章的学习,你应该:

1. 了解饭店餐饮决策的过程、内容与方法;
2. 掌握饭店餐饮产品生产与服务的程序与控制;
3. 掌握宴会服务的设计与服务控制;
4. 掌握饭店餐饮收入、成本的控制策略与方法。

【引例】

蓝海饭店餐饮经营的变化[①]

蓝海饭店是一家按五星级标准建造的综合性商务会议饭店,地处某经济发达的县级城市,共有客房 325 间(套),大小餐厅 46 个(餐厅包厢 40 个),同时拥有配套的会议与康乐设施。自 2009 年开业以来,客房经营形势总体不错,尤其是商务散客比重逐年上升,但会议顾客比重则逐年下降。而餐饮经营状况一直不甚理想,顾客反映该饭店宴会菜肴虽然比较精致,口感也可以,但价格偏高;会议菜肴质次价高,缺乏变化;零点餐厅菜肴马马虎虎,但价格比同类饭店的要高。正因为如此,许多会议团队满意度降低,回头客比例非常之低;许多商务散客住在该饭店,除了早餐与重要宴请外,基本上到对面的社会餐馆用餐。总经理对于餐饮经营多次提出要求与建议,虽有一定的变化,但总体还是未能摆脱困境。究其原因,主要是由于餐饮部经理与厨师长思想比较保守,管理思路老是沉湎于过去的老经验。为此,2010 年年底,饭店下决心调整了餐饮部的管理班子。新的管理班子上任后,第一,对目标顾客市场进行了比较深入的调查,并对一些重点客户进行了拜访;第二,向饭店内的营销部、前厅部、客房部等部门及其内部员工征求意见,并希望得到他们的全力支持;第三,根据饭店客源结构及各方意见、建议,制定了餐饮部经营管理调整方案;第四,注重菜肴结构调整与菜肴品质的提升,尤其是会议菜肴的调整,并注重餐饮原材料的采供环节与菜肴制作过程中的成本控制;第五,注重员工的培训与工作激励,提高员工的素质与积极性。结果,不到两个月,菜肴质量就开始赢得顾客好评,相当一部分商务散客开始选择在饭店用餐,会议团队对餐饮的满意度明显提高,第三个月就创造了营业收入的历史最好水平,当年餐饮部的经济效益大大超过饭店规定的计划指标。

---

① 该案例由邹益民根据自己的工作经历编写,企业名称为虚拟,如有雷同,纯属巧合。

该案例表明,餐饮是饭店满足顾客需要必不可少的服务部门,其经营好坏不仅直接关系到饭店的经济效益,而且还直接关系到饭店品牌和竞争力。饭店餐饮业务管理是一项集经营与管理、技术与艺术于一体的管理活动,具有与其他部门不同的管理特点:生产过程短,收入弹性大;业务内容杂,管理难度高;影响因素多,质量波动大;成本范围广,控制难度大。饭店餐饮业务管理应围绕"环境赏心悦目、菜肴精致可口、卫生令人放心、服务舒适完美、效益全面可观"的目标,注重餐饮经营的基本决策,加强餐饮生产业务管理,做好宴会产品策划与组织,完善餐饮收益管理体系。

第一节　饭店餐饮经营决策

一、餐饮经营方式

餐饮经营方式,就是餐饮经营活动的业务组织形式。目前,我国饭店的餐饮经营方式一般有以下三种。

(一)自主经营

自主经营,即餐饮业务由饭店自己经营,餐厅所有经营管理工作,如菜单设计、食品原料采供、菜肴生产、销售、专题销售活动策划等,都由饭店独自承担。采用自主经营方式,有利于饭店按照统一的经营战略组织饭店的经营业务,设计并实施饭店的营销策略,对于饭店的整体营销、品牌建设及整体效益具有积极的意义。当然,采取这种经营方式,如果不具备必要的餐饮经营规模和必要的餐饮技术力量,或者经营管理不善,就可能导致餐饮运行成本过高、餐饮经营力不从心、饭店经济效益受损等情况。

(二)合作经营

合作经营,就是饭店与其他经济实体合作,以达到取长补短、合作共赢的目的。这种经营合作,既可以是与社会上的餐饮公司合作,如厨房管理由餐饮公司承担;也可以是与其他地区的饭店合作,如与其他地区的名牌饭店共同经营特色餐厅;还可以是与餐饮品牌机构或者餐饮品牌持有者合作。这种经营方式的特点是共同投资,统一经营,分工管理,分享利益。这应该是一种值得推广的方式。其成功的关键是选择合适的合作方式与合作对象,制定科学的合作管理条款,签订合法有效的合作合同。

(三)外包经营

外包经营,是指饭店通过签订租约,将餐饮实体、土地、建筑物及家居等,租赁给其他独立经营者,使其作为法人直接经营。通过外包经营,饭店可整合利用其外部互补性的专业化资源并与其结成战略联盟,从而达到降低成本与风险、发挥自身核心竞争力之目的。但是,饭店放弃餐饮业务也存在很大的弊病,如外包出去的餐饮在市场营销方面可能与饭店的整体形象不符,而且产品质量也难以控制。是否选择外包,与饭店的类型与目标客源市场等因素紧密相关。一般来说,对于一家具有一定规模与档次的饭店,部分餐饮业务外包是可以考虑的一种策略,但全部餐饮业务外包或者是与饭店经营核心业务紧密相关的餐饮业务外包,则是不可取的。外包经营的关键是要注意承包商的选择,要注意挑选那些对饭店现有餐饮有补充作用和有一定品牌或地方特色的餐饮经营商加入。

二、餐饮设施设计

餐饮设施是饭店餐饮业务活动的客观基础,其配置、设计是否科学合理,将直接关系到餐饮业务的正常运营与经营效益。

(一)厨房布局设计

厨房布局设计,就是确定厨房总体及各部分的规模大小和相互联结,并具体安排厨房各单元的位置及厨房设施和设备的分布。厨房布局设计,须有利于提高厨房的生产质量和劳动效率。具体必须达到以下要求。

1.保证物流畅通,避免交叉碰撞

菜肴生产从食品原料采购开始到菜肴制作,是一个连续不断、循序渐进的过程。要保证该生产过程有序快速地进行,厨房设计布局必须按进货、验收、加工、切配、烹调、出菜等流程依次对设备设施进行科学定位,保证创造一条快捷、连贯、畅通的物流线,避免各种物质运送传递发生不必要的交叉回流,特别是要防止出菜、收台、洗涤的交叉碰撞。此外,厨房设计布局,必须充分考虑物流线的宽度,保证餐车等运输工具的自由出入。

2.缩短工作距离,避免无为消耗

为降低厨房劳动强度,提高工作效率,保证厨房的出菜速度和菜肴质量,厨房设计布局必须注意库房及厨房各操作单元尽量紧凑,厨房及洗碗间尽可能靠近餐厅,最大限度地缩短食品原料进出各操作单元的距离和服务距离。厨房各操作单元应尽量处在同一平面,若无法安排同一平面时,应配置升降梯等垂直运输工具,避免来回跑动而影响工作效率和体力的无谓损失。

3.突出中心厨房,有效利用资源

饭店中,往往有众多的餐厅,如西餐厅、宴会厅、风味餐厅、零点餐厅、多功能餐厅等。为有效利用设备和资源,并方便顾客,理论上应尽量把餐饮区域设计在同一层面或相邻层面。但在实际经营中,由于餐厅功能不同、档次不一、特色各异、忙闲不等,餐馆区域往往会出现分设在不同层面,甚至"顶天立地"的情况。对此,各餐厅除了应配备相应的主厨房外,其余的如点心、冷菜、蒸煮、烧烤等配套厨房应尽量集中在中心餐饮区的中心厨房,以减少设备投资,并节省厨房场地的占用和劳动力的消耗。

4.符合安全卫生要求,创造良好工作环境

厨房既是一个食品加工生产部门,又是消防、卫生防疫重点部位。厨房设计布局必须保证达到国家食品卫生和消防管理等法规的要求,如有足够的厨房面积,良好的密封条件,有效的通风设施,科学的垃圾、污水处理系统,生熟分开、干湿分开、冷热分开的设施条件,符合消防要求的空间与布局,充足的消防器材与设施,等等。同时,厨房设计布局必须注意使厨房保持恰当的温度、空气流通和光线照明,设计并购置现代化的厨房设备,尽量降低机器噪声,努力为厨师创造良好的工作环境。此外,厨房设备布局,还必须考虑方便清扫与维修。

(二)服务卖场设计

餐饮服务卖场,即销售餐饮服务的场所。一般而言,理想的餐饮服务卖场具有以下四个基本特征：一是能引起顾客的兴趣；二是能体现本卖场的产品特色；三是能留给顾客深刻的印象；四是能刺激顾客的消费欲望。为此，餐饮服务卖场的设计，主要应做好以下四个方面。

1.主题选择

成功的卖场，特色个性至关重要。餐饮卖场设计，首先必须有明确的主题，可供选择的思路主要有以下几种：

(1)以文化内涵为主题，即以具有鲜明特色文化的代表物为装饰内容来布置环境，比如以杭州的南宋文化为主题。各个地方都有其特殊的、独具个性的文化遗产，只要根据当地的实际情况及目标顾客的消费心理，巧妙地对文化宝库进行挖掘与开发，就能得到意想不到的收获。

(2)以特色环境为主题，即以著名景点、特殊时代为背景来创造场景。这既可以将餐饮服务卖场设计成一个特定的环境，让顾客在用餐过程中感受到特别的风景与情调，如"蒙古包餐厅"、"窑洞餐厅"、"空中餐厅"、"海底世界"、"罗马餐厅"等；也可通过营造特别的环境突出某种情调和氛围，如"绿林好汉餐厅"、"情缘餐厅"、"大上海餐厅"等。

(3)以高科技手段为主题，即通过高科技手段使餐饮服务卖场变得新奇而刺激，以满足消费者猎奇和追求刺激的需要，如"科幻餐厅"、"太空餐厅"、"海底餐厅"等。

(4)以兴趣爱好为主题，即抓住某些人的兴趣爱好来设计餐饮服务卖场的主题，如"足球餐厅"、"摇滚餐厅"等。

2.功能设计

功能设计，主要是指餐饮服务卖场的空间布局、餐位设计和流线安排。

(1)空间布局。餐饮服务卖场空间，按其使用功能，可分为用餐空间、公用空间、服务空间等。餐饮服务卖场空间设计，一是必须达到比例恰当，应根据餐厅面积的大小，合理确定不同空间的所占比重。既要充分保证营业面积与顾客的消费空间，又要保证必要的辅助服务空间。二是必须达到布局合理，既要考虑到顾客的安全性与便利性，营业各环节的机能、实用效果等诸因素，又要注意全局与部分间的和谐、均匀、对称。三是做到错落有致，形成独特的风格情调，使顾客一进餐厅就能强烈地感受到一种意境，得到一种享受。四是餐厅通道设计布置应做到流畅、便利、安全，切忌杂乱。

(2)餐位设计，即餐位数量、大小与布局的设计。应满足四个基本要求：一是经济性，即餐位设计要根据饭店档次、餐厅类型和目标顾客的需要，注意台型的间隔与疏密，既要注意给顾客足够的活动空间，又要在一定的空间面积中最大限度地加以利用，使餐位数达到最大。一般来说，餐厅档次与餐位密度成反比。二是美观性，即餐位设计要注重给人以美的感受。要考虑到环境、餐厅形状和大小，合理使用各种不同规格、不同形状的餐台，创造出良好的餐饮氛围，使顾客感觉舒适。三是服务性，即方便服务。餐厅服务方式不同，其要求也不相同，如对服务要求较高的正餐厅，餐位之间的间距较大；相反，会议团队餐厅、快餐厅等，由于服务较少，故餐位之间的间距较小。四是安全性，即保证顾客在消费进餐过程中的心理安全。餐位设计中，心理安全感的满足主要表现在私密性的需要，即不被人过分关注，其谈话内容不愿让他人听到甚至传播。

(3)流线安排，即顾客、服务员、食物与器皿在餐厅内的流动方向和路线。其基本要求：一是尽可能分流，进出门分设，客用通道与服务通道相对分离，避免交叉碰撞；二是尽量选取直线,避免迂回曲线;三是通道宽度要符合服务的需要。

3.装饰设计

餐饮服务卖场的装饰设计,事关餐厅主题的展现与餐厅的格调与档次,并直接关系到顾客的用餐体验。

(1)门面、外表设计。餐饮服务卖场的门面、外表,是顾客用餐体验的第一印象,具有先入为主的引导功能。设计的基本要求是必须具有明确的辨认功能,并具有超凡脱俗的个性和特色,对顾客具有极强的吸引力。

(2)光线设计。首先是光源的选样,即采用人工光源或自然光源,还是人工光源与自然光源混合搭配;其次是光线的强弱;再次是光源的类型和灯饰,如白炽灯、荧光灯。光线设计必须依据餐厅的档次、主题、风格、经营形式及建筑结构等因素加以确定。

(3)色彩设计。既包括基调的确立,也包括墙面、地面、台面及有关装饰物的色调组合。色彩设计须突出主题,符合功能,兼顾自然条件,力求和谐协调。

为此,一要注意色相的选择,即色彩的选择,如彩虹中赤、橙、黄、绿、青、蓝、紫就是七种色相。二要注意明度的选择,即色彩明亮程度的确定。三是要考虑彩度,即色彩的饱和度。一种色彩越接近于某个标准色,就越醒目,彩度也就越高。

(4)陈设设计。主要包括家具、装饰物、观赏品和绿化等几大部分的选择、配置与布局。家具主要有餐桌、餐椅、工作台、酒柜、屏风等;装饰物则主要有地毯、帘幔、覆盖织物、悬挂织物;观赏品则主要有字画、浮雕、艺术挂盘等墙饰品和雕塑、酒车、器械、工艺品等摆设品;绿化物则主要是指盆栽、盆景和插花等。餐饮服务卖场的陈设设计,必须突出主题性、艺术性和协调性,并善于画龙点睛。

4.音乐设计

一些研究成果表明,一个顾客在服务场所听到的背景音乐对顾客的行为有直接的影响,当音乐合乎自己口味时,更能延长逗留时间,增加消费量,尤其是音量和节奏对餐厅逗留的时间颇有影响。轻声慢速的音乐引导顾客延长购物行为。餐厅选择和安排音乐的内容、播放音乐的时间的基本依据主要有:

(1)根据餐厅主题选择。一些特殊主题文化的餐厅,应以特殊主题风格的音乐与之相配。如"红楼宴"主题餐厅,少不了要播放《红楼梦》主题音乐,"西游记宫"的主题音乐自然是《敢问路在何方》,"毛家菜馆"中不仅看到的是一幅幅毛泽东画像,吃到的是一盘盘湖南风味菜肴,所听到的都是《东方红》、《浏阳河》等一首首革命歌曲。而美国的西部音乐适合穿便装进行消费的休闲主题餐厅;帕瓦罗蒂的图兰朵名曲《今夜无人入睡》和其他意大利歌剧则适合于意大利高档餐厅。餐厅风格与音乐的巧妙结合,使餐饮环境、气氛更加融洽,主题更加突出。

(2)根据餐厅风格选择。音乐要与主题餐厅的装修风格相吻合。古典式餐厅,壁上挂有古代名画,加上古色古香的雕栏玉柱,使人沉浸于悠远的气氛之中。此时,若配上古典名曲,如《阳关三叠》、《春江花月夜》之类的乐曲,则会给人以古诗一般的意境美。民族式餐厅,如云南傣族风味餐厅,布置叶树、竹楼、孔雀,在这样的环境里宴饮,配上云南民间乐曲,使人感到像到了神秘的西双版纳。对于西洋式、中西结合式餐厅的音乐设计,也要依特定的意境加以选择。

(3)根据目标客源选择。对音乐的爱好往往因人的年龄、文化水平和民族等而不同,餐厅要准确了解目标客源的音乐偏好,了解其最喜欢的音乐、最喜欢的音乐家、最喜欢的曲调,根据这些信息为目标顾客安排适当的背景音乐。

三、餐饮菜单决策

菜单是饭店餐饮部出售菜肴、饮料名称和价格等的一览表,是餐饮服务生产和销售活动的依据,也是餐饮服务最重要的推销工具。

【案例】

小菜单的创意[①]

两男一女三位中年顾客从客房出来下楼去餐厅吃饭,他们懒得出饭店门,也不想高消费。坐定后,服务员递上一份菜单,菜倒没什么特殊的,但价格特别便宜,大约只有一般餐馆的一半。三位顾客既惊奇又纳闷,不禁问服务员:"你们这儿的菜怎么这么便宜?"服务员笑盈盈地指着菜单顶头的一行字"小份菜单,供三人以下点菜",并接着说:"大份菜单的价格就和其他饭店差不多了。"其实,小菜单所有冷盘、热菜和汤,均按3人的食量设计,每份的量是例份的1/3左右,而价格则是例份的1/2。20元例份的咸鸡,在小菜单上是10元;24元例份的杭椒牛柳,在小菜单上是12元;而10元例份的冬瓜排骨汤,在小菜单上是5元;小菜单上其他一些家常菜则更是便宜。

结果,顾客点了5个凉菜、5个热菜,共10个菜,全部吃光,赞不绝口。

小菜单在餐饮业中还是创新之举,它是顺应市场需求的产物。现在两三人上餐馆吃饭已是寻常之事,但点菜却是难事,最大的问题是没法多点菜,菜单上的都是例份,至少可供四五人吃。如果是两个人,点三四道菜足矣,否则就会浪费,顾客想按正常的人均消费额而多品尝几道菜肴是不可能的。而小菜单则有效地解决了这一矛盾。

这实际是一个饭店与顾客双赢的经营策略和定价策略。从顾客角度说,菜量小而价廉,就可以多点菜、多品尝,花钱不多,非常实惠。从饭店角度讲,点小菜单的消费总额并不比大菜单低,而毛利却明显要高于例份菜单。

餐饮业务活动,始于菜单设计。作为餐饮业务活动的首要环节,菜单设计关键必须做好以下方面的决策。

(一)菜系品种决策

菜系品种作为菜单的核心内容,其选择和组合直接关系餐饮经营的成败。

1.适应性

餐厅的经营宗旨是满足某些特定目标顾客的需求,以创造最大的利润。因此,菜品选择,首先必须根据目标顾客及餐厅的主题,选择相应菜系,与总体就餐环境相协调;其次须根据饭店经营策略,确定菜品的大致范围及核心指标,包括品种、档次、质量、价格等。

2.适量性

适量性,即菜单所列的品种应当适度。菜肴品种过多,顾客看起来费力费时,无所适

①　王大悟.酒店管理180个案例品析.北京:中国旅游出版社,2007.

从,造成点菜决策困难,延长点菜时间,降低座位的周转率;同时品种过多意味着原料采购品种和库存量过大,不易采购和储存,管理和控制难度加大,由此可能导致资金占用和管理费用增加。菜肴品种过少,顾客缺乏必要的选择余地,就难以满足不同顾客的需求,容易造成顾客流失,影响盈利,同时给顾客造成菜品不丰盛、餐厅档次低的感觉。

3.特色性

所谓"特色",是指具有与众不同的特点。饭店餐饮对顾客要具有吸引力,具有鲜明特色的菜肴,是一个必不可少的关键要素。只有独特的菜品,才有可能形成自己的餐饮品牌,提高自己的知名度与美誉度。所以,菜单设计过程中,必须特别关注特色菜的比重。

4.平衡性

为满足顾客的选择,菜肴品种组合应注意下列几种因素的平衡:

(1)菜肴价格平衡。高、中、低档菜肴的合理搭配。

(2)原料搭配平衡。海鲜、水产、家禽、豆制品、蔬菜等原料的合理搭配,同时注意各种营养成分菜肴的有机搭配。

(3)烹调方法平衡。不同烹调方法制作的菜肴的合理搭配,同时注意口味、口感的合理搭配。

(4)花色品种平衡。主要包括菜肴的色彩、形状、滋味、温度的合理搭配,同时注意常规菜肴与特色菜肴的合理组合。

5.匹配性

菜系品种选择,必须与菜肴生产的条件相匹配,主要应考虑:

(1)原料供应情况。凡列入菜单的菜式品种,厨房原则上需保证供应。固定菜单中的菜肴,一般是常年可供的菜肴,须有常年可供的原料保障,而季节性的原料,应该在特色和临时菜单中体现。

(2)厨师能力。厨师技术水平是菜品选择时要考虑的要素。当然,为了吸引顾客,专门外聘烹饪水平较高的厨师也是可取的路径。

(3)设备设施。在选择菜品时,一定要考虑设备与设施能否保质保量生产出菜单所规定的菜肴,避免由于需要同时使用某一种设备而出现超负荷并影响出菜速度的情况。

(二)餐饮价格决策

餐饮价格决策,关键在于科学确定餐饮的毛利率,有餐饮综合毛利率与分项毛利率(菜肴毛利率与酒水毛利率)之分。其中,菜肴毛利率是相对比较复杂的一个经济指标,也是餐饮综合毛利率的基础。菜肴毛利率合理与否,直接关系到顾客的满意程度和饭店餐饮的经济效益。

1.毛利率确定

餐饮毛利率的确定,既要考虑饭店的盈利目标,也要考虑饭店的市场竞争力,还要考虑目标顾客的需求与消费心理,即以获取正常利润为准则。重点在于掌握菜肴综合毛利率和分类毛利率(不同餐厅、不同用餐方式、不同菜肴的毛利率),使产品价格补偿原材料成本和营业费用后,有比较满意的利润。一是产品价格的最终确定要充分考虑不同菜肴分类毛利率标准,如本饭店特色、传统名优菜肴产品,毛利率要从高,反之则从低。二是菜肴分类毛利率的比较标准要以同一档次、同类产品为主,毛利率大体和其他同类饭店、同一档次和同类产品相当。三是具体菜肴制品毛利率要相对稳定,使产品价格和实际利润水平与同行、同一等级的同类产品大体相当,求取合理利润。

2. 毛利率计算

菜肴毛利率的计算有以下两种形式:

(1)销售毛利率。按照现行财务制度的规定,餐饮毛利率是毛利额与售价之比的百分率,即为销售毛利率,也称内扣毛利率。

$$销售毛利率(内扣毛利率)=\frac{毛利额}{餐饮制品价格}\times100\%$$

(2)成本毛利率,即毛利额与原材料成本之比的百分率,也称外加毛利率。

$$成本毛利率(外加毛利率)=\frac{毛利额}{原材料成本}\times100\%$$

从实际使用来看,以原材料成本求餐饮制品价格,一般采用成本毛利率较为方便,而根据用餐标准(餐饮制品价格)求用料成本则以销售毛利率计算为好。因此,在实际工作中需经常将两种毛利率指标加以换算。其换算公式如下:

$$成本毛利率=\frac{销售毛利率}{1-销售毛利率},销售毛利率=\frac{成本毛利率}{1+成本毛利率}$$

3. 餐饮制品价格

如果确定了销售毛利率,就可以确定餐饮制品的价格。其基本方法是:

$$餐饮制品的价格=\frac{原材料成本}{1-销售毛利率}$$

例如,某菜肴的成本定额为4元,销售毛利率为50%,则该菜肴的售价应为

$$4\div(1-50\%)=8(元)$$

(三)菜单展示决策

餐饮菜单形式主要有实物菜单、纸质菜单和电子菜单等。但是,不论何种形式的菜单,均应注重以下三个方面。

1. 菜单内容

一般来说,菜单内容至少应包括以下三个方面:

(1)菜肴名称。菜肴名称是顾客点菜时选择菜肴的基本依据,顾客对于那些未曾品尝过的菜肴,往往会凭菜名去挑选,并在顾客头脑中产生一种联想。菜单上菜肴名称,应该真实、准确、简洁、明了,具有明确的展示识别功能。

(2)菜肴介绍。菜单应对菜肴进行必要的介绍,比如主料、辅料、口味以及菜肴的份额等。某些特殊菜肴,由于加工时间较长,应在菜单上注明烹饪等候时间。对于需要提前预订的菜肴,也应该在菜单中加以标注。

(3)菜肴价格。菜肴必须明码标价,要避免时价等模糊概念。菜肴收费应与实际供应的相符。如加收服务费、开瓶费等,必须在菜单上加以注明,若有价格变动要立即做出相应的调整。

2. 菜单编排

菜单编排不仅关系到顾客用餐的方便与满意程度,而且也直接关系到饭店餐饮的销售与效益。

中式餐厅、西式餐厅因餐食内容、就餐方式与服务等方面的差异,在菜单内容的编排上也有所不同。为符合人的正常思维步骤,中西式菜单编排的原则一般是以就餐顺序来安排

各款菜肴的。如中餐菜单上菜肴的排列顺序一般是:冷盘类、热菜类、汤羹类、饭面类、甜品类、饮料。西餐菜单则一般是:开胃品、汤、色拉、主菜、面包类、甜点、饮品。

3.菜单促销

要使一份菜单具有良好的促销作用,应注重以下几个细节:

(1)色彩运用。赏心悦目的色彩不仅使菜单更具魅力,还能反映餐饮企业的情调与风格。菜单色彩运用应注意以下要求:一是菜单的颜色与餐厅环境相协调;二是菜单的颜色与餐厅所使用的餐具颜色相协调;三是菜单的颜色应与餐厅的规格和种类相协调。

(2)彩色照片。这是菜肴有效的推销工具,能使顾客加快点菜速度,加速餐位周转率。印上彩色照片的菜肴应该是餐厅欲销售的、希望顾客能注意并决定购买的菜肴。一类是高价菜、名牌菜和顾客最欢迎的菜,另一类则是形状美观、色彩丰富的菜。彩色照片的印制要注意质量,并要印上菜名,注明配料和价格,便于顾客点菜。

(3)重点促销菜肴。重点促销菜肴可以是时令菜、特色菜、厨师拿手绝活菜,也可以是由滞销、积压原料经过精心加工之后制成的特别推荐菜,总之是餐厅希望尽快介绍、推销给就餐者的菜。要使推销效果明显,通常应将重点促销菜放在菜单的开始处和结尾处,因为这两个位置往往最能吸引人们阅读注意力,并在人们头脑中留下深刻的印象。当然,重点推销的菜肴也可以采用插页、夹页、台卡的形式单独进行推销。

第二节 饭店餐饮生产管理

餐饮生产管理,是指对餐饮部的菜肴形成过程与餐厅对客服务过程进行的计划、组织与控制活动。

一、原料采供管理

餐饮生产过程,始于原材料的采供。餐饮原料采供管理,就是通过对餐饮原料的采购、验收、发放、储存等环节进行有效的计划与控制。目的在于为厨房等加工部门保质保量及时提供原料,并使餐饮原料价格和采购费用最为经济合理。

(一)餐饮原料采购

1.原料采购组织

餐饮原料采购,包括订货和购货两个基本环节。目前,我国单体饭店餐饮原料采购主要有以下三种组织形式:

(1)采供部负责采购。即由餐饮部门提出采购的申请和要求,由饭店采供部统一采购。该形式的优点是利于专业化管理,便于资金和采购成本的控制,不足之处是采购的及时性和灵活性较为欠缺。这种组织形式须以严密的计划性和制度化为前提,否则就会出现互相扯皮、互相推诿,造成工序脱节等现象。

(2)餐饮部负责采购。即餐饮部负责所有餐饮原料的订货和购货业务。该形式的优点是能根据餐饮的业务状况,灵活及时地采购,便于控制数量和质量。不足之处是缺乏制约,容易出现财务漏洞。

(3)餐饮部和采供部分工采购。即由餐饮部负责鲜活原料的采购,采供部负责可储存原料和物品的采购。该形式的优点是比较灵活,及时满足餐饮业务活动的需要,也有利于采购成本的控制。不足之处是多头采购,可能会给管理与协调带来麻烦。

2.原料采购方式

餐饮原料采购,目前主要有以下方式:

(1)市场采购,就是采购人员通过网上信息宣传资料或直接在市场中获得的信息进行分析取舍,选择其中的若干家作为候选供货单位,索取报价,并通过洽谈(讨价还价)从中选择最佳的供货单位。

(2)招标采购,就是饭店把所需采购的原料名称及规格标准,以招标的方式向社会公布,或以邀请招标的形式寄给有关供货单位,供货单位接到招标信息或招标邀请后,在投标的有效期内向饭店寄送投标书(单),饭店根据客观公正与合理选择的原则,对投标书(单)进行综合评定,选择信誉程度高、原料符合质量规格、供货及时、价格合理的单位作为中标单位。招标采购一般适用批量大、数量多、价格高的餐饮原料采购。招标过程中,既要注意防范投标人相互串通报价,哄抬物价,也要避免低于成本的报价竞标,因为这种供货合作往往难以持久。

(3)定点采购,就是饭店选定供货单位并与之签订长期供货合同,来保证所需原料的采购方式。这种采购方式,一般适用于短缺原料和特殊原料的采购。有时,饭店需要的某种原料在市场上奇缺,或者仅一家单位有货供,此时饭店一般应采用定点采购的方式。另外,饭店为了保证某种特殊原料的品质和供货的稳定性,如有些家常菜的原料,往往也会和供货商签订长期供货合同,这种供货方式类似于饭店的原料生产基地。

(4)代销方式,就是由供应商提供原料供饭店使用,按实际使用量结算的方式。如某些饭店对海鲜产品就采用此方法,饭店设置海鲜池,由供应商负责采购养殖,饭店则在营业期间计量取用,根据实际用量按月结算,供应商则须保证饭店所需的品种和数量。

3.原料采购控制

餐饮原料采购的目标是:品种对路,数量适中,质量优良,价格合理,供货及时。为达此目标,餐饮原料的采购必须抓好以下六个环节:

(1)选好采购人员。采购工作的好坏,在很大程度上取决于采购人员的素质。一个优秀的采购人员一般须达到以下要求:品行端正,诚实可靠,廉洁奉公,吃苦耐劳,具有进取奉献精神;反应灵敏,办事精明,精打细算,善于谈判;具有服务意识、市场观念和经济头脑,了解市场行情,懂得餐饮业务,熟悉各种原料知识,掌握供货信息,熟悉财务知识,坚持财务制度。

(2)明确供货单位标准。餐饮原料供货单位的标准则应根据餐饮业务的要求加以规定。一般而言,评价供货单位的标准主要有以下五条:一是能否提供本饭店餐饮经营所必需的商品种类、数量和质量;二是对本饭店餐饮的经营策略是否理解,并且是否愿意全力协助;三是商品价格是否合理;四是供货单位的服务精神、信誉如何,是否可以长期协作;五是供货单位的地理位置、配送条件如何。

(3)制定采购规格书。要保证菜肴质量的稳定,食品原料的质量必须始终如一。对此,饭店须列出本饭店常用所需采购食品原料的目录,并采用采购规格书的形式,规定各种食品原料的质量要求。餐饮采购规格书是对需采购的食品原料规定详尽的质量规格等要求的书面标准。

(4)建立标准的采购程序。为了使采购人员清楚地知道怎样工作,也为了管理人员实行有效控制,饭店必须建立标准化的采购程序,明确规定各自的责任和各项工作的先后顺序。标准化的采购程序主要通过表单的传递来实施,其基本表单有请购单、订购单、进货单和每日食品存购单一览表。请购单是由使用部门提出的,是采购人员进行采购的依据。订购单则是采购部门向供货单位发出的,是供货单位供货和饭店验收人员验收的依据。进货单(进货回执)则是由饭店验收人员填写的,是供货单位的结算凭证。在此基础上填写每日食品存购一览表,以便全面控制食品的采购和结存。

(5)实行定额采购。餐饮原料的采购,不仅要保证质量,而且还要做到数量适中。因为如果数量不足,就会影响餐饮的业务活动,反之则会造成积压和变质浪费,所以,必须对餐饮的原料采用限额控制。餐饮原料采购数量的依据来源于仓库的订货和厨房的订货数量。厨房的订货,大多为鲜活原料,因其具有易变腐烂的特性,通常不宜作为库存原料。对此类原料,由厨房根据业务需要每天提出订货,其订货数量则来自第二天的接待任务和销售预测。仓库的订货一般为不易变质可以储存的原料,如大米、面粉、罐头、干货、调料等。其订货的数量可根据不同的存货定额即最高和最低的库存量来决定采购原料的数量。随着我国经济的发展和市场的繁荣,商品供应日趋丰富充足。饭店的采购周期日趋缩短,而且库存量也呈降之趋势。

(6)建立监控系统。饭店应完善饭店采购规范,建立严格的奖惩制度,实施部门之间的相互制约和必要的员工监督机制。为了有效控制食品原料的进货价格,饭店领导层及餐饮、财务部门的管理者应通过多种途径,收集各种市场信息,掌握第一手资料,以便分析比较、发现问题、及时防范纠正。

(二)餐饮原料验收

验收,就是对餐饮原料的品种、数量、规格、质量、价格等方面进行核实检查。验收是保证餐饮原料质量和控制餐饮食品成本的主要环节。

1.验收人员及场地

要使验收工作卓有成效,同样必须选好验收人员。餐饮验收必须由专人负责,并经过专门训练。为了保证验收工作的正常有效进行,并达到验收的预期目标,饭店必须赋予验收人员相应的权力,如有权拒收质量低劣、规格不符的货品,有权抵制任何未经批准的物品采购等。

理想的验收区域应包括验收办公室、检验测试装置和临时储藏场地的专门验收场地。若无专门的验收场地,饭店则应事先指定一个验收区域,规定验收的时间,并应事先准备好必要验收工具、推车及盛装用的器皿。指定的验收区域应临近贮藏室或仓库,并应灯光明亮。

2.验收程序

验收的程序大致可分为:

(1)票单核对。当供货单位送来餐饮原料时,验收员须将供货单位的送货发票与事先拿到的相应的订购单核对,主要内容有送货单位名称、地址、品种、数量、价格等,当有差异时,应问明情况并向上级汇报。

(2)检查原料质量。根据采购规格标准及请购单、订购单的要求,对原料进行认真检查,发现规格质量不符的情况,应予拒收。此外,还应注意各类食品的有效期和保质期。

(3)核实原料数量。根据订购单对照送货单,通过点数、过秤(磅)等方法,对所有到货的数量进行核对。数量检查时,要注意有无注水、掺杂、多余包装物及表里不一等现象。

(4)签名填单。检验合格后,验收员应在送货发票上签名或加盖验收章,并填写验收单。

(5)送货分发。验收合格后的原料,一部分作为直拨原料进厨房,另一部分则作为入库原料送仓库贮存。需要注意的是分发和入库均须有领用和入库手续,并贴上必要的标签,同时应禁止送货者或店内无关人员进入库房。

(6)填写有关报表。验收完毕后,验收员应填写验收日报表和其他报表,并将各种验收记录呈交有关部门。

3.验收表单

表单管理是饭店管理的科学方法之一。首先是设计科学的表单,其次是制定表单的填报规定,再次是建立表单传递的程序和处理办法。餐饮验收表单并无统一标准,一般须有以下几种表单。

(1)验收单。这是饭店验收的原始凭证之一,验收员应每天详细准确记录验收的商品。

(2)验收日报表。其作用是便于分别计算食品成本和饮料成本,为编制有关财务报表提供资料,同时,便于计算每日食品成本。

(3)退货通知单。如果到货质量不符合要求,或存在其他问题,验收员应填写退货通知单。

(4)无购货发票收货单。所有到货一般都应有发货票,但有时因某种特殊原因,到货时无发货发票,验收员应填写无购货发票验收单,以防差错和争议。

(三)餐饮食品仓库管理

食品贮存管理是餐饮采供管理重要的中间环节,其对餐饮质量和餐饮成本高低关系甚重。

1.食品仓库设计要求

为使食品原料贮存达到理想的效果,首先必须注意食品仓库的科学设计。

(1)位置、面积及分类。第一,为便于将食品原料从验收处运入仓库及从仓库送至厨房,仓库的位置应尽可能位于验收处与厨房之间,若饭店有几个厨房,且位于不同的楼层,则应将仓库安排在验收处附近。第二,保证食品仓库的面积。食品仓库面积不应过小,否则就难以保证一定的库存以满足餐饮业务经营的需要;当然也不能过大,以免增加饭店餐饮空间占用,增加能源费用和维修保养费用。从目前来看,一方面顾客对菜肴的新鲜度要求越来越高,另一方面市场的商品越来越丰富,所以食品仓库的面积有缩小的趋势。第三,由于各类食品原料对贮存的条件要求不尽相同。所以,饭店一般应拥有不同功能、不同类别的仓库,如干藏库、冷藏库和冷冻库。

(2)温度、湿度和光线。不同的食品原料对温度、湿度的要求各异。因此,饭店应根据不同的贮存要求,设计不同的温度、湿度和光线。

第一,温度。不同的食品原料应存放于不同的库房内,不同库房温度的要求是:干藏库,最佳温度为 10℃,一般控制在 10℃～22℃;冷藏库应设计在 0℃～4℃;冷冻库则须保持在－18℃～－24℃。

第二,湿度。食品原料仓库的湿度是否恰当,则会影响食品贮存的时间及质量。不同库房对湿度的要求是:干藏库的相对湿度应控制在50%～60%。水果蔬菜冷藏库的湿度为85%～95%。肉类、乳制品及混合冷藏库的湿度应保持在75%～85%。冷冻库则应保持高度湿度,以防干冷空气从食品中吸取水分。

第三,光线。所有食品仓库均应避免阳光的直射。在选用人工照明时,应尽可能挑选冷光灯,以免由于电灯光热,使仓库的室温升高。

(3)安全卫生。餐饮食品仓库的设计均须符合消防、公安和卫生防疫部门的要求,同时应注意配置良好的通风设备及设置下水道,以便保持空气流通和便于清洗,并应配备适量的货架、填板、容器等,避免食品直接置于地面、靠墙摆放及裸露散放。

2.食品贮存管理要求

所有购置回来的食品原料(直拨原料除外)均应及时入库,以防变质散失。食品原料的贮存,主要应注意以下五条:

(1)分类存放。入库的食品原料均应系上标签,注明入库时间、数量等,便于领用发放、盘存清点,并利于掌握贮存时间,做到先进先出。食品应根据不同性质和贮存时间要求,存入不同的库房,干货、罐头、米面、调味品等无须冷藏的食品应放入干藏库,果蔬、禽蛋、奶品等存入冷藏库,须冷冻的海产品、家禽等则应放入冷冻库,活的海鲜水产则应放入海鲜池。

(2)科学摆放。食品摆放可采用的方法主要有:一是定位摆放,即根据仓库布局,合理规划各类不同食品原料的摆放区域,实行分区定位摆放。二是编号对应,即把食品原料按主要种类、性质、体积、重量等不同情况,分别对应地摆放在不同的固定仓位上,然后对其进行统一编号,标出不同食品原料的库号、货架号、层号、位置号,并和账页上的编号统一对应。三是立牌立卡,即对定位、编号的各类物品建立料牌与卡片。料牌上写明物品的名称、编号、到货日期,并涂上不同的颜色加以区分。卡片上填写记录物品的进出数量和结存数量。

(3)保持清洁。食品仓库必须做好清洁工作,保证清洁卫生。

(4)保证安全。仓库安全事关饭店的财产安全,必须加强防范控制。其基本要求是:配备专用锁系统,并及时上锁;限制仓库进出人员;经常检查,定期盘点;安装监控系统。

(5)账目清楚。食品原料贮存应有严格的登记制度,要能准确反映食品原料在入库、发放、存货等方面的时间、数量、价格和价值等情况,有效控制存货量、订货量和发货量,确保食品原料的利用达到最理想的程度。

3.食品原料发放管理

食品原料发放管理的目的:一是保证厨房生产的需要;二是有效控制厨房的用料数量;三是正确记录厨房用料成本。要达此目的,食品原料的发放管理必须抓好以下几点:

(1)定时发放,即规定发放时间。此举的目的在于节约用人,并使仓管人员有充分的时间检查、整理仓库,同时促进厨房管理人员树立计划意识,养成计划管理的习惯。

(2)凭单发放,就是凭领料单发料。领料单是厨房领料和仓库发料的凭证与依据,必须手续齐全,填写准确清楚,符合饭店规定。

(3)先进先出,即食品原料入库存时必须注明入库日期,并做到先入库的食品原料先发放,注意食品原料的保质期,保证在食品原料的有效期之前使用。

(4)准确计价,即食品原料出库后,仓管员必须在领料单上列出各项原料的单价,计算出各项原料的金额,并汇总领取食品原料的总金额,以便计算餐饮的食品成本。

(5)如实记录,即有些原料不在领取日使用,而在第二天或此后某天使用,则应在原料领用单上注明该原料的消耗日期,以便把该原料的价值记入其使用日的食品成本。有些原料则是一次领用、分次使用的,则应分天计入。至于各部门之间的内部调拨,则同样应办理必要的手续。

二、菜肴制作管理

菜肴(包括点心)制作在厨房完成,菜肴制作管理决定了菜肴的品质与成本。

(一)菜肴质量控制

菜肴质量的形成,始于菜肴的设计,成于加工烹制,终于餐厅服务,即包括菜肴设计、菜肴加工烹制和菜肴服务三个过程。

1. 明确菜肴质量标准

顾客对菜肴质量的评定,一般是根据以往的经历和经验,结合菜肴质量的内在要素,通过嗅觉、视觉、听觉、味觉和触觉等感官鉴定得出的。因此,菜肴质量标准主要应从以下八个方面明确要求。

(1)卫生,即菜肴符合国家食品卫生标准。这是菜肴质量的首要要素,也是顾客评价菜肴质量的基本标准。菜肴卫生,首先是菜肴的食品原料本身必须是无害的;其次是加工烹制过程必须足以保证杀灭有害细菌;再次是烹制、服务必须严格按照卫生操作程序,确保不被交叉污染。

(2)气味,即菜肴飘逸出的气息,是顾客鉴定菜肴质量的嗅觉标准。菜肴气味大部分是菜肴原料本身经过烹调处理得以发挥的,当然也可以通过调味得以创造。菜肴气味,应该是芳香浓郁、清新隽永、诱人食欲、催人下箸。

(3)色彩,即菜肴的颜色与色泽,是顾客评定菜肴质量的视觉标准。菜肴色彩一般由动、植物组织中天然产生的色素和通过添加含有色素的调味品形成。菜肴颜色以自然清新、色彩鲜明、色泽光亮、搭配和谐为佳。当然,菜肴颜色还须考虑季节的特点和地区的差异,并注意适应消费者的审美标准和饮食习惯。

(4)形状,即菜肴的成形、造型,是顾客评定菜肴质量的视觉标准。菜肴形状一般由原料本身的形态、加工处理的技法以及烹调装盘的拼摆而成的。菜肴形状,应做到刀工精细、整齐划一、匀称和谐、点缀得体、装盘巧妙、造型优美。

(5)口味,即菜肴的味道,是指菜肴入口后对人的口腔、舌头上的味觉系统产生作用,在人口中留下的感受。口味是菜肴质量的关键要素,是顾客评价菜肴质量的最主要指标。菜肴口味的最基本要求是口味纯正、味道鲜美、调味适中。

(6)质感,即菜肴给人质地方面的印象,是顾客评定菜肴质量的触觉标准。它主要取决于原料本身的质量和烹调技术水平。菜肴的质感一般包括韧性、弹性、胶性、黏附性、纤维性及脆性等属性。不同菜肴要求不尽相同。一般来说,菜肴的质感分别有酥、脆、韧、嫩、烂等要求。

(7)温度,即出品菜肴的温度。同一菜肴,温度不同,口感质量会有明显的差异。菜肴的温度必须依据不同菜肴的特点,保持恰当的温度,该冰的要冰,该冷的要冷,该热的要热,该烫的要烫。菜肴的温度除了取决于烹调以外,还必须注意菜肴的服务控制。

（8）器皿，即用来盛装菜肴的容器，是顾客评定菜肴质量的视觉标准。器皿是否合适，不仅会影响到菜肴的身价，而且有时还会直接影响到菜肴本身的质量，如煲、明炉、铁板、火锅等。对菜肴器皿的基本要求是，不同的菜肴配以不同的器皿，菜肴的分量与盛器的大小一致、菜肴的特色与器皿相统一，以达到锦上添花、相映生辉、相得益彰之效果。

以上是菜肴质量的基本要素，除此之外，菜肴的营养价值、菜肴的名称、特殊菜肴的光和声响等，均应有相应的要求。

2. 注重标准菜谱控制

标准菜谱控制，就是通过制定标准菜谱来规范菜肴的加工烹制过程，以保证菜肴质量的方法。

标准菜谱源于西餐。尽管中国菜选料广泛，烹调方法多样，调味丰富，赖于经验，但制定标准菜谱，对菜肴质量的控制同样能起到良好的基础作用。标准菜谱的制定，关键必须确定以下内容和要求：主配料的原料及数量；调味品品种及用量；菜肴加工烹制的步骤、方法和要求；服务程序和要求，如时间要求、操作要求、餐具要求、佐料要求、菜肴介绍等。

3. 强化岗位系统控制

厨房生产要正常运转，就必须抓好岗位基础管理。

（1）明确岗位分工。厨房业务按其运转要求，大致可分成初加工、配菜、炉灶、冷菜和点心等操作单元，饭店必须明确各单元的职能，并根据不同职能设置相应的岗位，同时规定各岗位必须承担的工作任务和责任，使厨房生产的各项任务落到实处。

（2）强化岗位责任。要强化各司其职、各尽所能的意识，并通过相应的制度加以保证。如实行挂牌操作或为了便于对菜肴的质量进行考核，安排烹制出菜时，将每道菜的烹制厨师的工号留注订单，以备核查。

（3）合理配置人员。首先，要根据菜肴生产规模、营业时间、厨房布局、分工及菜肴的特色标准，配备相应数量的厨房人员。其次，必须保持厨房各类人员的合理结构和比例，如不同工种与技术特点、不同年龄、不同技术等级与技术水平，做到能位相称，人尽其才，团队结构优化。

4. 注重操作现场管理

要保证菜肴的质量，必须强化现场管理。

（1）注重技术指导。厨师长的一个重要工作就是要把饭店的经营思想传达到厨房的每个员工，同时注重现场技术指导，提高厨房各类员工的技术水平。

（2）注重检查控制。厨房菜肴质量的检查一般可建立以下四种检查制度：一是工序检查制度，即菜肴加工制作过程中每一道工序的员工必须对上道工序的加工质量进行检查，如发现不合标准，应退回上一道工序。二是出品检查制度，即所有菜肴出品，均需经过厨师长或指定的菜肴质量检验员检查，以确保成品达到标准。三是服务检查制度，即菜肴在提供给顾客之前，服务人员必须按照标准菜谱及顾客的需要，对菜肴进行全面检查，同时在服务过程中，必须主动征求顾客对菜肴质量的意见，接受顾客的最终检查。四是重点检查制度，即对重点岗位、重点环节、重点客情、重要任务、重大活动进行全面检查，以确保关键环节、关键时刻的质量。

（3）注重情感管理。厨房是以手工劳动为基础的生产加工部门，菜肴质量管理，有些可以通过量化指标来衡量，有些可以用标准程序加以控制，但有些则无法明确规定，厨房技术具有模糊性和经验性的特点,厨师技能被称为"手艺"的道理也在于此。所以,要保证菜肴质量,就必须注意有效控制厨师的情绪,充分发挥厨师的主动性和创造性。此外,顾客的情绪、饮食习惯、经验及对菜肴的不同理解,对菜肴质量的评价往往起着重要的作用。所以,餐厅管理者必须正确把握不同顾客的需求,积极引导顾客消费,加强顾客的情绪管理。

(二)创新菜肴研发

菜肴创新,就是采用新的原料、新的方法,创造新的菜肴,或对传统菜肴用新的思路和方法进行改良完善,使创作后的菜肴具有新的风格。创新菜肴研发,是菜肴制作管理的重要任务。

1.菜肴开发原则

菜肴开发,必须确立正确的原则,以便达到事半功倍的效果。

(1)正确定位。菜肴从用途而言可分为宴会菜肴、会议菜肴、团队菜肴和零点菜肴;从档次而言可分为高、中、低三档。各类菜肴必须具有各自的特性和风格,才能满足不同对象的需要,收到良好的效果。所以,菜肴创新必须正确抓住各类菜肴的本质特征,做到有的放矢。

(2)顺应潮流。不同的时代,人们对饮食的追求不尽相同。创新菜肴开发,必须与时俱进,因时制宜,顺应时代潮流,注重研究消费者在不同时期的饮食特点及对菜肴的要求,正确把握菜肴开发的基本方向与开发思路,从而使得菜肴开发具有广阔的市场前景。

(3)顾及成本。创新菜肴开发,既要注意尽量降低菜肴的实际成本,如原料成本、工时耗费,又要想方设法增加顾客的感觉成本,如原料的特殊处理与独特烹饪方式。为此,创新菜肴开发就必须注意时令性和地方性,尽量就地取材,开发时令菜肴。此外,要注意开发低成本、造型美、口味好的菜肴,并努力做好下脚料的综合利用。

(4)创造特色。菜肴创新,关键在于与众不同,富有个性,具有特色。所以,创新菜肴的开发,必须注意标新立异,别出心裁,追求别具一格的新、奇、特,切忌墨守成规,简单模仿。

2.菜肴开发思路

菜肴创新,必须有正确而开阔的思路。目前,中餐菜肴常用的开发思路主要有以下几种:

(1)古为今用,推陈出新。即从历史的陈迹中寻找失传的历史菜,仿制和改良古代菜肴。其途径主要有:一是根据历史留存的食谱、食单、笔记、农书、食疗著作中的史料进行挖掘仿制,如杭州的"仿宋菜"。二是根据历史档案及其他一些史料,再加上厨师的回忆,加以挖掘整理,如"孔府菜"。三是根据古典小说中描述的饮食内容,加以考证,然后进行制作,如"红楼菜"。

(2)洋为中用、中西合璧。即吸取西餐菜肴烹饪原理与方法中值得借鉴的精华。其思路主要有:一是西料中用,即广泛使用引进和培植的西方烹饪原料,为中菜制作所用,如蜗牛、夏威夷果、荷兰豆、西兰花等。二是西味中调,即广泛采用西方常用调料来丰富中菜之味,如西餐的各式香料、调味酱、汁等。三是西法中效,即借用西餐烹饪技法来制作中餐菜肴,如铁扒炉制法、酥皮制法、客前烹制法等。

(3)菜点交融、相得益彰。即菜肴与点心制作相互借鉴制作技艺,以及菜肴与点心的科学、合理组合。首先,菜肴创新借鉴面点变化多样的制作手法,并使菜肴的外形具有面点的特征,以假乱真,以菜充点,即菜肴面点化。如"蛋烧卖"、"韭黄鱼面"等就属此类。其次,面点制作借鉴菜肴的烹饪方法、调味手段,改进传统面点制作工艺,使面点具有菜肴的某些特征和功能,即"面点菜肴化"。如"挂霜馒头"。再次,菜点合一,即把菜肴和面点通过不同的方式组合成一种新的菜肴。如馄饨鸭、酥盒虾仁等。

(4)更材易质、改头换面。就是采用偷梁换柱、材料变异、调味及工艺移植等手法,使原来之物发生变化而创出新菜。

(5)独辟蹊径、出奇制胜。就是改变思维定式,设法对已有原料、加工方法、烹调技术从新的角度去思考创新,或跳出传统框框,用新的原料、新的方法,推出新、奇、特之菜肴。在此,尤其要注意中国乡土菜肴的研发。乡土菜,就是指在一定的地域内利用本地所特有的物产,制作具有鲜明乡土特点的民间菜。同时要注意家常菜的挖掘和开发。中国是礼仪之邦,是一个热情好客的民族,节日甚多,人情往来频繁。所以,中国家庭在待客过程中,创造了不少优秀的菜肴,如霉菜系列、糟菜系列、酱菜系列、腌制系列等。

3.菜肴开发组织

菜肴创新,除了要注重技术开发外,还需加强组织管理。

(1)注重信息管理。首先,必须注意菜肴创新信息资料的收集,主要包括:有价值的历史资料,如名人菜谱、民间菜谱、历史传记等;餐饮消费的发展趋势;同行饭店、社会餐馆的菜肴情况;国内外烹饪界的最新动态;饭店已推出菜肴的销售情况及顾客对菜肴的评价反映等。其次,必须重视信息的分析整理和统计归类,去伪存真,去粗存精。再次,必须注意信息的有效传递和利用,真正做到信息资源的共享和利用的最优化。

(2)加强组织管理。创新菜肴开发必须列入餐饮业务管理的重要议事日程,加强计划管理,并由专人负责。同时,为使菜肴的创新开发落到实处,应建立创新菜开发研究小组,并做到人员、经费与时间保证。

(3)建立激励机制。任何活动,只有全体员工都积极参与才能取得成功。创新菜肴开发,同样必须具有广泛的群众基础。为了调动餐饮部全体员工参与菜肴开发的积极性,饭店应定期组织创新菜肴的比赛,并建立创新菜肴开发的评价与奖励制度。

(三)菜肴成本控制

厨房管理的主要职责之一,就是有效控制菜肴毛利率。菜肴毛利率的高低,在菜肴售价一定的情况下,取决于菜肴原料成本的高低。菜肴原料成本是指生产加工菜肴实际耗用的各种原料价值的总和,即原材料成本。依据不同的原料在菜肴中的不同作用,大致可以分为以下三类:

(1)主料,即制成某一菜肴的主要原料。其特征或是数量多,或是价值高,或两者皆备。如韭芽炒蛋中的蛋,是该菜肴分量最多的成分,而海参锅巴里的海参,虽数量不占主要部分,但价值较高,构成该菜肴的主要成本。

(2)辅料也叫配料,即制成某一菜肴的辅助材料。其特点正好与主料相反,如滑炒鸡片中的青椒、香菇。

(3)调料,即烹制菜肴的各种调味品,如油、盐、酱油、酒、葱、姜、蒜等。

菜肴原材料成本高低,主要取决于采购、验收、库存、制作四大环节。对餐饮原材料成本的控制,关键是要建立和完善以上四大环节的各项制度,并及时检查执行情况。

三、餐饮服务管理

（一）餐饮服务要求

餐饮服务应达到舒适完美的要求。为此，必须使餐饮服务具有美、情、活、快四个基本特点。

（1）美，就是给顾客以一种美的感受，主要表现为服务员的仪表美、心灵美、语言美、行为美、神情美。

（2）情，即服务必须富有一种人情味，这就要求服务员在对顾客的服务中，态度热情，介绍生动，语言诚恳，行为主动。

（3）活，主要是指服务要恰到好处。这就要求服务员不要把标准当作教条，而要根据不同的时机、场合、对策，灵活应变，在"顾客至上"这一最高准则的指导下，把规范服务和超常服务有机结合起来。

（4）快，即在服务效率上满足顾客的需要，出菜速度要恰当，各种服务要及时。一般说来，出菜速度应有具体的时间标准。

（二）餐饮服务方式

餐饮服务按不同的分类，有不同的方式。

1. 按服务形式划分

（1）餐桌服务。即顾客坐在餐桌旁，等候服务员到桌点菜、上菜、斟酒及其他服务。享受餐桌服务的顾客，必须有充足的时间，并支付相对较高的餐费。

（2）自助服务。即把事先准备好的食物陈列在食品台上，顾客进入餐厅后便可自己动手选择符合自己口味的菜肴，然后拿到餐桌上用餐。这种用餐方式需要顾客"自我服务"，故称自助餐。服务员的任务主要是餐前布置食品陈列台及餐中提供简单的服务，如斟酒、撤脏盘、收脏杯及补充食品台上的食物等。

（3）送餐服务。即顾客在其喜欢的场所（通常在客房），电话订餐，然后由服务人员送至指定地点。该方式能营造属于顾客自己的特定用餐空间，犹如在家之感。当然，除了餐费外，还须支付相应的服务费。

（4）外卖服务。主要有两种形式：一是餐厅的打包服务和外卖窗口的外卖服务；二是派遣厨师和服务人员到顾客的家庭或单位提供餐饮服务。

2. 按地域划分

按地域划分主要可分为以下服务：

（1）法式服务。这是一种最周到的服务方式，由两名服务员共同为一桌顾客服务。其中一名为经验丰富的专业服务员（相当于师傅），另一名是服务员助手（相当于学徒）。法式服务用服务车推出菜肴，服务员当着顾客的面进行烹制表演或切割装盘，服务员助手用右手从顾客右侧送上每一道菜。注意面包、黄油和配菜应从顾客左侧送上，因为它们不属于一道单独的菜肴，而总是跟配某一道菜上桌。当餐位中间没空位，右前方又被酒杯占据时，面包、黄油和配菜只能放在左前方，因从顾客左侧送到左前方不会影响顾客就餐。另外，从顾客右侧用右手斟酒或上饮料，从顾客右侧撤盘。法式服务是一种最讲究礼节的豪华服务，注重在顾客面前进行切割和燃焰表演，能吸引顾客的注意力和烘托餐厅气氛，服务周到,每位顾客都能得到充分的照顾。但服务节奏缓慢,浪费人力,用餐费用昂贵,普通人消费不起,且空间利用率和餐位周转率都比较低。目前除了某些特色餐厅外,许多饭店都不使用法式服务了。

(2)俄式服务。通常由一名服务员为一桌顾客服务。厨房出菜前,服务员先用右手从顾客右侧送上空盘,注意冷菜上冷盘(即未加温的餐盘),热菜上热盘(即加过温的餐盘,以便保持食物的温度),上空盘依照顺时针方向操作。然后从厨房中将装好菜肴的大银盘托到顾客餐桌旁,站立于顾客左侧,用右手从顾客左侧分菜。分菜时按逆时针方向围桌行走,因为这样可避免退行。斟酒、上饮料和撤盘都在顾客右侧操作。俄式服务是一种受欢迎的服务方式,当今欧美各国的豪华饭店大多采用这一服务方式,因此,俄式服务也被称为国际式服务。由于零点餐厅的顾客常点不同口味的菜肴,它们无法装在一个大银盘中同上,所以俄式服务主要用于西餐宴会服务,尤其是大型宴会。

(3)美式服务。起源于美国,又称"盘子服务"。美式服务是最简单、快速而廉价的服务方式,一名服务员看数张餐台(通常一人看管 20 个餐位),而且这个服务员要完成顾客整个就餐过程的接待服务工作。美式服务的食物由厨师在厨房按顾客数装盘,每人一份,服务员直接端着送给顾客。上菜时在顾客右侧进行操作,用右手从顾客右侧送上,撤盘时也从右侧进行。美式服务简单明了,服务速度快,餐具成本低,人工成本低,空间利用率及餐位周转率都十分高。除了缺乏表演性服务及烘托餐厅气氛不足外,美式服务是最理想的服务方式,因此广泛流行于西式餐厅,也常用于西餐宴会服务。

(4)英式服务又称家庭式服务。其服务方法是:服务员先将加过温的热空盘放到主人面前,再将装着整块食物的大盘从厨房中拿到餐桌旁,放在主人面前,由主人亲自动手切肉装盘并配上蔬菜。服务员把装盘的菜肴依次端送给每一位顾客。调味品、沙司和配菜都摆放在餐桌上,由顾客自取或相互传递。英式服务家庭味很浓,许多工作由顾客自己动手,且节奏缓慢,不适合饭店接待顾客,因此在欧美饭店中早已被淘汰。

(5)大陆式服务。这是一种融合了法式、俄式及美式的综合服务方式,这也是当前西餐服务中普遍采用的服务方式。现在各国的西餐服务都不仅指某一种服务方式,而是在一套菜中根据每道菜的特点和价格选用不同的服务方式。通常用美式服务上开胃品和色拉,用俄式服务上汤或主菜,用法式服务上主菜或甜点。不同餐厅或不同的用餐类别,选用的服务方式组合不同,可能有俄式而没法式;也许有法式而没俄式,但总少不了美式服务。

(6)中式服务。这是在中国餐馆或饭店餐厅中,提供中式菜肴、中式餐具招待顾客的方式。目前,常用的服务方式有共餐式与分餐式两种。共餐式,是由就餐者用自己的筷子到菜盘中夹取菜肴。不过,今天的共餐式服务已在此基础上作了较大改进,就餐时一般提供公匙、公筷、公勺,既体现其乐融融之效果,又达到卫生之目的。分餐式服务是吸收了西餐服务方式的优点并使之与中餐服务相结合的一种服务方式,人们又将这种服务方式称为"中餐西吃"的方法,它比较适用于官方较正式的高档中餐宴会服务。

3.按服务特征划分

(1)零点服务,以桌边服务为主,并使用点菜菜单。其最主要的特点是顾客多而杂,需求不一,到达时间交错,服务工作量大。

(2)团队服务,即以接待团队和会议团体为主的服务。其最主要的特点是用餐标准固定、用餐时间集中。

（3）宴会服务，是接受顾客的委托，组织各种类型的中餐与西餐宴会、冷餐酒会等。其最主要特点是指向性强，服务要求高。

（三）餐饮服务控制

要保证饭店餐饮服务质量，必须全员参与，全过程控制。除了做好餐前的准备、检查工作与餐后的总结工作外，关键必须加强开餐时的现场控制，即在服务现场指挥、督促服务员的工作，加强与顾客的沟通，协调同厨房等部门的关系，以保证餐饮服务活动的顺利进行，并达到理想的效果。

1. 加强对客交流

开餐过程中，餐饮管理人员现场管理的首要任务就是热情问候顾客，及时征询顾客的意见，适时提供必要的服务，帮助顾客解决一些特殊需要，使顾客有受尊重、受关照的感觉。

2. 控制服务标准

开餐期间，餐厅管理人员应在第一线，通过观察判断，指挥和督促服务人员按服务规程提供服务，发现偏差，及时纠正与弥补，以防事态扩大，更不能影响顾客的用餐情绪。同时，要及时同厨房保持联络，掌握好各餐桌的出菜速度，既不能太慢而让顾客久等，又不能太快使顾客来不及吃而影响菜肴质量。此外，还必须时刻注意并及时处理如顾客不小心摔倒、醉酒、碰翻酒具等突发事件，有效控制餐厅的气氛。

3. 关注重点服务

一般来说，餐厅管理人员需要特别关注的重点服务顾客有：一是重要顾客，餐厅管理人员必须通过参与服务、现场指挥，保证接待的规格与水平。二是爱挑剔难以侍候的顾客，服务人员对这类顾客，要么惧怕或厌恶而导致不愿接待或冷落顾客，要么缺乏服务经验而导致顾客不满。所以，餐厅管理人员必须关注这些顾客，并帮助指导服务人员做好各项接待工作。三是曾经对餐厅的菜肴和服务投诉过的顾客，或在用餐前在饭店遇到过不愉快的顾客。因为此时的餐饮服务，对顾客的情绪和他对饭店的印象至关重要，所以，餐厅管理人员必须要提供特别用心、精心、细心的服务，使顾客有一种备受尊重的感觉。四是低消费的顾客，这类顾客可能是由于身体不适，可能是因为赶时间，也可能是因为囊中羞涩或有节俭之嗜好。无论何种原因，都是需要特殊关照的，绝不能使顾客有受冷落、受怠慢之感。五是独自一人进餐的顾客。这类顾客因无交谈的对象，等待过程中可能会有一种孤独无聊之感。所以，餐厅管理人员必须注意和这类顾客加强交流。六是临近营业结束来用餐的顾客或超过营业时间进餐的顾客。因为此时服务员大多已到了或快到下班时间，大多身心疲惫，容易急躁。所以，餐厅管理人员必须特别注意控制，保证最后一桌顾客乘兴而来，满意而归。

4. 寻找并处理顾客的投诉

由于饭店和顾客的各种主客观原因，顾客对餐饮环境、菜肴、服务、价格等产生不满意的现象是难以避免的。所以，餐饮管理人员必须要随时注意顾客的表情和情绪，主动征求顾客的意见，及时把顾客的不满情绪消灭在萌芽状态。对于顾客的投诉，则应给予足够的重视并注意处理的技巧。

5. 做好人力的调度

为了做到分工明确、职责清楚、责任到人，餐饮服务一般采用分岗分区域负责制。但是，开餐过程中，顾客的分布及抵达时间往往不依我们的意志为转移，所以必然会出现忙闲不均的状况。这就需要餐厅管理者现场调度，进行第二次、第三次分工，以保证接待服务质量。另外,顾客的用餐有高峰和低谷,当用餐高潮过后,餐厅管理人员应适时安排部分员工休息,以节约劳动力。

第三节　饭店宴会产品管理

一、宴会产品认知

宴会是饭店餐饮部的重要经营项目,也是饭店餐饮主要的经济收入之一。

(一)宴会基本特征

宴会又称筵席、宴席、酒席,是指具有一定规格的、一定档次的款待顾客的聚餐方式。宴会具有以下典型特点。

1. 群集性

宴会是众人聚餐的一种群集性餐饮消费方式。在宴会上,不同身份、不同地位的消费者在同一时间、同一地点,享用同样的菜肴酒水,接受同样的服务,呈现出典型的"欢聚一堂、聚集会餐"的热闹氛围。

2. 社交性

无论何种目的或主题的宴会,都离不开社交这一基本点,大到国家政府的国宴,小到民间举办的家宴都是如此。在宴会上,人们相聚在一起,品美味佳肴的同时,叙亲情友情,谈公事私事,它既是一种礼尚往来的表现形式,也是人们增加了解、加深印象、改善关系、促进业务、增进友谊的重要手段。

3. 正规性

宴会不同于便餐,它具有安排周密、讲究规格气氛的特征。为此,宴会的组织一般具有以下特点:

(1)设计的严谨性。作为一个重要的有明确主题的宴会,从场景布置、台型安排、台面布置、菜肴设计、服务规范到灯光、音响、乐曲等,均需根据具体情况精心设计安排,使之环环扣紧,步步到位。

(2)礼仪的规范性。宴会的主办者为了达到一定的社交目的,总希望能营造出一种热烈、隆重的气氛,以表达其热情的好客之情。所以,无论是宴会厅的布置,还是服务规格,或是工作人员的言谈举止,都必须注重礼仪规格,营造隆重热烈的氛围。

(3)组织的严密性。宴会业务运作事关诸多部门,是一个系统工程。需要在工作分工的基础上,严格按服务程序标准进行操作。无论是服务人员还是管理人员,都必须对宴会进行过程中的每一个环节认真细致周密地安排。

4. 丰厚性

宴会的高档次、高要求,必然带来高消费、高收益的特征。一般而言,宴会的毛利率往往远高于零点餐厅,它是饭店餐饮业务中平均每位顾客消费额较高的业务之一。

(二)宴会主要类型

宴会可根据宴请的目的、宴会的菜式、宴会的规格等因素作不同的划分。

1.按宴会形式划分

按宴会的形式来划分,可分为:

(1)中餐宴会,是使用筷子等中国传统餐具,食用中国各地传统菜肴,采用典型的中国式服务的聚餐形式。中餐宴会的环境布置、台面设计、菜肴酒水及服务、服务人员的服饰装扮、宴会礼仪等,一般要求反映中国的传统文化气息或中国的民族特色。

(2)西餐宴会,是一种使用刀叉等西式餐具,采用西式摆台、品尝西式菜肴,提供西式服务的宴会,它体现了以"西洋文化"为主的异域文化。根据菜式和服务方式的不同,西餐宴会又可分为法式宴会、俄式宴会、美式宴会、日式宴会等。

(3)冷餐酒会,具有以下特点:举办地点比较随意,既可在室内,也可在露天的院子或花园举行;举办形式灵活自由,既可设座位,也可不设座椅,站立进餐,不排席位,也没有固定的席位;菜肴以冷菜为主,适当辅以热菜或烧烤,事先置于菜台上,由顾客自由拿取;酒水设酒水台,既可以由顾客自取,也可以由服务员端送。

2.按外交礼仪划分

根据我国外交礼仪的要求,宴会可分为:

(1)国宴,是国家元首或政府首脑为国家庆典,或为外国元首、政府首脑来访而举行的正式宴会,是一种最高规格的宴会形式。其特点是:悬挂国旗、会标,奏国歌;宴会厅布置豪华庄重;礼仪礼节严格规范;参加宴会者以身份级别之高低事先排定,对号入座;程序严密,服务标准。

(2)正式宴会,是仅次于国宴的一种高规格宴会。它除了不挂国旗、不奏国歌及出席宴会的人的规格不同外,其余安排大体与国宴相同。

(3)便宴,即非正式宴会。不挂国旗,不奏国歌,可以不排席位,不做正式讲话,菜肴数也可酌情增减。

(4)家宴,即在家中招待顾客的便宴。它通常由家庭主妇亲自下厨烹调,家人共同招待。

3.按宴会的主办目的划分

根据主办目的不同,宴会可分为:

(1)庆贺宴,是指一切具有纪念、庆典、祝贺意义的宴会,如婚宴、生日宴、乔迁之喜宴、开业庆典宴、庆功宴等。其特点是喜庆主题突出、风格鲜明、气氛热烈以及场面隆重、突出。

(2)迎宾宴,是指主人为迎接远方来的客人而举行的宴会。其特点有:围绕主客进行,喜雅静、重叙谈、讲面子。

(3)商务宴会,是指为了一定的商务目的而举办的宴会。商务宴的特点与迎宾宴相似。只不过服务人员更要注意场面的观察,要随时为主人和客人创造商务洽谈的有利条件。

(三)宴会发展趋势

跨入21世纪,人们的生活追求将会发生许多新的变化,因而,宴会的发展也将呈现出新的趋势。这要求饭店在进行宴会的设计与销售时,掌握宴会的基本发展趋势。

1.文化性趋势

宴会作为一种高级的社交活动,往往是一国文化的高度体现。未来的宴会将更加注重宴会的意境和文化气息的营造,将更加关注宴会与文化艺术的有机结合,努力创造理想的宴会艺术境界,给顾客以美的艺术享受,使顾客产生愉快、欢乐的情绪和难以忘怀的美好印象。

2.节俭化趋势

随着符合现代文明社会要求的价值观、工作方式、生活方式逐渐为我国人民所接受并日益成为人们的行为方式,宴会将向热情有礼、节俭适度的方向发展。其主要表现为:一是宴会时间缩短。二是宴会菜肴数量适度控制,不会盲目"求多贪丰"。三是一些低档原料开始走进宴会,出现以低档原料烹制高档菜的趋势。

3.营养化趋势

随着人们对健康需求的提升,宴会作为饮食的最高级的表现形式,营养保健化趋势已显,宴会的营养化趋势主要表现在三个方面:一是要求菜肴荤素营养搭配合理。二是要求提供无污染的食品,保证卫生。三是尽量控制有害物质对身体的影响,如酒精、色素、防腐剂等。

4.特色化趋势

随着体验经济的到来,顾客需求呈现个性化、体验化趋势。为此,宴会将朝特色化方向发展,在宴会菜肴、用料、服务、酒水、环境等方面都追求个性化的风格。

二、宴会产品设计

(一)宴会场景设计

宴会场景设计,就是对宴会举办场地进行选择和利用,并对环境进行艺术加工和布置的创作。良好的场景设计必须注意以下几点。

1.坚持需求导向

顾客的需求具有多样性、层次性、多变性、突发性等特点,宴会的场景设计,首先应注意满足大多数与宴者的需求,抓住顾客的主导需求。在此基础上,侧重迎合其中少数特殊人物的心理需求。

2.凸显宴会主题

宴会场景的设计必须根据宴会主办者的设宴意图,设计准确的宴会主题。各种摆设、布置、点缀、灯光、色彩等场景均需围绕主题展开和衬托。其中,宴会厅的主墙面应是整个场景的重心,也是突出主题的重要手段。

3.科学安排场景

场景,主要是指宴会所在场地的自然环境和餐厅装饰环境。不同的用餐环境对宴会主题、进餐者心理具有不同的影响。良好的环境气氛,可以增强顾客在宴请时的愉悦感受;反之,则会令顾客在宴请时索然无味。同时,宴会场景设计必须根据不同的情况,合理安排场地,科学设计台型、餐位间距、人流路线和服务通道。

4.注意环境点缀

宴会的场景设计必须注意通过独特的花卉、艺术品、灯光等要素,对宴会场地进行适当的点缀和装饰,以烘托主题,增加宴会场景的艺术氛围。

(二)宴会菜单设计

宴会菜单设计,主要包括以下几个方面。

1.菜肴设计

菜肴设计是菜单设计的核心。宴会菜肴设计要点如下:

（1）了解顾客，满足其所需。宴请菜肴设计一定要了解主办单位或主人举办宴会的意图，掌握其喜好和菜肴的价值观，并尽可能了解参加宴会人员的身份、国籍、民族、宗教信仰、饮食嗜好和禁忌，从而使我们设计的菜肴满足顾客的爱好和需要。当然，众口难调，宴会的菜肴设计只能保证满足重点顾客和大多数顾客的要求。

（2）突出重点，尽显风格。宴会菜肴的设计犹如绘画的构图，要分清主次轻重，突出主题，把观赏者吸引到某一点上。宴会菜肴的设计必须注意层次，突出主菜，创造使人回味的亮点，同时任何艺术作品均需有自己的风格，宴会菜肴的设计同样应显示各个地方、各个民族、各家饭店、各个厨师的风格，独树一帜，别具一格，使人一朝品食，终生难忘。

（3）合理搭配，富于变化。宴会菜肴如同一曲美妙的乐章，由序曲到尾声，应富有节奏和旋律。宴会菜肴的设计，一是应注意冷菜、热菜、点心、水果的合理搭配。造型别致、刀工精细的冷菜，就像乐章的"前奏曲"，将参宴者吸引入席，先声夺人；丰富多彩、气势宏大的热菜，就像乐章的"主题曲"，引人入胜；小巧精致、淡雅自然的面点，就像乐章的"间奏"承上启下，相得益彰；而色彩艳丽、造型巧妙、寓意深刻的水果拼盘，则像乐章的"尾声"，耐人寻味。二是应注意菜肴原料、调味、形态、质感及烹调方法的合理搭配，使之丰富多彩，型姿百态，口味各异，回味无穷。三是应注意营养成分合理搭配，达到合理营养，平衡膳食。

2. 菜名设计

宴会菜名设计，须根据宴会的性质、主题，采用寓意性的命名方法，使其命名典雅，主题鲜明，寓意深刻，富有诗意。如婚宴菜单中的"花好月圆"、"鸳鸯戏水"、"双月争辉"、"鸟语花香"、"珠联璧合"、"龙凤呈祥"。

3. 形式设计

菜单形式设计应体现别致、新颖、适度的准则。如用工艺扇、工艺磁盘、微型石雕等制作的菜单，不仅起到菜单本身的作用，而且令人赏心悦目，成为可收藏之物。

（三）宴会台面设计

宴会台面设计，是根据宴会主题，对宴会台面用品进行合理搭配、布置和装饰，以形成一个完美台面组合形式的艺术创造。宴会台面设计重在台面的美化造型，须紧扣宴会主题，了解顾客的文化背景和风俗习惯。

1. 中心造型设计

宴会台面中心造型，不仅是宴会主题的体现，而且也是宴会规格档次的反映。中心造型设计，一般可采用以下六种方法：

（1）花卉造型，即采用花瓶、花篮、花束、花盆、插花、盆景或花坛等装饰中央台面。

（2）雕塑造型，就是采用果蔬雕、黄油雕、冰雕或用面塑等来装饰中央台面。雕塑造型，形象逼真、栩栩如生、立意明确，即可折射宴会的主题，营造一种特殊的气氛，给人以一种美的享受，又能充分展示厨师的高超技艺。

（3）果品造型，即将时令水果或部分干果衬以绿叶或其他装饰物来装饰中央台面。果品造型，既可装篮造型，也可切拼摆成"百花齐放"、"乘风破浪"等图案，既可观赏，也可食用。

（4）彩碟造型，即通过特定的餐具造型和特别制作的冷菜拼盘组合形成一定意义的图案来装饰中央台面。如"黄鹤归来"，就是由八只形态各异的"黄鹤"与"黄鹤楼"构成，造型优美，形象逼真。

（5）鱼缸造型，即通过精致的鱼缸配以热带鱼或金鱼等来装饰中心台面，使宴会台面富有生机。

（6）镶图造型，即用不同颜色的小朵鲜花、纸花、五彩纸屑或有色米豆，在餐桌上镶拼各种图案或字样，用以渲染宴席气氛。如接待外宾的宴会，摆出"友谊"、"迎宾"等字样，以表示宾主之间的友好情谊。

当然，台面中心造型并不是一种单一装饰造型，而是以某一装饰造型为主，适当配以其他造型综合而成，达成一种整体和谐之美。

2. 台面选择

台面选择，即台面形状与大小的选择。中餐宴会原则是采用圆台面，西餐宴会则采用方形台面。不过，现在一些大型宴会也会采用混搭的形式。至于台面大小，原则上应该为顾客创造相对宽敞的用餐空间，如10人的宴请，原则上应采用直径2米及以上的台面，某些主题宴会台面可适当大一点。

3. 布草装饰

布草装饰，即通过台布、餐巾、台裙等布草的不同颜色、形状和组合来达到衬托宴会台面之效果。首先，台布选择，主要表现为颜色与尺寸的搭配。在餐饮设计中，台布的颜色应根据餐厅布置的色彩、灯光、环境、场地大小以及餐饮的风格、民族传统及其他习俗加以选择。有时也可用印花、刺绣和编织的各种花色台布，以特制的台面中心点缀来创造台面的主题。其次，餐巾设计，即通过餐巾颜色和花型的设计，起到点缀、烘托餐台气氛和突出餐饮风格的作用。餐巾设计一要根据台布和餐具及宴会的主题来选择餐巾的颜色；二要根据宴会的性质、规模和时令季节等因素来选择花型，须注意顾客的宗教信仰、风俗习惯及爱好，同时应突出主位。再次，注意椅套、台裙等其他饰物与之配套呼应。

4. 餐具配置

餐具配置关键要注意四个基本要点：一是餐具形状的选择，既可以利用千姿百态的餐具来达到差异化、变化美，也可用系列化、标准化的餐具来达到整体美、统一美。二是餐具与菜肴在色彩上要相互衬托，形成明暗反差、色彩对比。三是餐具的质地、档次应与宴会的规格相匹配。四是餐具的摆设应方便顾客进餐。

（四）宴会服务设计

任何主题、形式与档次的宴会，最终均需通过有效的服务来完成。要想举办一场成功的宴会，必须注重宴会的服务设计。

1. 服务规程设计

宴会服务规程设计，就是设计宴会服务的先后顺序及时间安排，并具体确定每一环节的服务要求。宴会服务程序可分为宴会前准备、迎宾服务、就餐服务和宴会收尾工作四个基本环节。宴请性质、规模、档次不同，服务标准也不尽相同。宴请活动的规格档次越高，规模越大，服务要求也越高。

2. 服务方式设计

宴会服务方式，既包括服务人员的站姿、走姿、手势动作，又包括上菜方式、服务的具体动作等。宴会服务方式取决于宴请的性质和规格档次，同时又反映宴会的规格、烘托宴会的气氛，它的基本要求是优美得体、新颖别致、符合礼仪。如1986年10月18日广东省政府在白天鹅宾馆举行的欢迎英国女王伊丽莎白二世的宴会中，在上"金红化皮乳猪"这道菜时,采用了"侍女"提宫灯前导,二位"轿夫"身着唐朝服装抬着装有"金红化皮乳猪"的轿子,后跟两排服务员手托乳猪进场的方式,收到了出奇的效果。

3.音乐活动设计

(1)音乐设计。宴会音乐选择,一要与宴会的主题相符合。如生日宴中的《祝你生日快乐》、婚宴上的《婚礼进行曲》等。二要与宴会的进程相一致。如迎宾时的《迎宾曲》、开席时的《祝酒歌》、席间的《步步高》和送客时的《欢送进行曲》。三要符合与宴者的欣赏水平。这里既有内外之差,也有职业之别,还有文化水准之不同。四要与宴会的场景相协调,注意民族特色和地方特色。

(2)表演设计。既可以是乐队演奏,也可以是文艺表演或时装表演。表演设计,关键是要做到活泼、轻松、丰富多彩、连贯和谐,即有观赏性和娱乐性。同时要注意舞台、灯光、音响的设计与控制。

(3)自娱自乐。宴会席间的娱乐活动,可根据主办者要求,采用自娱自乐的方式,如卡拉OK、与宴者即兴表演和跳舞等。其设计关键是场地以及灯光、音响、设备的布置与配套。

4.突发事件处理预案

对宴会期间可能发生的突发事件进行预估,并完善针对突发事件的相关责任人及处理程序与方法,有必要时进行实地演练。

三、宴会产品控制

要保证宴会产品质量,组织控制也是重中之重,其内容主要包括以下几项。

(一)人员分工

根据宴会要求,对迎宾、看台、传菜、酒水及衣帽间、贵宾室等岗位进行明确分工,提出具体任务和要求,并将责任落实到每个人。在合理分工基础上,应使每一岗位的服务人员做到"七知三晓",七知即知宴请规模、知宴会标准、知开餐时间、知菜单内容、知宾主情况、知主办地点、知宴请主题,"三晓"即知晓宾主风俗习惯、知晓特殊要求、知晓本店承办条件。

(二)布置检查

宴会场景台面布置,必须根据宴会的设计方案精心实施,既要反映出宴会的特点,又要使顾客进入宴会厅后有清新、舒适、美观之感。宴会需用的物品,均需提前备齐。一是要准备好台面用品,要注意有适当数量的备用,以便宴会中增人或损坏时替补。二是要备好酒品饮料及相关用具。三是备好冷菜,大型宴会一般在30分钟前摆好冷菜。同时,主要应做好餐桌、卫生、安全、设备、人员到位五方面的检查。

(三)现场指挥

1.控制宴会进程

宴会的现场指挥,必须熟知整个宴会的策划方案,掌握主人的讲话致辞、领导敬酒、席间表演等各个细节,以便及时安排递酒、上菜等时间,同时要掌握不同菜肴的制作时间,做好厨房的协调工作,保证按顺序上菜并控制好上菜的间隔时间,防止过快或过慢,影响宴会气氛。此外,还须注意主桌与其他桌的进展情况,适当调控两者的速度,保证整个宴会的进程顺利进行。

2. 督导宴会服务

整个宴会过程中,现场指挥要加强巡视,及时根据宴会的进展和场上的变化,调度人员,协调好各方面的关系,并指导和纠正服务人员的行为,及时弥补服务中的不足,保证宴会服务达到规范要求。

3. 处理突发事件

宴会进行中,经常会出现一些新的情况和新的问题,现场指挥必须当机立断,迅速处置,把顾客的要求在最短时间内解决,把不良影响缩小到最低限度。尽量控制负面突发事件的影响面。

【案例】

灵活机智,化险为夷①

某饭店开业伊始,承担了宴请市长研讨班考察团的任务。虽然饭店事先做了周密的准备,但宴请当天,还是出现了情况。当上一道名叫"海狮戏球"的特色菜时,由于厨房操作原因,3号桌服务员把菜端上桌时,用黄鱼做的昂头的"海狮"却低下了头,"海狮"头顶着的"彩球"掉在了转台上。此时,餐厅经理敏锐地发现了这一异常情况,便不动声色地走过去向该桌顾客介绍道:"各位市长,你们能光临我们宾馆,使我们宾馆蓬荜生辉,我们感到无比的激动和荣幸,你们看连小海狮也激动得迫不及待地向你们鞠躬致意。这道菜叫海狮鞠躬迎市长,请各位市长鉴尝"。经理的这一番介绍,顿时博得了满堂喝彩,真可谓化险为夷。这就是一种高超的、灵活的、临危不乱的现场指挥。

(四)宴会结束工作

宴会结束后,要认真做好收尾工作,使每次宴会都有一个圆满的结局。做好宴会的收尾工作,应重点做好以下几个方面。

1. 结账工作

宴会后的结束工作是宴会收尾的重要工作之一,结账要做到准确、及时,如果发生差错,则会导致主办单位的不满,影响宴会厅的形象,少算则使饭店受损失,相应增加了宴会成本。因此,管理者要督导员工认真做好以下工作,以确保结账准确无误:

(1)在宴会临近尾声时,宴会组织者应该让负责账务的服务员准备好宴会的账单。

(2)根据预算领取的酒品饮料可能不够,也可能多余。如果不够,则应将临时领取的酒品饮料及时加入账单中,以免遗漏。如果多余,则应督促服务员及时将剩余的酒品饮料退回发货部门,在结算时减去退回的酒品饮料费用。

(3)各种费用在结算之前都要认真核对,不能缺项,不能算错金额。在宴会各种费用单据准备齐全后,宴会结束马上请宴会主办单位的经办人或宴请人结账。

2. 征求意见

每举办一次大型宴会,对宴会组织者、服务员和厨师来说,是增加一次高水准服务的经历。宴会结束后,宴会组织者应主动征询主办单位或宴请人对宴会的评价,如宴会场景设

---

① 该案例由邹益民根据自己的工作经历撰写。

计、菜肴质量、服务水平等。如果在宴会进行中发生了一些令人不愉快的场面,要主动向顾客道歉,求得顾客的谅解。如顾客对菜肴的口味提出意见和建议时,应虚心接受,及时转告厨房,以防止下次宴会再次出现类似问题。一般来说,宴会结束后,要给宴会主办单位发一封征求意见和表示感谢的信件,感谢顾客在本饭店宴会厅主办宴请活动,并希望今后继续加强合作。

3. 整理餐厅

大型宴会结束后,应督促服务人员按照事先的分工,抓紧时间完成清洗餐具、整理餐厅的工作。负责清洗餐具的服务人员要做到爱护餐具,洗净擦净,分类摆放整齐,把餐具的破损率降低到最低限度。负责整理宴会厅的服务人员要把宴会厅恢复原样,工作包括撤餐台、收餐椅、搞好餐厅场面卫生等。宴会组织者在各项善后工作基本结束后要认真进行全面检查,最后关好门窗,关上电灯,切断电源。

四、宴会档案管理

宴会档案管理,是指对已经举办的宴会的有关资料的收集、整理、存档以及再利用的一整套措施。宴会档案是一个饭店的财富和资源,它可以为企业领导的决策提供科学依据,为饭店开展公关、提高知名度提供翔实的资料,为宴会设计提供原始的信息和素材,为宴会组织管理提供丰富经验,还可以为新员工上岗培训提供生动、具体、真实的素材。

(一)宴会预订资料管理

宴会预订无论何种预订方式,都要留下记录或者填写宴会预订表。预订资料以其原样保存下来,有利于宴后解决某些纠纷寻找原始的依据,同时,对于宴会营销、宴会预订方式的改革,提供了第一手参考资料。此外,还可以通过对过去预订资料的比较,分析老客户的预订特点和规律,掌握这些老客户负责人、联系电话等的变化情况,实施有效的宴会预订。

(二)宴会设计资料管理

宴会设计资料主要包括宴会设计目的、宴会设计要求、宴会场景设计、宴会台面设计、宴会菜单设计、宴会程序设计等内容。一个好的宴会设计方案,不仅对当时宴会的成功举办起到十分重要的作用,而且对指导今后的宴会设计也具有十分重要的意义。宴会设计方案,往往融入了宴会设计师(包括其他有关人员)的辛勤劳动,体现了宴会设计师的智慧和水平,是最珍贵的档案资料。在今后对同一顾客的接待活动中,以往的宴会菜单更是具有重要的参考价值。

(三)宴会活动资料管理

宴会活动资料主要包括以下内容:

(1)宴会举办过程中音乐曲目的安排与选用。

(2)宴会活动的程序及其临时变更调整的资料。

(3)宴会现场偶发事件和应急处理的情况记录。

(4)宴会主桌上主人、主宾等顾客座序及名单。

(5)宴会活动拍摄的录像、照片资料。

(6)宴会前、宴会中配套活动(如文艺演出节目、时装表演、国画、书法以及其他表演项目)的主要资料。

（7）宴会主要来宾及知名人士的有关资料。

（8）现场观察到的 VIP 饮食爱好和兴趣资料。

（9）顾客宴后丢失物品及其结果资料。

（10）账单资料。

对于这些宴会活动资料，宴会部或餐饮部应有专人负责收集和整理，并会同其他宴会资料一起建案存档。

（四）宴会效果反馈资料管理

宴会效果反馈资料包括：一是顾客对宴会的表扬意见，这是鞭策和鼓励员工继续搞好工作的动力，也是宴会的成功之处，需要发扬光大。二是顾客对饭店提出的改进意见。对这类反馈意见，饭店一定要仔细倾听、认真记录，如确认是合理可行的，要敦促有关部门迅速予以落实和处理，并要在适当时候由饭店经理亲自致信或出面表示感谢。三是顾客的投诉。宴会顾客投诉的情形十分复杂，有合理投诉，有不合理投诉；有书面投诉，有口头投诉；有现场投诉，有事后投诉；有质量方面的投诉，有价格方面的投诉……不论是哪种性质、哪种方式、哪种原因的投诉，饭店都要在处理之后，做认真、仔细、如实的记载，作为重要的档案管理资料，为以后改进工作、教育新员工作参考之用。

第四节　饭店餐饮收益管理

一、餐饮促销策略

餐饮产品只有通过销售活动才能实现其价值，才能确保餐饮经营周期的顺利运转；而成功的销售有赖于富有技巧的促销策划。饭店应在不同的时间、不同的场合，根据不同的购买对象，采取不同的促销活动。

（一）传统优惠促销策略

优惠促销法就是为鼓励顾客反复光顾和在营业的淡季里购买消费餐饮产品和服务而采取的一系列折扣办法。

1.发放赠券

赠券的使用在餐饮业极为普遍，尤其在营业淡季，会更多地采取这种方法。赠券的发放比较灵活，有的饭店借用大众媒介，主要是报纸，"发放赠券"，如在报纸广告中宣传"持本广告消费给予8折优惠"；有的则委派人员在热闹的街道或社区发送赠券；有的则在消费者结账时向消费者赠送等价赠券，下次销售可作相应的币值计算。

2.免费品尝

饭店开发出新的餐饮产品时，可请某些顾客品尝，以了解他们是否喜欢这种产品，同时建议顾客再次光顾或立刻购买。当新产品和服务得到顾客的认可以后，餐厅再将其列入菜单。

3.套餐折扣

套餐折扣，即将若干种菜肴组合成一种套餐，按较低价格出售，以吸引顾客，增加整体收入。尤其是节假日的散客消费和周末家庭消费，一些饭店往往推出了不同特色、不同档次的家庭套餐，以满足不同家庭的需求，如"周末欢乐家庭套餐"、"情人节套餐"、"除夕团圆套餐"等。

4. 额外赠品

餐厅在以正常价格供应食品饮料给顾客后，另外再赠送其他一些小礼品，包括餐后的水果拼盘、带有饭店标志的打火机、菜单日历、儿童玩具等。赠品不仅对儿童有吸引力，即使成人也乐意接受。

5. 折扣优惠

折扣是优惠促销的常见形式。餐厅不但可以根据顾客消费额的多少，确定折扣的高低，还可以在餐饮销售的淡季和非营业高峰期间，实行折扣优惠和买一送一等促销活动，以吸引更多的顾客，进而增加销售额。

6. 积分奖励

积分奖励，是一种用于奖励餐厅常客、提高顾客忠诚感的优惠促销方法。其基本方法是：首先，按照顾客餐饮消费额的大小计算分数，顾客每次在餐厅消费后获得的分数可以累加，形成顾客的总积分数；其次，餐厅根据顾客的积分多少，实施不同档次的奖励计划，如给予较高的折扣优惠、免收服务费、免费用餐等。

7. 联合促销

联合促销，是指餐厅与其他企业基于相互利益的考虑，以某种能够接受的形式与运作手段，共同进行产品推广的促销手段。例如，餐厅与葡萄酒生产商合作，举办"葡萄酒节"，促销期间，餐厅不但供应免费或优惠的葡萄酒，而且菜肴价格打折销售，从而提供给顾客更多的实惠。这种联合促销策略不但使葡萄酒商获得了向目标市场有效推销产品的机会，而且带动了餐厅的其他相关产品和服务的销售，降低了餐厅独自促销时应负担的促销费用。

(二)网络促销策略

随着网络化渐入佳境，饭店餐饮正在由传统的营销方式逐渐转向网络营销。

1. 建立自己的网站

网站可提供菜品介绍、会员招募、网络调研、顾客网络体验、网络订餐等内容。饭店餐饮网站是综合性的网络营销工具。网站以顾客为核心，处处围绕顾客需求进行设计，体现饭店餐饮的服务特性和顾客导向性。例如，顾客可以在网站中实现宴会预订、宴会需求表达等。

2. 第三方网站的合作

餐饮类综合网站，不仅有饮食、营养保健、菜系的介绍以及餐馆的排名等，还能实现网络订座、点餐、网络优惠券下载、网络支付等一系列服务。如大众点评、寻觅等。借助第三方餐饮网站"口碑传播"更为方便，也利于餐饮企业发送优惠信息、新产品信息以及收集顾客信息。

3. 团购营销

网络团购作为一种便捷的购物模式已成为消费者一种新的消费方式，同时也成为众多企业的一种营销方式。团购，就是认识的或者不认识的消费者联合起来，来加大与商家谈判的能力，以求得最优价格的一种购物方式。饭店可以利用团购网站，推出饭店需要推销的餐饮产品，以扩大影响，增加销售。

4.博客、微博、微信营销

博客、微博营销是指在饭店餐饮网站进行注册,然后发表宣传广告型文章,介绍餐饮产品、服务情况,以引起潜在顾客的注意。这类营销的方式有利于推销产品、树立正面形象、提升企业与产品知名度,与网络潜在的客户建立一种新的沟通方式,从而赢得市场,获得更多的利润。

微信营销与微博营销类似,可以起到宣传、展示的作用,但微信公众号只对关注的人群开放,这对忠诚顾客的积累、优惠券的有效发放有着重大的作用。

(三)环境促销策略

环境直接影响顾客的就餐情趣和满意程度。餐厅通过照片、文字、实物等营造的环境、气氛和情调,是对顾客的一种无形推销,是构成顾客就餐经历的重要因素。

1.内部环境促销

饭店可在电梯内或大堂等地,设置餐饮告示牌或橱窗,张贴诸如菜肴特选、特别套菜、节日菜单和新增项目等信息,或刊登特色菜肴、餐厅的照片等。此外,餐厅还可以通过食物推车进行现场销售,如酒水、冷菜、甜品、水果等,从而营造出适应其经营方式和产品特色的气氛和情调,充分满足顾客进餐时的精神享受的需求。针对顾客的猎奇心理,可以在餐厅装饰、用餐形式上标新立异,以吸引顾客。

2.现场展示促销

(1)透明厨房。即将生产加工现场完全展示在消费者面前,以透明的加工、生产过程迎接消费者的监督和检查,增加其信任和满意程度。在餐饮消费中,常听消费者评价"饭店厨房不看不知道,一看吓一跳",许多消费者都本着"眼不见为净"的阿Q消费心理谨慎消费。而透明式的经营做法以过硬的卫生形象取得消费者的真正信任和支持。

(2)现场加工。为增加现场感,一些饭店往往在就餐现场加工制作那些具有一定表演性质的烹饪操作,尤其各类特色点心(如刀削面)的制作,以刺激顾客的消费欲望。

(3)电视点炒。即顾客点菜后,其中的主菜或部分菜点的烹制过程通过电视进行实况转播,让顾客观看厨师的整个工作过程。具体做法包括:一是点菜法,顾客点好菜之后,将要点炒的菜由专门的灶台制作,并将这一制作全过程通过电视转播到餐厅,让顾客欣赏厨师技艺的同时监督整个烹饪过程。二是点厨法,顾客若需要观赏某一厨师的特别技艺,可采用类似"点唱"的做法进行"点厨",观赏厨师技艺的同时也可学习他们的一技之长。三是参与法,若顾客本身有良好的烹饪技艺又想一展所长,可上点炒台一露身手,通过电视转播到餐厅,增加同来的亲朋好友的餐饮情趣。

3.附加服务促销

附加服务促销,就是寓促销于提供额外服务之中,主要可以分为以下几类:

(1)知识性服务。在餐厅里面准备报纸、杂志、书籍等,以便顾客阅读;或者播放外语新闻、英文会话等节目;还可以将餐厅布置成有图书馆意义的餐厅;或者在餐厅搞些书法表演、国画展览、古董陈列等。这类促销是针对消费者追求文化品位和精神享受的心理设计的,要分析主体客源的文化特征,借"知识"之名,行"促销"之实。

(2)表演服务。餐厅运用乐队伴奏、钢琴演奏、歌手演唱、歌舞表演、卡拉OK、现场烹调表演等形式,起到一定的促销作用。举办这类活动要注意具有新潮性和视觉性,以此来吸引顾客,满足顾客的心理需求。

（3）娱乐服务。为活跃餐厅气氛并吸引顾客，餐厅举办一些娱乐活动，如猜谜、抽奖、游戏、技能操作（如厨艺比拼）等，根据顾客的比赛成绩给予精神奖励或物质奖励（物质奖励居多）。这一方面利用奖金或其他优惠吸引消费者对饭店的关注，另一方面也很好地迎合了消费者的自我展示的心理。

（四）美食节促销策略

美食节是饭店一日三餐正常餐饮销售以外的特殊经营活动。美食节往往围绕某一主题策划相应的餐饮产品，能在短时间内促进整体餐饮销售，为饭店带来良好的经济收益和社会效应。美食节促销，除了正确选择美食节的主题外，时机选择极为重要，一般有以下几种选择。

1.节假日期间

节假日是人们愿意庆祝和娱乐的时光，是饭店举办美食推销活动的大好时机。在节日开展美食节活动或其他餐饮推销，需要对餐厅作特殊装饰，烘托出节日气氛，并且要注意结合各地区民族风俗的节日传统组织推销活动，使活动丰富多彩，进而使顾客感到新鲜和欢乐。

2.餐饮销售淡季

美食节活动可以作为调节餐饮需求的一种手段，餐厅可在餐饮销售淡季策划举办各种美食节活动，增加客源流量和提高餐位上座率。

3.季节性美食节

可根据顾客在不同季节中的就餐习惯和在不同季节上市的新鲜原料来计划季节性美食节。最常见的季节性美食节是时令菜的推销。

4.重大活动之际

借发生在饭店所在地的活动、比赛以及饭店组织策划某类大型活动之机，饭店可通过举办美食节达到锦上添花之目的。

二、餐饮收入控制

餐饮收入控制，是指通过制定科学、有效的措施，建立完善的餐饮收入控制体系，防止餐饮收入流失，保证饭店经营效益的一种管理职能。

（一）原始小票管理

餐饮业务由于其特殊性，日常控制手段主要是单据控制。饭店餐饮原始小票种类繁多，要求记账准确、结账清楚，方能在消费者离开时准确无误地进行结账。因此，为了避免"走单"行为，餐厅账单、领位记录卡和点菜小票都应按顺序连续编号，并由财务人员登记保管，应由专人领用、保管、缴销。所有作废的小票应将三联单或四联单同时上缴财务部门，财务部门应每天将收银员和厨房上缴的小票销号。

（二）三线两点内部控制

"三线"指物品的传递线、餐单的传递线、货币的传递线；"两点"指点菜单与餐单的核对点、餐单与货币的核对点。

所谓"三线"控制，就是钱、单、物的分离。在餐饮中物品的传递主要是食物，采购回原材料，由厨房及相关人员进行领用，准备当天的菜品。当顾客点好菜，厨房根据点菜单加工好食品后,由服务员根据点菜单对顾客进行服务,在顾客认可后才能结算账单。

餐单的传递:服务员将点菜单一式三份,一份给厨房,一份给收银台,一份给客台。结账时收银员根据菜单计算出金额后,打出餐厅账单,服务员拿菜单让顾客进行结算。这样收银台以服务员提供的点菜单进行结算,厨房以服务员提供的点菜单准备菜肴,收银台与厨房之间都是通过服务员来连接,这样服务员、收银员、厨房三者之间就会互相监督、相互制约,否则就会产生漏洞。

货币的传递:当收银员通过单据结算后,做出收入报表,同时将货币投入投币柜,投币柜由饭店总出纳最后进行汇总及计算,报表当由夜审人员审核。这样形成货币与报表两条不同的线,最后经财务部门审核。

(三)夜审、日审人员监督

一般来说,不相容职务分离,可以加强相互牵制,减少作弊的机会,从而防止差错和弊端的发生。但是,如果担任不相容职务的有关人员,两人或多人互相串通勾结、营私舞弊,这种简单的票据控制就毫无用处了。比如,收银员与餐厅服务人员互相勾结、共同作弊,则收银员与服务员之间的互相制约毫无意义了,发生的舞弊也难以检查出来。因此,在较大规模的饭店,多数都设有夜审、日审岗位。其职能主要是核对各个点的全部单据,根据饭店审核制度进行严格检查,以确保饭店收入完整。

夜间审核人员在审核餐饮账单时,会检查折扣优惠是否符合本饭店的规定,如有不符合规定的,应记录在案,明确责任,严肃处理;检查厨房上缴的小票,厨房联与收银员上缴的收银联项目是否一致,有无遗漏;将银联小票与收银账单(销售清单)进行核对,检查收银员是否漏收或少收顾客餐费;还应检查餐厅领位记录卡,记录卡详细记录了当天就餐顾客的数量、台号以及上座率、翻台率等。夜核人员将餐厅领位记录进行核对的目的是防止餐厅"走餐"或"走数"等现象的发生。

三、餐饮成本控制

餐饮成本是指餐饮产品制作和销售餐饮所支出的各项费用。餐饮成本构成主要包括三个方面:食品原料成本、人工成本和经营费用。对餐饮成本的控制,关键必须从以下三个方面来加强。

(一)原料成本控制

原材料成本是餐饮生产经营活动中食品和饮料产品的销售成本,原材料成本占餐饮成本中的比例最高,是餐饮部门的主要支出。食品成本通常是由食品原料的采购量和消耗量两个因素决定的。因此,食品成本控制的主要环节包括食品原料的采购和食品原料的使用。其控制的方法已在菜肴制作管理中阐述。

(二)人工成本控制

人工成本是指在餐饮生产经营活动中耗费的活劳动的货币表现形式。它包括工资、福利费、劳保、服装费和员工用餐费用。人工成本率仅次于食品饮料的成本率,因而也是餐饮成本中的重要支出。人工成本与饭店餐饮的用工数量、用工结构和工资总额紧密相关。

1.用工数量控制

做好用工数量控制,既要科学设立工作岗位,明确岗位分工,正确确定工作定额,合理定员;又要合理安排员工上班,尽量减少缺勤工时、停工工时、非生产和服务工时等成分,提高员工出勤率、劳动生产率及工时利用率,降低劳动力消耗,节省人工成本。

2.用工结构控制

用工结构,主要是指各类员工的比例,如不同学历、不同技术等级、不同性质的用工等。不同的用工结构实际就是不同的素质要求与不同的薪酬标准。饭店必须根据各岗位的要求与餐饮经营的需要,合理确定不同的用工结构,尽量避免"人才高消费"。

3.工资总额控制

参考同行业的工资水平,结合饭店经营效益情况制定有竞争力的工资方案,一方面可以激发员工的积极性,另一方面也可以控制好工资总额。对员工的工作时间和效率进行分析和比较,采取合法有效的措施,降低人工成本,提高盈利水平。

(三)经营费用控制

经营费用是指餐饮经营中,除食品原材料和人工成本以外的那些成本,是餐饮生产经营过程中发生的管理费用、财务费用和销售费用,包括房屋租金、生产和服务设施的折旧费、燃料和能源费、餐具及其他低值易耗品费、采购费、绿化费、清洁费、广告费、公关费和管理费等。

【思考与练习】

一、思考题

1.饭店餐饮的经营方式有哪些?分别适用于何种现实情况?

2.饭店菜单设计应考虑哪些因素?

3.如何有效控制饭店餐饮采供质量?

4.菜肴质量的评价标准主要有哪几个方面?

5.饭店餐厅设计主要有哪些内容?应遵循怎样的设计原则?

6.如何控制餐饮服务质量?

7.怎样有效设计饭店餐饮的销售策略?

8.怎样提高饭店餐饮的毛利率?

二、训练题

A 饭店宴会部接到了一个高规格的婚宴预订,每桌标准 10000 元,婚宴场地布置等费用另计。顾客要求婚宴布置主题突出,气氛热烈,菜肴与服务要有特色。请帮助该饭店设计一份婚宴策划方案。

三、案例分析题

一份商务套餐引起投诉的管理原因[①]

某日晚上 6 时 50 分左右,来自上海一家公司的三位长住顾客(当地一家企业特别聘请的技术人员)在某三星级饭店中餐厅就餐。作为饭店协议顾客,他们中、晚两餐均享用每人 30 元标准的公司商务套餐。那天正好有两场婚宴在饭店举行,加之餐厅 26 个包厢全满,业

---

① 王大悟.酒店管理 180 个案例品析.北京:中国旅游出版社,2007.

务非常繁忙，导致餐厅人手明显不足。所以，他们到餐厅时没有应接领座，好在他们是常客，自己找了位置坐下。落座后，正巧又碰上新到岗的实习生，不了解他们的用餐安排，他们只好向他说明情况，等这位实习生核实了用餐安排，时间已经过去半个多小时，等到套餐上桌，50分钟的时间已过去了。而其中一位女性顾客发觉自己的那一份商务套餐中的"田蛙"热度不够，于是，她只好要求餐厅服务员端回厨房重新加热。然而，加热后套餐里的"田蛙"却已换成了"红烧肉"（厨师回炉重蒸"田蛙"时，火候没有掌握好而变形换菜），她还怀疑"红烧肉"是剩菜。联想到她和同事等了近一个小时才用上套餐，尚未平息的怨气又重新点燃。她就质问身边的餐厅服务员，为什么给她吃会议的剩菜。服务员说，他是刚来的实习生，不了解情况。若要了解情况，可以询问他们的厨师。听闻此言论，她更为不满，真的端着这一份商务套餐，径直闯入了厨房。厨房当值厨师答复：菜肴确实是为会议自助餐烹制的菜肴，但并未上桌，是留在厨房的，达到食品卫生要求。至于"田蛙"的温度及后来的换菜，是自己工作的失误，请她谅解。这一解释并不能使这位顾客满意。盛怒之下，她又端起套餐来到了餐厅厅面的酒水服务台，并与当值的厅面主管展开了如下一段对话：

顾客："你们为什么把以前会议餐剩下来的菜肴端上来给我吃，而且还是冷的，你们难道就用别人剩下来的菜来对付我们？"主管："很抱歉，发生了冷菜上桌的事情，但我保证这不是会议剩下来的菜。我可以请示部门经理免去您这顿饭菜的费用。"随后这位主管转身用吧台上的内部电话寻找餐饮部经理并向他汇报此事。这位顾客对于主管的回答，更为愤怒。

于是，顾客"端菜投诉"的举动又发生了。这一次是顾客端着这份商务套餐，从二楼走下一楼，由大堂后侧送到了大堂副理处的值班台上。交涉、解释、道歉在投诉顾客与饭店大堂副理之间又重复了一次。此时，餐饮部经理也赶到了大堂向顾客致歉，承诺免除顾客这顿饭菜的费用，并重新烹制菜肴，请顾客重新回餐厅用餐。该投诉顾客表示拒绝，并等待饭店对于这一事情的进一步处理意见。

思考并回答以下问题：

1.为什么顾客会接二连三进行投诉？饭店主要存在哪些问题？应该怎么办？

2.面对这一投诉事件，餐饮部经理应从哪些方面加强管理？

3.这一投诉事件说明了什么？从中我们有什么启示？

第六章　饭店设备业务管理

【学习目标】

通过本章的学习,你应该:

1. 充分认识饭店设备的重要性,提高做好设备管理的自觉性;
2. 掌握饭店设备使用、维修管理的目标与要求;
3. 懂得饭店能源系统的构成和相应管理要求,掌握节能管理的具体措施;
4. 掌握更新改造的时机与管理环节。

【引例】

设施设备是提高饭店竞争力的物质基础[①]

A 饭店建于 2005 年,2013 年以前,是当地唯一的一家老资格的五星级饭店,无论是地理位置、饭店等级,还是服务管理,在所在城市都属于首屈一指,不过最近几年对于设施设备的满意度则相对不高。但是,因为五星级饭店独此一家,缺乏比较,所以饭店经营形势一直不错,经济效益也非常理想。

但是,2014 年 1 月,本市有一家按五星级标准建造的 B 饭店开业,在硬件设施方面明显超过了 A 饭店。一些老顾客开始厌倦了设施设备逐渐老化的 A 饭店,饭店业务开始被分流。2014 年 6 月,原来决定在 A 饭店开会的三个团队同时转移到 B 饭店。经初步了解,顾客转移并不是价格因素,而主要是饭店设施方面的原因,他们认为:A 饭店的设施设备虽然运行正常,但显得陈旧,同时他们认为 B 饭店的客房视频系统、空调系统等均要比 A 饭店先进,感觉客房的舒适度明显好于 A 饭店。与此同时,由于前几年饭店业务繁忙,对设备的维修保养不够到位,也没有及时进行更新改造,饭店设施设备的故障率明显上升,能源与维修费用呈现上涨趋势。2014 年 9 月的某一天,饭店空调系统发生严重故障,整个饭店 20 小时没有空调,结果导致许多顾客退房离开,并在网上发帖抱怨。

由于设施设备方面的原因,2014 年以后,A 饭店的负面口碑明显增加,饭店业务也明显下滑。

饭店是以设施设备为依托,通过向顾客提供各种服务而取得收入的经济组织。如果离开了必要的设施设备,服务就成为无源之水,无本之木。

---

① 该案例由邹益民根据调研撰写。

以上案例表明，饭店设施设备管理的好坏，不仅直接关系到饭店的竞争力，而且也关系到饭店的经济效益。饭店设备管理，就是指围绕着设备物质运动形态和效用发挥而进行的选择、购置、安装、维修、保养和更新改造等管理工作。饭店设备管理应以"设施配套效益高、保证供应低消费、及时维修质量高、安全生产事故少"的管理目标，以经济、安全、便利、快捷为指导思想，以全员参与、科学管理为实施手段，抓好设备使用维保、更新改造及能源供应等方面的管理工作。

第一节　饭店设备日常管理

饭店设备主要有供电、给排水、供热、空调、消防、客货运送等系统组成，一旦饭店的主要设备系统发生故障，整个饭店就有可能处于瘫痪状态。所以，饭店设备完善，运行正常，是饭店正常运转的基本条件。

一、设备使用管理

设备在一定的负荷下运转并发挥功能的过程，即为使用过程。饭店设备要正常运行，发挥其功能，并延长使用寿命，首先必须抓好设备使用的管理，特别是对设备使用过程的管理。

（一）使用基本要求[①]

根据设备全员管理的思想，设备使用的基本要求是"三好、四会、五项纪律"。

1."三好"要求

设备管理是全员参与的工作，各部门与工程部一样，在设备管理中负有重要职责。对每一个设备使用部门而言，都要做到"三好"，即"管好、用好、维护好设备"。

（1）管好设备。这是指每个部门必须管好本部门所使用的设备，具体的工作包括：部门管理者要明确本部门所有设备的使用、运行、维护等状况，对设备使用、维护过程实施监督、控制；建立完善的设备基础资料；对员工进行设备使用的培训，并对使用设备的状况进行指导和检查，与工程部配合实施设备的计划保养。设备责任人要对所有使用的设备负责。

（2）用好设备。这是指所有的设备都能得到正确的使用，为了达到这一目标，部门须为每一台设备建立相应的设备操作使用规程、设备维护保养规程，建立设备使用交接班制度。在员工当中实施对操作规程和管理制度的培训，确保每一位员工都能够熟练掌握设备操作的要求。

（3）维护好设备。这是指部门要建立设备维护的保养制度，定期开展设备维护保养工作，同时要加强对封存、租用、转借、报废等设备的动态管理。

上述工作需要列入部门日常管理工作中。部门设备管理可以由部门经理承担以利于管理工作的顺利开展。

① 陈天来，陆铮岚.饭店环境管理.沈阳：辽宁科学技术出版社，2000.

2."四会"标准

设备的操作、使用人员的工作状况直接关系到设备运行的状况,所以,要求每一个设备操作、使用人员做到"四会":

(1)会使用。这是指每一个设备操作、使用人员都应熟悉设备的用途和基本原理,学习掌握设备的操作规程,正确使用设备。

(2)会维护。这是指学习和执行设备维护规程,做到设备维护的四项要求:整齐、清洁、润滑、安全。

(3)会检查。设备管理责任人应了解所管理设备的结构、性能和特点,能检查设备的完好情况。饭店各机房的运行值班人员要掌握设备易损件的部位,熟悉日常点检设备完好率的检查项目、标准和方法,并能按规定要求进行点检。

(4)会排除故障。工程部及其他部门重要设备的运行值班人员,要懂得所用设备的特点,能鉴别设备正常与异常现象,懂得拆装方法,会做一般的调整和简单故障的排除。

3."五项纪律"

纪律是管好、用好设备的保证。每一个操作人员都应严格执行"五项纪律"。五项纪律是指:

(1)实行定人定机、凭证操作制度,严格遵守安全技术操作规程。

(2)经常保持设备清洁,按规定加油。要做到没完成润滑工作不开车,没完成清洁工作不下班。

(3)认真执行交接班制度,做好交接班记录及运转台时记录。

(4)管理好工具、附件,不能遗失、损坏。

(5)不准在设备运行时离开岗位。发现异常的声音和故障应立即停车检查。自己不能处理的应及时通知维修工人检修。

(二)使用管理目标

设备使用管理的目标是使设备处于完好的技术状态。设备的技术状态是指设备所具有的工作能力,包括性能、精度、效率、安全、环保、能源消耗等所处的状态及变化情况。饭店设备技术状态必须达到设备完好的标准。其要求主要有以下标准:

1.性能良好

性能良好是指动力设备(如锅炉、冷冻机等)的功能达到原设计或规定的标准;运转时无超温、超压现象;机电设备的性能稳定,能满足饭店经营的需要。

2.运行正常

运行正常包括设备零部件齐全,安全防护装置良好;磨损、腐蚀程度不超过规定的技术标准;控制系统、计量仪器、仪表和润滑系统工作正常,安全可靠,设备运行正常。

3.耗能正常

能耗正常是指设备在运行过程中,燃料、电能、润滑油等消耗正常,无跑电、冒汽、漏油、滴水现象。

(三)使用管理环节

1.做好设备使用前的准备工作

设备使用前的准备工作主要有三个方面:

（1）技术资料的准备。包括设备操作维护规程、设备润滑卡片、设备日常检查和定期检查卡片等。

（2）培训。对操作者的培训包括技术教育、安全教育和业务管理教育三方面内容。操作工人经教育、培训后要经过理论和实际的考试，合格后方能独立操作、使用设备。

（3）检查。全面检查设备的安装、精度、性能、安全装置及维护用仪器和工具。

2.配备合格的操作者

饭店应根据设备的技术要求和复杂程度，配备相应的工种和胜任的操作者，并根据设备性能、精度、使用范围和工作条件安排相应的工作任务和工作负荷，确保生产的正常进行和操作人员的安全。当设备发生变化时，员工应能受到相关培训，以满足设备操作、使用的要求。

3.为设备提供良好的工作环境

工作环境不但与设备正常运转、延长使用期限有关，而且对操作者的情绪也有重大影响。为此，设备应得到良好的维护，应安装必要的防腐蚀、防潮、防尘、防震装置，配备必要的测量、保险用仪器装置，还应有良好的照明和通风条件等。

4.建立必要的规章制度

设备使用的规章制度主要有以下几种：

（1）凭证操作制。饭店的一些重要设备，如配电设备、锅炉等都要求有较高的专业操作技术。为了保证正确操作、合理使用，必须建立凭证操作制度，即凭证操作的设备必须由通过专业培训、经考试合格并取得准许独立使用设备证书的人员进行操作。

（2）定人定机制度。设备的使用应严格执行岗位责任，凡有固定人员操作的设备，都应实行定人定机制，对于多人操作的设备，也应指定专人负责，并落实各自的责任。

（3）设备操作规程。设备操作规程是根据设备结构特点、运行规程和安全运行的要求，规定设备操作人员在其全部操作过程中必须遵守的事项、程序及动作等基本原则。科学的操作规程，对于保证设备的正常运行、延长设备的使用寿命、预防和减少事故的发生有着重要的意义。

（4）交接班制度。为了掌握检查设备的运行情况，保证设备的正常运行，饭店必须建立值班记录及交接班制度，及时记录设备的运行状况和故障情况，并做好班与班的交接工作。

二、设备维保管理

设备维保是操作员工为了保持设备正常技术状态、延长设备使用寿命必须进行的日常工作。做好设备维护保养管理，可以减少设备故障，节约维修费用，降低成本，保证服务质量，为饭店带来良好的经济效益。

（一）维保基本要求

1.整齐

工具、工件、附件放置整齐，设备零部件及安全防护装置齐全，各标牌应完善、清晰，各种线路、管道完整。

2.清洁

设备内外清洁，无锈斑；各滑动面无油污，无碰伤；各部位不漏油，不漏水，不漏气，不漏电；设备周围场地要经常保持整洁，无积油，无积水，无杂物。

3.润滑

要熟悉设备润滑图表,按时、按质、按量加油和换油,保持油标醒目;油箱、油池和冷却箱应保持清洁,无杂质;油壶、油孔、油杯、油嘴齐全,油路畅通。

4.安全

遵守操作规程和安全技术规程,防止人身和设备事故;电气线路接地要可靠,绝缘性能良好;限位开关、挡位均应灵敏可靠;信号仪表要指示正确,表示要干净、清晰。

(二)日常维保内容

设备的日常维保又称为例行保养,简称"日保"或"例保"。日保是最基本的保养,又可分为每班保养和周末保养两种。

每天维护保养要求操作人员在每班工作中必须做到以下几条:一是班前(或使用设备前)对设备各部分检查,并按规定加油润滑;二是做好班前检查,确认设备正常后才能使用;三是按设备操作、维护规程正确使用设备;四是下班前必须认真清扫、擦拭设备;五是办好交接班手续。

周末维护保养要求用1～2小时对设备彻底清扫、擦拭和涂油,并按照设备维护的"四项要求"进行检查评定,予以考核。

日常维护保养是设备维护的基础工作,必须做到制度化和规范化。

(三)定期维保内容

设备的定期维保是在维修工指导配合下,由操作者进行的定期维保工作,是工程部以计划形式下达的任务。设备定期维保的间隔时间视设备的结构情况和运行状况而定。

根据设备的定期维护保养工作的深度、广度和工作量,其可分为一级保养和二级保养。

一级保养简称"一保"。设备除日常保养以外,还要进行设备内部的清洗,沟通油路,调整配合间隙,坚固有关部位及对有关部位进行必要的检查。一保工作具有一定的技术要求,其保养工作应在维修工的指导下,由操作工人完成。

二级保养又称"二保"。二保的作业内容除了一保的全部作业外,还要对设备进行局部解体检查,清洗换油,修理或更换磨损零件,排除异常情况和故障,恢复局部工作精度,检查并修理电气系统等。二保的工作量比一保大得多,主要由专职维修工人承担,操作人员参加。二保带有修理性质。

每一种设备的一保、二保间隔期应根据设备的具体情况,按零部件的使用期限来确定。一保、二保的作业内容也应按不同的设备制定维护保养规程。

三、设备维修管理

设备维修是指当设备的技术状态劣化或发生故障后,为了恢复其功能和精度而采取的更换或修复磨损、失效的零部件,并对整机或局部进行拆装、调整的技术活动。所以,设备维修是使设备在一定时间内保持其规定功能和精度的重要手段。

(一)设备维修方式

饭店设备的维修,有以下三种基本方式。

1.事后维修

在设备发生故障后或性能、精度降低到合格水平以下时所进行的修理称为事后维修,也就是"坏了再修，不坏不修"。这种修理方法适合于利用率低、修理技术不复杂、能及时提供备用机、实行预防维修在经济上不合算的设备。由于此类设备一旦发生缺陷和故障，就会影响服务质量和饭店正常经营，必须及时修复，故这部分维修又称为应急维修或故障维修。

2.预防维修

为了防止设备性能、精度劣化或降低故障率，按事先规定的计划和相应的技术要求所进行的维修活动称为预防维修，预防维修有两种方法，即定期维修和预知性维修。

(1)定期维修。这是一种以时间为基础的预防性维修方法。它具有对设备进行周期性修理的特点，根据设备的磨损规律，可事先确定修理类别、修理周期结构、制定修理工艺、确定工作量、提出维修所需的备件和材料计划，因此能制定较长时间内的维修计划，故又称计划维修。

(2)预知维修。这是一种以设备技术状态为基础的预防维修方法。它是根据设备的日常点检、定期检查、状态监测和诊断提供的信息，经统计分析、处理，来判断设备的劣化程度，并在故障发生前有计划地进行针对性的维修。由于这种维修方法对设备适时地、有针对性地进行维修，不但能保证设备经常处于完好状态，而且能充分利用零件的寿命，因此比定期维修更为合理。

3.改善维修

实践证明，对有些设备只按原设计结构和技术要求预防维修，往往不能从根本上改善和提高设备性能，尤其是一些性能先天不足的设备，更是如此。因此，在可能的条件下可以对设备进行"改善维修"。所谓改善维修，就是为了消除设备先天性缺陷或频发故障，对设备的局部结构或零件的设计通过修理加以改进，以提高其可靠性，它也是预防维修的一项重要内容。

设备的改善维修与技术改造的区别是：前者的目的在于改善和提高局部零部件的可靠性，从而降低设备的故障率；而后者的目的在于局部补偿设备的无形磨损，从而从根本上改善和提高设备的性能与精度。

(二)设备修理类别

设备修理的类别是根据修理内容和要求以及工作量的大小，对设备修理工作的划分。修理类别分小修、项修和大修。

1.小修

设备的小修是工作量最小的一种修理。

对于实行定期维修的设备，小修的工作内容主要是根据零件的磨损量，更换或修复在修理间隔期内失效或即将失效的零部件，并进行调整，以保证设备的正常工作能力。

对于实行预知维修的设备，小修的工作内容主要是针对日常点检和定期检查发现的问题，拆卸有关的零部件，进行检查、调整、更换或修复失效的零部件，以恢复设备的正常功能。

2.项修

项修是根据设备的实际情况，对状态劣化已达不到生产要求的项目，按实际需要进行针对性的修理。项修理，一般要进行部分拆卸、检查、更换或修复失效零部件，从而恢复所修部分的性能和精度。

3.大修

大修是对设备进行维修工作量最大的一种计划修理。大修时要对设备进行全部解体,修整所有基准件,修复或更换磨损、腐蚀、老化及丧失精度的零部件,使之达到规定的技术要求。大修要消耗较多的费用,一般是该设备原值的三分之一,甚至是更多。大修后设备的性能往往难以达到出厂技术标准,因此,对设备的大修应事先进行可行性分析。

(三)设备维修制度

维修制度是保证维修工作质量的基础,主要有设备的检查、报修、维修质量规定、维修情况报告等制度。

1.设备检查制度

检查是发现问题的基本途径,是做好维修工作的前提。设备的检查分为日常检查和定期检查,日常检查应由全体员工来承担,而定期检查则一般由专业技术人员来承担。为了使检查工作处于正常化,饭店必须明确各类人员的检查责任,并对检查的时间、内容、要求和方法等做出具体规定,使每个人都有章可循。

2.设备报修制度

由于饭店除了工程部掌握使用的设备外,还有许多设备处于服务现场,属客用设备,所以很难及时检查设备的运行情况。为此,饭店还必须建立切实可行的报修制度,即由使用部门加强日常检查,发现异常情况,及时报工程部维修。目前,有些饭店对客房的维修采用了"万能工"的形式,即由"万能工"负责客房设备的日常检查与维修,以保证客房设备的及时维修和完好。这应该说是比较可行的办法。

3.维修速度质量规定

维修速度主要表现为两个方面:一是指从报修到维修人员到达现场的时间;二是指从维修人员抵达现场到排除故障、修复设备的时间。维修制度规定的维修速度主要指前者。维修质量主要是指维修人员的维修作风和维修的效果。

4.维修情况报告制度

维修情况的报告,要视维修的程度不同而制定程序。日常维修的报告程序为:维修人员向使用部门报告(通过由使用部门签署维修单的形式完成);维修人员向部门报告(上交维修单);工程部向总经理报告(设备维修情况日报)。至于影响正常营业的维修,工程部接到报修,则应报总经理,经批准后实施,并通报有关部门,修复后同样要报告总经理和有关部门。

(四)设备备件管理

备件管理是指备件的计划、订货、储备、供应的组织与管理,它是设备维修资源管理的主要内容。备件管理的目的是用最少的备件资金和合理的库存储备,保证设备维修的需要,提高设备维修的及时性和经济性。

1.备件的界定

所谓备件,就是在维修时用来更换损坏零配件的新件或修复件,统称为备件。为了便于管理和减少备件储备资金,下列物资可以不列入备件范围:

(1)在维修过程中经常使用的各种标准紧固件和各种油杯、油嘴、纸垫、毛毡、保险丝、灯泡等,都不属于备件范围,作为低值易耗品,按实际需要领用摊销。

（2）按维修要求储备的金属棒料、钢材、钢丝绳、电缆和导线等，都属于原材料，一般不占用备件储备资金。

（3）各种工具和饭店备用设备不属于备件范围。

以上物资虽与备件有所区别，但都是设备维修时必不可少的，统称为设备维修资源。

2. 备件管理基础工作

备件管理的基础工作就是基础资料的编制、统计。备件管理的基础资料主要包括备件图册、备件卡、外购备件统计表和外购备件汇总表。

（1）备件图册。它包括：①设备的总装图和有关部件装配图；②设备随机说明书中规定的全部易损件图；③设备易损件中，除国家标准的配套产品以外的全部零件图；④同型号设备台数较多而消耗量大的零件图；⑤设备的原理图（传动系统图、电气原理图）。

（2）备件卡。它分为两种：①设备备件综合卡。它是以设备台账为依据，列出该型号单台设备所有备件的具体名称、型号、所在部位、单台配套数和本饭店同型号设备的拥有量。②设备备件卡。它是按备件的每一品种建立的卡片。从备件卡上可以查到饭店各类设备对这种备件的需要量，以及这种备件的实际用量和最高、最低储备量。

（3）备件汇总表。它是以备件类别为主的表格，表中可以查到此类备件总的品种数、拥有量和储备量。

（4）备件统计表。它是以备件的型号、规格为主的统计表格，表上注有某种规格的备件在饭店所有设备中的使用情况、储备定额和计划价格等。通用性小的备件可不编入统计表，设备少的小型饭店也可不编制统计表，而以设备备件卡来代替。

3. ABC 管理法

备件 ABC 管理法是根据备件品种和占用资金的多少来进行分类，即把要储备的备件分为 A、B、C 三大类，如表 6-1 所示。

表 6-1　备件 ABC 分类参考表

备件分类	品种数占库存品种总数的比重	价值占库存资金总额的比重
A 类	10%左右	60%～80%
B 类	25%左右	10%～30%
C 类	65%左右	5%～10%

对于不同种类、不同特点的备件，应当采用不同的库存量控制方法：

（1）A 类备件。其特点为储备期长（周转速度慢）、重要程度高、储备件数少（通常只有1～2件）、采购较困难而价格又较高的备件。对 A 类备件要重点控制，应在保证供应的前提下控制进货，尽量按最经济、最合理的批量和时间进行订货和采购。

（2）B 类备件。品种比 A 类多，占用资金比 A 类少，因此对 B 类备件的控制不必如 A 类那样严格，订货的批量可以适当加大，时间可稍有机动，对库存量的控制也可比 A 类稍宽些。

（3）C 类备件。由于品种较多而耗资较少，为了简化管理，可按照计划需用量一次订货，或适当延长订货期，减少订货次数。

（五）维修技术经济指标

设备维修管理的技术经济指标，是设备管理效果的重要衡量标准。通过这些指标可考核设备维修工作的技术效果和经济效果,从经济维修的角度,提高设备的综合效益和饭店的经济效益。

1.设备完好率

设备完好率反映设备技术状态的完好程度,是考核设备维修管理的技术性指标。

$$设备完好率 = \frac{设备完好台数}{设备总台数} \times 100\%$$

完好设备是指经验查符合完好标准的设备,包括备用和封存的设备,但不包括未投入运行的设备。

2.设备故障频率

设备故障频率是指在某一期间内的故障发生次数与工作总时间的比值,它也是反映设备维修管理的技术性指标。

$$设备故障频率 = \frac{故障发生次数}{设备运行时间} \times 100\%$$

3.单位工程维修费用

单位工程(指每间客房、每个餐位或每 $100\,m^2$ 建筑面积等)维修工作与维修成果的关系,是反映维修消耗水平、促进维修与生产结合的一个指标。

$$单位工程维修费用 = \frac{维修费用总额}{工程总量}$$

4.万元营收维修费

有时为了更直接地反映饭店的维修效果和扩大可比性,往往用万元营收的维修费用含量作为考核指标。

$$万元营收维修费 = \frac{维修费用总额}{总营收}$$

5.维修费用率

维修费用率是同期饭店的全部维修费用占总营业费用的百分率,是反映维修效率的一个经济性指标。

$$维修费用率 = \frac{维修费用总额}{营业费用} \times 100\%$$

第二节　饭店能源系统管理

饭店工程部担负着全饭店的水、电、气等供应任务,供应的量是否充足,质量是否符合要求,直接关系到饭店的业务展开和服务质量的高低。所以,工程部必须根据前台的需要,保质保量地供应各种能源。

一、能源系统构成[1]

饭店的能源系统通常包括水资源系统、电力系统、供热系统和空调系统等。

---

[1]　邹益民.现代饭店管理——原理与实务.北京:高等教育出版社,2011.

（一）水资源系统

1.饭店用水种类

饭店用水系统的水质要求有多样化的特点。按照水质的不同,饭店用水可以分为生活用水、生产用水和生饮水三大类,如表 6-2 所示。

表 6-2　饭店用水的种类

水质种类	取水方式	用　途
生活用水	从城市供水管网直接取用	洗浴、洗涤、冲厕、消防、浇灌、景观等
生产用水	经特殊处理,如软化、防腐后使用	锅炉、采暖、冷却等设备
生饮水	由专业饮用水公司提供	开水、冰块、瓶装、桶装和管道生饮水装置

2.饭店水资源系统构成

饭店水资源系统主要由给水系统和排水系统构成。近年来,中水系统的使用也被纳入到了饭店水资源管理的工作中来。

（1）给水系统。饭店的给水系统一般由室外给水系统和室内给水系统组成。室外给水系统的作用是从天然水水源中取水,经过净化、加压后用管道输送到使用终端。我国饭店大多数没有自己的室外供水系统,而是直接从城市水网中取水,输送到室内给水系统中。室内给水系统的作用是将水从室外给水管网中引入,采用直接给水、二次给水和分区给水等适当的方式,将水经济、合理、安全地供给饭店的用水设备,满足饭店内部的供水需求。

（2）排水系统。排水系统的任务是将建筑物内给用水设备产生的污（废）水,以及建筑物表面的雨雪水等排到室外相应的污（废）水管道,经过一定的处理后排入城市污水管道。排水系统按照其接纳的污（废）水的性质,可以分为粪便污水排水系统、生活废水排水系统、厨房废水排放系统、洗衣房废水排放系统和屋面雨雪水排水系统五类;按照组成结构可以分为污（废）水收集器、排水管道、通气管及污水处理构筑物等。

（3）中水系统。中水是指生活用水和部分生产用水所产生的废水,经过分流、回收、处理之后,达到可以冲洗、喷灌等再利用要求的生活杂用水水质标准的水。对中水的利用可以使污水处理系统的负荷减少,总耗水量减少。中水使用的社会意义在于,使用中水的量等于减少使用清水的量,也等于减少的污水排量。由于饭店的生活废水产生量大,而冲洗、喷灌等中水使用量也很大,所以,无论从经济效益还是社会效益来看,饭店使用中水都是比较合理的。饭店中水系统是建立在排水系统的分流制基础之上的。中水系统的处理流程如图 6-1 所示。

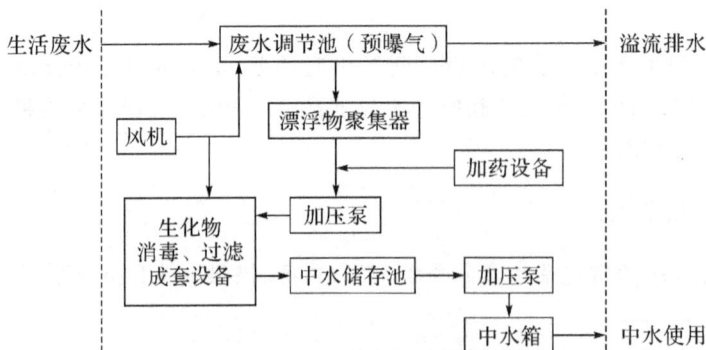

图 6-1　饭店中水处理系统流程

（二）电力系统

1.电源方案

饭店要求创造一个安全可靠、方便和舒适的环境,所以应用了许多现代化的电气设备,要求有安全可靠的电力供应系统。一般而言,现代饭店的电力供应按照一级负荷,必须采用两路高压电源供应,且两路高压电源应选用同一电压等级。担负特别接待任务的饭店还应考虑配备第三电源或自备柴油发电机组,即"三电源"的方案,以确保电力供应。

2.室外进线系统

室外进线系统是指从城市变电所到饭店变电站之间的输电设备,其输电方式可分为架空线路和地下线路两种。架空输电线路架设在地面之上,架设、维修较为方便,成本较低,但易受气象和环境的影响,还有占地面积大、易造成电磁干扰等缺点。地下线路主要是使用电缆,供电可靠,寿命长,对环境美观有利,但投资较大,故障测寻和维修比较困难。

3.配电装置

配电装置是用来接受、分配和控制电能的电气装置,其中包括开关设备、保护装置、电气检测仪表、母线和辅助设备。根据电压等级的不同,排电装置可以分为高压配电装置和低压配电装置两种;从结构上看又可以分为装配式和成套式两种,其中成套式装置得到广泛应用。

4.室内输电系统

室内输电线路是指饭店各类建筑物内部的输电线路。室内输电线路有自己的安全要求,如必须采用绝缘导线、严格限制最大负荷电流、严格分回路敷设、设置多级短路保护等。同时,也有专门的设计要求,如采用三相四线制线路、用电负荷三相均匀分配、细分室内照明线路、装置补偿电路、采用照明控制设备、留有用电余地等。

5.防雷系统

自然界的雷暴击中电力系统后往往会引起很高的大气过电压,如果超过电气设备的承受限度就会引起设备损坏和用电安全事故。设备防雷系统的主要功能就是设法避免大气过电压的出现或将其减弱到对绝缘无害的地步。常规的防雷装置一般由接闪器、引下线和接地极三部分组成。输电线路和电气设备是大气过电压保护的重点。

（三）供热系统

饭店的经营活动离不开热能,因此饭店必须配备提供热能的设备和系统。饭店提供热能的主要方式有电气供热、灶具供热和锅炉供热三种形式。其中,锅炉供热是饭店最重要的供热方式。饭店的供热系统由产热系统(主要指锅炉供热系统)、蒸汽系统、热水供给系统和冷凝水回收系统构成。

1.锅炉供热系统

将燃料的化学能转变为水或水蒸气热能的设备称为锅炉。锅炉供热系统是指以消耗燃料(煤、油或燃气)制备蒸汽(热媒)来确保饭店室内环境质量(温度)和服务质量(热水、开水的供应)的设备总成。

(1)锅炉类别。锅炉有多个分类的角度。目前我国饭店企业使用的燃煤锅炉大多是卧式快装锅炉,燃油锅炉大多是卧式火管锅炉,如表 6-3 所示。

表 6-3　饭店锅炉分类

分类角度	类　别
燃料类别	燃煤炉、燃油炉、燃气炉、电锅炉
蒸汽压力	低压锅炉、中压锅炉、次高压锅炉、高压锅炉
传热方式	火管锅炉、水管锅炉、水火管组合锅炉、火筒烟管锅炉
产热类别	热水锅炉、蒸汽锅炉、导热油锅炉
构造形式	卧式锅炉、立式锅炉

(2)锅炉性能参数。锅炉的性能即产生蒸汽的能力,主要用蒸发量、蒸汽压力和蒸汽温度等参数表示。在同样蒸发率下,锅炉的受热面积和蒸发量成正比,受热面积越大,蒸发量也越大。通常把受热面积和蒸发量、蒸汽压力、蒸汽温度三项参数并列来表示一台锅炉生产蒸汽的能力。

2.蒸汽系统

饭店的热能绝大部分是靠蒸汽输送的。饭店锅炉产生的蒸汽由蒸汽系统输送到各用汽部门。蒸汽系统由分汽缸、疏水阀、减压阀、汽水分离器、过滤器等附件组成。蒸汽系统必须做好管道的绝热保护。

3.热水供应系统

大部分饭店的热水是由锅炉产生的蒸汽制备的。饭店热水系统一般分为两部分:一是生活热水系统;二是取暖热水系统。饭店的热水系统主要是由热交换器(热源)、热水管网附件(如热水泵)组成。

(四)空调系统

1.人体对空气环境的要求

大量的实验数据表明,人体对室内空气环境有一定的舒适度要求。影响人体舒适度的空气质量指标有温度、湿度、新鲜度和流动速度。其具体指标如表 6-4 所示:

表 6-4　人体适宜的空气环境

空气指标	舒适度要求
温度	夏季:24℃～28℃。冬季:16℃～22℃
湿度	夏季:50％～65％。冬季:30％～50％
洁净度	可吸入尘:$<0.15mg/m^3$。CO_2:$<0.07％$。细菌:$<10/$皿(沉降法)
空气流动速度	一般情况:$0.1～0.2m/s$。冷却目的:$0.2～0.25m/s$

2.空调系统的分类

空气调节可以分为生产性空调和舒适性空调两大类,饭店采用的是舒适性空调系统。舒适性空调系统有不同的分类方法,如表 6-5 所示。

表 6-5　饭店空调系统的分类

划分角度	类　型
空调设置的地点	局部空气处理系统和中央空气处理系统(即中央空调系统)
处理空气的来源	封闭式系统、直流式系统和混合式系统
空气设备的设置情况	集中式系统、分散式系统和半集中式系统
处理空调负荷的输送介质	全空气系统、空气—水系统、全水系统和直接蒸发机
输送介质的温度	热水采暖系统、冷却水供冷系统

3.中央空调系统

饭店的中央空调由制热(冷)设备、空气处理设备和通风系统三大部分组成。热源设备主要是锅炉,冷源则来自冷水机组;空气处理设备具有对空气进行加热、降温、加湿、除湿处理的功能;通风系统则负责将处理过的空气送入房间,将污浊的空气排出室外。

(1)冷水机组。中央空调系统中的制冷设备,实际上是一组制造冷(冻)水的设备,故通常称为冷水机组。冷水机组根据制冷剂的不同,可分为两大类:一类是采用机械压缩式的冷水机组,其制冷剂主要是氟利昂;另一类是利用热力吸收式的冷水机组,以热能为动力,以水为制冷剂,溴化锂溶液为吸收剂。为平衡电厂发电容量,鼓励用电单位充分利用晚间用电低谷的剩余电力,近年来空调蓄冷技术也得到了重视和应用。蓄冷的方法有水蓄冷和冰蓄冷两种,其中,冰蓄冷技术得到了越来越多的采用。

(2)空气处理设备。空气处理设备是处理空气的机组。饭店中央空调系统中配置的空气处理设备分为两种:空气集中处理机和风机管盘。空气集中处理机是集中式中央空调系统的空气综合处理设备,又称空调柜、风柜。其功能包括室外空气采集、过滤、冷却(加热)、加湿(除湿)、送风等。风机管盘主要由风机、换热器(即盘管)、滴水盘和壳体组成,并有调速装置用以方便地调节风机转速。饭店常用的风机管盘有卧式和立式两种。

(3)通风系统。中央空调的通风系统有两个作用:一是向室内输送经过处理后符合人体舒适要求的新鲜空气,保持室内良好的空气条件,维持适宜的生活和生产环境;二是排除室内的余热、余湿、有害气体及粉尘,保证室内空气中的有害物质含量不超出允许值。饭店的通风系统包括进风系统和回风系统两大部分。

二、能源管理目标

饭店能源管理是在遵循成本效益原则的基础上,为了达到一定的经济、环境与社会目标而对能源利用进行的科学管理活动。其基本目标如下。

(一)保证供应

饭店能源管理要求有科学的预测、计划、计量、检测、评估等工作,是一个系统工程。任何能源供应不足和失误都会导致饭店服务品质的降低,所以必须建立起科学的能源保障体系,根据前台的需要,保质保量地供应各种能源。所谓保质保量,其标准一般包括三个方面:一是供应的时间标准,即何时供应,供应多长时间。二是供应的数量标准,即供应多少,如送水量、供气量、供电量等。三是供应的质量标准,即供应的能源应达到怎样的要求。

(二)降低消耗

饭店许多服务产品的提供和能源消耗有着直接的联系,是能耗大户。饭店在能源管理方面面对的问题之一就是能源消耗量十分大,造成经营成本的巨大压力。因此,无论从节约能源、保护环境的角度,还是从降低经营成本、提高经济效益的角度来看,都应当适时采用新能源、新设备、新技术,并实施科学、有效的能源管理,尽可能降低能源消耗。

(三)保护环境

能源消耗会产生废弃甚至有害物质,会对环境产生不利的影响,例如水污染、大气污染、光污染和土壤污染等。所以,饭店能源管理,必须遵循可持续发展的基本要求,尽可能采用先进设备、先进工艺、先进方法,做到低碳化、零排放,杜绝各种可能的污染与破坏,保证绿色能源供应。

(四)确保安全

饭店能源系统涉及面广、部门多,设备的数量多、技术复杂,很多能源利用环节都包含有安全隐患。所以,必须建立有效的管理制度和分工体系,明确责任,密切配合,确保安全利用能源。

三、能源管理环节

要达到能源供应的目标,就必须做好以下工作。

(一)建立能源管理体系

饭店使用的任何一种能源都必须经过购入、转换、输送直到最终使用几个阶段,各个阶段构成了一个完整的能源利用过程,对能源的管理也要求有一个与之相适应的、完整的能源管理系统。饭店的能源管理系统必须从系统论的观念出发,运用系统工程的方法,对各种因素进行综合考虑,以求得最优利用能源的方案。

与此相应地,要建立能源管理的组织和机构,实施"统一领导、分级管理"的原则。同时,要在饭店内部树立起全员能源管理和节能意识,坚持"分工负责、密切配合、人人有责"的原则,营造良好的能源管理气氛,建立有效的能源管理体系。

(二)健全能源管理制度

饭店能源管理要做到经常化、科学化和制度化,就必须建立一套能源使用与管理的规章制度。饭店要依据国家有关的方针政策、法令、法规和制度标准,结合饭店的设备和经营特点制定出相应的能源管理规章制度,明确饭店各有关部门能源使用责任,对能源进行严格管理,降低能耗,完成节能任务。

(三)加强能耗指标评价

饭店购买、加工和转换、使用各种能源,首先必须要求有一个"定量"的概念。定量化是能源管理的基础,只有在定量化的基础上,才能实行能源的定额管理,制定能源供需计划;才能开展能源平衡监测,正确评价能耗设备和饭店能源利用效率;才能制定确切的能源规划和能源供需预测。对能源实行全面计量,获得可靠的、完整的数据,以准确掌握能源在使用各环节中的数量和质量,保证满足饭店生产需要,为合理使用能源和计算能耗总量提供依据,以便有效地开展能源管理工作。

第三节　饭店设备更新改造

饭店设备经过一定时期的使用,必然产生物质磨损,使设备的性能、结构和外观发生变化,由此影响设备的正常运行,或影响饭店的档次,因而需要更新改造。

一、更新改造内容

设备的更新改造主要包括设备更新和技术改造两方面内容。

所谓更新就是用比较经济而先进的设备,来替换技术上不能继续使用或经济上不宜继续使用的设备。就实物形态而言,设备更新是用新的机器设备代替旧的机器设备;就价值形态而言,是机器设备在运转中消耗掉的价值重新得到补偿。

所谓技术改造,就是应用新的技术成就、新的工艺流程和先进经验,改变原有的设备结构,装上或更新部件、新附件、新装置以补偿设备的有形磨损和无形磨损;改变原来的工艺流程或建筑结构,以改进原设计的不足或安装中的缺陷。设备经过技术改造可以改善原设备的技术性能,增加设备的某些功能,提高可靠性,使之达到或局部达到新设备的技术水平,而支付的费用则低于购置新设备的费用。对于饭店而言,设备技术改造大多属于饭店设施的装修改造。

二、更新改造时机

更新改造时机的决策,就是决定何时进行更新改造。一般说来,设备更新改造的客观依据是设备的寿命周期,即设备的自然寿命、技术寿命和经济寿命。

(1)自然寿命。这是指设备从投入使用到自然报废所经历的整个时期。它是由设备在使用过程中的物质磨损而造成的。其更新的长短往往依设备的性能、结构、使用的频繁程度而变化,一般生产性设备的更新往往以此为主要依据。

(2)技术寿命。这是指设备投入使用到因无形磨损而淘汰所经历的时间,它是由科学技术和顾客的需要两方面的原因造成的。从前者看,由于科学技术的进步,出现了技术更先进、经济上更合理、外观上更好看的设备,从而造成原有的设备贬值。从后者看,部分设备虽然性能没有多大改变,使用价值仍然存在,但顾客已感到陈旧落后或使用不便,从而影响了对需要的满足。技术寿命的长短往往是饭店客用设备更新改造的重要依据。

(3)经济寿命。这是指设备投入使用后,由于设备老化、维修费用增加、继续使用经济上不合算而需要更新改造所经历的时间。它是根据设备使用过程中维持费用(维修费用和人员工资)的多少来决定的。如果设备在其经济寿命届满以后还继续使用,其维持费用必然大幅度上升,使设备进入高成本使用阶段。从经济观点和经营角度看,都是得不偿失的。在不考虑资金的时间价值时,设备的经济寿命可按下述公式计算:

$$T = \frac{2K}{\lambda}$$

式中：T 为设备的经济寿命(年)；K 为设备的原值；λ 为设备的年低劣化值,即维持费每年的增加值。

用低劣化数值计算设备寿命周期,方法虽然简单,但没有考虑资金利息的影响。如果设备决策需要将利息因素计算在内,就可采用费用方程法。

设备更新改造的时机,主要应考虑上述三种因素,同时要注意饭店业务经营情况,尽量选择在淡季进行。

三、更新改造实施

确定更新改造的时机后,如何进行改造,这就是更新改造方案的决策。

(一)设备更新方案

如前所述,饭店设备的更新是指用新的、效率更高、技术更先进的设备代替已经陈旧、不能继续使用的设备。由此可见,设备的更新方案,实际上就是设备购置的决策。设备购置决策,一般要考虑两个问题:一是购置何类设备,即型号、规格、技术要求等;二是从何地采购,进口还是国产,本地还是外地等。总的说来,饭店设备购置的标准和要求是:技术上先进,经济上合理,切合饭店实际,适应顾客的需要,有利于提高工作效率和服务质量。具体要求有以下几个方面。

1.适应性

适应性,就是选购的设备必须适应饭店业务运转的需要,并同饭店的等级、客源对象相适应。同时,还要注意适应顾客的消费倾向,能给顾客一种舒适和美的享受。

2.配套性

配套性,就是要注意设备之间的互相配套,主要有:

(1)单项配套。这是指某一种用途的设备要自身配套,如酒吧台与酒吧设施的配套、客房家具的配套、舞厅音响灯光的配套、洗衣房设备的配套等。

(2)设施间的相互配套。这主要是指能源动力、供应设备、使用设备的互相配套。如锅炉、冷冻机的功率与输送空调用量的一致等。

(3)外观配套。这是指设备在外观、网络、造型、色彩、质地等方面的统一配套,给人一种协调统一的美感。

3.经济性

经济性,即尽可能用少的钱去购置效用高的设备。其主要应考虑如下因素:一是价廉物美;二是能耗低;三是污染少、噪声小,符合环保要求;四是体积小,占用空间面积少;五是便于服务人员清洁、工程人员维修;六是便于提高服务质量和工作效率。

4.安全性

安全性,就是购置的设备必须安全可靠,有些机械和电器设备要看是否具有自动报警、自动切断电源的保护装置。

(二)设备改造方案

饭店设备改造,除了一些工程设备的技术改造外,主要集中在大堂、客房、餐厅等客用设施改造。一般以装修为主,同时伴有大量设备更新。因此,改造方案的决策,主要应考虑以下问题:

(1)准备改造哪些项目?是否停业改造?时间如何安排?

（2）设施改造的基本定位怎样（目标市场、市场形象、主题文化等）？改造后必须达到何种等级规格？是否有利于提高设施利用率，增加经济收入？

（3）设备改造需要多少投资？资金如何筹措？投资回收期、投资利润率的要求如何？

（4）改造过程中内装修的质量要求如何？需要配备哪些新设备，质量要求如何？

（5）如何公开招标？中标单位的基本要求如何，怎样验收等？

（三）设备改造、更新实施

设备改造、更新项目被批准后，由工程部组织实施。如技术改造任务重，技术复杂，可委托专业单位承担。具体工作主要有：

（1）统筹考虑原材料、配套件的采购和某些特殊零配件的加工。

（2）组织、协调有关部门共同完成改造、更新任务。

（3）设备改造、更新项目完成后，应办理竣工验收；验收合格后，有关技术文件存档；设备改造新增的价值应按规定办理增值手续；更新的设备则转入固定资产。

【思考与练习】

一、思考题

1. 如何理解饭店设备管理的重要性？
2. 饭店设备使用与维保的基本要求是什么？
3. 饭店设备维修管理的基本环节是什么？
4. 如何保证达到饭店能源管理基本要求？
5. 如何把握饭店设备更新的客观依据？
6. 饭店设备配置的基本原则是什么？

二、练习题

通过网络搜索，分析总结饭店应用新技术与饭店设备管理发展的基本趋势。

三、案例分析题①

花冠饭店自1990年开业至今，已经走过了20多年的发展之路，成功打造了一支兼具专业素质和专业技能的优秀经营管理团队，取得了可观的经济效益，并创造了良好的市场形象和社会形象。然而，随着市场竞争的加剧，花冠饭店也渐渐陷入了"心有余而力不足"的尴尬境地，主要表现在以下三个方面：

（1）饭店硬件先天不足。花冠饭店前身为职工疗养院，主要为系统内职工提供疗养服务。虽然后来饭店通过努力，逐步完成上三星、四星的一系列蜕变，但先前的建筑构造和功能配置对如今的经营管理造成较大程度的消极影响。如客房和卫生间面积小，严重影响客房的舒适度；咖啡厅面积不足，导致住店顾客早餐用餐拥挤，咖啡厅环境氛围相对较差；会议室分布分散，给专业化服务造成一定困难，并影响客房的宁静；多功能厅与厨房距离过远，既造成人力浪费又难以保证菜肴的品质；房屋建造年代较早，之后的装修改造未涉及饭店整体，因此总体布置缺乏系统性，内部布局经常有碍于服务流程的顺畅，导致顾客消费和服务操作不便，影响顾客满意度。

---

① 该案例由邹益民根据工作实践撰写，饭店名称做了虚拟处理，如有雷同，纯属巧合。

（2）设施设备老化严重。花冠饭店开业至今已超过 20 年，虽然 10 年前经过局部装修，但主要设施设备与系统配置缺乏整体的改造升级，目前已经明显存在陈旧和老化的问题。

①相当一部分客房设施老化情况比较严重，故障维修率较高。如客房内墙体开裂、墙纸陈旧或发霉、地毯缩水、衣柜门脱轨、行李柜脱漆、空调噪声大；卫生间门框和踢脚线发霉、卫生间洗漱池下方渗水；房灯、样板房卫生间浴缸下水开关维修率较高。

②餐饮、宴会及会议场所的硬件装修较陈旧，功能配置简单，且存在一定程度的破损，较易影响宾客对饭店的外观感受和使用体验。

③管道堵塞、老化严重。管道堵塞，出水量小，部分管路出现烂穿漏水等情况。

④各种机械设备超年限服役，维修成本和隐患成本均较高。

⑤系统设备未做及时更新升级，长期低效能运作，能源浪费严重，有碍饭店未来发展。

（3）顾客满意度有待提升。顾客是饭店服务水平和服务质量最有效的检验者，他们对饭店经营管理的满意度或质疑直接影响饭店的经济收益、市场忠诚和品牌建设，进而在很大程度上决定一家饭店市场竞争能力的强弱。由于饭店硬件方面的明显不足，饭店的软件也受到极大的挑战，从而影响顾客满意度。花冠饭店在 2013 年网络点评排行榜上位居该城市饭店的第 16 名，综合评价 4.2 分，具体四项评分为：房间卫生 4.5，饭店服务 4.5，周边环境 3.9，设施设备 4.1。文字点评统计信息共有 272 条细节评论点，其中赞许 162 条，质疑 110 条。顾客满意主要集中在服务好，早餐丰富，性价比高，服务功能齐全，人性化服务项目的设计等；顾客不满意主要包括建筑陈旧，客房小、卫生间小、设施设备老化出故障、噪声较大、隔音差，早餐拥挤，打的难，优惠项目衔接不善，等等。

思考并回答以下问题：

1. 根据实际情况，该饭店应该选择更新设备，还是全面改造？为什么？

2. 假如选择全面改造，其改造的基本目标是什么？

3. 假如你是改造项目的负责人，你会特别注重哪些基本环节与要素？

第七章 饭店安全业务管理

【学习目标】

通过本章的学习,你应该:

1. 掌握饭店安全管理的内容与特点;
2. 熟悉饭店防火安全计划与消防管理措施;
3. 熟悉饭店治安的控制与管理;
4. 掌握饭店紧急情况的应对、管理和其他常见安全事故的防范、管理措施;
5. 掌握饭店食品安全管理的基本环节与措施。

【引例】

发生在饭店的摔倒事件[①]

沈某,在城中饭店(化名)二楼楼梯拐角摔倒受伤,法医鉴定为右腿骨折。事后,沈某多次向饭店提出赔偿一定医药费的要求,遭拒绝。后经消协调节未果。无奈之下,沈某向法院起诉,状告该饭店并提出包括医药费、误工费、精神损失费在内共计4万余元的索赔要求。沈某认为,该饭店楼道过窄,扶手紧贴墙壁并被拐角处门框所遮挡,其楼道设计不符合国家建筑设计规范,存在安全隐患,这是造成他摔伤的主因,饭店应为其侵权行为负主要责任。然而饭店认为沈某当天曾喝过酒,摔倒时手持香烟和手机,沈某应为自己的疏忽大意负全责。

最终,法院判决原告承担主要责任,被告承担部分责任,并支付原告赔偿费1万余元。事后,饭店表示接受审判结果,但同时表明完全是出于对沈某的同情而支付的赔偿费,对那段危险的楼道也没有进行任何改造。

法院对案件的判决是公平的,对饭店经营者来说,这首先是一个法律问题,同时也是一个经营管理问题。经营者们有必要重新审视和加强自己的法律意识和安全防范意识。否则,若是仅为同情买单,那么这个学习成本也就太高了!饭店必须保障顾客在饭店内的人身、财物安全。假如城中饭店事前能意识到楼道安全问题,并对其加以改造,则饭店可以完全免责。除了经济意义外,还有助于避免因法律纠纷、顾客伤亡等事件带来的饭店形象受损。

[①] 程新友.饭店安全管理.北京:旅游教育出版社,2008.

从以上案例我们可以看到,安全需要是人的最基本需要,饭店必须保证提供给顾客的服务产品是安全的,绝不能等闲视之。否则,就有可能既影响饭店的形象,也直接影响饭店的经济效益。饭店安全管理,就是指为了保障顾客、员工以及饭店安全而进行的一系列计划、组织、指挥、协调、控制等管理活动。根据全员管理、把握重点、举一反三的基本思想,饭店安全管理关键必须做好消防、治安与食品安全这三项基本工作。

第一节　饭店消防安全管理

饭店消防安全管理,主要包括火灾的预防、火警处置、火灾扑救等管理工作,管理的基本目标是消除火灾、控制火警、确保安全。

一、消防系统设计

饭店消防管理,须从设计建设开始,即饭店设计与建设必须符合消防规范,并按规定设置消防设施与设备。饭店消防设计,关键必须注重三个系统的设计。

(一)火灾报警系统

饭店火灾自动报警系统具有能在火灾初期,将燃烧产生的烟雾、热量、火焰等物理量,通过火灾探测器变成电信号,传输到火灾报警控制器,并同时显示出火灾发生的部位、时间等,使人们能够及时发现火灾,并及时采取有效措施,扑灭初期火灾,最大限度地减少因火灾造成的生命和财产的损失。该系统主要由以下几部分组成。

1. 触发器件

在火灾自动报警系统中,自动或手动产生火灾报警信号的器件称为触发件,主要包括火灾探测器和手动火灾报警按钮。火灾探测器是能对火灾参数(如烟、温度、火焰辐射、气体浓度等)响应,并自动产生火灾报警信号的器件。

按响应火灾参数的不同,火灾探测器分成感温火灾探测器、感烟火灾探测器、感光火灾探测器、可燃气体探测器和复合火灾探测器五种基本类型。不同类型的火灾探测器适用于不同类型的火灾和不同的场所。手动火灾报警按钮是手动方式产生火灾报警信号、启动火灾自动报警系统的器件,也是火灾自动报警系统中不可缺少的组成部分之一。

2. 报警装置

火灾报警装置,即在火灾自动报警系统中,用以接收、显示和传递火灾报警信号,并能发出控制信号和具有其他辅助功能的控制指示设备。

火灾报警控制器就是其中最基本的一种。火灾报警控制器主要功能是:为火灾探测器提供稳定的工作电源;监视探测器及系统自身的工作状态;接收、转换、处理火灾探测器输出的报警信号;进行声光报警;指示报警的具体部位及时间,同时执行相应辅助控制等诸多任务。其是火灾报警系统中的核心组成部分。

3. 控制设备

在火灾自动报警系统中,当接收到火灾报警后,能自动或手动启动相关消防设备并显示其状态的设备,称为消防控制设备。其主要包括火灾报警控制器,自动灭火系统的控制装置,室内消火栓系统的控制装置,防烟排烟系统及空调通风系统的控制装置,常开防火门,防火卷帘的控制装置,电梯回降控制装置,以及火灾应急广播、火灾警报装置、消防通信设备、火灾应急照明与疏散指示标志的控制装置等控制装置中的部分或全部。消防控制设备一般设置在消防控制中心,以便于实行集中统一控制。也有的消防控制设备设置在被控消防设备所在现场,但其动作信号则必须返回消防控制室,实行集中与分散相结合的控制方式。

4.消防电源

火灾自动报警系统属于消防用电设备,其主电源应当采用消防电源,备用电源采用蓄电池。系统电源除为火灾报警控制器供电外,还为与系统相关的消防控制设备等供电。

(二)消防灭火系统

饭店消防灭火系统主要有以下几部分组成。

1.消防栓

消防栓包括消防栓、水龙带和水枪。消防栓又称消火栓,就是消防用水的水龙头,实际上它是一个直角阀门,以简短的支管连接在消防立管上。消防栓出口水平向外,以内扣式快速接头与水龙带连接。水龙带是由帆布制成的输水软管,一端与消防栓连接,另一端也是用内扣式快速接头与水枪连接。水枪由铝合金制成,呈圆锥形,可将水龙带输送的水由喷嘴高速喷出,形成一股强有力的充实水柱,将火扑灭。饭店应设室内外消防栓给水系统。室外消防给水管道应布置成环状,其进水管道不宜少于两条,并宜从市政给水管道引入,以保证当一条进水管道发生故障时,其余进水管仍能保证全部用水量。消防栓的数量及其与道路、建筑物的距离,都应按规范的要求设置。室内的消防给水管道也应布置成环状,其引入管也不应少于两条。因每根水龙带长度为25米,故消防栓的间距不应大于30米。每个消防栓处应设启动消防水泵的按钮。饭店应设消防水泵房,消防水泵房设在建筑物内的应采用耐火极限不小于3小时的隔墙和不小于2小时的楼板与建筑的其他部位隔开,如独立设置,其耐火等级不低于二级。消防水泵房应设安全出口,如设在底层,出口要直通楼外。

2.自动喷淋

自动喷淋有自动喷水灭火系统和自动喷淋报警系统两种。自动喷水灭火系统是较经济的室内固定灭火设备,使用面比较广,该系统与消防栓给水系统相仿,平时由生活、消防兼用的高位水箱给水系统供水,灭火时则由专用消防泵加压水。自动喷淋报警系统由闭式喷头、报警阀、水流指示器管网和供水设备等组成。平时系统管网内的水压由生活、消防兼用供水系统保持。当发生火灾时,环境温度升高,使天花板上的喷头自动打开喷水灭火。由于网管水压降低,报警阀动作,发出火灾信号并启动消防水泵。

3.灭火器

灭火器的种类有酸碱灭火器、泡沫灭火器、二氧化碳灭火器、干粉灭火器和卤代烷灭火器。

酸碱灭火器适用于扑灭一般固体物质的火灾。泡沫灭火器适用于油类和一般固体物质及可燃液体火灾。二氧化碳灭火器适用于带电的低压电气火灾和贵重的仪器设备等。干粉灭火器性能和适用范围与二氧化碳灭火器基本相同。卤代烷灭火器上述灭火范围都可以使用,特别适用于精密仪器、电气设备、档案资料等。

（三）防、排烟系统

高层饭店的疏散楼梯和消防电梯必须是防烟的。防烟的功能包括排烟系统和正压通风系统。

饭店及客房区域一旦发生火灾,除有火焰外还有大量白烟雾,若不迅速排除,则烟气侵入会使人窒息。据统计,高层饭店火灾死亡人数中,有一半以上是被烟气窒息而死的。因此,一方面要设法防止烟雾的流窜,另一方面要通过排烟管道把烟排到室外。排烟分自然排烟和机械排烟两种方式。室外疏散楼梯和敞开式疏散楼梯间都采用自然排烟的方式。敞开式疏散楼梯位于走廊尽端或一边靠近外墙,楼梯间在室内,它通过敞开的阳台或凹廊与走廊连接。从走廊拥来的烟雾可通过阳台消散,不会侵入楼梯间,保证人员能安全从楼梯疏散。当饭店的疏散楼梯和前室为室内封闭式结构时,就必须采用机械排烟方式。机械排烟一般采取送风—排烟方案,即在前室设置送风口和排烟口,分别与进风竖井和排烟竖井相通。排烟口平时处于关闭状态,采取手动或自动方式开启,排烟口和排烟风机有联锁装置。

在发生火灾后,启动进风风机,向楼梯间加压送风,使楼梯间达到66.5Pa的压力,余压进入前室也可达到40Pa左右,大于走廊内的气压。当火灾产生的烟雾拥到前室时,被前室内正压挡在门外,即使少量烟雾侵入,也被排烟口吸入排出,这样可以确保疏散楼梯间的安全。

二、消防预警管理

饭店消防安全管理,应坚决贯彻《中华人民共和国消防法》提出的"预防为主、防消结合"的方针,强化消防预警管理,做到防患于未然。

（一）建立消防管理组织

饭店应建立饭店、部门、班组三级防火组织,并确定相应的防火负责人。当然,为了把消防工作落到实处,饭店还必须配备必要的消防工作的专职人员,并建立义务消防队。同时,必须强化各级组织与人员的责任制度,做到责任到人,落到实处。只有人人具有责任感,提高警惕,才能做到防患于未然。

（二）完善消防管理制度

现代化的消防管理是以健全的法规为主要标志的。饭店应根据国家的有关法规,制定相应的消防管理制度,主要包括:消防安全教育、培训制度、消防控制室管理制度、防火巡查制度、防火检查制度、消防设施和灭火器材管理制度、安全疏散设施管理制度等。当然,除了制定科学的制度使饭店的消防工作做到有法可依、有章可循,关键还在于制度的执行,必须做到"有法必依",真正把消防安全管理的各项制度落到实处。

（三）注重火灾防范措施

饭店的基本防火措施主要有以下几项:

(1)减少可燃物物质。室内装修,应当采用非燃或难燃材料,尽可能减少使用可燃材料。

(2)预防火源。严格控制明火的使用,维修、施工动用明火,须按有关规定经过批准,并在防火员监督下进行。建立感温防火系统,及时发现温度异样上升的迹象,采取降温措施,防止火灾的发生。

(3)建立防火分隔。防火分隔是指用防火墙及防火门把建筑物分隔为若干防火分区。在饭店建设时须根据国家消防法规,按防火要求,用防火墙及防火门等将建筑物分隔成若干防火防烟分区,每层楼之间也要有防火防烟分隔设施,万一发生火灾,便于控制,防止蔓延。

(四)制定消防应急行动计划

消防应急行动计划应包括以下三部分内容:

(1)火灾报警程序,包括报警设备、报警内容、报警方法等。

(2)扑灭火灾的应急措施。饭店一旦发生火灾,饭店有关负责人及各类员工应采取的程序和行动包括:现场指挥、力量组织、灭火方法、注意事项等。为了有效灭火,饭店灭火计划应准备以下资料:饭店总平面图,应注明四周建筑物、给水管网上消防栓的位置、给水管尺寸;建筑外形特点,车辆进出口通道、电梯间、防烟楼梯间的位置;饭店内部消防设施布置图;灭火行动平面图。

(3)火灾疏散方案。即饭店发生火灾后,人员和财产紧急撤离火灾现场,到达安全地带的行动方案。主要包括疏散的信号、疏散前的准备工作、疏散路线、疏散方法、疏散集合地等。

三、火警火灾处置

由于饭店业务的复杂性与多变性,即使饭店消防工作防范最严,也可能会出现各种火警。所以,饭店必须建立相应的管理机制,有效处置各类火警。

(一)火警处理

饭店火警的报警一般分为两级。一级报警,在饭店发生火警时,只在消防中心报警,其他场所听不到铃声,这样不至于造成整个饭店的紧张气氛。二级报警,在消防中心确认店内已发生了火灾的情况下,才向全饭店报警。饭店一旦发生火灾,除非火灾很小并有绝对把握一下子扑灭,否则首先必须报警。是否向公安消防队报警,应由饭店主管消防的领导根据火灾的大小做出决定。

(二)火灾疏散

饭店发生火灾,一旦失去控制,要尽快把饭店的人员和重要财产及文件资料撤离到安全的地方。通知疏散的命令一般通过连续不断的警铃、饭店紧急广播系统或通过背景音乐的广播系统。疏散通知应当事先用汉语、英语及其他语言视不同情况录制好。在紧急疏散时,各部门的服务员要通知并组织顾客疏散,不得乘坐电梯,并做好检查工作。

为了使顾客能在紧急情况下安全撤离,饭店应当在客房内提供消防相关资料,告诉顾客防火安全知识和火灾逃生办法。

(三)火灾扑救

饭店出现火灾,应该组织力量,迅速扑救。灭火的基本方法主要有:冷却灭火,即将燃烧物的温度降到燃点以下,使燃烧停止下来。窒息灭火,指采取隔绝空气或减少空气中的含氧量,使燃烧物得不到足够的氧气而停止燃烧。隔离灭火,指把正在燃烧的物质同未燃烧的物质隔开,使燃烧不能蔓延而停止。抑制灭火,指用有抑制作用的化学灭火剂喷射到燃烧物上,并参与燃烧物的化学反应,与燃烧反应中产生的游离基结合形成稳定的不燃烧的分子结构,而使燃烧停止。

火灾扑救时,必须根据不同的火灾类型,采用不同的灭火办法。根据燃烧物质的特性和燃烧特点,一般可把火灾分为下列五类:

A类火灾。固体物质火灾,一般在燃烧时能产生灼热余烬,如木材、棉纺织品、毛、麻、纸张等。该类火灾所采用的灭火剂以水为主,也可选用泡沫灭火器、ABC干粉灭火器和环保型水系灭火器等加以扑灭。

B类火灾。易燃、可燃液体火灾和可熔化的固体火灾。如汽油、煤油、柴油、甲醇、乙醇、酒精、沥青、石蜡等引起的火灾。该类火灾可用ABC干粉灭火器、二氧化碳灭火器、卤代烷型灭火器等进行扑灭。

C类火灾。可燃气体火灾。如煤气、氢气、天然气、丙烷等引起的火灾。该类火灾可采用ABC干粉、二氧化碳灭火器、环保型水系灭火器和卤代烷型灭火器等进行扑灭。

D类火灾。可燃的金属火灾。如钾、钠、镁等引起的火灾。该类火灾灭火剂可采用干砂等。

E类火灾。指带电物体燃烧的火灾。该类火灾可采用二氧化碳灭火器、ABC干粉灭火器和卤代烷型灭火器等进行扑灭。

第二节　饭店治安工作管理

治安管理是指饭店为防盗窃、防破坏、防流氓活动、防治安灾害事故而进行的一系列管理活动。其目的是保障顾客、饭店和员工的财产不受损失,顾客及员工的人身不受伤害。

一、治安管理特点

与其他生产性企业和政府机关的治安管理相比,饭店治安管理具有以下特点。

(一)管理跨度大

饭店安全管理的跨度大,主要表现在两个方面:一是饭店作为公共场所,具有客流量大、人员复杂、彼此互不相识的特点,因此往往是犯罪分子作案的理想目标和隐藏匿居的地方,发案可能性较大。饭店的治安管理不是仅依靠安全部门就能做好,更需要饭店全体员工的积极参与,涉及每个岗位和每个员工,如果任何员工对饭店安全工作不重视,都可能出现人身与财产方面的损失。只有群防群治,让每一个员工都树立本职工作与饭店整体安全有关的观念,才能真正把安全工作落到实处。二是饭店的治安管理不仅包括保障顾客的人身、财物安全,而且包括保障顾客的心理安全及员工和饭店的安全,其管理幅度和内容,几乎涉及饭店的各个部门和饭店工作的各个方面。此外,各类治安问题往往是在很短的时间内发生的,只有在平时做好处理各种突发事件的准备,才能在发生突发事件时临危不乱,及时进行控制与处理。

(二)服务特性强

饭店的安全管理部门固然需要维护饭店的治安,处理各种违纪事件,但更多的则是为顾客和饭店其他部门提供服务。所以,饭店的安全管理既要积极防范,又要内紧外松,不能戒备森严,气势吓人;既要监督各部门严格执行安全规定,又要尽量简化手续,努力为他们提供方便。作为一名保安人员,既要有公安人员般的警惕性,又要有服务人员的和颜悦色;既要坚持原则、按制度办事,又要文明礼貌、乐于助人。

(三)政策要求高

饭店是一个"小社会",饭店的安全保卫业务差不多涉及治安管理、外国人管理、保安业务、消防、交通管理等,有的是公开的,有的是秘密的,有的属于刑事范围,有的属于治安范围,有的涉及民族政策,有的涉及外事政策。所以,不同的业务涉及不同的政策方针和法律法规。另外,对待同一个行为,由于行为者的国籍不同,行为发生地不同,处理的依据、方式和结果也会不同。由此可见,饭店的安全管理政策性极强。作为安全管理人员则必须懂得一些外交、侨务、民族、对台、宗教等方面的政策和国内、国际上有关的法律,做到依法办事,把握好饭店安全管理工作的尺度,使饭店安全管理走上法治的轨道。

二、治安管理环节

饭店治安管理,既要参照国外先进饭店的管理经验,遵循国际惯例,又不能有违我国的治安管理条例,应把治安管理和优质服务有机地结合起来,达到内紧外松、确保安全的目标。

(一)配备治安管理设施

为了有效防止失窃、凶杀等案件的发生,饭店除了增强全员安全意识外,首先要注意配备必要的防盗、防暴设备,如门窥镜、防盗扣(链)、安全报警系统、防盗报警装置、闭路电视监控系统、电子门锁系统等。

(二)制定意外事件预案

饭店内发生具有社会危害性和灾害性的事件主要有三个方面:一是破坏性事件,如放火、爆炸等;二是重大刑事犯罪活动,如抢劫、凶杀等;三是扰乱公共场所秩序的治安事件,如流氓斗殴等。预案包括下列主要内容:

(1)建立处置意外事件的指挥机构。一般分为二级,即店级指挥机构和安全部指挥机构。

(2)建立统一的报警和信息传递程序。一般报警有两条线:一条是向饭店安全部报警,另一条是向公安部门报警。报警程序一般应该先向饭店安全部报警,然后由安全部在初步了解事件性质的情况并报告饭店领导后,再决定是否向公安部门报警。

(3)处置力量的部署和具体任务。这主要规定饭店在发生意外事件时,饭店应该组织的相关人员及各自的具体任务。

饭店意外事件预案的制定,必须贯彻:顾客安全第一的原则;统一指挥、协调配合的原则;严格依法办事、讲究政策和策略的原则。

(三)健全治安管理制度

要使饭店治安管理落到实处,就必须制定明确的岗位责任制和行为准则,并建立和健全各项管理制度。如贵重物品保管及保险箱的管理制度,行李寄存及行李房管理制度,拾遗物品的管理制度,要害部门的管理制度,各种物品存放和领用制度,现金管理制度,对超限额消费和欠账顾客的管理办法等。

(四)加强有关人员管理

1.员工管理

加强对员工服务过程的管理,主要有:员工出入饭店大门及携带物品的规定,员工更衣室的管理制度,员工进入客房及在房内服务的规定,员工领用钥匙的程序和手续,等等。

2.施工人员管理

加强对外来施工人员的管理,要做好审批手续、凭证出入、规定行走路线和活动地点、进行安全教育等方面的工作。

3.顾客管理

加强对顾客的管理,应抓好"三个重点",即重点部位、重点时间、重点对象;"三个控制",即楼面控制、电梯控制、通道控制;"六个落实",即开房验证、住宿登记、来访登记、跟房检查、客情掌握、行李保管。具体应做好以下工作:

(1)制定科学、具体的顾客须知。如住宿须知、舞厅须知等,明确告知顾客应尽的义务和注意事项。

(2)加强入住登记工作,严格执行公安部门的凭有效身份证登记入住的规定,并切实做好验证工作,制定顾客领用钥匙的规定。

(3)做好来访顾客的管理工作。应明确规定接待来访顾客的离店时间,严格控制无关人员进入楼层。

(4)加强巡逻检查,发现可疑和异常情况及时处理。

三、意外事件处置

饭店意外事件,是指发生在饭店内、造成人身伤亡或物质损失的意外变故或灾祸。意外事件具有一般人预先没有料到的意外性和突发性,就其引起的主观心理状态而言,也包括过失和故意。

(一)顾客伤病处理

顾客伤病是指顾客在住店期间生病和各种原因造成的受伤。任何员工在饭店内发现有伤病顾客应立即向安全部或值班经理报告。尤其是客房部的服务员及管理人员在工作中,应随时注意是否有伤病顾客。

安全部或值班经理在接到顾客伤病的报告后,应会同医务人员和大堂副理去现场了解处理,如顾客伤病情况不严重,由医务人员处理或送顾客去医院做仔细检查及治疗。如伤病情况严重,应边进行急救处理,边安排急救车将伤病顾客送医院治疗,绝不可延误时间。对于送医院抢救的顾客,饭店应派员和顾客的亲友等一道前往,如果顾客需住院治疗,要协助办理好手续。

外国顾客发生伤病,需要到当地指定的医院或医院的指定部门就诊。外国顾客就诊应遵循中国医疗部门所制定的规章制度,就诊时应携带外交身份证明。顾客在住院期间须按所在医院的医疗方案进行,不得自己用药或自己找院外医生治疗。如顾客需要动手术或病情严重,必须由医生通过翻译让病人的亲友或领队在手术同意书上签字表示同意,医院才能进行手术。

当一切事项处理完毕后,饭店有关部门应写出顾客伤病情况报告,除呈报总经理及有关部门外,还应存档备查。

(二)顾客死亡处理

顾客死亡是指顾客在住店期间因病死亡、意外事件死亡、自杀、他杀或其他不明原因的死亡。除前一种属正常死亡外,其他均为非正常死亡。安全部工作人员在接到顾客死亡的报告后,应向报告人问明顾客死亡的地点、身份、国籍等情况,并立即报告安全部经理。安全部经理接到报告后,会同大堂副理和医务人员前去现场,对现场的一切物品不能挪动,严禁无关人员接近现场,派安全部人员保护现场,同时向公安部门报告。

(1)正常死亡顾客的处理。①正常死亡需公安机关对尸体做出检验后才能定论;②国内人员可根据死亡者所留下的证件、电话号码等与其亲属联系,并根据中国法律进行处理;③外国顾客除按上述方法与大使馆或领事馆取得联系外,还要尽可能地根据各国的民族风俗进行处理。

(2)非正常死亡顾客的处理。①立即报告公安机关。②如遇悬挂着的人体,检查其是否还有体温、脉搏、呼吸,如有,应首先考虑抢救,抢救时可先用剪刀剪断颈部的绳带,将人体卸下时避免造成新的伤痕,并将绳带保存好;如确认已死亡,则不要移动尸体,待公安人员到场后进行处理。③如室外遇急救人命、抢救财物、排除险情等必须进入现场或移动现场物品时,保安员应尽量避免踩踏现场的足迹和触摸现场的物品,对罪犯留在现场的物品等不要用有浓烈气味的物品遮盖,以免破坏嗅源。

对于顾客在饭店内死亡的情况,除向公安部门或上级领导报告外,任何人不得对外(包括店内职工)泄露。在一切事项处理完毕后,安全部要把死亡处理的全过程详细记录存档。

(三)顾客违法的处理

顾客违法一般是指顾客在住店期间犯有流氓、斗殴、嫖娼、盗窃、赌博、走私等违反我国法律的行为。安全部值班人员在接到有关顾客违法的报告后,要立即派内保主管和保安人员到现场了解情况,保护和维护现场秩序。对于较严重的事件,安全部经理须亲自到现场调查,同时要向值班总经理报告。

安全部人员在找顾客了解情况时,一定要慎重,先了解顾客的身份。对顾客之间一般的吵架等行为,安全部可出面进行调解。对于违法的行为,要查明情况,做好笔录,并视违法犯罪行为情节的轻重,确定刑事案件或治安案件,并向公安机关报告。

如果事件涉及外国人,须向当地公安机关外事部门报告,并严格按照我国的有关法律和政策办事。

(四)顾客报失的处理

顾客报失是指顾客住店期间在店内丢失、被窃或被骗财物向饭店进行报失的事件。对顾客报失的处理,一般有以下几个基本环节。

1. 赶赴现场

安全部人员在接到顾客报失或饭店工作人员的报告后,要立即会同大堂副理到达现场,保护好现场,并听取失主对丢失过程的陈述。

2.做好笔录

详细记录失主的姓名、房号、国籍、地址,丢失财物的名称、数量(包括物品的型号、牌号、规格、新旧程度,货币的种类、面额等)、时间,以及物品丢失的经过。帮助失主尽量回忆来店前后的情况。如果顾客丢失的是护照、回乡证、回港证等身份证件,应与当地公安机关外管部门联系,并让失主前去报案。如果顾客丢失的是信用卡、旅行支票等有价单据,要及时同中国银行取得联系并控制各外汇兑换点。

3.检查现场

在征得失主的同意后,帮助查找物品,要征求顾客意见(尤其是外国顾客)是否向公安机关报案。如果顾客同意报案须由顾客在记录上签字或要求顾客写一份详细的丢失经过。

4.调查处理

对有关人员进行谈话、调查,通过调查排查出重点嫌疑人员,要尽快取证,要讲道理、重证据、严格注意政策,做到情节清楚,准确无误。并拿出处理意见,经领导批准后执行。

5.其他

如果顾客的财物属被窃或被骗,应立即向总经理汇报,并由安全人员保护好现场。经总经理同意后向公安部门报告。如果顾客的财物是在饭店范围以外被窃、丢失或被骗,可以要求失主自己去公安部门报案。

顾客的报告被确定为案件后,饭店安全部应配合公安部门立案查破,把情况和处理结果详细记录留存。

第三节 饭店食品安全管理

俗话说:民以食为天,食以安为先。食品安全作为饭店安全管理的重要组成部分,必须高度重视,并加以科学计划与控制。

一、基础管理工作

加强食品安全管理,首先必须强化基础管理工作。其主要包括以下几项。

(一)环境卫生管理

根据《中华人民共和国食品安全法》(以下简称"食品安全法")、国家食品药品监督管理局发布的《餐饮服务食品安全操作规范》(以下简称"食品安全操作规范")与国家认证认可监督管理委员会发布的《食品安全管理体系——餐饮业要求》(以下简称"食品安全管理体系"),饭店餐饮环境卫生管理须特别注意以下要求。

1.设施到位

饭店经营场所的设施和设备的设计与配置必须符合国家食品安全管理法规的要求,如餐饮设施的空间布局、通风、排烟、排水、照明等。特别是处理或短时间存放直接入口食品的专用操作间,包括凉菜间、裱花间、备餐间等,更要按照法律规范设计。

2.清洁卫生

饭店的公共场所必须保证整洁,做到无垃圾、无污迹、无异味。为此,饭店必须制定公共卫生清洁工作的制度和公共卫生计划,实行定岗划片、分工负责、落实到人。同时,管理人员要加强巡视检查,发现问题及时解决。

3.通风消毒

保证饭店中央空调系统安全送气,确保向饭店各个场所输送新风,及时清洗布草,并严格按照规范的饭店卫生清洁程序进行设备、用具的消毒操作。

4.消灭害虫、鼠类

蟑螂、蚊蝇、老鼠等不但影响环境卫生,而且也是各种疾病的传播者,因此只要一发现老鼠、蟑螂、蚊蝇等必须立即灭杀,在它们容易出没的地方经常喷洒杀虫剂。

(二)员工卫生工作

员工卫生,是饭店卫生防疫工作的基础之基础。如果操作人员患有疾病或者个人卫生不良、操作方法不当等,都有可能导致病菌的传播。

1.员工健康管理

饭店员工的健康管理,是保证员工个人卫生的基础。饭店从业人员在上岗前必须经过卫生医疗机构的检查,合格后方能使用。员工在雇用后每年必须主动进行健康检查,并取得健康证明。

2.员工卫生管理

员工个人卫生不仅显示个人的自尊自爱,也标志着饭店的形象。饭店员工必须有良好的卫生习惯,并遵守卫生操作规则:

(1)员工在工作场所禁止饮食、吸烟,在食品加工过程中尽量不作交谈。

(2)员工在拿取用具时应采用卫生方法,不能用手直接接触用具上顾客入口的部位。

(3)不能用手直接抓取食品,准备食物时尽可能使用各种器皿用具。当必须用手直接进行操作时,应戴好清洁的工作手套,并且在操作结束后处理好使用过的手套。

(4)工作时不使用破裂器皿。

(5)器皿器具如掉落在地上,应洗净后再使用。

(6)若熟食掉落在地上,则应弃置,不可再使用。

(7)注意成品,避免污染。

3.员工卫生教育

通过对员工进行卫生意识和卫生知识的教育,使员工在认真做好服务工作的同时,注意自身的健康保护,加强个人卫生,并要求做到熟知卫生防疫部门公布的传染性疾病、食物和职业中毒等疾病的症状、特征和预防措施,能够对传染性疾病、食物和职业中毒等疾病的表现症状做出大致判断和及时反映,能够及时履行报告制度,并做好现场控制。

(三)用具卫生管理

用具卫生管理,关键在于做好清洗、消毒与保洁工作。

1.清洗

洗刷餐饮用具必须有专用水池,不得与清洗蔬菜、肉类等其他水池混用。

2.消毒

(1)物理消毒。餐饮用具消毒,主要可采用蒸汽、煮沸、红外线等热力消毒方法。基本要求是:煮沸、蒸汽消毒保持100℃,10分钟以上;红外线消毒一般控制温度120℃以上,保持 10 分钟以上;洗碗机消毒一般控制水温 85℃,冲洗消毒 40 秒以上。采用人工清洗热力消毒的,至少设有 2 个专用水池。

(2)化学消毒。餐饮用具消毒主要为使用各种含氯消毒药物消毒。基本要求是:使用浓度应含有效氯 250mg/L 以上,餐饮用具全部浸泡在液体中 5 分钟以上;化学消毒后的餐饮用具应用净水冲去表面残留的消毒剂。采用化学消毒的,至少设有 3 个专用水池。

3.保洁

消毒后的餐饮用具要自然滤干或烘干,不应使用抹布、餐巾擦干,避免受到再次污染;消毒后的餐饮用具应及时放入密闭的餐饮用具保洁设施内。

二、制作过程管理

饭店菜肴制作管理须特别注意以下要求。

(一)原料采购要求

饭店采购食品原料、食品添加剂、食品相关产品,应当查验供货者的许可证和产品合格证明文件;对无法提供合格证明文件的食品原料,应当依照食品安全标准进行检验;不得采购或者使用不符合食品安全标准的食品原料、食品添加剂、食品相关产品。

饭店应建立食品原料、食品添加剂、食品相关产品进货查验记录制度,如实记录食品原料、食品添加剂、食品相关产品的名称、规格、数量、供货者名称及联系方式、进货日期等内容。食品原料、食品添加剂、食品相关产品进货查验记录应当真实,保存期限不得少于两年。

(二)热菜烹饪要求

(1)烹饪前应认真检查待加工食品,发现有腐败变质或者其他感官性状异常的,不得进行烹饪加工。

(2)不得将回收后的食品经加工后再次销售。

(3)需要熟制加工的食品应烧熟煮透,其加工时食品中心温度应不低于 70℃。

(4)严格依照食品安全标准关于食品添加剂的品种、使用范围、用量的规定使用食品添加剂。不得添加药品,但是可以添加按照传统既是食品又是中药材的物质。

(5)需要冷藏的熟制品,应凉透后再进行冷藏。凡隔餐或隔夜的熟制品不得作为冷菜供应,经充分再加热后方可食用。冷却应在清洁操作区进行,并标注加工时间等。

(6)用于烹饪的调味料盛放器皿宜每天清洁,每餐使用后随即加盖,不得与地面或污垢接触。

(7)加工后的成品应与半成品、原料分开存放。

(8)重要接待活动及超过 100 人的一次性聚餐,每餐次的食品成品应留样。留样食品每餐、每个品种留样量不少于 100g,待冷却后,放入 0℃～10℃专用冰箱内,存放 48 小时以上。

(三)凉菜配制要求

(1)凉菜间内应当由专人加工制作,非操作人员不得擅自进入专间。

(2)凉菜间每餐(或每次)使用前应进行空气和操作台的消毒。使用紫外线灯消毒的,应在无人工作时开启 30 分钟以上,并做好记录。

（3）凉菜间内应使用专用的设备、工具、容器，用前应消毒，用后应洗净并保持清洁。

（4）供配制凉菜用的蔬菜、水果等食品原料，未经清洗处理干净的，不得带入凉菜间。

（5）制作肉类、水产品类凉菜拼盘应及时冷藏；改刀熟食从改刀后至供应的时间不得超过 3 小时；隔夜冷荤食品要回烧彻底。冷荤食品烧制后应在 2 小时内冷却。

（四）裱花操作要求

（1）蛋糕胚应在专用冰箱中冷藏。

（2）裱浆和经清洗消毒的新鲜水果应当天加工、当天使用。

（3）植脂奶油裱花蛋糕储藏温度在 3℃±2℃；奶油类原料应在 10℃ 以下存放；水分含量较高的含奶、蛋的点心应在高于 60℃ 或低于 10℃ 的条件下贮存；蛋白裱花蛋糕、奶油裱花蛋糕、人造奶油裱花蛋糕储藏温度不得超过 20℃。

（4）含奶、蛋的面点制品在制成后 2 小时以上食用时，应当凉透，在 10℃ 以下专用设施内储存，冷加工糕点贮存不超过 24 小时。

三、食物中毒管理

（一）食物中毒类型

食物中毒依其原因可分为三类：一是细菌性食物中毒，即食物被有害或致命的有毒生物所污染而引起的食物中毒；二是化学性食物中毒，即食物被有毒的化学物质污染而引起的食物中毒；三是有毒食物中毒，即食物本身含有毒性所造成的食物中毒。

（二）食物中毒预防

预防食物中毒，应根据防止食品受到病原菌污染、控制病原菌的繁殖和杀灭病原菌三项基本原则采取措施，其关键点主要有：

（1）避免污染。即避免熟食品受到各种病原菌的污染。如避免生食品与熟食品接触；经常性洗手，接触直接入口食品的人员还应消毒手部；保持食品加工操作场所清洁；避免昆虫、鼠类等动物接触食品。

（2）控制温度。即通过适当的温度保证杀灭食品中的病原菌或防止病原菌的生长繁殖。

（3）控制时间。即尽量缩短食品存放时间，不给病原菌生长繁殖的机会。如为防止四季豆引起的食物中毒，烹饪时先将四季豆放入开水中烫煮 10 分钟以上再炒。

（4）清洗和消毒。这是防止食品受到污染的主要措施。接触食品的所有物品应清洗干净，凡是接触直接入口食品的物品，还应在清洗的基础上进行消毒。如为防止农药引起的食物中毒，蔬菜粗加工时以食品洗涤剂（洗洁精）溶液浸泡 30 分钟后再冲净，烹饪前再经烫泡 1 分钟，可有效去除蔬菜表面的大部分农药。

（5）控制加工量。食品的加工量应与加工条件相吻合。

（三）食物中毒处理

如发现顾客同时出现食物中毒症状，应立即报告本部门经理。部门经理在接到顾客可能食物中毒的报告后，如饭店有医务室，应立即通知医生前往诊断。初步确定为食物中毒后，应立即通知饭店有关领导。医务室应立即对中毒顾客紧急救护，并将中毒顾客送医院治疗。餐饮部要对顾客所用的所有食品取样备检，以确定中毒原因，并通知当地卫生防疫部门。同时,餐饮部要对可疑食品及有关餐具进行控制,以备查证和防止其他人员中毒。由餐饮部负责,保安部协助,对中毒事件进行调查,查明中毒原因、人数、身份等。当地卫生防疫部门到达后,要协助进行调查。

造成食物中毒的原因不同,饭店所承担的法律责任也不同。一般可分为以下三种情况:一是饭店过失造成的食物中毒,饭店应负全部法律责任。二是饭店外部原因造成的食物中毒,饭店应先向顾客赔偿损害,然后再向相关单位追偿损失。三是顾客本身原因造成的食物中毒,饭店不承担法律责任。

【思考与练习】

一、思考题

1. 饭店安全管理涵盖哪几个层面的内容?
2. 饭店消防管理怎样做到"预防为主、防消结合"?
3. 饭店出现火警时,应该怎么办?
4. 饭店防范盗窃等违法犯罪有哪些控制与管理措施?
5. 治安管理具有哪些特点? 这对饭店安全管理工作提出了怎样的要求?
6. 饭店怎样防范食品中毒事件? 一旦出现食品中毒,应该怎样处理?

二、训练题

搜索网络信息,整理近两年来我国饭店发生频率最高的安全事故类型,并列表分析其发生的主要原因有哪些。

三、案例分析题

抢劫犯跑了[①]

海丰饭店每年都从外地招来一批实习生,实习期为半年左右。实习生大多是十七八岁的青年,刚刚走出校门,没有任何社会经验,由客房部经理分别安排老员工带她们,没有进行专门的岗前培训就上岗了。其中两个实习生被安排上中班,负责开夜床服务。一天,实习生小李在15楼层进行开夜床服务时,楼层来了一位二十几岁的青年顾客,头发很长,像是搞艺术工作的,站在门外服务台后面,很有礼貌地询问一些事情。小李看到这个彬彬有礼、说话和蔼的青年与她搭话,并没在意,边做事边回答他的提问,时间一点点过去了,谈了大约半个小时,小李看他没有要走的意思,便反问他来饭店做什么。青年讲来饭店找一个朋友,但他没在房间,还要再等一会儿。小李接着边做事边和他聊。青年人自称在几家饭店的客房部工作过,还帮助小李做了几间夜床,小李觉得这个人很值得信赖,便将自己的住址和电话号码告诉了对方,不知不觉工作干完了,小李推车回到服务间,青年人跟在后面帮助推车。进服务间后,青年人半开玩笑地对小李说:"你信不信我会把你绑起来?"小李说:"我不信。"小李还做了个背手的动作,青年人迅速一手抓住背过来的双手,一手从随身携带的塑料袋里掏出胶带将小李捆了起来。小李这时发现对方是动真格的,刚要喊就被一块胶布粘住了嘴,此人掏出匕首威胁说:"我借你衣服穿一穿,再出声,我就捅了你。"随即将服务间

---

① 陈文生.酒店管理经典案例.福州:福建人民出版社,2011.

的门关上。此时,另一名实习生小徐来找小李。小徐发现服务间门关着,叫了几声,没人回应,一推门,里面没有开灯,她打开灯,看见同伴被捆在地上。歹徒同样把小徐给捆了。然后,歹徒穿好服务员的衣服,手里拿着服务员的万能钥匙,刚要出门作案,正遇到定期巡楼的保安。此时,保安发现了被捆的服务员,双方形成了对峙,保安在门外,歹徒在门内,服务间还有两个被捆的服务员。歹徒亮出匕首,希望保安放他一马。保安人员闪身抄起身边的灭火器自卫,歹徒立即从服务间冲出,奔向电梯,正好在这层有一部开着门的电梯,歹徒坐电梯下到一层大堂。等大堂保安人员得到通知反应过来时,歹徒已经跑出店外逃之夭夭。

思考并回答以下问题:

1.在此案例中,歹徒为什么会差点得手并顺利逃脱?

2.从该案例中,我们可以得到哪些经验教训?

第八章　饭店服务品质管理

【学习目标】

通过本章的学习,你应该:

1. 充分认识饭店服务品质的重要性;
2. 了解饭店服务品质管理的相关理论;
3. 掌握饭店服务品质设计的依据、构成与要求;
4. 掌握饭店服务品质控制的内容与方法;
5. 熟悉服务评价的各方主体依据及其特点。

【引例】

优质服务是饭店的留客之道①

风光公司是一家年产值16亿元左右的中外合资公司,每年都要举办不同规模和类型的订货会、业务研讨会与客户答谢会,是各家饭店竞相争取的大客户。

某年9月,该公司在复兴饭店举行了一次业务研讨会,由于该饭店建立了科学有效的会议接待制度,使得会议非常成功,公司领导、会议代表均非常满意,会务组人员也感到从未有过的轻松。于是,他们初步决定将12月份的一个业务研讨会放在该饭店召开。

但此时离该饭店不远的金鹰饭店获知了该公司的会议信息,销售部经理李萍当即去该公司促销,并真诚邀请主管该项业务的刘经理到饭店考察。刘经理第二天应邀来到金鹰饭店,李萍已在门口恭候,并陪同参观。

金鹰饭店的规模和功能与复兴饭店相差无几,但设施新,客房面积比复兴饭店大。中午,王副总经理设宴招待了刘经理,席间提出能否给饭店一次服务的机会,把12月份的业务研讨会放在该饭店。刘经理表示歉意,说该会议已定在复兴饭店。一个星期后,饭店邀请了川菜烹饪大师来店献艺,李经理再次邀请刘经理到饭店考察,主管销售的王副总经理亲自陪同。用餐后,又请刘经理去KTV唱歌,中间李经理又提出12月份的会议之事,并表示在房价上比复兴饭店优惠100元/间。此时,刘经理开始有点动心,表示回去与有关人员商量。

第二天,刘经理当即与复兴饭店营销部郭经理联系,要求房价给予优惠。郭经理当即

---

① 该案例由邹益民根据自己的工作经历编写,企业名称为虚拟,如有雷同,纯属巧合。

赶到刘经理办公室协商。刘经理要求房价从495元降至410元,理由是金鹰饭店给的房价是395元。郭经理回店后向总经理请示,总经理表示考虑到该公司为A类客户,可给予特别优惠,房价可降至饭店确定的最低会议房价470元。郭经理认为这个房价恐怕刘经理不会接受。总经理表示,若不能接受,我们也不能强求,我们不能因一笔业务而破坏整个饭店的销售体系,对一个客户的无限制优惠就意味着对其他客户的不公平,况且一个饭店要想在竞争中立足,关键要靠服务,而非价格。

郭经理把饭店最后能给风光公司的房价告诉刘经理,果然刘经理未能接受,会议最后决定在金鹰饭店举行。

但是,以后的会议接待情况令刘经理后悔不已。一是金鹰饭店实行了各部门经济责任制,销售部的有些业务指令往往无法有效落实。二是金鹰饭店不像复兴饭店那样设有专门的会议经理协调指挥,会议的有关事务只好由刘经理自己同有关部门一一沟通敲定。三是金鹰饭店的业务运行和服务体系尚不完善,各种差错不断,如在原定的进房时间拿不到房,排房出现重房现象,餐厅出菜速度过慢等。四是会场设施运行不正常,空调噪声过大,话筒出现啸叫等。结果公司领导、会议代表均大为不满,而刘经理未等会议结束就到医院打点滴。

之后,风光公司决定再也不在金鹰饭店举办会议,而把复兴饭店列为重要会议首选饭店。

该案例告诉我们,低价固然能招徕顾客,但难以留住顾客。市场上有众多的饭店,顾客做出第一次选择后,往往有一个重新评价过程,只有服务品质真正优秀,才能获得顾客的青睐。服务品质是饭店经营的生命线!加强品质管理,提高服务品质,这是饭店经营管理一个永恒的课题。

第一节　饭店品质管理理论

要提升饭店服务品质管理水平,首先必须了解饭店服务品质管理的相关理论,找到饭店服务品质管理的基本依据与基本方向。

一、服务品质理论

(一)饭店服务基本含义

饭店服务,就是凭借各种资源,根据不同场景,通过人际沟通,为顾客创造价值,并实现饭店效益的活动。

1.服务基础

饭店服务以资源为基础,饭店经理人必须懂得有效识别与整合服务资源。

(1)自然资源。饭店服务首先要借助自然环境、气候条件等各种自然资源,来丰富自己的服务内涵,创造自己的服务特色。

(2)人文资源。这是饭店服务的核心资源。饭店应充分利用当地与本饭店的人文资源,不断丰富服务文化内涵,有效提升饭店服务的层次。

(3)科技资源。在知识经济时代,饭店既可利用信息管理技术,增强饭店服务能力,提高饭店服务的准确性和快捷化;也可利用新科技,改善各种设施设备,提高设施舒适性;还可以通过新技术,提供高度个性化服务,营造出一种无所不在的人文关怀。

2.服务场景

服务是在一定的空间进行的,不同空间存在不同服务对象而呈现不同场景,而不同场景的顾客具涉及不同的服务期望。一般来说,饭店服务存在以下三种服务场景:

(1)公共服务场景。即在一个服务空间中存在多个互不相识的顾客个体或群体。此时,饭店服务必须做到公平性、规范性和艺术性(给顾客以美的感受),否则就会导致顾客不满意。

(2)团体服务场景。即在特定服务空间中存在一个顾客群体,比如旅游团队、会议等。此时,饭店服务在做到公共服务场景的三点要求外,还应注重服务的针对性和系统性。

(3)个体服务场景。在一个服务空间中存在一个顾客(包括家庭)。此时,饭店服务在做到公共服务与团体服务场景的五点要求外,还需特别注重情感性,让顾客体会到一种特别的爱。

3.服务方式

饭店是以人为中心的行业,饭店服务实际上是一种面对面的人际沟通,所以要提升服务水平就必须提高人际沟通技巧。

4.服务目标

饭店服务的目标在于创造价值,主要有:一是顾客价值。这是饭店服务价值的核心,主要体现在为顾客创造的利益。二是企业价值。即在顾客满意最大化的前提下,达到企业利益的最大化。三是社会价值。饭店服务必须满足人们日益增长的物质与精神的需要,努力创造卓越的服务品牌,为提高整个社会的服务水平、积极推进服务业的发展做出贡献。

(二)饭店服务品质构成

饭店服务品质是指饭店服务活动所能达到规定效果和满足顾客需求的特征和特性的总和。特征是指外观的性能,如饭店的建筑造型、内外部装修等;特性是指内在的性能或使用的性能。饭店服务品质主要有以下四个基本要素构成。

1.环境品质

环境品质一般是指饭店环境的总体或环境的某些要素,对顾客在饭店的旅居生活的适宜程度。良好的环境可以给顾客带来感官上的享受和心理上的满足。饭店环境品质主要包括地理位置、市政配套、商业配套、社会治安、周围环境和空气品质等。

2.设施品质

饭店设施是饭店存在的必要条件,也是饭店劳务活动的依托,更是饭店接待能力的反映。设施品质主要包括:

(1)设施数量。服务设施多少,体现了设施的完善与配套程度,既决定了饭店的等级,也决定了顾客的方便舒适程度。饭店服务设施的数量,既要根据本饭店的客源情况而定,又要达到本饭店星级标准相应的要求。

(2)功能设计。主要体现在空间的变化和设施的布局上。其科学合理与否,同样关系到顾客需求的有效满足与饭店的效益。

(3)装修质量。不仅影响饭店的环境气氛,而且影响顾客的舒适程度。饭店装修必须注意四个基本环节:一是材料、用品和设备的选择。要注意档次和配套协调,如地面、墙面、顶面协调,材料和用品的协调等,否则反差很大,档次不一,就会影响到总体效果。二是要突出主题,即要有明显的色调和风格。一旦确立了主题色调和风格,各种艺术品、用具、材料等,都应服从这一主题。三是装修的工艺水平,要求装潢讲究,精致耐看。四是注意创造气氛,给人以一种高雅舒适和美的感受。

(4)设备完好。设备完好程度主要体现在性能是否良好、运转是否正常、耗能是否经济。

3.产品品质

在此,产品主要指直接满足顾客物质消费需要的实物产品,如饭店提供的菜肴、酒水、客用品(餐具、棉织品、客房消耗品等)、纪念品、商品等。产品品质是指饭店实物产品适合顾客需求的程度。

4.服务水平

服务水平是指由饭店服务人员态度和行为所表现出来的服务状态与水准。其主要包括:

(1)服务项目,即为满足顾客的需要而规定的服务范围和数目。饭店服务项目多少,一方面反映饭店服务的档次,并直接关系到顾客的方便程度;另一方面也关系到饭店的服务成本。所以,应该做到适合与适度。

(2)服务态度,即饭店员工在对客服务中表现出来的主观意向和心理状态,主要由员工的职业品行和工作积极性所决定。服务态度应该做到主动、热情、耐心、周到。

(3)服务方式,即服务活动和行为的表现形式,如站立方式、递送物品方式、斟酒方式、派菜方式等。它在一定程度上反映了服务的规格。服务方式必须做到规范、优美、得体、符合礼仪。

(4)服务时间,即在什么时候提供服务,包括营业时间(如餐厅营业时间)和某一单项服务行为提供的时机(如整理房间)。其在一定程度上反映了饭店服务的适应性和准确性。

(5)服务效率,即饭店员工在对客服务过程中对时间概念和工作节奏的把握。饭店服务效率应该做到准确、迅速、及时。

(6)服务技能,即饭店员工在对客服务过程中所表现出来的技巧和能力。由于饭店服务提供与顾客消费的同一性特点,员工的服务技能就直接构成服务品质的要素。服务技能必须达到准确、娴熟和优美的要求。

(三)饭店服务品质特性

饭店服务要满足顾客需求,必须具有以下品质特性。

1.功能性

功能性是饭店提供的服务能够满足顾客基本需求所具备的作用和效能的特性,如客房必须具有使住店顾客睡眠休息的功能。这是饭店服务品质的最基本特性。

2.经济性

经济性是指顾客为得到一定的服务所需要的费用是否合理。这里所说的费用是指在接受服务的全过程中所需的费用,即服务周期费用。经济性是相对于所得到的服务品质而言的,即经济性是与功能性、安全性、及时性、舒适性等密切相关的。这关系着同类产品的竞争力,即在其他品质特性相同情况下,顾客选择饭店的主要决定因素。

3.安全性

安全性是指饭店保证服务过程中顾客的生命不受危害,健康和精神不受到伤害,货物不受到损失。安全性也包括物质和精神两方面。这是饭店服务品质的底线,绝对不可突破,否则后果一定很严重。

4.时间性

时间性是指饭店服务工作在时间上能否满足顾客的需求,包含及时、准时和省时三个方面。

5.舒适性

在此,舒适性主要是指饭店的环境、设施、设备、用品等物质条件给顾客带来的一种享受。舒适性,主要来自于顾客的感知,即通过视觉、听觉、嗅觉、味觉与触觉,感知客观事物,由此产生的一种生理与心理反映。这往往是顾客评价饭店等级高低的一个直观要素。

6.愉悦性

愉悦性主要是指饭店服务过程中为满足精神需求的质量特性。被服务者期望得到一个自由、亲切、受尊重、友好、自然和谅解的气氛,有一个和谐的人际关系。这是饭店服务品质的重中之重。

二、服务剧场理论

1983年,罗格夫和菲斯克提出了服务剧场模型。1992年,菲斯克、罗格夫和约翰提出了一个完整的服务剧场理论研究框架。

服务剧场理论发现了服务与舞台表演的相似性,看到了舞台表演的构成要素与服务的构成要素之间的对应关系。服务剧场理论认为演出整体效果如何取决于演员、观众、场景,以及表演(前后台之间动态互动)的结果。

(1)场景(setting):即服务递送的实体环境。一般而言,顾客直接接触的实体环境大多是属于前场的部分。

(2)演员(actors):即服务人员,又称为接触人员(the contact person),是服务一开始运作的时候,与顾客接触的第一线人员。

(3)观众(audience):即接受服务的顾客。顾客在服务接触的过程中是接受服务的一方,似乎是一个被动等待的角色,但是由于在服务生产与消费的时候,顾客无法置身事外,他也在产生服务的工厂中,因此顾客的角色不但重要,且其行为会影响服务的结果。

(4)表演(performance):在服务的过程中,顾客与服务人员的人际互动被称为"表演",是服务递送的主要核心。

以上4类被进一步划分出14项,形成了服务剧场理论的分类原则[①],如表8-1所示。

表8-1　服务剧场理论的分类原则

类　别	事　项
场景	1.服务场所布置:服务场景中所有摆设及装饰品等,以及其所营造出来的气氛。 2.服务场所空间配置:服务场所的动线设计、顾客与服务人员所在位置的安排。 3.服务场所的清洁:服务场所的空间以及餐具的清洁、整齐。

① Grove S J,Fisk R P,Bitner M J. Dramatizing the service experience:a managerial approach. Advances in Services Marketing and Management,1992(1):91-12.

续表

类　别	事　项
演员	4.服务人员的衣着打扮:服务人员身上的穿着、装扮与仪态。 5.服务人员的态度与行为:服务人员递送服务时所表现出来的行为、态度。 6.服务人员的专业技术:服务人员递送服务的专业技术与能力。 7.服务人员对顾客的承诺:服务人员给予顾客承诺后的实践行为。
观众	8.顾客配合参与服务的态度:顾客配合服务人员一同参与服务递送过程的个人内在态度。 9.顾客配合参与的行为:顾客配合服务人员一同参与服务递送过程的外在行为。 10.顾客与顾客间的互动:在同一服务场所中的顾客,其相互之间的接触情况。
表演	11.产品的品质:服务的品质与价格。 12.服务及时作业处理:顾客获得服务的速度及等候时间。 13.服务流程、系统设计的表现:服务递送的过程品质与结果表现。 14.综合服务表现:综合上述四大类多项标准的服务表现。

服务剧场理论给饭店品质管理的启示是,服务是一种体验经济,服务的效果是多种因素相互作用的结果。改变任何一种要素变量,都可能创造一种完全不同的顾客服务体验。当然,要有好的演出效果,剧本是基础,导演与演员是关键。

三、顾客满意理论

饭店服务品质管理的直接目的在于创造顾客满意,这是检验饭店服务品质管理成功的一个基本标志。

(一)顾客满意概念

国际标准化组织在 2000 版的 ISO 9000 质量管理标准体系中将"顾客满意"定义为:顾客对其要求已被满足的程度的感受。

顾客满意与否,取决于顾客接受产品或服务的感知同顾客在接受之前的期望相比较后的体验。通常情况下,顾客的这种比较会产生如图 8-1 所示的三种结果。

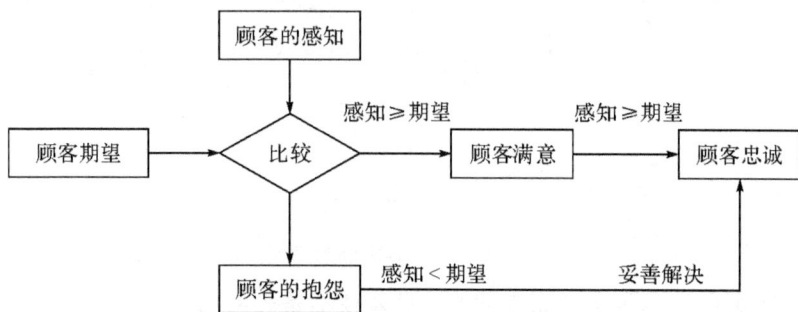

图 8-1　顾客期望与顾客感知比较后的感受

顾客满意具有以下几个基本特性:

(1)主观性。顾客的满意程度是建立在其对产品和服务的使用体验上的,感受的对象是客观的,而结论却是主观的。它与顾客自身条件如知识、经验、收入状况、生活习惯、价值观念等有关。

(2)层次性。心理学家马斯洛指出人的需要有五个层次,处于不同需求层次的人对产品和服务的评价标准不同,因而不同地区、不同阶层的人或同一个人在不同条件下对某个产品或某项服务的评价可能不尽相同。

（3）相对性。顾客对产品的技术指标和成本等经济指标通常不熟悉，他们习惯于把购买的产品和同类型的其他产品，或和以往的消费经验相比较，由此得到的满意或不满意具有相对性。

（4）阶段性。任何产品都有生命周期，顾客对产品的满意程度来自过去的使用体验，是在过去的多次购买和服务中逐渐形成的，因而呈现出阶段性。

（二）顾客满意与质量关系模型

日本东京理工大学教授狩野纪昭（Noriaki Kano）和他的同事 Fumio Takahashi 将赫兹伯格的理论引入到产品质量管理中来，在 1984 年首度提出了 Kano 模型。Kano 模型把产品和服务的质量特性分为三类，并据此建立了顾客满意与质量的关系模型。[①]

（1）当然质量，是指产品和服务应该具备的质量，顾客认为这是产品和服务所必须提供的。这类特性如果实现的程度很充分，不会增加顾客的满意程度。由于其为辅助拥有，一旦没有，顾客就会注意到，并会感到失望，从而导致顾客的不满。

（2）辅助质量，是指顾客对产品和服务有具体要求的质量特性。这类质量特性的实现程度与顾客的满意程度同步增加。这类质量特性容易度量，是竞争分析的基础。

（3）迷人质量，是指超越顾客辅助的质量特性，它能激起顾客的购买欲望，使顾客感到完全满意。

三类质量的实现程度与顾客满意程度的关系如图 8-2 所示。

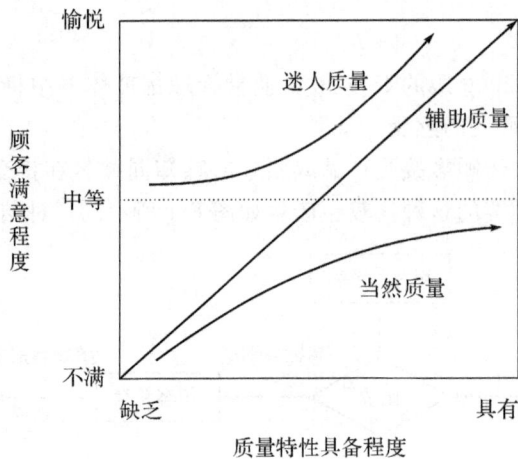

图 8-2　Kano 顾客满意模型

Kano 模型说明：影响顾客满意程度的质量属性不是等同的。对顾客而言，有些属性比另外的属性更为重要，有些属性以不同的方式比另外的属性重要。

（三）顾客满意理论模型

各国学者对顾客满意理论进行了大量研究和实证分析。如 Anderson、Building、Fornell 等人自 1983 年以来先后从理论和实践上证明了顾客满意与顾客忠诚之间存在着相

[①]　Kano N,Seraku N,Takahashi F,et al. Attractive quality and must-be quality. The Journal of Japaneses Society for Quality Control,1984,14(2).

关关系；Anderson 和 Fornell 研究了顾客满意度与市场份额之间的变化规律；L. G. Guledge 开发了用于指导企业进行科学的顾客满意度量的七步模型等。目前，具有代表性的顾客满意理论模型有两种：一种是美国密歇根大学商学院质量研究中心 Fornell 博士等人提出的 CS 理论模型 A，如图 8-3 所示。[①] 这种模型认为顾客满意有三个前提——顾客预期、感知质量和感知价值，而顾客满意又与顾客忠诚、顾客抱怨相联系。另一种是由 Richard 等人提出的 CS 理论模型 B，如图 8-4 所示。他们认为模型 A 只注意了预期对顾客满意的影响，而忽视了另外一个重要因素——愿望，进而提出了导致顾客整体满意的七因素关系模型，即模型 B。

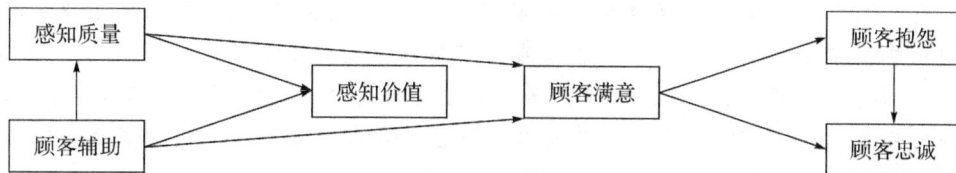

图 8-3　顾客满意理论模型 A

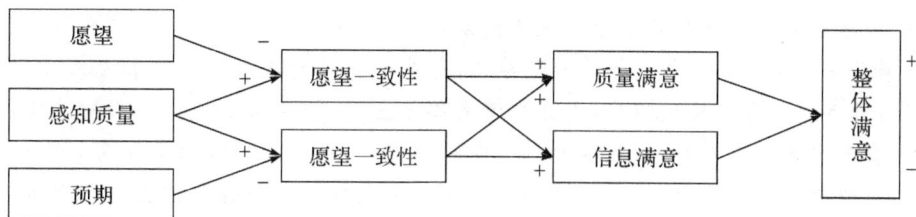

图 8-4　顾客满意理论模型 B

第二节　饭店服务品质设计

所谓饭店服务品质设计，就是饭店企业为创造理想服务价值而进行的服务资源识别、整合和服务活动管理的策划与优化过程。服务品质设计，应充分体现实事求是、与时俱进、系统思考的基本思想。

【案例】

临海远洲国际大酒店亲近"E＋1"服务模式[②]

临海远洲国际大酒店亲近"E＋1"服务模式在继承传统星级酒店"以客为尊"基因的同时，深度剖析客户需求，快速给出方案，快速迭代，将"给你我能给的一切"传统线性服务转变成了"给你所需要的一切"互动式服务模式。"E＋1"是"expectation＋1"的简称，意在提供给客户期望的服务的同时（E），给予客户超越期望的惊喜（＋1），最终带来充满愉悦感的服务体验。

---

① Fornell C. A national customer satisfaction barometer：the Swedish experience. Journal of Marketing，1992.
② 该案例由邹益民根据临海远洲国际大酒店提供的素材撰写。

临海远洲国际大酒店管理层认为：消费体验过程贯穿于顾客预订到离店的整个过程。每个顾客心中都会有一把标尺，对酒店的体验进行评价与对比。而酒店所期盼的便是满意的体验带来更多的二次入住、再次入住、老客户带新客户，不断扩散市场辐射范围。总经理叶灵群常说："很多时候，顾客不是看我们的流程是什么样的，而是看我们真正做了什么。每一个顾客到酒店消费，我们很难保证服务没有任何的瑕疵和失误，但是当失误发生的时候，我们都会尽可能修复，尽量不要让客户带着遗憾和不满意离开。"远洲酒店亲近"E＋1"服务设计目的正是围绕于此。当您拿起电话预订临海远洲国际大酒店的一刹那，便开始了酒店的服务体验，一声礼貌而又甜美的问候，带给人听觉的愉悦享受；即将到达酒店时，您会收到来自酒店的欢迎短信，并告知临海市天气情况及注意事项；当行驶的车辆抵达酒店时，行李生会主动打开车门，拿过您的行李并引领您至前台；办理入住手续时，茶水岗的员工立刻会递上一杯柠檬茶水；前台员工热情地送上热毛巾以缓解您旅途的疲劳；手续完毕后会有员工将您引领至电梯口，并挥手送别；出电梯的一瞬间，您就会看到一张笑盈盈的面孔恭候您的到来，简单的"××先生/女士您好！欢迎回家"让人倍感亲切；引领至房间后，一杯暖心的冰糖雪梨茶水及各项专属服务提供，让人感觉每一位入店的顾客都是VIP。入住期间，若您睡不着，专职管家会送上安神枕，并会送上一份晚安夜点。餐厅用餐时，如若感到寒冷，服务员会主动提供披肩，讲话声音有些沙哑时，服务员会送上一杯胖大海。离店时服务员会早早地将车叫好，送您离开……在远洲看来，没有超出预期的服务，就不能称之为体验。在临海远洲国际大酒店，您会感受到让您为之感动的个性化的服务与服务人员许多暖心的服务行为。这便是临海远洲国际大酒店所倡导的亲近"E＋1"。

为了把"亲近关怀每一刻"落到实处，酒店确立了"自我超越每一天"的基本理念。与此同时，酒店鼓励员工多做亲近关怀，发现顾客的需求，及时提供针对性服务，并将所有的关怀变得可量化。酒店积极鼓励所有对客服务部门为顾客提供关怀，并在每月的员工大会上评选出最佳亲近关怀团队奖及最佳亲近关怀个人奖，给予奖励，且纳入部门的绩效考核中。积极进取的服务环境，让员工以更加阳光的心态提供"走心"服务，用心去研究服务的精髓、回归服务的本质，用一片诚挚之心诠释什么叫作"你若盛开，清风自来"。

临海远洲国际大酒店尽心尽力做服务不仅体现在低头做，更有思考和提炼在其中。经验、思考、新发现，如今都凝结在《亲近体验》《亲近关怀》《准确量化》和《酒店应知应会》这四本手册中，形成了比较完善的亲近服务体系。

因为酒店服务给顾客创造了一种独特而美好的体验，赢得了顾客的高度评价，酒店在几个主要网站上的评分始终处于本地区的第一位，常客比重不断上升。酒店也因此取得了良好的经济效益，2014年的营业收入与GOP均超额完成集团预算指标，同时在本地区同类饭店中名列前茅。

临海远洲国际大酒店的成功经验告诉我们，饭店服务品质设计，应特别注意以下三个注重。

一、注重设计依据

服务品质设计，必须基础扎实，具有充分可靠的基本依据，以切合实际，有的放矢，行之有效。

（一）顾客需求

顾客需求，即顾客的目标、需要、愿望以及期望。它是饭店服务品质设计的基础，也是饭店经营活动的出发点。饭店必须通过多种途径，采取各种有效方法，掌握顾客需求，并充分理解顾客的需求。

1.顾客需求社会性

顾客的需求受到社会环境的影响与制约，比如来自东亚、中东、非洲、欧美的顾客需求有着明显的特征。顾客需求的社会性，主要体现在：一是社会发展阶段决定顾客需求的基本特征；二是社会经济发展水平决定顾客需求的基本层次；三是社会文化背景决定顾客的价值观而影响顾客的需求基本方向。

2.顾客需求层次性

顾客需求具有层次性，从服务品质设计角度，必须注意把握以下三个层次：

（1）基本需求，主要指顾客在与饭店交易过程中必须得到满足的、共同的需求。对于顾客的基本需求，饭店主要通过标准化的服务加以满足。对于顾客基本需求，须特别注重顾客的心态，一般来说，顾客到饭店消费，在心理上往往具有以下基本特征：一是具有优越感的人，表现为居高临下，发号施令，习惯于使唤别人；二是情绪化的自由人，往往表现为喜怒哀乐，变化无常，缺乏约束；三是追求享受的人，饭来张口，衣来伸手，在饭店往往会表现出生活中的"低能"；四是最爱面子的人，喜欢表现自己，显得自己很高明，而且希望被特别关注，给以特殊待遇。[①]

（2）个性需求，即那些因人而异的、各不相同的需求。这一方面要求饭店着力打造服务特色，以满足目标顾客群体的共同的个性需求；另一方面要求饭店员工在力所能及的范围内，尽量为每位顾客提供个性化的服务。

（3）主导需求，即顾客在特定情景下需求的主要方面。在不同的时空条件下，顾客的某些需求会占据主导地位，因此一旦能够识别与满足顾客的主导需求，饭店的努力就会收到事半功倍的效果，往往会赢得顾客的持久忠诚。

3.顾客需求差异性

在不同的地域环境中，人们的消费观念、消费偏好、消费口味是完全不同的。而顾客的生活方式、价值观念、年龄、受教育程度，乃至所从事的职业特点，都会给顾客的需求带上明显的人性差异色彩。例如，针对出差顾客需求的商务饭店与针对家庭需要的度假饭店在进行服务品质设计时，必然要考虑这两类顾客需求的差异，以此来进行服务活动的策划与优化。

（二）质量标准

饭店服务品质设计，必须以国际、国内的有关标准为依据，做到服务的标准化。目前，我国饭店服务品质设计应遵循的标准主要有三类：一是饭店等级评定标准，饭店等级评定标准是由国家旅游局制定、国家技术监督局发布的，它规定了不同等级饭店的硬软件水平的基本要求。二是 ISO 9000 族标。ISO 9000 族标是由国际标准化组织发布的一套质量管理和保证的国际标准系列。三是国家、地方及部门颁布的其他相关标准，如主题饭店标准、

---

① 邹益民，陈剑."宾客至上"的关键在于"读懂"顾客.旅游管理，2003(4).

绿色饭店标准、消防安全标准、食品卫生标准等。

(三)饭店实际

饭店服务品质设计,必须充分考虑本饭店的客观实际。一般来说,需考虑以下三个基本要素。

1.饭店特征

这里的饭店特征主要是指饭店的所在区域、类型、等级、规模等有形要素。不同的饭店特征,既反映了不同的服务品质要求与顾客的不同期望,也反映了饭店所拥有的不同的服务资源与客观基础。

2.客源结构

客源结构包括年龄、性别、家庭、民族、区域等。饭店需要分析自身主要的客源特征来设计饭店服务。例如,主要是以家庭旅游者为主要客源的一家度假饭店,就须考虑家庭客源结构的特点,设计不同的房价类型与相应设施;而主要接待女性顾客的客房在设计中就需要考虑提供分量更小的菜单、女性健身中心、带有安全设计的设备以及改善卫生间的照明系统等。以境外客源为主的饭店,就必须在研究这些目标顾客文化及需求的基础上加以设计。

3.管理条件

这里的管理条件主要指饭店管理目标、管理模式、企业资金实力、员工队伍素质等主客观因素。从管理角度上讲,饭店分为单体经营、集团经营,而集团经营又分为直接经营、租赁经营、管理合同、特许经营等不同方式。不同的管理经营方式具有不同管理优势、技术优势、财务优势、采购优势、市场营销优势与人才优势,从而对饭店服务品质的设计也提出了不同的要求。

二、注重基本规范

规范化是保证饭店服务品质的基础。在服务品质设计过程中,应特别注重服务品质基本规范的设计。

(一)服务品质规范

服务品质规范主要是规定服务提供所能达到的质量标准。它既是服务设计的结果,也是编制服务提供规范和评价服务品质的依据。饭店服务品质标准主要包括:一是设施设备质量标准,它不仅指设施设备本身的质量标准,更重要的是指操作标准或规范;二是实物产品质量标准,即以饮食产品为主的生产操作规程、烹饪技术期望和产品质量规格等;三是劳务质量标准,即服务标准,是服务人员为顾客提供服务时应该达到的工作标准。

品质标准设计,应注重适合与适度相结合原则。适合,是指饭店的服务品质要适合各类目标顾客的是指根据目标客源的等级要求即付费标准,以合理的成本,为目标客源提供满意的、具有适度质量的饭店服务,以实现饭店服务长期利润最大化的目标。"适合"强调要投顾客需求类型之好,"适度"强调要投顾客需求等级之好,这两者都是在使顾客满意的基础上,为实现饭店长期利润最大化的目标服务。

与此同时,制定标准要做到定性和定量相结合,尽可能使用量化标准,对不能定量的标准则要用清晰、准确的文字来表达。

（二）服务提供规范

服务提供规范规定的是提供服务的方法和手段，反映的是服务过程的质量标准，是饭店实现服务质量规范的具体措施。服务提供规范须达到的基本要求是：

（1）清楚地规定提供服务的过程，包括：规定必需的工作阶段；规定每个工作阶段中的活动；规定各个工作阶段（活动）的接口；规定各个工作阶段（活动）的责任。

（2）清楚地规定每一项服务在各个工作阶段（活动）的提供特性，包括顾客可经常观察到的和那些顾客不能经常观察到的但又直接影响服务业绩的特性。

（3）规定每一项服务提供特性的验收标准。验收标准应能够评价服务提供特性的基本特征，并可采取相应的方法做可重复的评价和记录，确保服务的可追溯性要求。

（4）明确资源的要求和配置，包括：实现服务规范所需的设备、设施；对人员的技能和配置要求；对提供产品和服务的分承包方的要求。

（三）服务控制规范

服务控制规范，主要是指规定评价和控制服务及服务提供特性的程序。质量控制规范应能有效地控制每一服务过程，以确保服务始终满足服务规范和顾客的需要。质量控制规范设计主要包括：

（1）关键活动的识别与控制。明确每个服务过程中对服务有重要影响的关键活动；规定对关键活动的控制方法（往往包括过程业绩的测量和控制）。

（2）质量特性的评价与控制。明确需重点控制的质量特性（服务特性和服务提供特性）；规定对质量特性的测量和控制方法。

（3）明确与质量控制活动有关的责任，对所选出的特性规定评价的方法。

（4）建立在规定界限内影响或控制特性的手段，如实现质量控制规范所需的设备、设施，对人员的技能和配置要求等。

三、注重体验管理

在体验经济背景下，顾客消费不仅是为满足基本生理需要，而且还希望得到精神层面的满足，希望能够给其带来全新的过程体验，甚至是改变其原有的某些习惯、观念、特性等。为此，服务品质设计，必须注重顾客体验管理（Customer Experience Management，CEM），即以顾客为中心，通过高接触的独特服务产品，创造顾客美好体验与回忆的过程。

（一）顾客体验需求认知

所谓体验，就是以服务为舞台、以商品为道具，环绕着顾客，创造出值得顾客回忆的活动。一般来说，顾客的体验需求主要有以下四种：

（1）娱乐需求，即顾客希望通过观看表演等活动而达到愉悦身心、放松自我的需求。

（2）教育需求，即顾客希望通过饭店的活动经历，获得有益的学习体验，以及情感和思想上的体验。

（3）逃避需求，即顾客渴望暂时摆脱自己在生活工作中扮演的种种角色，获得一份宁静、温馨的体验，寻找生活中另一个摆脱束缚和压力后的真实自我。

（4）审美需求，即顾客希望通过饭店产品中美好的声、色、形，以获得感观的愉悦，继而通过理性的思维和丰富的想象深入领会景观的精粹，从而获得由外而内的舒畅感觉。

（二）顾客体验服务特征

饭店的服务体验须突出以下特征：

（1）独特性。既然是体验，就要令顾客印象深刻，难以忘怀。这就要求饭店在体验化的创新设计中，必须有效结合特色来确定主题，突出产品的独特性，以及与市场同类产品的差异性。

（2）情感性。体验活动是满足个人心灵与情感需要的一种活动。所以，作为体验消费者，顾客在注重饭店产品质量的同时，更加注重情感的愉悦和满足，偏好那些与自我心理需求产生共鸣的饭店感性产品与活动。

（3）高参与性。为了体验，顾客不再仅仅是被动地接受服务，而是在接受服务的同时要求更多地参与到服务的设计与活动之中。

（三）顾客体验管理步骤

美国学者贝恩特·施密特（Bernd H. Schmitt）认为，顾客体验管理框架可分为以下 5 个步骤。[①]

1. 分析顾客体验世界

任何一个企业在为顾客创造和传递体验时都不可能兼顾所有的市场、所有的顾客。因此，对细分市场顾客特征及其需求认知是对顾客体验加以管理的先决条件。其基本要求是：

（1）确定准确的目标顾客。除非你能有效地确认顾客，否则就找不准他们的有效体验。

（2）分享体验世界。从顾客的立场出发，梳理出"顾客体验世界的 4 个层次"，即品牌体验、产品体验、品牌消费环境体验、社会文化体验。

（3）从顾客和企业的所有接触点上追踪全部体验，从产品的知名度到产品的购买、使用到弃置。

（4）了解所有竞争对手，看竞争对手是否能影响顾客体验。

2. 建立顾客体验平台

体验平台是战略和实施之间最主要的连接点。体验平台包括以下三个策略内容：

（1）体验定位，描述了品牌代表什么。它与传统的管理和营销的定位宣言是相等的，但是它以有洞察力和有用的多感官的战略内容代替了模糊的定位宣言，这些战略内容是富有品牌形象的，并且是与品牌购买者和使用者相关联的。

（2）体验价值承诺，找出了以体验词语描述的顾客希望从品牌中得到的特殊价值。

（3）全面实施主题，总结了中心信息的内容和形式，而企业要在品牌体验、顾客接触、未来创新中全面使用这些信息。

3. 设计品牌体验

品牌体验包括：首先，作为顾客品牌体验的起点，就是体验产品特点和产品美学；其次，品牌体验包括在标签设计、包装等方面吸引人的"看点和品位点"；最后，适当的体验信息和广告、网站上的形象及其他营销活动共同形成了品牌体验。

4. 建立与顾客的接触

建立与顾客的接触并在每一接触点上整合，必须强调以下三个关键问题：

---

① 贝恩特·施密特. 顾客体验管理. 北京：机械工业出版社，2004.

（1）正确的组合和灵活性。为建立与顾客的接触，有必要找到最关键的地方（如关键的操作、互动、交易）。怎样迎接顾客？在接触中会发生什么？我们应怎样跟进？另外，为保持新鲜和及时的接触，灵活性也很重要。灵活使销售空间变成活的空间。灵活让顾客把销售人员看成是人而不是机器。

（2）正确形式和内容的组合。形式，在这种环境下，指在接触中表达宗旨和灵活性的方式；内容，指随之而来的有形的东西。形式太多（太多的开场白，虚假的友好），实质的东西较少，顾客会失去耐心，甚至有被愚弄或受骗上当的感觉。反之，顾客可能难以感觉或者难以引起注意与兴趣。

（3）接触的时间。在本质上，接触和互动会随时间而延展。这就要求企业必须思考：与顾客接触怎样随时间的推移而转换方式？怎样接触才愉快？接触应该持续多长时间？什么是关键的转移点？何时是顾客离开的最理想时间？怎样让他们再回来？

5. 致力于不断创新

企业创新必须持续，包括接待顾客的方式和提升顾客体验的事情，从产品创新到销售创新。创新向顾客显示了企业是能够连续创造新的相关体验的。创新可以吸引新顾客，然而，它们多数通过卖给现有顾客产品来建立顾客价值。

【案例】

丽思卡尔顿酒店如何打造传奇客户体验[①]

丽思卡尔顿酒店（Ritz-Carlton）是一个高级酒店及度假村品牌，分布在 24 个国家的主要城市，总部设在美国马里兰州。1998 年，万豪酒店国际集团收购了丽思卡尔顿酒店集团公司的全部股份。丽思卡尔顿作为全球首屈一指的奢华酒店品牌，从 19 世纪创建以来，一直遵从着经典的风格，成为名门、政要下榻的必选酒店。那么，她是如何打造客户传奇体验的呢？

丽思卡尔顿酒店的传奇客户体验主要源于其五项核心原则：

第一项核心原则：精准定位，精确传递。首先，建立符合自身酒店的信条、座右铭与优质服务步骤及基本原则，并通过"列队"形式实现有效沟通；然后，与客户全方位多角度保持良好的同步性，充分读懂客户，并对客户的希望、需要和愿望给予真诚的尊重与完美的呵护。

第二项核心原则：通过信赖赋予权限。首先，选择合适的员工，给予有效的培训，使员工明确使命，保持员工的活力与高忠诚度；其次，做到疑人不用，用人不疑，尊重员工并信守承诺，提高领导与员工相互信任度，并给予每人在对客服务过程中 2000 美元的授权，以激发员工提供优质服务的积极性。

第三项核心原则：倾听外部声音。首先，必须关注你的客户，听取客户的声音，注重搜集客户的信息，构建先进完善的客户数据库，以五种感观"雷达探测"，通过客户体验改进流程；其次，积极学习他人的先进经验；再次，运用盖洛普十二问测评法评估员工敬业度与客户忠诚度；最后，关注相关利益群体的需求导向。

---

① 邹益民根据［美］约瑟夫·米歇利著的《金牌标准：丽思卡尔顿酒店如何打造传奇客户体验》一书改写。

第四项核心原则：不仅仅制造家的感觉。保证满足客户"未言明的期望与需求"是丽思卡尔顿酒店每一位员工的目标，为此必须积极准确为顾客提供个性化服务，为顾客创造独特、愉悦感觉与美好深刻记忆。

第五项核心原则：留下永恒的足迹。丽思卡尔顿酒店通过对内与对外培训，不仅提高员工职业素养，提高员工凝聚力和忠诚度，而且为全球企业提供服务的经典，不断扩大自己的国际影响，反过来又进一步扩大了员工的视野，增强了员工的自豪感与使命感。

第三节　饭店服务品质控制

饭店服务品质的控制，关键在于服务现场的控制。其主要有以下三个关键点。

一、顾客感知管理

对于饭店而言，要加强对服务品质的控制，应从重视顾客感知开始。顾客感知管理应围绕"使顾客拥有好心情"为中心，并注重以下三个基本点。

（一）注重对客交流

饭店服务活动实际上是一种人际沟通的活动。为此，饭店管理人员现场管理的首要任务就是热情问候顾客，及时征询顾客的意见，适时帮助顾客解决一些特殊的需要，使顾客有受尊重、受关照的感觉。

（二）注重对客服务

饭店管理人员在工作过程中，必须分清主次，抓住重点，关注重点服务。一般来说，管理人员需要特别关注的重点服务顾客主要有：

（1）重要顾客，管理人员必须通过参与服务、现场指挥，保证接待的规格与水平。

（2）爱挑剔难以侍候的顾客，因为面对这类顾客，服务人员要么缺乏服务这些顾客的经验而导致顾客不满，要么惧怕或厌恶这些顾客而不愿接待或冷落顾客而导致顾客投诉。所以，管理人员必须关注这些顾客，并指导、帮助服务人员做好各项接待工作。

（3）曾经对饭店投诉过的顾客，或曾在饭店遇到过不愉快的顾客。因为此时的饭店服务对顾客的情绪和对饭店的印象至关重要，所以，管理人员必须要提供特别用心、精心、细心的服务，以化解顾客心中的疙瘩。

（4）有身体缺陷、身体不适、心情不佳、消费低廉的顾客。对于这些顾客都需要特殊关照，绝不能使顾客有受冷落、受怠慢之感。

（三）注重顾客投诉

由于各种主客观原因，顾客对饭店产生不满意现象是难以避免的。但顾客对待不满意的态度是不同的，有些会告诉饭店，有些则不会主动告诉饭店；有些可能会再来，有些则不会再来。顾客投诉，其实是给饭店提供了发现问题、亡羊补牢的机会。所以，顾客投诉并不可怕，可怕的是顾客不投诉。因为顾客不投诉并不等于顾客都满意，他在饭店不说，并不意味着他在外面不说。所以，饭店管理人员应主动"寻找"顾客投诉，即要随时注意顾客的表情和情绪，主动征求顾客的意见，及时把顾客的不满情绪消灭在萌芽状态。对于顾客投诉，则应遵循以下准则。

1. 规范程序

投诉处理应当建立规范、完整的工作程序。投诉处理的程序一般包括投诉的受理、识别、处理、回访、总结等内容。其中，投诉受理是最重要的一个环节，圆满的投诉受理可以化解许多投诉。

2. 差异管理

顾客投诉的原因、内容千差万别，顾客心理、服务缺陷都存在差异性。此外，顾客投诉处理也会占用饭店服务资源，而不同顾客的价值对饭店效益的贡献也不尽相同。因此，饭店应针对具体情况，对投诉实行差异管理。

（1）顾客心理差异。从顾客心理来看投诉，可以将投诉分为三类：一是挑剔型顾客的意见投诉；二是理智型顾客的索赔投诉；三是宣泄型顾客的抱怨投诉。所以，饭店在受理并处理投诉过程中，必须关注顾客的心理差异，掌握顾客的投诉动机，采用不同的处理策略。

（2）服务缺陷差异。饭店的服务系统是一个复杂的、综合的系统，服务缺陷的产生会涉及众多的服务环节和影响因素，顾客投诉的内容也因此不尽相同。饭店应在仔细甄别投诉内容差异的基础上，针对具体情况，采用不同的处理对策。

（3）顾客价值差异。任何一个饭店的资源和能力是有限的，要想完全满足所有投诉顾客的需求既不现实，也不经济。因此，饭店应在保证公平的基础上，重点保证高价值顾客的投诉万无一失。

3. 有理有节

顾客在投诉时，往往带有强烈的情绪化倾向和明显的利益诉求目的，饭店在处理投诉时，应当奉行有理有节原则。这一原则的具体要求是顾客至上、客观公正、避免越权。

（1）顾客至上。要求饭店投诉处理人员注意自身的态度、语言，举止要有礼貌。投诉处理本身也是饭店服务项目之一，饭店投诉处理人员应对顾客投诉持欢迎态度。即使是顾客存在错误，也应适时地表达同情、歉意、积极处理和感谢的态度。

（2）客观公正。饭店相关人员在处理投诉时，往往身兼两种角色，既是饭店的代表，同时也是顾客的代表。这样，投诉处理人员既是代表饭店的利益，同时也是代表顾客的利益去调查事件的真相。这自然要求投诉处理人员处在客观公正的立场上处理投诉。

（3）避免越权。对超过权限或解决不了的投诉问题，饭店投诉处理人员要及时与上级联系以得到指令，不能无把握、无根据地代表饭店承担责任和过度道歉，以免妨碍事务的进一步处理。同时，任何处理意见都应先取得顾客的同意，否则不要采取盲目行动。

4. 讲究技巧

一般来说，处理顾客投诉，应注意以下几个基本要点：

（1）选择合适的地点。要根据投诉问题的大小、复杂程度与顾客的情绪，选择不同的处理地点。如果投诉问题简单、顾客情绪稳定，则可选择现场处理；反之，应请顾客到较为僻静的地方，以免影响其他顾客的消费，造成不良影响。

（2）耐心倾听，弄清事实。不管什么样的顾客向你投诉，都应用心倾听顾客的陈述，以判断事情的原委与顾客投诉的目的。必要时，应认真地做好记录，以表示对顾客的尊重和对顾客投诉的重视。倾听过程中,不要随便打断顾客的讲话,即使顾客的投诉有误解或错误,也不要急于解释。

（3）表示同情和歉意,感谢顾客的批评指教。无论顾客投诉什么样的问题,接受投诉的人都应当表现出对顾客问题的关心,态度要冷静、诚恳,讲话要亲切柔和。对于需要补偿但事实不清楚的投诉,可以对顾客投诉的事情表示同情或者遗憾,但不要轻易承认错误,以免产生不必要的被动。同时,在了解投诉事实的过程中,不要让当事者与顾客当面对质,以免激发矛盾。

（4）根据投诉事实与动机,提出解决方案。顾客投诉主要有三种动机:一是求发泄;二是求尊重;三是求补偿。总的来说,如果饭店确有责任,饭店应给予顾客补偿。补偿的办法应该由处理投诉的饭店经理人根据事实与饭店的制度提出,最好能提出2～3种方案,让顾客选择,以便让顾客感到自己掌握着决策权。注意一般不要请顾客先提出解决办法,这会给处理带来被动。

（5）检查落实,记录存档。处理顾客投诉并要取得良好效果,其最主要的一环便是落实、监督、检查已经采取的纠正措施。可能的话,与顾客联系,询问顾客对投诉处理的满意度。最后,把投诉处理的全过程写成报告,存档备用。

二、员工状态管理

对于饭店行业来说,对客服务是由员工提供的,与宾客接触的高交互性决定了酒店员工每天都要面临情绪劳动的挑战,进而影响其对工作的倦怠感及工作满意度。员工状态管理应围绕"使员工处于最佳工作状态"为中心,即尽可能使员工处于正确、高效、愉快的工作状态。为此,经理人必须在服务现场做好以下工作。

（一）正确指挥

饭店经理人在服务过程中,应该通过有效指挥,布置工作任务,以保质保量完成服务工作。

1.正确合理

正确合理主要体现在以下两个方面:一是经理人下达的工作任务是下属应该做的正确的事情,避免让员工从事无效劳动;二是经理人下达的工作任务是合理的,且一定是下属有能力完成的。

2.明确具体

明确具体,即饭店经理人布置的工作任务应该有明确的标准要求与责任,下属应当很清楚怎样去做,并达到要求。

3.及时调整

及时调整,即经理人应该根据现场业务情况及员工的身心与工作状态,适时调整工作任务与时间安排,实施动态管理。

（二）及时督导

督导,顾名思义就是经理人对下属工作的监督与指导,它是经理人的一项重要职责。由于人性的弱点和知识、经验、能力、情绪等原因,下属在工作中难免会出现这样或那样的问题,同时也可能由于环境条件变化出现计划与实际情况的差异。这就要求经理人必须及时督导,有效控制服务活动。

1.检查工作

饭店服务品质是由一次次的具体服务活动形成的,每一次具体服务的显现时间都是短暂的,并且服务提供与顾客消费处于同一时间。所以,要保证饭店服务品质达到预期目标,必须做到有标准、有检查。同时,员工在执行上级的指令的过程中,也会因各种原因出现折扣与偏差,饭店经理人应加强检查,及时发现问题,纠正各种偏差。

2.指导业务

饭店员工在工作中难免会遇到一些困惑,经理人就要像一名循循善诱的导师一般对其进行正确的引导。同时,员工也可能会出现不知道怎么做或者方法不正确等问题,经理人必须及时给予帮助指导。

3.疏导情绪

饭店行业的自身特点决定了员工日常工作的情绪付出,而顾客的多样化使其每天的工作中多了一种情绪的不确定性,部分顾客的粗鲁无理会造成突发的负面情感事件,从而给员工带来负面情绪。如果这种负面情绪不能得到及时的疏导,势必增加员工表层行为的频率,即"拙劣的表演"。所以,饭店员工在工作中产生消极情绪时,经理人要及时化解,尽可能使其消极情绪转化为积极、正面与符合饭店经营规则的情绪表达。

(三)有效激励

激励,即激发鼓励。要让员工愉快工作,饭店经理人必须在服务现场注重对员工的有效激励。

1.关心员工

俗话说,人非草木,孰能无情。员工是有血有肉有感情的人,而不是工作机器。饭店是员工工作的场所,员工不仅仅是为了物质利益而工作,他们同样有精神方面的需求,渴望得到组织的人性关怀。所以,饭店经理人要善于用感情去感染员工,充分理解他们的苦衷,尊重他们的个性与劳动,维护他们的尊严与权益,为他们创造良好的工作氛围。

2.解决困难

饭店经理人通过现场走动,要主动寻找下属在工作环境、条件等方面的问题与困难,并及时帮助解决;同时,经理人要通过巡视,加强与下属的沟通,增进情感交流,关心他们的学习、工作与生活情况,以便让下属有倍受尊重与重视的感觉。

3.发现亮点

任何人都有得到他人认可的强烈欲望,所以当一个人在工作中有所发明、有所成绩时,总希望有人赏识,有人分享。因此,饭店经理人必须要善于发现下属的闪光点,并及时给予认可与鼓励,经理人一句由衷的赞美往往能激发下属的创造性与更加积极工作的欲望。

三、产品标准控制

产品标准控制,即有形设施与实物产品的控制,其应围绕"达到产品标准"为中心,并注重五个基本点,即通过自己的"五官"去感知产品质量。要求做到:凡是顾客看到的,都应该是美观的;凡是顾客闻到的,都应该是清新的;凡是顾客听到的,都应该是悦耳的;凡是顾客吃到的,都应该是可口的;凡是顾客触到的,都应该是舒适的。对于产品标准的控制,饭店可考虑采用六级检查体系:

（1）总经理重点检查。饭店的重要项目、重要接待、重要活动都对饭店的声誉、形象和未来经营状况产生重大影响，总经理要亲自检查、监督运行情况，不能有半点闪失。

（2）值班经理全面检查。值班经理是值班期间饭店服务品质管理的总负责人，他应对全饭店的正常运行负责任。为了规范值班经理的管理职能，饭店应建立值班经理巡查制度，设计值班经理巡查表，由值班经理记录每个营业部门在巡查时的营运状况及对突发事件的处理情况。

（3）各级经理人的日常检查。饭店是一个公共场所，人员进出频繁，意外事件随时可能发生，所以各部门、各班组的管理人员在日常工作中也要随时检查运行情况，尽可能早地发现可能或潜在的事故。

（4）员工的自我检查。饭店要注意培养员工在工作中的主动意识，养成自我检查的习惯，这对于一线服务人员尤为重要，因为在面对面的服务过程中，一旦出现失误，就对顾客产生直接负面影响，事后弥补往往需要花费很多精力，或使饭店蒙受损失，而且有时无法弥补。

（5）保安的夜间巡查。饭店是 24 小时营业的场所，为了确保夜间的正常营运，饭店需要建立保安夜间巡查制度，设计保安夜间巡查表，覆盖饭店夜间营运的所有场所和岗位，既有助于规范保安的夜间巡查，又对夜间工作的其他员工起监督作用。巡查表的内容应包括安全巡查、节能检查和员工在岗情况检查。

（6）顾客的最终检查。饭店建立监督检查机制的目的就是使顾客满意，而服务品质的好坏，最终还是由顾客来评判。所以，饭店应通过顾客意见表、拜访、邀请暗访等方法主动征求顾客意见，真实地了解饭店对客服务品质的评价。

第四节　饭店服务品质评价

饭店服务品质评价，主要是指对饭店服务品质的评估与分析。这是饭店明确自身品质状况、发现自身服务优势与不足、找到存在的问题与原因、提升饭店服务品质的重要环节。

一、品质评价依据

饭店服务品质评价的基本依据：一看是否符合饭店服务品质的等级标准；二看是否满足顾客的物质和精神的需要。等级标准评价相对比较明确，而从顾客角度评价，相对比较模糊。美国著名营销学家贝里等人在大量定性研究和对采集的数据进行分析处理的基础上，从满足顾客的角度，将服务品质的评价标准集中为以下五个因素[①]：

（1）有形性（Tangibles），指服务产品的"有形部分"，如饭店的建筑物、设施设备、用品用具、服务人员、环境氛围、宣传资料等，是表明饭店对顾客服务殷勤、关心的有形证据；研究者还认为，饭店有形性质量还涉及饭店服务场所其他顾客的行为，喧闹的顾客必然破坏饭

① Parasuraman A, Zeithaml V A, Berry L L. SERVQUAL: a multiple-item scale for measuring consumer perceptions of service quality. Journal of Retailing, 1988, 64(1).

店的环境气氛。

(2)可靠性(Reliability),指饭店准确无误地完成所承诺的服务的能力,可靠服务不仅必须准时,而且必须保持质量一致,每一次都无错误。服务品质的可靠性不仅要求饭店前台服务人员具有优良的服务意识和服务技术,而且还要求饭店后台部门支持工作必须准确无误。

(3)反应性(Responsiveness),指饭店愿意并随时准备为顾客提供快捷、有效的服务。如当饭店出现服务问题引起顾客投诉,有良好反应能力的服务员能及时采取职业化的补救措施,不仅不会影响顾客的体验质量,而且往往还会提高顾客满意度。

(4)可信性(Assurance),指饭店员工的知识、能力、态度等能让顾客信赖和放心,它能增强顾客对饭店服务品质的信心和安全感。服务品质的可信性要求员工具备良好的服务能力、礼貌礼节和人际交流能力以及真心实意的服务态度。

(5)移情性(Empathy),指饭店能真诚地关心顾客,了解他们的实际需要并予以满足,使饭店服务个性化、富有人情味。移情性要求员工态度亲切,使顾客感到易接近,对顾客需要反应敏锐,能设身处地地为顾客着想。

二、品质评价主体

(一)企业自我评价

饭店是饭店服务的提供主体,对自身的服务水平进行内部调查的评价是饭店品质管理的重要环节。通过内部调查,饭店可以在了解服务实际提供情况的基础上,不断修正与完善服务标准,提高服务品质。饭店内部服务品质调查主要通过检查的形式来进行,包括饭店统一检查、部门检查、走动巡检、员工调查等。无论何种调查形式,一般应形成书面报告,并应做到客观、严格、公正、全面、细致。由于饭店熟悉自己的服务组织和流程,因而内部调查能全方位、全过程收集到服务品质数据。但由于调查者和调查对象彼此之间的熟悉度很高,往往会造成调查不够敏感或存在人情障碍,所以内部调查数据可能存在真实性不高的问题。

(二)目标顾客评价

顾客调查的内容包括顾客预期的服务品质、顾客经历的服务品质和顾客感知的服务品质三个方面。顾客调查的形式包括问卷调查、现场面谈、电话访谈、常客走访、顾客暗访和建立顾客咨询委员会等。由于顾客的需求和自身素质不尽相同,其服务评价自然呈现多元性、模糊性的特点,甚至出现带有偏见和不公平的评价。此外,顾客调查不可能做到面向全体顾客的调查,因而在顾客样本的选取、数据分析、量表设计等调查技术方面可能存在缺陷。

(三)专业机构评价

专业机构是指除饭店和顾客以外的专业团体组织。专业机构作为独立于饭店服务供应方和需求方的第三方,既不代表接受服务的顾客利益,也不代表服务提供者的饭店企业利益,没有利益驱动,因此,第三方的评价在客观性方面将胜于其他两方主体的评价。也正因为第三方能够客观地对饭店服务做出评价,其评价的结果较能让大众信服。

目前,我国饭店服务品质评价的第三方主要有国家及各省、市、县的旅游行政管理部门,各级行业协会组织及 ISO 9000 系列认证机构等。第三方调查的主要工作内容是推行标准化、进行等级评定和质量认证、评比等,如《旅游饭店星级的划分及评定》、《旅游饭店服务品质等级标准》都属于国家标准。第三方既不代表服务提供方的饭店利益,也不代表服务接收方的顾客利益,因而其调查结果具有客观性、权威性的特点。但由于其调查常常局限于特定的饭店服务产品,如餐饮卫生、消防安全等,其调查结果往往具有局限性。同时,标准的制定与执行往往需要时间来完善和优化,因此,其调查的质量数据又往往具有一定的滞后性。

三、品质评价方法

饭店服务品质评价方法较多,比较常用的主要有以下三种方法。

(一)服务差距分析法

1985 年,美国著名的营销学家贝利等提出了服务品质差距模型的理论,他们认为企业管理过程中的五种差距会导致服务品质问题。[①]

差距1:顾客对服务的期望与管理人员对这些期望的认识之间的差距。产生这种差距的主要原因有:饭店设计服务产品时没有进行充分的市场调研和需求分析;进行市场调研和需求分析时得到的信息不准确;一线员工了解顾客的需求和愿望,但由于管理系统的障碍,这些信息没被及时地传递给管理层。

缩小这一差距的策略包括改进市场调研、增进经理人与员工之间的交流、减少管理层次及缩短与顾客间的距离。

差距2:管理人员对顾客期望的认识与服务品质规范之间的差距,或者说经理人没有建立一个能满足顾客期望的服务品质目标并将这些目标转换成切实可行的标准。这一差距由以下原因造成:饭店没有明确的质量目标;服务品质管理的计划性差;计划实施与管理不力,使计划流于形式。

缩小这一差距的方法是树立明确的质量目标,制定严格的质量标准;管理人员与服务人员密切配合,共同制定服务品质标准以及落实措施。

差距3:服务品质规范同服务提供之间的差距,即员工未能按照饭店服务品质标准和操作规范提供服务。引起这一差距的原因大体上可以归为三类:一是服务品质标准、操作规范不切实际,可操作性差。二是饭店设备设施、技术支持系统不能达到服务规范的要求。三是管理、监督、激励系统不力。

解决这一问题的方法有:根据顾客的需求和饭店硬、软件的实际情况制定服务品质标准,加强员工培训,提高员工素质,使其在技术、观念、行为上都能够了解和适应服务品质规范的要求;改善饭店的监督和激励机制。

差距4:服务提供与外部沟通之间的差距,也可称为许诺和守诺之间的差距。产生这一差距的原因有:饭店对外宣传促销活动与内部经营管理、服务品质控制脱节;对外宣传促销时不客观或过分许诺;饭店高层经理人对市场营销活动没有进行严格控制和管理。

解决这一问题的方法是:饭店要同时抓好外部营销与内部营销两种活动,建立内外部

---

① Parasuraman A,Zeithaml V A,Berry L L. A conceptual model of service quality and its implications for future research. Journal of Markcting,1985:41-50.

运转协调统一的机制;对外宣传和许诺的服务必须是顾客最需要的而且是饭店能够完全落实的服务。

差距5:顾客的期望与实际感受之间的差距。它是以上四种差距导致的必然结果,与上述四种差距的大小和方向直接相关。

（二）ABC分析法

ABC分析法是意大利经济学家巴雷特分析社会人口和社会财富的占有关系时采用的方法。美国质量管理学家朱兰把这一方法运用于质量管理。运用ABC分析法,可以找出饭店存在的主要质量问题。

ABC分析法以"关键的是少数,次要的是多数"这一原理为基本思想。通过对影响饭店质量诸方面的分析,以质量问题的个数和质量问题发生的频率为两个相关的标志,进行定量分析。先计算出每个质量问题在质量问题总体中所占的比重,然后按照一定的标准把质量问题分成A、B、C三类,以便找出对饭店质量影响较大的一二个关键性的质量问题,并把它们纳入饭店当前的PDCA循环中去,从而实现有效的质量管理。这样,既保证解决重点质量问题,又照顾到一般质量问题。用ABC分析法分析饭店质量问题的程序共分为以下三个步骤:

（1）确定关于饭店质量问题信息的收集方式。具体方式有:质量调查表、顾客投诉和各部门的检查记录等。

（2）对收集到的有关质量问题的信息进行分类。如把饭店服务品质分为服务态度、服务效率、语言水平、清洁卫生、菜肴质量、设备设施等几类,然后统计出每类质量问题出现的次数并计算出每类质量问题在质量问题总体中所占的百分比。

（3）进行分析,找出主要质量问题。通过对现存的质量问题进行分类,如分为清洁卫生问题、服务态度问题、外语水平问题、设备保养问题、安全问题、娱乐设施问题等,并按问题存在的数量和发生的频率,把上述质量问题分为A、B、C三类。A类问题的特点是:项目数量少,但发生的次数多,约占投诉总数的70%。B类问题的特点是项目数量一般,发生次数也相对少一点,约占投诉总数的20%~25%。C类问题的特点是项目数量多,但发生次数少,约占投诉总数的10%。分类以后,我们可先致力解决A类问题,这样做可使饭店质量有明显进步。同时,防止B类问题上升,并对C类问题加以适当注意,因为C类问题往往带有偶然性或不可控性,如失窃现象和设备被损的现象等。

在运用ABC分析法进行质量分析时要注意:在划分A类问题时,包括的具体质量问题项目不宜太多。最好是一二项,至多只能有三项,否则将失去突出重点的意义。划分问题的类别也不宜太多,对不重要的问题可设立一个其他栏,把不重要的质量问题都归入这一栏内。ABC分析法可称为ABC管理法或重点管理法,不仅在饭店质量管理中可以使用,还可以用于饭店物资管理。

（三）因果分析法

用ABC分析法找出了饭店的主要质量问题。可是这些主要的质量问题是怎样产生的呢? 对产生这些质量问题的原因有必要进行进一步的分析。因果分析法是分析质量问题产生原因的简单而有效的方法。

因果分析法是利用因果分析图对产生质量问题的原因进行分析的图解法。因为因果分析图形同鱼刺、树枝,因此又称为鱼刺图、树枝图。

布草质量管理问题[①]

上海大厦是一家三星级酒店,由于宾客对洗衣质量投诉较多和内部布草损耗量较大而召开多次会议进行研究,但与会者认为洗衣布草质量管理问题太大,积重难返,一时拿不出有效的整治方案。

"布草管理虽比较复杂,但是否属于不治之症呢?"酒店总经理在一次会议上又提出这个问题。他的态度是十分明确的,并把解决布草管理问题交给了质量管理办公室。

布草QC联合小组很快成立了。布草使用面广,几乎涉及酒店每个角落,但QC小组突出重点,抓住餐饮、客房等使用部门和承揽布草洗涤的总洗衣厂。他们做的第一件事是调查研究,把导致布草损耗和洗涤质量不高的原因一一查明,并依次排列,运用因果分析法分析出52条原因,其中最主要的几条是:使用不当;管理不善;洗涤不净;运输设备不洁,污染布草。

QC小组针对这几条主要原因,绘制出对策表,明确各项整改措施,完成达标时间和预计质量结果,并确定目标管理的执行者。由于这项工作面广、量大,只靠一个QC小组是不够的,于是酒店针对这些对策方案,各有关部门成立了7个QC小组。

"以前由于我们管理不善,个别服务员用台布擦餐桌,甚至拖地面。领取台布手续不严、大小台布的保管制度漏洞极大。我们QC小组的任务不只是查明原因,更重要的是解决问题。"餐饮部QC小组负责人如是说。他们最后研制了一系列新的布草收发、领用和保管制度,做到各种布草专人负责,专车运输。

客房部QC小组认为,过去布草失落多,主要原因是疏于管理,有些人认为一家大酒店不必斤斤计较于一两块毛巾。针对这种思想,QC小组成员一方面向大家讲解节流开源的意义,另一方面则在健全布草的领用制度上下功夫,有效地控制了毛巾流失和公物私用的现象。

大厦质量管理办公室汇总了各QC小组的整改措施,把行之有效的32条措施用文字的形式正式确立下来,成为今后大厦管理制度的组成部分。经过两年多的努力,上海大厦布草损失和洗涤质量不高的问题得到了解决,并且布草小组还被评为全国先进QC小组。

在饭店经营过程中,影响饭店服务品质的因素是错综复杂的,并且是多方面的。因果分析图对影响质量(结果)的各种因素(原因)之间的关系进行整理分析,并且把原因与结果之间的关系用带管线(鱼刺图)表示出来,如图8-5所示。利用这种图表分析质量问题,可以收到直观、清晰、准确的效果。

(1)确定要分析的质量问题,即通过ABC分析法找出A类质量问题。

---

① 张玉玲.现代酒店服务质量管理.北京:北京大学出版社,2009.

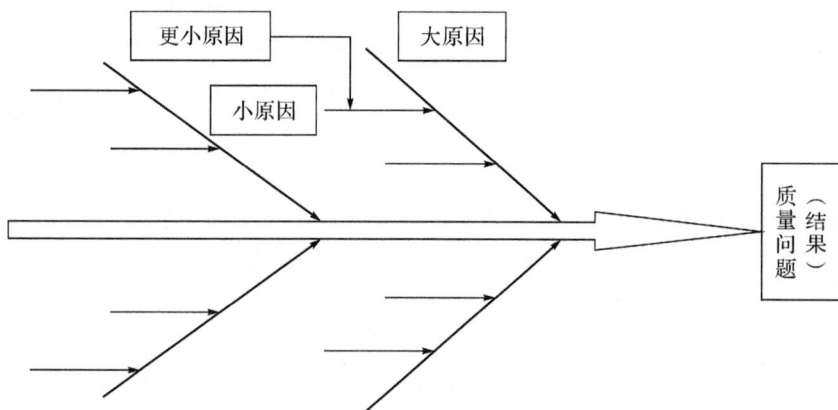

图 8-5 质量分析鱼刺图

（2）发动饭店全体管理人员和员工共同分析，寻找 A 类质量问题产生的原因。各种原因找出以后，还需进一步分析，即查明这些原因又是怎样形成的。在分析时，必须请各有关方面的专业人员共同参加，听取不同的意见。对原因的分析应深入细致，直到对引起质量问题的各种原因能够找到相应的防范措施为止。

（3）将找出的原因进行整理后，按结果与原因之间的关系画在图上。对分析寻找出的原因应进一步确定主要原因。确定主要原因可以采用加权评分法或者以原因为分析对象采用 ABC 分析法。

【思考与练习】

一、思考题

1. 如何理解饭店服务与服务品质？怎样理解"服务品质是饭店经营的生命线"这一观点？

2. 饭店服务品质设计怎样充分实现"价值导向"这一基本准则？

3. 在体验经济条件下，饭店怎样创造体验式饭店服务产品？

4. 在饭店服务现场管理中，怎样抓好顾客管理这一环节？

5. 饭店服务品质评价的基本依据是什么？不同主体的评价对于饭店服务品质管理具有哪些价值？

6. 饭店要掌握影响服务品质的主要因素及发现造成服务品质问题的主要原因，应该采用什么方法？

7. 怎样理解顾客满意？请举例说明。

二、练习题

选择一家饭店进行现场调研，发现服务品质管理方面的亮点与问题，并提出提升服务品质的意见与建议。

三、案例分析题[①]

案例 1：一天早上，一位住店外国顾客走出房间到饭店餐厅去吃早餐，走出电梯时，站在

---

① 陈文生.酒店服务案例 100 则.福州：福建人民出版社，2011.

梯口的一位女服务员很有礼貌地向顾客点头,并且用英语说:"您好,先生。"顾客微笑地回道:"你好,小姐。"当顾客走进餐厅后,引导员同样给予热情问候:"您好,先生。"那位顾客微笑地点了一下头,没有开口。顾客吃好早餐,顺便到饭店的庭园中去走走,当走出内大门时,一位男服务员又是同样的一句:"您好,先生。"这时顾客下意识地只点了一下头了事。等到顾客重新走进内大门时,劈头见面的仍然是那个服务员,"您好,先生"的声音又传入顾客的耳中,此时这位顾客已感到不耐烦了,默默无语地径直去乘电梯准备回客房休息。恰巧服务员在电梯口又碰见了这位先生:"您好,先生。"顾客实在不高兴了,装作没有听见似的,皱起眉头,而这位服务员却还不知道为什么这位先生对自己的问候会出现这样的表情!

案例2:马克夫妇来中国旅游观光,入住白鹭酒店期间,正逢马克太太生日。为此,马克先生特地去当地友谊宫买了一副具有浓郁中国民族装饰特色的银手镯,欲作为生日礼物送给太太。为了表示对太太的深情,他想在手镯上刻上太太的名字和生日。带着这个想法,马克走向了酒店礼宾部,希望这里的工作人员能将他的愿望变成现实。礼宾部的小王还有10分钟就下班了,忙了8小时,他略显疲意。当马克先生满怀希望向他走来时,他马上振作精神、倾身向前,微笑着接受了马克先生的请求,并立刻骑上自行车,沿着商业街,寻找能够接受这项特殊任务的刻字店。功夫不负有心人,他终于在茫茫店铺中找到了这家商店,这时离生日宴会结束只剩下两个小时,为了在宴会结束之前把手镯送到顾客手里,小王忘记了饥饿和疲劳,终于在生日宴会结束前15分钟,将刻有马克先生一腔爱心的手镯,送到了马克太太手里,从而使爱意融融的生日宴会达到了高潮。事后,马克先生紧紧握住小王的手,感激万分地说:"谢谢你,你们的服务让我满意,更让我惊喜!"

思考并回答以下问题:

1.案例1中的顾客为什么对饭店的热情服务不满意?

2.案例2中的小王体现了什么样的服务精神?

3.通过以上两个案例的学习,你有何心得体会?

第九章　饭店快乐工作管理

【学习目标】

通过本章学习,你应该:

1. 认识快乐工作对于饭店企业的特别意义;
2. 熟知饭店员工快乐工作必需的基本平台;
3. 掌握饭店员工快乐工作的良好环境要求;
4. 理解饭店员工快乐工作心态的基本要素。

【引例】

快乐工作,其力无比[①]

开元旅业集团的前身为萧山宾馆,创立于 1988 年,经过 20 多年的发展,开业旅业集团完成了从小帆船向航空母舰的蜕变。至 2014 年年底,开元目前拥有总资产 200 多亿元,员工 22000 余名,在营下属企业 150 余家,分布在中国的香港、浙江、上海、北京、江苏、安徽、河南、山东、吉林、江西、四川、青海、海南、云南、广西等地,以及德国的法兰克福。集团入列"中国服务业企业 500 强"、"中国民营企业 500 强"、"最具规模中国饭店集团第二位"、"中国房地产企业 100 强"。

开元旅业集团的成功有何秘诀? 一个非常重要的原因,就是开元旅业集团确立并践行了"快乐工作"的企业文化。 其主要可以归纳为以下五个方面:一是广阔的发展前景,众多的晋升机会。开元坚信"发展是硬道理"这一思想,不仅从一家饭店发展到现在 100 多家饭店,而且从开始的涉足一个饭店产业发展到现在涉足饭店、房产、物业、新型建材等多个产业,为员工构建了广阔的职业发展空间。二是完善的培养体系,多种的表演机会。开元从 1978 年筹建第一家饭店开始,就与当时杭州大学旅游系深层次合作,聘请专业老师担任管理顾问,帮助设计企业管理机制与服务规范,参与企业的日常管理,并全权负责员工的招聘与培训工作。随着企业的不断发展,这一传统不断发扬光大,不仅合作院校不断扩大,员工培训工作不断提升,而且各类人才的培养体系日趋完善,成为我国旅游行业人才培养的示范单位。与此同时,开元还建立了公开、公正、公平的职位晋升体系,并为员工才能的发挥提供多个舞台,如一年一度的技术比武,一年四季的微笑大使、关怀大使评选,项目试验制、

---

① 该案例由邹益民根据自己的工作经历撰写。

职务见习制的探索等,尽可能做到让"英雄有用武之地"。三是科学的考核机制,多层的回报机会。开元充分认识到员工的劳动价值,在对公司、团队、个人考核的基础上,建立了职位、薪酬、精神的三重回报体系,让员工的贡献得到了合理回报。四是顺畅的沟通渠道,多层的表达机会。开元集团非常注重上下左右的有效沟通,尤其重视员工的意见,并创造充分表达的园地。从最早的总经理信箱到现在的网络沟通平台以及从开业至今一直雷打不动的一年一度分层次的员工恳谈会,让员工深切感受到企业对他们的尊重。五是多彩的业余生活,积极的释放机会。开元意识到员工的需求是多方面的,工作事业对于人生固然重要,但生活更是一个人追求人生的终极目标。所以,开元除了尽可能为员工搭建事业发展平台外,还十分关注员工的物质与精神生活,例如,每年10%左右企业工资总额的增长,开元员工困难专项救助基金,一年一度的中秋联欢晚会,老员工的专项旅游活动,员工生日活动,以及多层次、多元化的体育文艺活动,如游泳、羽毛球、篮球、乒乓球比赛,卡拉OK大赛,服务小品比赛,主持达人秀等。这些活动的实施,让员工充分感受到组织的关爱。

正是这种重视员工需求与发展、让员工与企业共同成长的企业文化,使员工具有强烈的"成长感、归属感、成就感",从而形成了很强的企业凝聚力。

没有满意的员工,就不可能有满意的顾客;没有满意的顾客,就不可能有满意的效益。饭店是以人为中心的行业,饭店管理说到底是人的管理,饭店能否正常运行,并取得预期效果,最终取决于饭店员工的素质和积极性的发挥。开元旅业集团的成功经验表明,如何让员工快乐工作,这是饭店管理的重中之重。而要想让员工快乐工作,关键是构建快乐工作的平台,营造快乐工作的环境,培养快乐工作的心态。

第一节　饭店职业生涯管理

人生的大部分时间是在职业生涯中度过的,成功的职业生涯是每个人的追求。所以,要使员工感到工作的快乐,就必须注重员工的职业生涯管理,使员工有机会获得一个有成长感与成就感的职业生涯。

一、职业发展平台

"有位才有为",这是组织必须确立的一个基本理念。要让员工快乐工作,饭店首先应遵循发展才是硬道理的思想,注重企业的持续发展,从而为员工的职业生涯提供良好的发展平台。

(一)职业发展通道

职业发展通道,就是饭店为员工设计的职业发展方向和晋升的路线,是员工获得工作满意,并实现职业生涯目标的主要途径。

1.职类设置

职类一般也叫职业发展序列,依据不同性质的企业,可以进行不同的职位划分。职类设置直接关系到员工职业发展方向的选择,并影响员工的职业生涯。比如,我们可以把饭店企业内部的职类分为管理类、专业服务类、技术类、营销类、操作事务类,这就意味着员工可以根据自己的兴趣与特长,选择从这五个方向发展。

2. 层级划分

层级包含职层与职级两个方面。职层是指在职业发展通道中的不同阶段,据其对企业的贡献、承担的职责及能力的不同而进行的层次划分。比如,管理通道可以依据管理职责分为高层、中层与基层三个层次;而一般员工可以根据资历、经验等划为几个不同的层次。同一职层可以划分为若干个职级。职级是据其在同一职层内从业人员的能力素质(知识、技能等)的差异进行能力区分而设置的等级。通过层级的划分,一方面给所有的员工一定的上升空间,以利于员工自身的职业发展;另一方面企业也可以通过员工所在的层级,有效区分关键岗位和骨干员工,并为日常的员工管理和制定与员工发展相关的政策制度提供依据。

当然,在通道内划分层级的同时,各层级的职数/比例也需要有一个大致的规划,职数/比例的提出与通道内岗位的特点以及对岗位的定位有关。

3. 资格设计

层级划分、职数/比例控制等都不是凭空想象的,需以任职资格标准为基础。其主要应特别关注以下三个方面:

(1)确定任职资格标准的关键要素。通道划分的重要依据是岗位的特点,因此,不同通道间其任职资格考虑的方面应该是有差异的,如管理通道,可能更强调员工的学历、专业、管理经验等,而针对设计人员的技术通道,则应该更强调员工的专业、业绩完成情况及所体现的专业技术水平(如技术创新、设计优化等)。

(2)通道内任职资格的确定。在制定通道内的具体标准时,要考虑其晋升管理的可操作性,上一层级和下一层级之间任职资格有哪些差距,员工是否能够通过在下一层级的努力工作,逐步达到上一层级的任职要求,如果中间出现断层,那么实际操作中,员工的晋升操作将会变得困难。

(3)通道间任职资格的比较。在现实情况中,往往会出现员工从一个通道向另一个通道发展的情况,那么在这种情况下,任职资格应该为员工在不同通道间的转换提供一定的依据,这就需要在制定任职资格时考虑通道间的层级如何去相互对应,不同通道的任职资格是否能够体现一定的衔接等问题。因此,在制定完各个通道的任职资格后,往往需要在通道间进行对比,避免通道间任职标准差异过大。

(二)职业发展规划

俗话说:"没有规划的人生是拼图,有规划的人生是蓝图。"饭店应建立科学的职业规划制度,帮助员工正确规划自己的职业生涯。

首先,饭店应建立科学的绩效评估制度,了解员工现有的才能、特长与绩效,评估他们的管理和技术潜质。其次,饭店要指导员工设置合理的职业目标,并提供必要的职业发展信息。再次,饭店要建立必要的沟通制度,使双方的价值观和愿景达到统一,并帮助工作满意度低的员工纠正偏差。同时,接受员工的申诉,以避免由于种种原因而出现压制员工的不良现象。

(三)职业发展机会

饭店作为一个高竞争度的、劳动和资金密集型的传统产业,应坚持"内部培养为主、外部引进为辅"的方针,并采取多种路径与方式,给员工提供尽可能多的职业发展机会。

1.岗位选择制

岗位选择制,即给予员工一定的按企业要求及个人兴趣与特长选择岗位的权利。其主要体现在两个方面:一是在员工招聘过程中,饭店和员工之间实行平等有效的双向选择;二是员工在工作一段时间后,如觉得自己的岗位实际与岗位预期有偏差,或当前工作所需展示的个性与自己的性格相差过大,造成严重的现实冲突等不适应症时,可以申请调换岗位,饭店则在合理的范围内,给其一次新的岗位选择机会。岗位选择制的基本思想,就是饭店应在条件允许的范围,尊重每一位员工的选择,并鼓励员工自动自发地寻找更加适合的岗位,从而让员工在更为适合的职业发展通道内快乐地顺着职业发展阶梯越爬越高!

2.项目试验制

项目试验制,主要是为一些有潜质的员工创造挑战性的工作机会,鼓励他们自愿担当饭店临时项目的负责人。在饭店经营过程中,有不少临时项目,如节日庆典、公关策划、主题活动等,饭店采用招投标方式,由员工自由组合,组成项目小组,负责这些项目的策划设计与组织实施,饭店则提供必要的时间与经费保证。这种项目试验机制,既可以满足员工自我成就的需要,又可以使他们在实践中检验自己的实际水平,在迎接挑战的同时也享受着快乐的过程。这种机制对毕业不久的大学生员工,尤其具有特别意义。对于饭店而言,这是激发员工进取与创新精神、发现潜质人才、培养员工能力的有效方法。

3.职务见习制

职务见习制,主要是指饭店给予在基层岗位工作了一定时期并有培养前途的潜质人才一个见习管理职务,或对有待提拔的管理者提供见习职务的一种制度安排。当然,也可考虑安排一个助理职位,在实际工作中经历一番锻炼。它既可以在管理岗位没有空缺的情况下留住优秀的人才,又能激发员工的工作热情,锻炼他们的实际管理能力。当然,饭店也可通过观察员工职务见习期的工作表现,考察他们的综合素质和管理能力,为员工的晋升提供客观依据。该机制的实质就是"在战争中学习战争,在实践中培养人才"。

二、用人机制管理

用人机制,即饭店在员工配置与使用方面的决策、计划、组织与控制体系。目的在于创造各尽所能、人尽其才的人才成长环境,实现企业人员的整体优化。

(一)合理定员

饭店定员,就是根据饭店经营目标、规模、等级等客观因素,确定必须配备各类人员的数量。据此规定的用人数量即定员标准,用人数量的多少即定员水平。饭店定员应本着精简高效的原则,即在保证完成目标、达到高质量的前提下,设置最少的机构,用最少的人完成组织管理的工作量。定员方法主要有:

(1)按效率定员,即根据工作量、劳动效率、出勤率来计算定员的方法。凡可实行劳动定额管理的工种,都可用这种方法来计算定员,如洗衣房、客房整房员等。

(2)按岗位定员,即按设置的岗位数量以及各岗位的工作量、劳动效率、工作班次、出勤率等因素来确定人员的方法。一般适用于饭店前厅总台服务员、门卫、行李员、值班电工等岗位的定员。

(3)按职责定员,即按既定的组织机构和它的职责范围,以及机构内部的业务分工和岗位职责来确定定员的方法。如饭店管理人员的数量一般按此法确定。

（4）按设备定员，即按设备开动的台数、班次和员工的看管定额来计算定员人数的方法。如锅炉房、厨房、总机房等岗位可按此法定员。

（二）知人善任

知人善任，即在全面了解员工的基础上，把其放到合适的岗位。在此，关键必须做到以下几点。

1.科学识人

科学识人，即必须通过多种路径与科学方法，全面了解、深入考察，发现合适的人才。所谓合适的人才，主要体现在三个方面：一是适应饭店行业的要求，即饭店职业人。如强烈的职业意识，积极的职业心态，良好的职业习惯，特殊的职业技能。二是适应特定企业的要求，即企业人。不同企业有不同的企业文化和管理风格，对人才也有不同的要求，在某企业如鱼得水、春风得意的人，也许换了一个企业，就难以发挥同样的作用。三是适应特定岗位的职业要求，即岗位人。岗位是组织的细胞，是责任、权力、名称、素质和利益的结合体。对从事不同岗位的员工的素质要求主要通过饭店的岗位说明书来表达，其列出了完成某项工作的人所必须具备的素质和条件。这里的核心是要找到关键要素和核心能力，即决定能否胜任该岗位工作的关键素质。

2.用人所愿

用人所愿，即在条件许可的情况下，尽可能考虑员工的兴趣、爱好和个人志愿，合理安排他的工作。一个人的工作效率除了取决于自身的实力外，还与他的努力程度有很大的关系，而这种努力程度取决于个人的兴趣和爱好。所以在安排工作时，要鼓励大家"自荐"，让每个员工都满含激情地面对工作。

3.能位相称

能位相称，即要根据员工的特长与能力，给他安排合适的工作岗位，做到按能授职。每个员工的素质构成不仅各不相同，而且各有长短；同时饭店的每一岗位也都有相应的任职资格与要求。只有员工的个性素质适合岗位要求，才有可能人尽其才，才尽其用。为此，首先，饭店应坚持以绩效与能力为导向，建立科学的测评考核机制，正确评估员工的能力，从而为员工的任用提供科学的客观依据。其次，应坚持用人所长，饭店管理者首先要善于发现每位员工的长处，要运用发展变化的观点来选用员工，要对员工各项基本要素进行全面分析，并依据各项要素的发展趋势，发现员工的潜质，使其潜能得到有效的开发。再次，应通过对职位的分析，根据员工的各项主要要素的单项能级和能质，合理使用人才，确保做到"能岗匹配"。

4.用当其时

用当其时，即要善于捕捉用人的时机，利用人生不同时期的才能特征，合理安排员工的工作岗位。根据人力资源有时效性的特点，每个人在不同的时期有不同的能力和特征。因此，管理者要善于利用人生不同时期的才能特征，抓住员工的工作黄金期，不拘一格，大胆、及时地把人才提拔到合适的岗位，使人才才华最横溢、精力最充沛的时期与其事业的巅峰时期同步，人才的成长与企业的发展同步。

（三）结构优化

俗话说，"没有完美的个人，只有完美的团队"。因而，饭店员工配置必须注重群体整合,形成"1+1＞2"的群体合力。

(1)注意不同用工形式的合理组合。目前,我国饭店的用工形式主要有全日制用工、劳务派遣用工、非全日制用工三种形式。

(2)注意不同技术等级员工的合理搭配。既要避免大材小用、人才高消费导致的过度成本或"两虎相争"之内耗,又要避免技术水平不足导致质量效率下降。

(3)注意不同员工性格、年龄、专业、能力等要素的匹配和合理组合,实现充分发挥个体才能和群体结构的有机组合。

(四)动态管理

人员流动是保证人力资源优化配置的前提条件,但员工过度流动或优秀员工的流失,则会影响饭店的有序运行。为此,饭店须建立能进能出、能上能下的流动机制,以实现人员结构的整体优化。

1.晋升管理机制

晋升管理机制,即企业对员工职位升迁过程的组织与控制体系。关键在于遵循公开、公正、公平原则。公开就是标准透明,信息对称;公正就是遵循规则,照章办事;公平就是尊重事实,机会均等。

2.退出管理机制

退出管理机制,即企业淘汰不适应现有岗位员工和表现不佳员工的系统控制。员工退出主要有:一是根据饭店规章制度,淘汰不合格员工;二是根据工作需要和员工绩效考评,调整员工的岗位;三是根据业务情况及国家法规进行裁员。饭店应该依据不同情况,设立三种不同性质的退出机制:

(1)刚性退出机制,即通过设定明确的标准与制度,强制员工退出的管理机制。比如退休制度、管理人员聘任制、末位淘汰制、员工劳动合同制、违反企业制度的淘汰制等。

(2)中性退出机制,即给机会、给压力的退出管理机制。主要方式为目标管理,即通过设定一定的工作目标,给员工以在原岗位表现的机会,同时加强定期检查考核,给员工以一定的压力,然后根据考核决定去留。

(3)柔性退出机制,即给出路、给利益的退出机制。如对为企业工作多年、具有重大贡献、现难以胜任现管理岗位的管理者,给予妥善安排,让他有事可做,有利可图。这是一种充分展示组织人性化管理的一种机制。

3.离职管理机制

员工离职,是指饭店员工由于种种原因而主动辞职的情况。对于饭店而言,优秀员工离职或对员工离职处理不当,不仅可能导致饭店正常的运行程序的混乱,服务品质的下降,而且还有可能导致员工凝聚力的下降,企业形象的破坏。所以,饭店必须构建科学的离职管理机制,有效防范员工的离职风险。

(1)离职防范。饭店要想有效控制员工的离职风险,最好的办法就是做好优秀员工的离职防范,做到防患于未然。一般需要特别关注以下四点:一是政策要到位,即人力资源管理的政策应有利于留住优秀人才;二是沟通要顺畅,即要构建多层次的沟通渠道,充分体现饭店对员工的重视,使员工意识到组织乐于倾听他们的建议,增强饭店组织和员工之间的相互理解,让员工感到气氛和谐,感情真挚;三是动态要掌握,即从员工的言谈举止以及行为活动中发现员工离职的倾向,提前消除员工的离职倾向;四是风险要控制,即提前为员工离职后出现的一系列问题做好充分准备,使员工离职对企业造成的风险减至最小。

(2)离职挽留。对于员工的辞职请求,总的来说,应给予必要的挽留。其基本的途径主要有三条:一是冷静期制度,即凡是要求离职的人员,必须在离职前的一定期限内提出辞职报告。这既可以避免一些员工冲动的离职行为,同时也为饭店挽留该员工创造了一定的时间。二是离职挽留谈话,即对提出辞职要求的员工,指派合适的管理人员通过有效沟通,消除其一些误解或心结,使欲辞职的员工回心转意,从而改变离职的决定。三是借用外力,即通过与辞职员工关系密切和有较大影响力的人士,帮助做好挽留工作。

(3)离职处理。离职处理一般涉及离职手续、离职谈话与离职送别三个层面。对于经过挽留还是决定离职的员工,饭店应为其办理离职手续,而不要人为设置障碍。同时,在办理离职手续时,应该与离职员工进行面谈,并对离职员工提出希望和要求,如工作交接、离职后的行为等。具体面谈内容根据饭店与离职对象不同而有所区别。当然,对于某些对饭店曾经做出过重大贡献的员工,还应举行一定的欢送仪式,以表达企业对他们的尊重与感谢。同时,饭店还应建立离职人员的档案。

三、绩效考评管理

绩效考评管理是一系列让被管理对象完成组织设定目标,并实现员工个人价值的管理过程。饭店绩效考评管理体系关键必须抓好以下环节。

(一)绩效目标体系

绩效目标是关于组织绩效的方向与程度的规定性,即饭店员工或员工的集合体在绩效期内要做什么、要达成什么结果,是绩效期末进行考评的依据和标准,是组织与员工行动的方向和指南。企业绩效目标必须体现企业特色与战略需要,反映经营理念与未来前景,兼顾长短期发展要求。企业绩效目标的设定,主要有以下三种基本思路。

1. 基于企业战略的绩效目标设定

基于企业战略的绩效目标是企业使命的具体化与明确化,其功能在于反映在一定时期内经营活动的方向和所要达到的水平。绩效目标明确了企业在特定时期内的工作重点,从而使整个组织的工作能完整地融为一体。绩效目标如果设置得当、表述清楚并使每个员工都能理解企业的总体发展方向,明确自己在企业中应有的地位和作用,就可以有效激发员工的活力。为了使绩效目标更好地指导部门与员工的行动,必须确定关键绩效指标(Key Performance Indicator,KPI)。KPI是衡量饭店企业战略执行效果的关键指标,是一种目标式量化评价指标,是把企业的战略目标分解为可操作的工作目标的工具。KPI设定须以企业战略目标为基础,明确企业的关键业务领域,然后再确定关键业务领域的具体业绩指标。KPI体系的构建与实施,将有助于提高饭店企业绩效管理的效率。

2. 基于标杆超越的绩效目标设定

为了构建与保持自己的竞争优势,标杆超越是饭店企业设定绩效目标的一种重要工具,即通过将企业的关键价值活动与相关行业领域的最优绩效者(或关键竞争对手)进行比较,以评价与提升自己的能力,设计有针对性的关键绩效指标及绩效改进的流程与方式。基于标杆超越的绩效目标及KPI设计,必须考虑本企业的特色、实力与发展阶段,明确当下的差距、原因与改进重点。具体来说,包括下列步骤:①明确饭店企业内部有改进潜力的关键价值活动;②确定一家饭店,它是该项关键价值活动的行业领先者(或关键竞争对手);

③进行相关数据比较,分析绩效差距的原因;④运用从该项关键价值活动的最优绩效者处学习到的知识与经验,重新设定绩效目标与业务流程,并通过内部资源与能力的重新配置,努力成为该项价值活动的业绩领先者。

3.基于平衡计分卡的绩效目标设定

基于平衡计分卡的绩效目标设定是根据罗伯特·卡普兰(Robert S. Kaplan)与戴维·诺顿(David P. Norton)提出的平衡计分法来设定绩效考核目标。

平衡计分法要求从四个角度考察企业,即顾客角度——顾客如何看待企业;内部角度——企业必须擅长什么;创新与学习角度——企业能否继续提高并创造价值;财务角度——企业如何满足股东[①]。一般来说,顾客角度的目标与指标包括市场份额、客户满意度、客户忠诚度、顾客份额、客户保持率、新客户开发率、老顾客引荐率、客户盈利率等。内部角度的目标与指标包括内部反应速度、运行质量、运作成本等。创新与学习角度的目标与指标包括员工满意度、员工生产率、研发投入、新产品销售额、团队合作状况等。财务角度的目标与指标包括利润、营业额、销售额、投资回报率、现金流等。平衡计分卡法不仅使企业有效地跟踪财务目标,而且关注战略能力的进展。平衡计分卡法促使高层管理者多角度关注企业战略的实施情况,使企业和个人目标与战略任务保持一致,使企业力量在战略目标上集中[②]。应该说,平衡计分法更有利于全面评价饭店的绩效水平,更有利于激励员工创造卓越的价值。饭店企业可以利用平衡计分卡设定兼顾短期与长期、稳定与发展、继承与创新的目标,但在KPI设计上,高层管理者必须根据饭店的特殊性,确定体现关键绩效且反映饭店特性的指标,找出持续改进关键绩效的方法与具体实施方式。

部门与个人绩效考核的目标设定,主要依据企业目标与部门职责和岗位责任加以分解。

(二)绩效考评体系

绩效考评是对被管理者的工作行为状态与行为结果进行考核评估。绩效考评的目的是加强控制和反馈,保证组织目标的实现和员工的个人成长。

(1)科学选定考评主体,即由谁来进行考评。合格的绩效考评主体应当熟悉被考评者职务的性质、工作内容、要求、考评标准及企业有关政策,并做到客观公正,对考评对象不存在偏见。总的来说,考评主体的选择,应遵循职能对应、职权对等、工作互联的原则。

(2)合理确定考评周期。所谓考评周期,简单而言就是多长时间进行一次绩效评估。一般分为定期考评和不定期考评。定期考评的时间间隔分为天、周、月、季、半年、一年。不同职位考评周期差异的原因在于工作性质、工作职责、考核指标的不同。一般而言,考评与绩效回报越及时,对于员工的激励效果就越好。若考评周期过长,随着时间的推移,考评者很可能由于近因效应,根据员工近期的表现做出评判,导致考评结果有失公允。

(3)选择合适的考评方法。要根据不同的考评对象,采取灵活多样、实用有效的考评方法。总的来说,考评应以客观考评方法为主,尽可能以量化的结果为主要依据。

(三)绩效回报体系

绩效回报体系表明的是组织对全体员工的承诺,即组织将给员工个人目标的实现提供

---

① 罗伯特·卡普兰,戴维·诺顿.平衡计分法.北京:中国人民大学出版社,2001.
② 宝利嘉顾问.战略执行:平衡计分法的设计与实践.北京:中国社会科学出版社,2003.

怎样的平台。回报体系合理与否,直接关系到员工的积极性。科学的绩效回报体系必须能使员工感到心有所获、劳有所得、贡有所奖。通过绩效回报,不仅使员工的生活得到保障,而且使员工的自身价值得以实现,让优秀的员工有广阔的发展空间,从而使员工愿意将自己的聪明才智献给企业。

1. 精神回报体系

精神回报是指工作的成就感、责任感、受重视程度、个人影响力和富有价值的贡献等方面的肯定与鼓励。饭店应该通过表扬认可、荣誉奖励、经验推广、先进命名等方式,对员工的先进行为与优秀员工进行充分肯定与表彰,以激发员工的积极进取精神,满足员工自我实现的高层次需求。

2. 职务回报体系

令人兴奋、快乐或充分发挥个人特长的工作是一种享受,本身也是回报。一些成功的企业家认为"工作的报酬就是工作本身",这深刻地道出了职务回报若运用得当可以产生极佳的激励效果。饭店应通过职位培训、职位扩展、职位轮换帮助员工提升工作能力、拓展职业生涯、获得职务晋升、取得工作成就、实现个人价值。

3. 物质回报体系

物质回报主要通过饭店的薪酬制度反映出来。成功的薪酬制度可以吸引优秀的员工,降低员工流失率,促使员工努力工作。不同的薪酬形式适应于不同饭店的需要。同一个饭店,不同的工作部分,往往也需要相应的薪酬管理办法。但作为一个整体的经济组织,饭店的薪酬管理必须具有系统性,才能使饭店的薪酬成为一个有机的整体。

第二节　饭店工作环境管理[①]

饭店作为人对人、面对面的高接触服务企业,员工的精神面貌、情绪和行为会对顾客产生直接而重要的影响。所以,在管理过程中,饭店要通过营造宽松、有序、和谐工作环境,来激发员工的工作责任心、主动性与创造性,并让员工正确、高效、愉快地工作。

一、创造工作空间

工作空间是员工发挥才能、实现人生价值的工作舞台。饭店组织必须确立"有位才能有为,有舞台才能唱戏"的观念,给员工以宽松适度的工作空间。

(一)自主空间

为了实现自己的职业发展目标,每个员工均希望拥有完成工作任务的相应权力。所以,饭店管理者应给下属必要的授权,让下属拥有必要的工作自主权。为达到有效授权,管理者应特别注意以下三点。

1. 目标导向

目标导向,即必须根据不同的授权目标,选择不同的授权方式。一般来说,管理者的授

---

① 本节内容主要引用自:邹益民,林佑贞.饭店快乐工作环境氛围的营造策略.旅游科学,2008(6).

权目的主要有三个：一是为了发挥下属的特长，调动下属的工作积极性，使下属高效地完成工作任务；二是为了发现与挖掘下属的潜力，培养下属的工作能力；三是使自己能腾出时间和精力抓大事。

2. 合理有据

（1）明确依据，即管理者向下属授权时，应当视自己的权力范围、工作难易程度、所需工作技能和工作经验以及下属的成熟程度而定。

（2）分类授权，即根据不同情况，采取不同的授权。根据授权程度，可分为：①充分授权。这是由企业制度规定的授权形式，即将完成任务所必需的人、财、物等权力完全交给下属，并允许下级决定行动方案的一种授权。②弹性授权。这是管理者面对复杂的工作任务或对下属的能力无充分把握或环境条件多变时采用的授权方法。③制约授权。管理者把某项任务的职权，分解成若干部分并分别授权，使它们之间产生相互制约的作用，可有效防止出现纰漏。

（3）职权对等，即将权力和责任一并授予对方，保证受权者的职权与职责相一致。

3. 掌控主动

管理者可以通过授权来分解自己的工作任务，但管理者绝不能通过授权来减轻自己的责任。所以，管理者必须授权适度，并把握主动权。

（1）量力而行，即管理者应视自己的权力范围和下属的承受力而定，既不可超越自己的权力范围，又不能不顾及下属的能力。

（2）逐步授权，即在授权前就要对下级进行严格考核，以全面了解下级的德才情况。

（3）授控结合，即对受权者进行必要的督导，保证达到授权目的。授权者一旦授权，一方面要信任受权者，应放手让其大胆去处理，以发挥他的工作能动性；另一方面授权绝对不是弃权，应注意监督其行使权力的方向，检查其行使权力的结果。

（二）个性空间

每个人都有自己的个性，在工作中也会表现出不同的工作方式和习惯，饭店管理者应尽力给员工提供相应的条件，满足员工的个性需要，给员工创造充分发挥个性的空间。为此，饭店管理者必须努力学会欣赏并发挥员工的个性，只有管理者先欣赏员工，员工才会反过来欣赏管理者，从而建立起"相互欣赏"的上下关系。若管理者视员工的个性为优点，则会千方百计思考如何发挥"优势"，结果是员工展现个性风采，充分发挥特长，常常皆大欢喜。反之，若管理者视员工独特的个性为缺点，并努力想方设法去纠正"缺点"，其结果必然是抹杀员工个性，引起员工反感，往往徒劳无功。实践证明，习惯于欣赏员工个性的管理者能够打造珠联璧合、配合无间的多元化风格的优秀团队。

（三）过错空间

在一般情况下，饭店的每一个员工都有上进心，都不愿出现差错，但人非圣贤，孰能无过，做工作总免不了要犯错误。所以，作为饭店的管理者，必须正确区分员工的过错性质，保证适当的过错空间，酌情处理。

1. 低级过错

低级过错，即由于有意或主观不努力而导致的过错。比如由于态度不端正、疏忽大意、马马虎虎导致工作失误；又比如员工被上司批评处罚，心中很不服气，在整理客房时，故意用工作车撞坏走廊墙壁等。对于低级错误,必须严格按制度进行处罚。

2.客观过错

客观过错主要是指由于员工身体、知识、经验和能力的不足或者是因为客观条件所致的过错。对于员工的客观过错,饭店管理者应以博大的胸怀去包容谅解,并给予精神上的帮助和技术上的支持。第一,管理者的批评教育应该是善意的,要让员工意识到犯错误并不可怕,关键是要从错误中吸取教训并改正错误。第二,要给予技术上的指导,要让员工知道并掌握正确的方法,做到吃一堑,长一智。第三,应该给予适当的弥补机会,即将功补过。第四,管理者要从员工的过错中进行反思,寻找自己工作的不足与管理的漏洞,而不要推卸责任。

3.高级过错

高级过错主要指那些在改革创新探索过程中的失误。对于高级过错,不仅不应该批评与处罚,而且还应该给以必要的鼓励。当然,要注意及时总结教训,以免再犯同样的错误。

二、构建管理秩序

安全需求是人的一种基本需求,在工作中,员工同样需要有一种心理上的工作安全。所以,要让员工快乐工作,就必须创造一个井然有序的工作环境。关键必须做好以下三个方面。

(一)有效指挥

要建立正常的管理秩序,不仅需要科学的制度规范,还需要饭店管理者的有效指挥,否则下属就会感到无所适从,难以执行。有效指挥,关键是饭店管理者必须正确下达指令,主要体现在以下四个方面。

1.指令性质

饭店管理者应视工作的性质、难易程度、职权范围、下属成熟度等下达不同性质的指令。根据对下属的制约程度,指令大体可分为命令、要求与建议三个等级。命令是下属必须无条件服从的指令;要求是下属必须执行,但可商量执行的条件和相关细节的指令;建议是下属可执行也可不执行,但必须反馈的指令。一般而言,对于职责清楚、任务明确、可控性大、时间性强的工作,适合用命令;对于有些情况不是十分清楚,任务相对复杂,牵涉面较广的工作,可以用要求;而对于不在管理者自己职权范围,又觉得要下属做的工作,或者是自己有一定想法,希望下属去思考的问题,应该用建议。

2.指令内容

指令的内容必须明确具体,让下属易于执行,一般需包括以下七项内容:谁去做;做什么;为何做;何时做;有什么标准与要求;如何检查与反馈;做好了有什么结果。

3.指令层次

管理者下达指令,须遵循组织管理的等级链原则。等级链,即饭店组织从上到下形成若干管理层次,从最高层次的管理者到最低层次的管理者之间组成一条等级链,依次发布命令、指挥业务。具体要求是:

(1)层次管理,即饭店组织必须根据管理等级形成若干管理层次,原则上不越级指挥。

(2)责权统一,即各管理层次均有明确的责任与义务,并拥有相应的权力。

(3)命令统一,即每个管理层次的指令均应与上一级组织的指令保持一致,而每一个员工原则上也只有一个上级,只听命于直属上司的领导。

(4)下属应该服从上司的指挥,按照上司下达的工作指令开展工作,不得以各种借口拒绝执行上司的工作指令。但是,同时必须确立谁下指令谁负责的基本准则,下属按照上司工作指令执行,出现问题必须由下达指令的上司负责。

4.指令形式

指令形式,即指令通过何种方式发布。指令一般应该直接下达,不宜通过他人转达。饭店管理者应依据任务的性质与轻重缓急,选择合适的指令形式,主要有:口头指令,即面对面地下达的指令;电话指令,即通过电话方式下达的指令;书面指令,即利用书面形式下达的指令,包括通过网络、微信等载体下达的指令。

(二)有效控制

控制,就是控制主体按照给定的条件和目标,对控制客体施加影响的过程和行为。

1.控制类型

按控制点划分,可分为:

(1)事前控制(又称事先控制),主要是对活动目标和资源投入的筹划,以保证某项活动的方向正确,各种资源要素的投放合理。

(2)事中控制(又称过程控制、现场控制、实时控制),主要是管理者在现场对正在进行的活动给予指导与监督,以保证活动按规定的目标、程度和方法进行。

(3)事后控制,主要是根据事先确定的控制标准对实际工作绩效进行比较、分析和评价。

2.控制过程

控制过程主要由建立控制标准、衡量实际绩效、进行差异分析、采取纠偏行动四个环节组成。在分析过程中,饭店管理者应有效运用四种比较分析方法。

(1)计划比,即计划目标与实绩的比较,通常用完成率指标表示。

(2)同比,即与历史同时期比较,如 2014 年 7 月与 2013 年 7 月相比。同比发展速度主要是为了消除季节变动的影响,用以说明本期发展水平与上一年同期发展水平对比而达到的相对发展速度。如:同比增长=(本期数据-上一年同期数据)/上一年同期数据×100%。

(3)环比,即与上一统计段比较,如 2014 年 7 月与 2014 年 6 月相比。环比发展速度是以报告期水平与其前一期水平对比(相邻期间的比较),所得到的动态相对数,表明现象逐期的发展变动程度,如:月环比增长=(本月数据-上月数据)/上月数据×100%。

(4)定基比,是报告期水平与某一固定时期水平之比,表明这种现象在较长时期内总的发展速度。其主要指标为定基发展速度。如"十二五"期间各年水平都以 2011 年水平为基期进行对比,一年内各月水平均以上年 12 月水平为基期进行对比。

3.控制方法

(1)督导。就是饭店管理者根据既定的制度、标准、要求等对下属的工作行为进行检查、监督与指导。它与指挥不同,指挥有层次,而督导没有层次。

(2)核算。就是饭店管理者有效运用会计核算职能,及时了解财务状况,发现存在的问题,并纠正偏差。

(3)审计。就是饭店管理者运用审查、监察等手段,对饭店各项制度、规定等的执行情况进行事后监控,一般有常规性审计与专项审计两种。

（三）有效激励

激励是为了特定目的而去影响人的内在需要,激发人的动机,从而引导和强化人的行为的过程。通过关注员工需要,给员工以压力和动力,激发动机,由此产生活力。

（1）激励的目的是调动员工的积极性,驱动员工行为,促进企业目标的实现。

（2）激励的起点是员工的需要,管理者要掌握员工的需要,并努力满足。

（3）激励的关键是员工的动机。动机是在需要基础上产生的,具有引发、维持与强化行为的功能。

（4）激励是一个持续的过程。这个过程包括三个阶段:要让员工愿意干;要让他能干好;干好以后继续干。因此,有效的激励即愿意干、能干好、继续干。

三、营造人际关系

马克思说:"人的本质不是单个人所固有的抽象物,在其现实性上,它是一切社会关系的总和。"人的行为不可避免地要与周围的人发生各种各样的关系。为此,饭店管理者必须注重对员工的理解、关心和爱护,创造友好温馨的人际关系。

（一）关注员工身心

从 20 世纪 20 年代开始,由美国最先发起了一种叫作"员工援助计划"（Employee Assistant Plan,EAP）的服务措施,帮助需求者从根本上把心理健康从个体层面拓展到组织和社会的层面。这项援助计划主要为工作场所中的个人、组织提供相关的咨询和服务工作,它能够帮助管理者了解员工的心理健康状况和职业发展关心的问题,并提出一系列辅导措施来帮助员工解决这些问题。饭店作为高接触度的服务业,其员工必然更容易出现心理问题,更需要引起高度重视。

1. 关注员工情绪

在工作过程中,饭店管理者应特别注重员工的情绪。员工的情绪波动直接关系到服务质量的优劣,不仅影响客人的体验感知,而且影响整个饭店的形象。

要有效控制员工情绪,饭店管理者必须时刻关注员工处于什么状态,是处于理性状态还是情绪状态。员工的情绪状态大体有三种,即正常状态、得意状态与痛苦状态。正常情绪状态下的员工处于理性状态,分析往往比较客观,方案往往比较成熟,执行往往比较稳妥。对于正常情绪状态的员工,关键在于给予其必要的鼓励与支持,使他们心想事成。得意情绪状态时的员工所看到的一切都很美好,真可谓"眼光所及,都是美丽的风景;耳朵所及,都是动听的音乐"。此时的知觉往往是"过于优越的幻觉",此时的判断往往是"过于乐观的判断",此时的决策往往是"夜郎自大的冒进"。对于得意情绪状态的员工,既要注意保护员工的积极性,又要注意引导员工冷静思考,保持清醒的头脑。痛苦情绪状态下的员工最容易丧失理性,最易于诱发过激行为。一般来说,处于情绪低潮的员工的工作效率将会大大下降,暴躁的情绪还会引发抵触行为或攻击行为,这不仅无法保证提供应有的工作质量,甚至还会导致"服务危机"和"恶性事件"的发生。一旦员工产生了不满情绪,往往会通过一定的渠道发泄出来。因此,对于员工的不满情绪,管理者不能听之任之,或者一堵了之,应该分析问题成因,疏导不满情绪,寻找解决方案,协助员工释放情绪,使员工早日从痛苦的状态中解脱出来。

2.关注员工压力

压力也叫应激,是一种心理上被压迫的感受,是促使一个人的精神、思想以及身体状况处于紧张状态的条件。

(1)认识员工压力来源。职业压力源,即促使个体产生紧张的外部事件或环境刺激。根据已有研究,员工的职业压力来源于:①工作压力源。这是指直接与个体的工作角色相联系的压力来源。其主要表现为:一是角色模糊,即角色信息不清晰。主要来自于不合理的工作说明、环境变化引起的角色变化。二是角色冲突,即个体所获得的关于同一角色的信息出现矛盾。造成角色冲突的主要原因有:不同的信息发送者之间沟通不畅及其合作不佳造成员工获得的信息相互冲突;有些角色本身具有多种职能,不可避免地造成角色冲突;环境改变对组织角色的要求越来越复杂,极大地增加了角色冲突的可能性。三是角色负重,即当一个员工被要求在一定时间内完成力所不及的任务时出现的情况。表现在质与量两个方面:量的负重是由于裁员、情境变化、工作设计不合适、目标失当、追求高产出、急功近利等造成员工任务过多。质的负重是由于择员或训练不当造成的员工能力与工作要求不相匹配,如工作复杂程度较高,要求掌握与运用多种技巧;工作要求经常给他人反馈或需要来自别人的反馈;工作要求有很高的智商与情商。②家庭压力源。家是幸福和安全的源泉,但有时也会成为压力的主要制造者。家庭破裂、子女教育等都会给员工带来压力感。③社会压力源。包括社会宏观环境(如经济环境、行业情况、就业市场等)和员工身边微观环境的影响。这主要与人的社会地位紧密相关。社会地位是一个结合体,包括经济地位,主要以收入来衡量;声望地位,主要以教育水平来衡量;职业地位,主要以职业来衡量。

(2)合理控制压力源。员工压力很大一部分源自组织层面,组织可以通过控制压力源帮助员工进行压力管理。包括:①合理配置人力资源,尽量保证招聘的人员具有与职务要求相适应的工作能力和个性特点;②合理安排员工工作负荷,改善工作条件,为员工创造舒适的工作环境,以利于员工将压力保持在促进工作效能的水平上;③将工作丰富化,避免员工因长期从事同种工作而产生枯燥感和疲惫感;④改进领导者作风,提高管理水平。

(3)促进组织内部沟通。即通过正式和非正式沟通,增强管理者与员工间的信任与理解。管理者应通过正常途径,及时了解员工对工作的真实想法及心中的困惑,以找到问题的症结所在,帮助员工解决困难,减少工作压力,提高效率。非正式沟通虽是自发的、随意的,但员工在非正式沟通中往往更倾向于表达自己的真实想法。

(4)注重工作压力疏导。伤心痛苦总是难免的,饭店管理者应协助或引导员工把不良情绪发泄出来,使员工早日从痛苦的状态中解脱出来。主要可通过三种方式:①宣泄,即通过某种途径把自己的压力排挤出去,如运动、痛哭、逛街购物、奋笔疾书等。②咨询,即通过语言、文字等媒介物与员工进行信息沟通,以调整员工的心理或情绪。通过心理咨询可以帮助员工改变对于压力的看法、感觉、情绪等,解决其出现的心理问题,从而调整心态,正确面对和处理压力,保持身心健康,提高工作效率和生活质量。③引导,即管理者或他人帮助员工改变其心态和行为方式,使员工能正确对待压力。

3.关注职业倦怠

"职业倦怠症"又称"职业枯竭症"。它是一种由工作引发的心理枯竭现象,是上班族在工作的重压之下所体验到的身心俱疲、能量被耗尽的感觉,这和肉体的疲倦劳累是不一样的,而是缘自心理的疲乏。

职业倦怠最常表现出来的症状有三种:一是对工作丧失热情,情绪烦躁、易怒,对前途感到无望,对周围的人、事物漠不关心。二是工作态度消极,对服务或接触的对象越发没耐心、不柔和,如教师厌倦教书而无故体罚学生,或医护人员对工作厌倦而对病人态度恶劣等。三是对自己工作的意义和价值评价下降,常常迟到早退,甚至开始打算跳槽、转行。

要有效解决职业倦怠问题,需要员工与组织的共同努力。从员工自身角度,主要应从四个方面进行努力:一是需要改变认知,即要求更清楚地认识自己的能力和机会,不会因为不恰当的期望和努力失败产生职业倦怠;二是要积极面对问题,采取更积极的应对手段,而不是逃避;三是归因训练,即把问题的原因归结为个体可以控制的因素,如能力和努力等,将帮助你成为更加内控的人;四是更积极地表达自己的意见,尽最大努力去改变环境。从组织角度,主要应该从五个方面加以影响与调整:一是注重工作再设计,让工作更加富有意义、挑战与乐趣;二是适当进行工作轮换;三是更多地接纳员工对流程和再造的意见;四是工作业绩评定时,将员工的优点、贡献、失误、缺点都要放在重要位置,增强员工的成就感;五是提供建设性的反馈意见,提供跟工作相关的训练和信息。

(二)尊重信任员工

每个人都有受尊重的需要,都希望自己能被当作一个有长处、有成就、有贡献、有价值的人。满足每一个人的这种心理需要就是最大的奖赏。

饭店服务是面对面的,正如许多服务员所说的:客人坐着我站着,客人吃着我看着,客人玩着我干着。在当今饭店倡导"顾客至上"的年代,客人有权"支配"员工的劳动,挑剔员工的毛病,即使客人有过错或无礼举动,饭店员工也要忍耐、宽容。有时尽管员工尽了最大的努力去为顾客服务,可仍避免不了冲突和意外。这在整个社会的精神文明尚未达到一定高度的情况下,饭店员工有着说不尽的委屈和苦衷。因此,作为饭店,一方面,应根据人性化的原则,设计饭店的制度,尽可能为员工创造一个比较宽松和谐的工作氛围;另一方面,在处理顾客投诉时,饭店管理者既要注意给顾客留足面子,也要充分理解员工的苦衷,注意维护员工的自尊心,避免员工产生人格剥夺感,让员工感到一点安慰。当然,对于无理取闹、侵犯员工人权的顾客,饭店应该坚持原则,为员工讨回公道,维护员工应有的尊严与权利。

(三)促进团队协作

一些实证研究表明,团队合作能提高成员的工作生活质量,增加成员的工作满意度、责任感与工作效率。要使员工快乐工作,饭店各个部门、员工之间的相互协作至关重要。为此,饭店管理者必须注重创造团队合作的良好氛围。根据调研结果,饭店必须注重强化以下理念与行为。

1.要沟通不要摩擦

协作离不开沟通,沟通是人际或群体之间传递信息、交流信息、加强理解的过程。有效沟通的重要作用之一就是使饭店员工感到自己是饭店及饭店部门的一员,感受到饭店及所在部门的认可和关爱。饭店内上下之间、群体与群体之间、人与人之间沟通渠道通畅,才能很快传递和交流信息,体现民主、和谐的气氛,引导员工为饭店或组织目标服务。工作中难免会出现各种各样的矛盾,这个时候就需要团队成员进行积极而有效的沟通,应牢记"冤冤相报何时了"的古训,学会替对方着想,体验对方在特定情景下的感受,通情达理地谅解对方的行为,提出让对方心悦诚服的解决方案。同时,为保证有效的合作,饭店员工在团队合作过程中,就必须摆正位置,既要唱好主角,更要甘当配角,确立"我应该为他们做什么"的理念,主动配合,求同存异,协调合作,取长补短,努力为他人的工作创造条件,提供方便,从而形成最大的团队合力。

2.要反省不要埋怨

归因理论认为,人们常常把自己的失败归结成外部因素如运气、同伴等,这种倾向称为自我服务偏见。其实,与其他部门或同事发生矛盾时,一味埋怨不仅无济于事,而且会破坏心情。碰到问题与矛盾,饭店员工首先应该扪心自问:我是否对事情理解得不够清楚,导致自己错误地执行了某些工作任务;我是否没有进行及时的沟通,进而导致我对某些方面的理解和执行出现了问题;出现了问题,我是否迅速采取了有效的补救措施。

3.要补台不要拆台

工作是一个合作的舞台,而不是一个角斗场。要想自己的事业舞台足够的宽广,首先要让自己的胸襟宽广。在工作过程中,他人难免会出现一些失误,也可能会给自己带来一点困难。此时,饭店员工应该相互帮助,共同配合,解决困难;而不要趁机打击别人,抬高自己,更不能落井下石,借刀杀人。

（四）关心员工生活

作为特殊的服务行业,饭店为了满足顾客的物质和精神生活的需要,必然需要牺牲一些员工的个人利益,如工作时间的不稳定、节假日的加班等。为此,饭店一方面应合理安排员工的工作时间,尽可能避免加班加点,保证员工的休息时间和正常生活安排,并应逐步推行年休假制度,根据饭店的业务经营情况,有计划地安排员工度假旅游,从而使员工体会到工作的价值和生活的快乐;另一方面应注意开展一些有意义的文化、体育和旅游活动,丰富员工的业余生活,同时,必须注重企业的人情味,体现饭店对员工的关心,让员工感到"大家庭"的温暖。

第三节　饭店员工心态管理

饭店员工能否快乐工作,最终取决于员工的心态。所谓心态,就是人们对客观事物的认知以及相应的情感与行为倾向。要想让员工快乐工作,就必须注重培养员工的积极心态,即凡事先往正面去思考和朝着积极方面去行动的心理状态。

一、培养阳光思维

俗话说"境由心生",快乐的心境源于光明的思维。所谓光明思维,就是凡事朝好的、正面的、积极的方面去想的思维方式。

（一）多从正面去思考

在现实生活中,每做一件事情,都同时存在两种属性,即存在正反两个方面,关键在于如何理解、如何把握。工作的痛苦与欢乐,在很大程度上取决于个人的认知。饭店服务是一种人对人、面对面的工作,大部分时间是从事日常琐碎的,似乎是微不足道的小事。如果员工认为服务工作是一项富有挑战的人际沟通活动,那么他就会热爱饭店工作,就会乐于做好每一件看上去无足轻重的事情,并享受取得的结果,从中体会到快乐,形成"努力工作—取得成果—感受快乐"的良性循环。反之,如果员工认为服务工作是侍候人的、低三下四的职业,那么饭店工作对他而言就没有任何意义和乐趣可言,工作就是一个痛苦的历程,便会心生不满,万事抱怨。所以,工作心态完全取决于个人的思考角度。面对激烈的市场竞争与职场压力,饭店管理者应帮助员工拥有健康的心理,使其将现在的工作看作是自己的锻炼机会,将工作看作人生价值的体现,从而乐于接受上级的指导,积极倾听同事的建议,认真关注顾客的心声,用他们的热情和行动缔造和谐的团队。

【案例】

两种认知,两种结果[①]

某饭店为了构建竞争优势,提升企业的竞争力,委托 Z 大学的饭店管理专家邹教授做一个"饭店人力资源管理系统提升方案"的课题。为此,邹教授来到该饭店进行调研。

第二天中午 1 点左右,邹教授来到零点餐厅——牡丹厅,当时餐厅已没有就餐客人,只有三位服务员站在一边。而此时,餐厅门口进来一位客人(迎宾服务员大概有事离开,未在门口迎宾),见没有服务员引领,他就走向靠窗口的一张小桌。三位服务员都看见了这位客人,但大家你推我让,谁也没有主动上前迎接,正在她们互相推诿之际,从备餐间出来的一位服务员,看见有客人进来就餐,就主动上前服务。看到三位服务员闲着没事,邹教授把她们暂时叫到工作间,问她们为什么看到客人来就餐,不主动上前服务,这时,其中一个服务员说:"邹教授,不瞒您说,这个客人很'难弄',喜欢挑剔,为他服务弄不好要被投诉的,吃力还不讨好呢!"邹教授又问:"那刚才主动上前为这位客人服务的员工叫什么名字?她不知道这位客人喜欢挑剔吗?"一位服务员说:"她叫李丹,她也知道这位客人难弄的。""那她为什么还主动上前为他服务呢?"邹教授问。"她和我们不一样,不知道什么原因,不管什么客人,到她那里都乖乖的了,不仅不投诉,而且还经常表扬她呢。"邹教授又问:"她学历比你们高吗?"一服务员答:"一样的,都是高中生。""那是不是她进饭店的时间比你们早?"邹教授又问。"不是的,我们都是同一批招进来的。"一服务员又答。到此,邹教授心中已有了答案,为了证实自己的想法,邹教授约李丹作一交流。下班后,李丹如约来到了员工活动室,邹教授与李丹的交谈简单寒暄后就直奔主题:

邹:你不知道今天这位客人"难弄"而且喜欢挑剔吗?

李:知道的。

邹:大家认为为"难弄"而且喜欢挑剔的客人服务是倒霉、晦气,你不觉得是这样吗?

李:我不这么认为,为挑剔的客人服务是学习与表现的机会。

邹:这怎么理解?

李:只要你热心和虚心,这类客人一般会告诉你很多你不知道的东西;如果你用心去服

务,其实这类客人也是很通情达理的。能让这类客人满意,这不也是证明了你的能力吗?

听了李丹的一番话,邹教授无比感慨,同样的一件事,看法不同,结果也就不同。当然,他也为自己发现了一个人才感到兴奋。

此案例表明,任何事情都有正面和反面,当看到事情的正面,就给人以正能量,让人干劲倍增;而当看到事情的反面,则使人满怀负面情绪,意志消沉。障碍、打击、不顺是生活的一部分,它们成为问题只是因为人们认为它们是问题,其实正面就在另一头,等待人们去发现。能看清事物的负面,固然是一种见解;而能在看到负面的同时,越过这一负面,找到正面,得出解决方案,则是一种境界。

(二)多看他人之所长

西方谚语说:"生活就是一面镜子,你笑,它也笑;你哭,它也哭。"与人相处,有两种思维:一种是企图在每个人身上找到"圣人"的所有优点;一种是试图在所有人身上找到一个"完美"的榜样。前者是苛求,后者是豁达。如果以阳光思维去看待身边的人,多看人长,少看人短,就会经常收获他人热情的帮助,并在相互帮助的工作氛围下,站得更高,走得更远。饭店员工应怀有探寻自身不足之心、培养发现他人优点之心,以人为师,以事为鉴,从中得到启发,从而改善自己的工作。

(三)关注现在与未来

人生无非就是三天,即昨天、今天和明天。昨天是过去,我们无法改写;今天是现在,我们正在书写;明天是未来,我们还有机会。"任何提早的担心,都是在预支忧伤,因为它很有可能不存在。"不管是昨天、今天还是明天,路都是自己走的,取决于我们自己。所以,饭店管理者应该注意引导员工懂得尊重昨天、把握今天、创造明天,要真正读懂"昨天已成过去,现在最为重要,明天皆有可能"的基本含义与积极意义。

二、培养快乐情感

快乐情感,就是适应环境、自我调节、积极向上、自得其乐的心理状态。饭店应培养员工的快乐工作情感,让员工在工作中懂得自得其乐,不要自寻烦恼。

(一)低调创造快乐

一个不把自己看得太高的员工更易从工作中找到快乐感。饭店管理者应通过言传身教,身体力行,向员工灌输低调做人、快乐做事的工作理念。

作为饭店员工,要摆正自己的位置,明白自己承担的工作角色,认清自己应尽的职责和义务,以谨慎的态度对待身边的人和事。该说则说,该做则做,友善和气,不与人争长短,保持谦卑、让步、低调的姿态。一般来说,低调做人,就会懂得配合他人,懂得服务顾客,也更有可能获得他人的帮助与认同,获得个人绩效的提升,从而体会到努力工作的乐趣所在。

(二)知足才能常乐

要寻求工作中的快乐感,还要学会眼睛朝下看。善于向下比较者,更容易获得满足感,更能体会到工作中的快乐。如果一味地与他人攀比,永远不可能得到快乐。因为"一山更比一山高,强中更有强中手",不知足者即使身在高位,也会因为欲壑难填而无法体验到真正的快乐。所以,如果眼睛总是往上看,总拿更有地位、权势或富有的人与己比较,就永远不会对自己的处境感到满意,也就不会体会到人生的快乐。而知足常乐者明白盲目攀比是不足取的。一味地攀比只会使自己的心态日渐失衡,甚至为了满足自己的贪欲,步入罪恶的深渊。所以,饭店员工应该学会如果一时无法改变自己的处境,可以把眼睛往下看,懂得往下比较,求得比上不足、比下有余的心理平衡,从而增强对自己工作与生活的满足感和快乐感。

(三)助人体会快乐

助人为乐是一种美德,是发自心底地愿意去帮人,是一种在付出后不求回报的心态。而实际上,帮人即帮己,利人即利己。俗话说:授人玫瑰,手留余香;帮人发达,自己沾光。在服务过程中,顾客期望获得员工的真心对待。若顾客觉得员工能提供真诚的帮助,就会产生兴奋、愉悦等积极的消费情感;反之,则会产生愤怒、失望等消极的消费情感。在处理顾客抱怨的过程中,员工的适时道歉、妥善解决问题、态度礼貌、快速处理等因素正向影响顾客满意度与重购意向[①]。帮助别人,协助他人进步,就是在自己的人情信用卡上储蓄,特别是在他人患难之际施于援手,救落难英雄于困顿之时。人皆有感恩之心,日后在自己有难的时候,将会看到四处的援救之手。总之,真心帮人,其回报不言而喻。同时,帮助别人,看到别人受助后而取得的成绩,自身内心也会充满快乐。别人快乐,自己心情舒畅,从而更好地对待自己的本职工作,在某种意义上不也是帮自己吗?所以,在工作中,助人不仅意味着主动为他人提供帮助,更是锻炼自己、提升自己、构建人脉的机会。

(四)享受自得之乐

每个人都或多或少存在着不足,有的是源于先天的因素,有的是源于当前的条件限制,因此人人只能在工作中发挥有限的价值,但这不能妨碍个人享受工作中的快乐。世界科学巨匠霍金——那位在轮椅上生活了五十余年的高位瘫痪的残疾病患,曾写下这样一段话:"我的手还能活动,我的大脑还能思维,我有终生追求的理想,我有爱我和我爱着的亲人与朋友,对了,我还有一颗感恩的心……"命运之神对霍金,在常人看来是苛刻得不能再苛刻了,他口不能说,腿不能站,身不能动。可他仍感到自己很富有:一根能活动的手指,一个能思维的大脑……这些都让他感到满足,因而他的人生是充实而快乐的。美国密歇根大学的研究者在对快乐的研究中发现,生活满意与否的最好指标不是对家庭生活、友情或收入是否满意,而是对自我是否满意。[②] 因此,能否摆脱自卑沮丧的情绪的关键在于自己能否积极寻求工作中的快乐,而员工能否乐于工作的根本也就在于员工是否学会寻找工作乐趣,懂得在工作中发现与创造快乐。如果在工作中能始终保持对自己的肯定,主动地寻求快乐的事情,主动地让自己心情舒畅,那么你就是一个快乐的工作者。

三、培养积极态度

积极态度,就是立足于自我努力,而不被客观环境与他人态度行为左右的行为倾向。从个人的自身因素来看,其积极的态度主要来自于以下三个方面。

---

①　LIAO H. Do it right this time:the role of employee service recovery performance in customer-perceived justice and customer loyalty after service failures. Journal of Applied Psychology,2007,92(2):475-489.

②　孔建霞,李琼鑫. 主动快乐. 北京:清华大学出版社,2006.

（一）坚定不移的信念

信念即牢固的观念，或对事物习惯性的看法。坚定的信念，将是饭店员工取之不尽、用之不竭、创造辉煌的力量源泉。心理学家研究表明：人的行为受信念支配，你想要什么样的成绩，关键在于你的信念。什么样的信念产生什么样的工作态度，信念是激发员工高效工作的最本质、最有效的推动力。拥有坚定的信念，员工就会抛开悲观的想法，以一种全新的生活态度去看待工作中遇到的种种压力；拥有坚定的信念，将激励员工在逆境中勇往直前求生机，在困难面前不断地采取行动，直至找到一系列真正行之有效的行动步骤。因此，在饭店的员工培训中，一定要不间断地采取不同的方式反复给员工灌输企业的使命、愿景与价值观，并通过有效的绩效评价与回报机制，使企业使命与个人梦想有机结合，最终使企业使命等企业文化升华为自己的信念，并以此来指导自己的行动。

（二）竭尽全力的态度

竭尽全力，即立足于自己的职业或岗位，用尽全部的力量做好本职工作。为此，饭店应帮助员工确立正确的认识与态度。

1.正确认知工作含义

能否竭尽全力工作，其实与工作本身无本质的联系，关键在于个人对工作意义的认知。同一工作任务与内容，不同的认知，就会出现不同的工作心境与工作态度，然后影响工作结果，进而再次影响工作的积极性。比如餐厅跑菜服务员，他（她）可以认为自己的工作是端盘子，也可以认为是餐饮对客服务的工作，当然，也可理解为给他人创造快乐的工作。把工作仅仅当作谋生手段的人，往往是一个缺乏快乐的人，而把工作当作帮助他人时，自我的肯定、自我的成就感就找到了，此时的员工也就对工作充满了激情，那么做起工作来就会觉得时间会过得很快、不易疲劳，往往能够把看似无聊、乏味的工作做出不平凡的业绩，从中获得工作的快乐。

2.视工作为自己的事情

视工作为自己的事情，就是把工作看成自己的事业，视工作为给自己打工。从本质上看，员工和饭店之间就是一种契约关系，饭店付工资给员工，而员工以自己的工作绩效作为交换。饭店支付的工资是一个合格达标的结果，如果员工做的工作达不到这点，实际上是没有履行契约。作为饭店员工，首先应该摆正心态，认识到工作是自己换取工资应该做的，在其位就应该谋其事。同时，员工工作的好坏，也直接决定着员工的职业发展。所以，本职工作完成的优劣程度是与自身发展密切相关的事情，代表着个人的能力和品德，试想"一屋不扫何以扫天下"。

当然，一个员工如果想要进步，还要努力养成认真对待"额外的工作"或"临时的任务"的职业习惯，尤其是直接上司指派的工作，不管该工作是多么枯燥无味或具有挑战性。"存在即合理"，承认事情存在总有它的合理性，不怨天尤人，相信上司的委派一定有其合理的目的。即使该工作和自身的志趣、能力非常不符，也应将之视为自己的事情，以主人翁和胜利者的心态去做，竭尽全力认真完成，再寻找合适的机会与上司沟通，委婉告诉上司自身的要求和感受，争取得到改善。上司分配的不合心愿的工作任务，在一定程度上有助于检验自己适应环境求生存的能力，以及积蓄力量求发展的能力。越是艰难痛苦的经历，越能磨炼意志，越能增强面对未来的勇气。

3.努力超越他人的期望

没有人能保证你成功,只有你自己;没有人能阻碍你成功,也只有你自己。竭尽全力,努力超越别人的期望,就是要求我们在工作中必须具有主动性和创造性;不仅仅以达到别人的工作要求为工作目标的底线,而是以自己的能力所能达到的最高水平为追求,努力创造惊喜。既然已经花了时间,为什么不做得更好呢?为什么不尽力呢?工作中以最高标准要求自己,能做到最好,就应做到最好。正如比尔·盖茨劝告青少年所说的:事情不分大小,都应使出全部精力,做得完美无缺,否则还不如不做。

(三)百折不挠的毅力

人的一生,也可能经历种种伤痛、苦难与不幸。如果把不幸看得过重,那只会更加不幸。正因为有了伤痛,才会在伤痛的刺激下变得清醒,在苦难的磨炼下变得坚强。法国作家巴尔扎克说过:"不幸是天才的晋身之阶,信徒的洗礼之水,能人的无价之宝,弱者的无底之渊。"把苦难当成人生的财富,在挫折中实现心智成长,你就会成为强者。所以,面对逆境,能用心去创造,想尽办法去克服,就能拨开乌云见晴空,就能产生"置之死地而后生"的奇迹。比如新员工刚进入饭店时,常常需要在基层较苦、较累的岗位上开始锻炼,很容易走入一个思维的低谷。如果把这种磨炼看成事业的开端、成功的奠基石,就能够获得前进的动力。

【思考与练习】

一、思考题

1.如何理解"快乐工作管理"这一理念?

2.饭店企业如何落实"适应就是人才"这一理念?

3.饭店企业如何创造"公开、公正、公平"的用人管理机制?

4.如何理解员工的离职行为?怎样消除员工离职行为的负面影响?

5.如何建立有效的绩效管理体系?

6.如何为员工创造宽松愉快的工作氛围?

7.如何理解"心态决定命运"这一观点?

8.如何培养饭店员工的积极工作心态?

二、练习题

通过网络搜索,选择一个饭店企业(集团)快乐工作管理的成功经验,并加以总结提炼,提出相应的管理启示。

三、案例分析题

饭店优秀员工的流失管理①

张娜是光华饭店的一位销售经理(主管待遇),在该饭店工作近四年,在销售经理的岗位上,干得乐此不疲。由于其外表可爱,为人热情,乐于助人,做事踏实,深得客户喜爱,故销售业绩非常突出,从进入饭店的第二年开始,年年销售业绩排名第一。同时,由于其对饭

---

① 该案例由邹益民根据管理咨询实践撰写,案例中对企业、人名等做了必要的掩饰性处理。

店贡献较大,连续两年被评为"饭店先进工作者",多次受到饭店总经理的表扬和奖励。不过,她的文化程度只是职高,对营销策划和活动设计等知之甚少;同时她似乎缺乏管理的欲望,不太愿意得罪人,有一定的老好人倾向。营销部经理对她的工作非常满意,并在私下多次表示有适当的机会将争取给予提升。张娜则表示自己文化水平不高,恐怕难以承担更多的责任。

三个月前,营销部副经理调到饭店其他部门当经理,饭店很多人猜测张娜将接替此职,而张娜自己也觉得这次晋升的可能性很大。

根据营销部的提名,有两位副经理候选人:一位是张娜;另一位是企业营销管理专业毕业的大学生李菊。李菊在饭店工作近三年,曾做过总服务台接待员和营销部销售员,现担任营销部文员(主管待遇)。最后,饭店领导层研究时,考虑到张娜的文化程度和性格特征,提升了李菊当副经理,而对张娜则晋升了一级工资。

晋升结果公布后,张娜就产生了一些想法,认为饭店并非对其真正重视,其实只想使用而没有培养之意。不过,她对于自己的销售工作还是一如既往,尽心尽力,并没有因为未得到晋升而出现消极行为。

两个月后的某一天,B饭店的总经理得知此事,主动找到张娜,不仅给她饭店销售部副经理职位,而且工资又高出1/4。当时,张娜考虑到现在饭店的工作环境不错,同事关系也很融洽,上班地点离家也较近,没有马上答应,只是说考虑考虑。两天后,营销部因为超额完成销售指标举行部门聚会,在杯觥交错之时,她借着酒劲说,如果有一天她离开饭店,大家会不会想她。部门经理当时以为是一句戏言,没有引起注意,事后也没有与她交流。一个星期以后,那家饭店的总经理再次找到张娜,希望她加盟,于是张娜向饭店提交了辞职报告。

针对这一情况,饭店领导层召开了一个紧急会议,研究如何处理张娜的辞职问题。会上,出现了两种意见:一种意见是,如果张娜离职去那个饭店,那么将会导致部分客户的流失,考虑到张娜的业务能力以及所掌握的客户资源,建议给她部门副经理这一职位,以留住她;另一种意见是,张娜的离职可能会有客户流失的风险,但假如这个时候给她副经理职位,会产生一些负面影响,况且客户关系维系的关键还是靠饭店的服务品质和市场体系,所以,反对给张娜副经理的职位。最后,会议没有形成统一意见。

思考并回答以下问题:

1. 你认为应该提拔谁?为什么?

2. 假如你是该饭店总经理,对张娜的辞职请求该怎么办?

3. 该饭店在人力资源管理中存在哪些问题?应怎样改进?

饭店管理原理与实务

第十章 饭店企业效益管理

【学习目标】

通过本章学习,你应该:

1. 充分认识饭店三种效益之间的关系及重要性;
2. 正确解读饭店应承担的社会责任及基本要求;
3. 深刻理解饭店环境效益的基本要求与路径;
4. 全面把握饭店经济效益指标及管理的基本环节。

【引例】

饭店不能片面追求经济效益[①]

财贸饭店是一家按四星级标准建造的商务饭店,开业后1个月,饭店经营就陷入了严重的困境。主要问题如下:

(1)为了提高经济效益,桑拿中心、演艺吧及 KTV 以较高的租金外包经营,但没有相应的监管措施。结果,开业第6天,公安、文化管理部门到饭店突击检查,发现桑拿中心有严重的违规行为,演艺吧有脱衣舞等色情表演节目。为此,该饭店受到公安、文化管理部门的严肃处理,电视、报纸均做了相关报道。

(2)开业第12天,餐厅服务员在明知某顾客酒醉的情况下,为了多拿奖金又给顾客上了一瓶人头马 XO,导致顾客饮酒严重过量,撞破餐厅玻璃受伤,此事引发了一场小小的官司。当地影响较大的《城市晚报》又对此做了详细的连续报道。

(3)第15天,餐饮部为了扩大影响,提高营业收入,推出了野味美食节,其中有少量的国家明令禁止食用的保护动物被制作成菜肴。为此,又受到了有关部门的查处,并在媒体中再次曝光。

由于声誉不佳,饭店生意一落千丈,客房利用率只有20%左右,有一天居然只出租了15间房间,餐饮的营业收入也一天不如一天。

财贸饭店失败的案例表明:饭店作为经济组织,固然需要追求经济效益,但不能忘记自己的社会责任。饭店要想获得持续发展,就必须注重经济效益、社会效益和环境效益的有

---

① 该案例由邹益民根据管理调研撰写,饭店名称做了虚拟处理,如有雷同,纯属巧合。

机统一。其中经济效益是饭店生存发展的基础和根本,只有创造良好的经济效益,饭店才有存在的价值,也才有能力履行自己的社会责任,更好地保护生态环境。而社会效益与环境效益则是饭店生存发展的前提与归宿,饭店作为社会的组成部分,只有本着取之社会、回馈社会的宗旨,履行社会义务与职责,才能赢得社会的认可与支持,才能创造有利于企业持续发展的经营环境。

第一节　饭店社会效益管理

饭店社会效益体现了饭店对社会的贡献,主要表现在饭店承担社会责任的程度与饭店公共关系的能力。所以,饭店除了应该牢记社会责任、苦练内功、提高管理水平以外,还必须注重公共关系的管理,塑造良好的社会形象。

一、社会责任管理

何谓社会责任? 国际标准化组织在《社会责任指南》标准(ISO 26000,DIS 版)中,将组织的社会责任定义为:通过透明的和道德的行为,组织为其决策和活动给社会和环境带来的影响所承担的责任。饭店应该承担的社会责任,可以分为以下三个层次。

(一)法律责任

法律责任,是指企业作为具备独立法人资格的主体在法律上所承担的民事或刑事责任。饭店作为法人,必须全面、及时、准确地了解国际的政策与法规,并在实际行动中予以遵守。

(1)饭店必须依法办理各种登记,依法设立经营项目,依法开展经营活动,坚决杜绝各种违反国家法律、法规的经营行为。

(2)饭店必须根据国家有关法规,履行相应的法律责任。比如,根据《公司法》的规定,企业必须承担以下责任:清算责任,依法纳税的责任,确保公司注册资金资本维持不变的责任,股东依公司章程约定足额缴纳出资的责任,对债权债务依法承担无限或有限的责任,依法签订劳动合同及为员工购买养老保险的责任。

(3)如果企业因为某种原因,违反有关法规,必须承担相应法律责任,并接受相应的处罚。

(二)经济责任

经济责任,即体现在社会经济分工中,饭店作为一个经济组织应尽的义务。其主要表现在以下几个方面。

1.提供优质饭店产品

饭店作为社会的生活性服务业,担负着为社会提供住宿、饮食等服务产品的任务。饭店必须不断研究社会对于饭店服务的需求,设计与提供符合社会发展要求的饭店产品,为满足人们日益增长的生活品质要求及商务活动需求做出应有的贡献。

2.创造劳动就业机会

饭店作为社会经济组织,同时担负着解决社会公民劳动就业的重任。饭店应该致力于企业的发展与管理的提升,不断创造劳动就业机会。

3.实现员工职业目标

饭店作为经济组织,对员工负有实现其职业生涯发展目标的义务。首先,饭店应该为员工创造比较广阔的职业发展前景与空间;其次,饭店应该为员工提供实现职业生涯发展目标的机会与能力;最后,饭店必须不断增加员工的收入,为提高员工的生活品质奠定必要的基础。

(三)道义责任

饭店作为社会组织的一分子,负有自觉遵守伦理准则和道德规范的义务。饭店的道义责任,有内部与外部两个层面。

1.善待企业内部顾客

员工是饭店的宝贵财富,是企业效益的创造者,饭店应该像对待顾客一样对待员工。首先,饭店必须消除各种安全隐患,保障员工生命安全。其次,必须关注员工身体健康,要合理安排员工的工作时间,保证员工有足够的休息时间,同时必须关注员工的各种必要的生活设施,如员工餐厅、员工更衣室、员工宿舍、员工活动室等。最后,必须努力改善员工的工作环境,优化工作流程与劳动工具,尽可能降低员工的身心消耗。

2.关注社会弱势群体

弱势群体,是指在社会生产生活中由于群体的力量、权力相对较弱,因而在分配、获取社会财富上较少较难的一种社会群体。关心弱势群体不只是政府的责任,也是全社会的责任,更是社会强势群体的责任。饭店一方面要在经济上给予必要的帮助,更要在精神上对弱势群体给予尊重与鼓励,并尽可能给他们提供工作的机会。当然,饭店首先应该特别关注企业内部的弱势群体。

3.参与社会救灾活动

天有不测风云,由于社会的许多不可知性,出现各种社会灾难在所难免。当社会某些地区、某些群体出现自身难以克服与度过的某种灾难时,全社会就会伸出友谊之手,给予无私的帮助。此时,作为社会成员的饭店,当然也是义不容辞的,必须尽自己所能,积极参与这类活动,有钱出钱,有力出力。

二、对外沟通管理

任何组织都不能孤立地存在于社会之中,而必须与一定的社会环境即各种社会条件与社会公众发生关系。饭店的社会公众,除了直接构成业务关系的顾客、供应商、合作伙伴、饭店同行等主体外,最重要的是三类,即政府、社区与媒体。而饭店对外沟通,关键在于塑造良好的企业形象。

(一)政府关系管理

政府关系,是指饭店同政府部门结成的一种关系。饭店与政府关系,不仅影响饭店的社会地位,而且也影响饭店的发展。所以,饭店必须处理好与政府的关系,塑造良好的政府形象,以创造良好的外部经营环境。饭店在处理与政府关系时,必须遵循以下基本原则。

1.服从政府管理

政府作为管理者依法行使对各种饭店的指导、调节、监督和检查,并依法对饭店进行行政和经济上的管理。所以,饭店必须服从政府及有关职能机构的指导与管理,全面、及时、准确地了解与饭店有关的各项政府的政策、法规和指令,并在实际行动中予以遵守。同时,政府作为社会整体利益的代表,往往注重大局和长远利益,并依此对饭店实施指导、调节和控制。而饭店作为一个经济组织,往往更多地从本单位的利益出发,着眼于自己的利益。因此,政府与饭店在涉及利益的选择上,在一定程度上存在着差异和矛盾。所以,饭店必须具有全局观念,注重国家整体利益,在合理合法的前提下,谋求自身利益。

2.替政府排忧解难

政府是最有影响力的权力机构,政府对饭店肯定与否常常会带动整个社会舆论,政府的肯定和赞赏常常会使饭店拥有理想的舆论环境,而政府的否定或谴责则注定会把饭店送入四面楚歌的困境。而要赢得政府的肯定,饭店就需要了解政府最关心什么、最忧虑什么,并在实际行动上配合政府,提供必要的支持与帮助。

3.同政府保持联系

政府作为制定政策并对社会实施管理的政权机构,需要全面、及时、正确的信息,以便科学决策和管理。而政府的政策与管理,对于饭店的发展至关重要。所以,饭店应同政府建立必要的联系,使政府及时、准确地了解饭店经营所需要的环境及现状,加深政府对饭店的认同与理解,并尽可能争取有利于饭店发展的政策支持。

(二)社区关系管理

社区关系,是指饭店与周围处于同一区域的其他单位、群体和个人的关系。社区是饭店的根据地和大本营,对饭店的生存和发展起着重大作用。建立良好的社区关系的目的,就是要使饭店在社区中树立良好的形象,争取社区公众的信赖、支持和合作,创造一种对饭店生存和发展有利的"地利"、"人和"的环境。

1.创优争先

创造业绩,这是任何一个团体的基本追求,社区也不例外,总希望在自己的管辖范围内出现社会公众认可的先进典型,当然更不希望出现让公众谴责的事件。所以,饭店应遵守国家的有关法令,依法经营,加强安全管理,减少社区的不安定因素,有效控制"三废",防治环境污染,为社区创造一个良好的生态环境。同时,饭店应通过卓越的经营和一流的服务,创造管理的经典与服务的样板,树立良好的饭店形象,为社区形象增光添彩。

2.提供服务

饭店作为所在社区的一个组织,应积极为社区公众提供服务,增进社区公众对饭店的了解和信任。同时,要通过多种多样、生动活泼的形式,加强饭店与社区公众的情感交流,消除公众对饭店的误解或偏见。另外,饭店应尽力为社区提供就业机会,为社区居民改善生活提供良好的帮助。

3.关心公益

饭店应关心社区公益事业,如集资、捐款兴建社区教育、医疗、体育、卫生、绿化、助残、养老、扶孤等公益事业设施,参与整治和美化环境的活动,赞助社区的文化、体育娱乐活动,参加社区的义务劳动等,以增加社区和谐亲善的气氛。

(三)媒体关系管理

媒体是指拥有、使用并经营媒介的机构,如报社、电台、电视台等,即媒体是借助媒介发挥作用的。媒介是一种物质实体,是传播信息所使用的工具,如报纸、杂志、电视、广播等。传播媒介处于饭店和顾客之外的第三方立场,一般能公正地对饭店的产品和服务做出报道与评价,顾客一般总是比较相信传播媒介。传播媒介发表一条对饭店有利的消息,在饭店所起的宣传作用上远远超过饭店自己花钱做的广告。饭店与媒体的关系处理,关键应该注重以下三点。

1. 真诚交往

饭店与媒体进行交往时应表里如一,真诚实在,而绝不能弄虚作假或隐瞒欺骗。这是获取媒体信任和好感的制胜法宝,是与媒体协调关系的最好策略。媒体的任务是持续搜索公众感兴趣的信息,希望接触更多的人,了解更多的、更准确的事实。因此,饭店绝不可使用"无可奉告"等外交辞令,这往往被认为是试图"掩盖真相",这种回答通常会引起记者们进一步的攻击。如果饭店的发言人不能回答某些微妙或超出信息、权力范围的问题,可以给记者们一个诚实的答案。比如,"对不起,我现在不能回答这个问题,因为相关的沟通正在进行之中"。

2. 充分尊重

媒体的工作是对社会负责,维护广大公众利益,当然就很可能发布对饭店不利的信息。对此,饭店应尊重媒体及其工作人员,尊重客观事实,不能粗暴干涉和指责他们。当出现不利于饭店的情况时,饭店应尊重客观事实,与媒体方面积极沟通,讲清事情真相及难处,以获得媒体的理解与合作。当然,对于媒体的不准确或错误的报道,饭店应当要求更正,这也无可非议。不过,需要注意策略与方寸,不到万不得已,尽可能不要将事态进一步扩大和升级,比如对簿公堂。

3. 主动联系

饭店有组织、有计划地发布新闻,是沟通媒体关系的有效方法。这包括向媒体提供新闻通稿,开新闻发布会、记者招待会等。当然,媒体遇到难题的时候,饭店应当去热心帮助媒体排忧解难。

三、公众危机管理

危机管理,就是通过危机监测、危机预控、危机决策和处理,以达到避免、减少危机产生的危害,甚至将危机转化为机会的管理活动。

(一)公众危机特征

公众危机,就是由客观或主观因素所引发的意外事件而使饭店产生的紧急和危险状态,并在社会公众中产生了不良影响。其一般具有以下特征。

1. 隐蔽性

任何危机都有潜伏期,开始时往往不易被发现和重视。危机爆发的具体时间、实际规模、具体态势和影响深度,往往是始料未及的。这一特征表明,饭店必须坚持防患于未然的原则,建立危机预警系统,以便尽早发现危机信号,把危机消灭在萌芽状态。

2. 公开性

进入信息时代后,随着信息传播的多样化,饭店一旦出现危机,其危机情景迅速公开,并成为公众关注的焦点,而且危机的信息传播比危机本身发展要快得多。这一特征表明,饭店在出现危机时,必须体现真诚沟通原则,实事求是,并注意传播媒介的力量。

3.紧迫性

对饭店来说,危机一旦爆发,其破坏性的能量就会被迅速释放,并呈快速蔓延之势,如果不能及时控制,危机会急剧恶化,使企业遭受更大损失。这一特征表明,饭店在处理危机时,必须坚持快速反应原则,当机立断,迅速决策,并采取行动。

4.双重性

危机的出现,往往威胁到企业目标的实现,有的甚至危及企业的生存与发展。但是,危机同样具有积极的意义。一方面,危机能使企业发现自身的不足,从而能对症下药;另一方面,危机中的饭店往往是公众关注的焦点,如处理得当,可迅速提高饭店的知名度和美誉度。这一特征表明,饭店对待危机必须积极应对、化解矛盾、塑造形象、转危为机,把坏事变成好事。

(二)公众危机防范

饭店危机防范,除了强化危机意识、加强危机教育外,还须切实抓好以下三个环节。

1.建立危机管理机构

危机管理机构根据企业规模及业务特征等因素,既可以是独立的专职机构,也可以是一个跨部门的管理小组,还可以在部门设置专职人员来代替。不过,无论采取何种形式,企业领导均必须高度重视,并担任第一责任人。

2.构建危机预警系统

表面上看,饭店的危机是突发的,是由某种特别事件造成的。其实,造成危机的许多因素早已潜伏在日常的经营管理中,只是由于饭店管理者缺乏忧患意识。美国麻省理工学院教授 E.N.洛伦兹创立的"蝴蝶效应"理论告诉我们,事物发展的结果,对初始条件具有极为敏感的依赖性,初始条件的极小偏差,将会引起结果的极大差异。看似微不足道的细小变化,却能以某种方式对社会产生微妙的影响,甚至影响整个社会系统的正常运行。所以,预防危机必须建立高度灵敏、准确的预警系统,主要包括:

(1)危机信息收集子系统。这是企业危机管理预警系统的输入系统。其主要功能就是通过多种途径收集到竞争对手的信息,企业自身的经营信息,市场信息,以及政治、经济、技术等环境信息,经初步组织加工后,存入企业危机信息数据库。危机信息收集子系统除了企业内部原有的数据源外,还必须具有从企业外部收集危机信息的能力,如通过搜索引擎和各种文献工具、互联网上的各站点或各种联机数据库获取有价值的信息,同样它也是通过本系统的信息分类导入模块存入企业危机信息数据仓库。

(2)危机分析子系统。这是危机管理预警系统的核心,是危机信息的"加工厂"。危机分析子系统利用建立的危机分析方法库、预警评价指标库和辅助危机分析软件,依据企业危机信息数据仓库提供的信息,分析评估企业的各种危机,即对危机可能发生的类型、时间、概率进行预测分析,对已发生的企业的各种危机进行成因、过程分析和发展趋势预测,对危机造成的损失进行评估。最终目的是为企业危机管理提供决策支持。

(3)预警管理子系统。该系统的基本职能是依据危机评估的结果,对危害程度较高的潜在危机向有关部门发出警报,提请关注,并提前采取预控措施。

3.制定危机管理预案

饭店应根据可能发生的不同类型的危机制定一整套危机管理预案,明确怎样防止危机爆发,以及一旦危机爆发应立即做出的针对性反应等。危机管理预案应该囊括饭店多方面的应对预案,并应重点体现危机的传播途径和解决办法。

（三）公众危机处理

1.快速反应，争分夺秒

在危机发生后，饭店应第一时间做出反应，以掌握主动。

（1）弄清事实，确认危机。当危机发生时，饭店必须根据危机管理预案，立即进行调查研究，查明真相，确认危机。在事实还没有完全弄清楚之前，不要轻易对事件做出评论，更不要道听途说，信口开河。

（2）达成共识，统一口径。在危机发生时，饭店内部一定要在弄清事实的基础上，就危机事件达成共识，并就如何向新闻媒体公布事项统一认识和统一口径，并由专门部门和专门人员对外发布，其他部门和人员不得对外发布有关危机的情况与评论，以免口径不一，造成不必要的疑虑与误解。

（3）第一时间发布信息。饭店一定要争取掌握舆论的主动权，要"说真话，赶快说"。基本方法是由发言人在最短时间内披露准确可信的信息，发表坦诚的声明，承诺将迅速对危机进行处理，并及时对外通报，以有效引导舆论，避免媒体的无端炒作。

2.有效沟通，控制事态

（1）积极主动，真诚沟通。危机发生后，饭店要主动帮助新闻媒体做出正确的报道，切不可采取隐瞒、搪塞、对抗的态度。当记者发表了不符合事实真相的报道后，饭店应尽快与该媒体沟通，向该媒体提供与事实有关的资料，要求给予真实公平报道。在此过程中，应避免与媒体出现公开冲突，产生对抗。若个别媒体无中生有，别有用心，对企业造成重大伤害，则可在适当时机通过法律手段保护企业的合法权益。

（2）牢记使命，承担责任。外部危机发生后，饭店应该充分体现出组织在危机应对中的社会责任感，注重社会公众的情感，从而为妥善处理危机创造良好的氛围和环境，达到维护和重塑形象的目标。

（3）付诸行动，积极补救。由于危机瞬息万变，在危机决策时效性要求和信息匮乏条件下，任何模糊的决策都会产生严重的后果。所以，必须最大限度地利用资源，迅速做出决策，系统部署，付诸实施。

（4）借用外力，谋求支持。当危机来临时，应充分依靠政府、专业权威机构、行业协会等部门和单位，借助他们的声音和行为，以增强公信力和影响力。

3.因势利导，转危为机

饭店不仅要灵活处理和应对危机，而且应该将危机事件转变成提升企业形象的契机。

（1）注重塑造饭店形象。危机发生时刻，往往是媒体与公众高度关注之时，这对饭店来说其实是一种不可多得的外部传播资源。饭店应该利用此机会，充分展示饭店卓越的企业文化，努力凸显饭店高品质的服务与高水准的管理，以塑造良好的企业形象。

（2）策划正面的公关活动。危机发生后一段时间内，媒体和公众的目光被高度吸引。饭店应设法找准新闻点，制造公关事件，转移公众的目光，并迅速提升饭店形象。

（3）总结危机管理的经验。危机的善后工作主要是消除危机处理后遗留问题和影响。饭店须对危机管理工作进行全面的评价，包括对预警系统的组织和工作程序、危机处理计划、危机决策等各方面的评价，并对问题进行整顿。

（4）寻找商机。危机给饭店制造了另外一种环境，饭店管理者要善于利用危机探索经营的新路子，以抓住和创造新的商机。

第二节　饭店环境效益管理

环境效益,体现了饭店对环境的关爱和对资源的保护。在历史长河中,人类片面地重视生产力的发展,而对于自然环境的保护则缺乏必要的关注,人类对自然资源的过度开发利用严重破坏了生态环境。因而当今人类面临着生态环境恶化的挑战。面对这一挑战,开展绿色营销,创建绿色饭店,即安全、健康、环保、节约的饭店,已成为饭店企业的另一重要使命。

一、倡导绿色消费[①]

绿色消费是饭店创建绿色饭店的基础。绿色消费,是指消费者意识到环境恶化已经影响其生活质量及生活方式,要求企业生产并销售有利于环保的绿色产品或提供绿色服务,以减少对环境的伤害的消费。绿色消费是一种以"绿色、自然、和谐、健康"为宗旨的,有益于人类健康和社会环境的消费方式。饭店必须通过必要的宣传,营造倡导绿色消费的氛围,刺激顾客的绿色消费需求,促进顾客绿色消费的行为。为此,饭店必须把握绿色需要、绿色需求及绿色消费者的特征与要求。

(一)绿色需要

绿色需要是人类自身客观产生的并存在于人体之中的一种机制,是人类对自然环境具有依赖性而形成的一种需要。从根本上来说,人是自然界的一部分,是整个生态系统的有机组成部分。人类虽然在自然生态系统中演化而成,具有其先天的"自然性"。但人类最终演化成了地球上最高级的生命,并且由于其社会属性的存在,人类开始突破原先生物系统的轨迹,致力于创造人工生态系统,并使人类物质需要的满足达到了一个前所未有的高度。然而,人类终究无法违反自然法则。人类生命存在的每时每刻都需要大自然给予的阳光、空气和水等资源;人类无论多么伟大,依旧是生物圈中的一个组成部分,是大自然的产物,是自然界的一部分,其生活行为不可脱离大自然而存在;人类的生长、发育及生老病死,皆受自然界的"自然法则"的支配,人类尽管在某些方面征服和改造了自然,但从最终意义而言,人是受自然约束的。

总之,人是自然界的一部分,受其生物属性的制约,虽然人亦有其社会属性,并致力于征服和改造自然,但这些只能是在不违反自然法则的前提下进行,否则,会危及人们天生就存在的各种需要,包括绿色需要。

(二)绿色需求

对于饭店来说,将消费者的绿色需要转变为现实的绿色需求则具有更为重要的意义。

需要、欲望和需求三者是有区别的。需求是指有能力购买并且愿意购买某个具体产品的欲望,而需要是指没有得到某些基本满足感态。有需要,但未必有足够的购买力使需要

---

① 王方华,张向菁.绿色营销.太原:山西经济出版社,1998.

成为现实的需求。人类的欲望是指想得到基本需要的具体满足物的愿望。人类的需要并不多,而他们的欲望却是很多的。同样一种需要可用不同的方式来满足。当人们具有购买能力时,欲望便转化为需求。人类的各种需要和欲望是市场营销的出发点。

对饭店而言,它无法创造需要,只能影响欲望;它试图指出一个什么样的特定产品可以满足人们某一方面的需要;它试图使产品富有吸引力,并且适应消费者的支付能力,以此来影响需求。人类的绿色需要在人类产生的那一天就有,而直至今天,当人类的生活水平和购买力达到一定水平,而且人类生态发生严重失衡时,潜在的绿色需要才转化为市场中现实的绿色需求。绿色需要对于绿色营销而言,是一种深层的、内在的、间接的动力,两者不发生直接的联系。而绿色需求作为绿色需要的现实表现,因为其表现为有现实支付力和购买动机而直接与绿色营销发生联系。这就是说,绿色需要在现代市场经济社会的现实市场中就会转化和表现为有货币支付能力的绿色需求。

（三）绿色消费者

绿色消费者就是绿色消费的实践者。对消费者而言,使自己"绿色化"涉及一种对生态环境不利影响最小化的生活方式。而在实践这种生活方式,努力减少对生态环境的不利影响的过程中,他们有一系列的消费选择。根据消费者消费选择中所体现的对环境关注的程度,我们可以按"绿"的深浅程度对消费者加以区分,从而有利于饭店采取相应的营销策略,为不同的绿色消费者提供相应的产品和服务。

1."浅"绿色消费者

"浅"绿色消费者只有模糊的绿色意识,他们意识到应进行环保消费,但并没有在消费过程中把这种观念具体化。他们的绿色消费行为大多是无意识的和随机的。饭店应加强这类消费者的"绿色教育",引导和强化他们的绿色消费行为,把他们从潜在的不稳定的消费群变为现实的和逐步稳定的顾客群。

2."中"绿色消费者

"中"绿色消费者有较强的环保和绿色消费意识,但只是在部分消费行为中实践绿色消费,或者对绿色消费尚未有全面的认识。例如,他们只认识到可循环使用这一个方面,而未意识到绿色消费更多方面的更广含义。对已在本领域实践绿色消费的消费者,饭店应"巩固地盘",培养他们的忠诚度,同时引导他们加深对绿色消费的全面认识,配合绿色营销产品或服务以及营销行为进一步实现全面绿色化。对于在本领域尚未实践绿色消费的顾客群,饭店应设法吸引他们,扩大他们绿色消费的范围,从相关产品领域或替代产品领域设法使他们的消费行为延伸到本领域。

3."深"绿色消费者

"深"绿色消费者的绿色意识已深深扎根,而且已表现为自觉的、积极的绿色消费行为,他们对绿色消费有全面和深刻的认识。对这类消费者,饭店应审视自身营销行为的"绿色化"程度,努力符合此类消费者的绿色需求,进行真正深入而全面的绿色营销,而不能"打幌子",因为最终被此类消费者"识破庐山真面目",不仅会失去一大块市场,而且会败坏企业本身的形象。

二、提供绿色产品

(一)绿色环境

绿色环境,这里是指饭店室内外空间的空气、噪声要素等达到国家的相关标准,使顾客有一种舒适的感觉。

1.绿色设计

根据国家的《绿色饭店标准》,绿色设计主要体现在:

(1)环境设计。要求选址远离高辐射、高污染地区;设计中充分体现当地自然、人文和谐和对生物多样性的保护;不造成当地生态环境的破坏。

(2)建筑设计。要求设计中体现节能省地,无建筑空间浪费;有隔热、降噪、保温材料的设计与运用;有自然采光的设计与运用;采用环保、安全、健康的建筑材料和装修。

(3)流程设计。要求有积极利用地热能、太阳能、风能、水能等可再生能源和替代能源的设计;有能源、资源循环利用设计;有在服务、产品形成过程中清洁生产的设计。

2.环境保护

根据《绿色饭店标准》,饭店应做到:遵守国家或地方污染物排放标准,降低污染物排放浓度和排放总量;采用先进环保技术和设备;选择使用环境标志产品;采取措施减少固体废弃物的排放量,固体废弃物实施分类收集,储运不对周围环境产生危害;危险性废弃物及特定的回收物料交给有资质的机构处理、处置;采用天然杀虫方法,减少化学药剂的使用。

3.清洁能源

清洁能源是指不排放污染物的能源,包括可再生清洁能源与非再生清洁能源。

(1)可再生清洁能源,是指消耗后可得到恢复补充,不产生或极少产生污染物的能源。如太阳能、风能、生物能、水能、地热能和氢能等。可再生能源不存在能源耗竭的可能,因此日益受到许多国家的重视,尤其是能源短缺的国家。饭店必须依据因地制宜、注重效益之原则,尽可能选择这些能源。

(2)非再生清洁能源,是指在生产及消费过程中尽可能减少对生态环境的污染,包括使用低污染的化石能源(如天然气等)和利用清洁能源技术处理过的化石能源,如洁净煤、洁净油等。

(二)绿色客房

绿色客房,应从客房生态化的要求出发,从其设计到建成甚至投入使用的全过程应符合生态要求。

1.采用绿色材料

除饭店本身的选址应尽可能避开生态脆弱地带外,客房房间的涂料、填料、密封胶、覆盖物(如大理石/地毯)及家具都应采用无污染的"绿色材料",客房装修和家具尽量使用无毒无污染的合成加工材料,这样既可减少对自然资源的占用,又符合生态要求。客房卫生间内选用的大理石放射素释放量要符合国家标准;客房地毯的化纤成分染料色不应对人体健康有害等。

2.提供绿色服务

客房内提供的各种用品,必须符合国家绿色饭店标准,如棉织品、清洁用品、饮用水等。

同时,客房的通风系统,门、窗、墙壁的隔音效果、温度与湿度等达到国家绿色饭店标准之要求,如相对湿度夏季(空调)达到40%～80%,冬季达到30%～60%。此外,饭店客房的清洁服务、消毒等环节,必须真正做到安全、清洁与卫生。

3.设置无烟客房

生活中,吸烟与非吸烟客人确实在对烟草味的感官上有着天壤之别,特别对非吸烟客人来讲,一旦自己所下榻的客房烟味浓郁,则是难以忍受的。所以,饭店应设置无烟客房。其基本要求如下:

(1)撤出烟具。一般饭店标准配置是应该有烟灰缸和火柴的,但在"无烟客房"这些所谓的标配就必须撤出房间。

(2)净化空气。一方面要求适时打开窗户、门,使客房内空气得以流通,另一方面要求在客房及洗手间等处摆放绿色植物。

(3)更换床品。对于"无烟客房"的物件更换,要真正做到去除烟味,除了更换床上布草外,还应对枕芯、棉被、床垫、床裙等都进行更换,确保床上用品干净、整洁、无异味。

(4)清洗地毯。地毯也是容易吸附异味的根源体,在客情允许的情况下,我们应该对房间地毯进行一次彻底清洁,将留存于地毯内的异味清除。值得注意的是,清洗地毯时要保证地毯风干,否则将进一步导致地毯产生霉味,得不偿失。

(5)物理除味。即通过空气清新机、臭氧机等设备对客房内空间进行除味处理,使房间异味处理得更加彻底。

(6)张贴标识。无烟客房一定要在标识上与其他客房有所区别,一般做法是在无烟客房的门上张贴禁止吸烟图形符号加无烟客房中英文的标识牌。这样顾客在打开门进入客房之前可以直观地明白所下榻的房间是"无烟客房"。

(三)绿色餐饮

绿色餐饮,即在生态化理念指导下,通过科学合理的生产方法,为顾客提供安全、健康的餐饮产品。为此,饭店必须加强以下三个环节的管理。

1.创造绿色环境

在人们对公共卫生和健康越来越关注的时代,创造一个整洁、安静、雅致的消费环境也会成为绿色餐饮的标志。餐厅的装饰采用环保无污染材料,色彩明快协调,空气清新,温度宜人,工作人员着装整洁大方。

2.生产绿色食品

绿色食品,主要是指品质与属性无公害、无污染,安全、优质,可绝对放心食用的食品。为此,一要保证食品原料的安全与环保。采购的货物必须来自于合法和安全的货源,严禁采购野生动物作为吸引顾客的卖点。二要提供安全的食品。餐厅慎用生海(河)鲜食品,如泥螺、咸蟹等,尤其是在大型宴会场合,凡直接入口的生食品,均须有严格的生食品加工程序,以保证食品质量。三要推出健康食品,即以"少油、少盐、少糖"与"原汁、原味、原香"为原则的食品,并注意食品的营养的合理结构。

3.提供绿色服务

首先,禁止使用一次性发泡餐具。其次,当顾客点菜时,服务员要本着"经济实惠、合理配置、减少浪费"的原则推荐食品,并尽可能介绍绿色、健康食品、饮品;顾客用餐后应主动提供"打包"服务。再次,采用共餐方式,应提供公勺、公筷,有条件的餐厅应推行分餐制,服务员与食品直接接触须戴上一次性手套。

三、实施节能降耗

根据可持续发展战略的观点,绿色饭店的经营和发展应当既要满足当代人的需要,又要为子孙后代留有发展的空间。也就是说,绿色饭店为社会提供的产品必须满足充分利用资源、保护生态环境的要求。为此,饭店必须坚持以下四项基本原则。

(一)减量化原则

减量化原则,就是饭店在不影响产品及服务质量的前提下,通过简化、减少等方法,尽量用较少的原料和能源投入,以减少浪费、减少废弃物的产生,从而提高资源效益。比如,采取产品体积小型化、重量轻型化、包装简易化等。

(二)替代化原则

替代化原则,就是为节约资源、减少污染,饭店使用无污染的物品或再生物品,作为某些物品的替代。比如,饭店使用无污染物品、无化肥或化学杀虫剂的棉花或亚麻制成的床单、毛巾来替代含化纤量高的混棉制品;洗衣房使用无磷低泡洗衣粉替代高磷高泡洗衣粉等。

(三)再使用原则

再使用原则,就是在确保不降低饭店的设施和服务的标准的前提下,物品要尽可能地变一次性使用为多次使用或调剂使用,不要轻易丢弃,减少一次性用品的使用范围和用量。如顾客洗涤衣物,应将拟送的客衣用布洗衣袋(或竹编洗衣篮)输送,替代以往送洗客衣服务过程中对一次性塑料洗衣袋的耗用(即减少塑料洗衣袋对生态环境的污染);又如饭店废水可直接用于浇灌绿化植物园区;再如积极鼓励下榻顾客反复使用客房卫生间内的毛巾、浴巾等,并在卫生间内置放"绿色环保告示牌",以提示顾客共同为生态环境做出贡献。

(四)再循环原则

再循环原则,就是在饭店物品完成其使用功能之后,将其回收重新变成可以利用的资源。如客房棉品报废以后,仍然可以成为饭店公共卫生区域(PA)/员工制服房/布草房的清洁用品或其他物品(如饭店后勤生活区的工作用品)。另外,应尽量选择和使用可回收利用的原料和中间产品,并将废物分类收集,以便进行无害化处理。饭店应设立专门回收容器(如回收酒瓶、铝罐、报纸等),置放在饭店内适当位置,并标有醒目的"绿色环保"标记。

第三节　饭店经济效益管理

经济效益体现了资本投入与产出的对比关系,即投资回报率。饭店要取得良好的经济效益,必须广开财源。除了要抓好财务预算与收入、存货、成本控制等环节外,还必须加强财务分析这个基本环节,即对饭店预算的执行、经营状况及其未来发展趋势、饭店盈利能力、偿债能力等诸方面进行研究分析,以及时发现问题与解决问题。

一、注重比较分析

比较分析又称对比分析，这是财务分析的基本方法，也是实际工作中运用最为广泛、最简便的一种方法。它是通过对同名指标相互间所进行的对比来确定指标间的差距的。一般常用的对比主要有以下几个。

（一）计划对比分析

以计划为标准，将报告期实际数与同期的计划数相比。通过这种对比，可以使饭店了解计划的完成情况、进度，发现实际结果是否符合期望或理想的标准，以便及时采取必要的措施，解决计划执行过程中存在的问题，保证计划的实现。但是，计划往往带有一定的主观性，计划标准也很难制定得恰到好处，可能会偏高或偏低，也可能会因客观情况的变化而失去公正衡量的意义。因此，在以计划作衡量标准时要客观如实地制定计划标准并及时予以修正。

（二）历史对比分析

以历史为标准，将报告期实际数与上一年同期或本饭店历史最好水平相比，即纵向的对比。与本企业历史比较，其优点是具有高度的可比性，可以帮助饭店了解企业在某些方面是否已有了改进，了解企业经营活动的规律，发现企业经营的纵向变化发展。但是，历史标准只能说明过去，特别是在客观环境或企业已有重大变化的情况下，这种对比就不够合理公正。因此，比较时应注意对历史数据做一些必要的调整。

（三）同行对比分析

以同行业为标准，将报告期实际数与本地同行业的平均水平、先进水平相比，或是与国内外同行业的水平相比，即横向的对比。通过这种对比，可以使饭店了解本企业在同行业中所处的水平，以及与先进水平的差距，促使企业改善经营管理。

二、把握影响因素

把握影响因素，就是在运用比较法找出了差异的基础上，就影响经济指标的各个因素的影响程度进行分析。其具体运用时做法如下。

1. 列举因素

根据所要分析的经济指标列举出构成这一指标的各种因素。这些因素应与所要分析的指标紧密相关，客观上存在必然的联系。

2. 排列因素

按照各个因素相互之间的依存关系对因素加以排列。不按照相互依存关系排列因素，只会导致得出错误的结论。

3. 分别测定各因素对指标的影响

按照一定的顺序，依次将影响指标的各个因素的实际数代入排列的算式，并计算其结果，再将逐次替换计算出的结果与前面的结果相比较，以测算出各个变动因素对指标的影响程度。

4. 综合汇总各个因素对指标总的影响

例如，分析某指标 N。根据构成该指标的各个因素相互间的依存关系将它们排列，得到该指标的比较期数额为 $N_1 = a \times b \times c$，三个因素的报告期实际数则分别为 a_1、b_1、c_1。按照上述做法计算：

$$N_1 = a \times b \times c$$
$$N_2 = a_1 \times b \times c$$
$$N_3 = a_1 \times b_1 \times c$$
$$N_4 = a_1 \times b_1 \times c_1$$

如果三个因素当中只有因素 a 在报告期未发生变化，即 $a_1 = a$，$N_2 = N_1$，而因素 b、c 有了变化，那么通过分析就可得出：

$$X = N_3 - N_2$$
$$Y = N_4 - N_3$$
$$Z = N_4 - N_1$$

其中，差异 X 由因素 b 的变化引起；差异 Y 由因素 c 的变化引起；因素 b、c 的变化，综合引起了该指标报告期与比较期的差异 Z。

除上述两种常用的方法之外，饭店财务分析也可采用结构分析、趋势分析等其他方法来进行。

三、分析会计报表

会计报表是饭店在会计日常核算的基础上，运用一定的方法和标准，对企业的会计资料进行整理、分类、计算和汇总，以总括反映企业一定时期财务状况和经营成果的书面文件。根据《企业会计制度》，饭店企业基本会计报表由资产负债表、利润表和现金流量表等三张主表及其相关附表组成。

（一）资产负债表

资产负债表是反映企业某一时点资金状况的会计报表，它依据"资产＝负债＋所有者权益"这一会计等式，依照一定的分类标准和次序，将企业一定日期的资产、负债和所有者权益各项目适当排列，按照一定的要求编制而成，以反映企业一定日期（月末、年末）全部资产、负债和所有者权益的总体规模和结构。该报表着重说明了在某一特定时间，企业拥有哪些资源，同时按照对这些资源的求偿权和利益权，区分债权人和净资产所有者权益人，分别表示其所有的权利。分析资产负债表，应着重分析企业资金风险的大小、负债的多少和资金占用状况等。最具代表性的是以下指标：流动比率、速动比率、资产负债率和负债权益比率等。

（二）利润表

利润表是反映饭店在一定会计期间经营成果的报表，它提供有关饭店经营成果方面的信息，主要反映以下几方面的内容：①构成主营业务利润的各项要素。从主营业务收入出发，减去为取得主营业务收入而发生的主营业务成本、主营业务税金及附加后得出主营业务利润。②构成营业利润的各项要素。营业利润在主营业务利润的基础上，加其他业务利润，减营业费用、管理费用、财务费用后得出。③构成利润总额（或亏损总额）的各项要素。利润总额（或亏损总额）在营业利润的基础上，加（减）投资收益（损失）、补贴收入、营业外收入，减营业外支出后得出。④构成净利润（或净亏损）的各项要素。净利润（或净亏损）在利

238

饭店管理原理与实务

润总额(或亏损总额)的基础上,减去本期计入损益的所得税费用后得出。

分析利润表,主要应分析饭店的盈利情况,特别应着重分析所有者权益的盈利能力,以反映所有者投资的盈利水平。

此外,若将利润表和资产负债表两者的信息相结合,就可以为财务分析提供更多的基本资料,为饭店判断企业未来的发展趋势及进行经营决策服务。

(三)现金流量表

现金流量表是在资产负债表和利润表已经反映了饭店财务状况和经营成果信息的基础上,进一步提供企业财务状况变动信息,它为会计报表使用者提供企业一定会计期间内现金和现金等价物流入与流出的信息,以便于报表使用者了解和评价企业获取现金及现金等价物的能力,并据此预测企业未来的现金流量。

在现金流量表中,现金是指企业库存现金以及可以随时用于支付的存款,包括现金、可以随时用于支付的银行存款和其他货币资金;现金等价物是指企业持有的期限短、流动性强、易于转换为已知金额现金、价值变动风险很小的投资;现金流量是指企业现金和现金等价物的流入和流出。

现金流量表将企业现金流量分为经营活动产生的现金流量、投资活动产生的现金流量和筹资活动产生的现金流量三类。

经营活动是指企业投资活动和筹资活动以外的所有交易和事项。经营活动产生的现金流入项目主要有:销售商品、提供劳务收到的现金,收到的税费返还,收到的其他与经营活动有关的现金。经营活动产生的现金流出项目主要有:购买商品、接受劳务支付的现金,支付给职工以及为职工支付的现金,支付的各项税费,支付的其他与经营活动有关的现金。经营活动产生的现金流量是整个现金流量表分析利用的重点,是满足企业现金需要最主要的来源。

投资活动是指企业长期资产的购建和不包括在现金等价物范围内的投资及其处置活动。投资活动产生的现金流入项目主要有:收回投资所收到的现金,取得投资收益所收到的现金,处置固定资产、无形资产和其他长期资产所收回的现金净额,收到的其他与投资活动有关的现金。投资活动产生的现金流出项目主要有:购建固定资产、无形资产和其他长期资产所支付的现金,投资所支付的现金,支付的其他与投资活动有关的现金。通过对投资活动产生的现金流量的分析,可以了解企业经营规模的变化,判断未来经营活动现金流量的变动趋势。

筹资活动是指导致企业资本及债务规模和构成发生变化的活动,筹资活动产生的现金流入项目主要有:吸收投资所收到的现金,借款所收到的现金,收到的其他与筹资活动有关的现金。筹资活动产生的现金流出项目主要有:偿还债务所支付的现金,分配股利、利润或偿付利息所支付的现金,支付的其他与筹资活动有关的现金。通过对筹资活动产生的现金流量的分析,可以了解企业从外部获取资金的信息,了解企业有关资本结构、股利支付、债务偿还等信息。

总之,现金流量表在评价企业支付能力、偿债能力和周转能力,预测企业未来现金流量,以及分析企业收益质量和影响现金净流量的因素等诸多方面,都有着极其重要的作用。

对会计报表的分析,饭店可采用比较分析的方法,编制比较会计报表,将两个会计期间的报表数字排列在一起,计算出两期之间的增减变动差额和增长(减少)率;

某项指标本期比上期增长（减少）额＝指标本期数额－指标上期数额

$$某项指标增长（减少）率＝\frac{指标本期比上期增长（减少）额}{指标上期数额}\times100\%$$

通过对两期指标差异的分析，对饭店的经营状况和经营成果进行评价。

四、监控财务指标

饭店财务分析需依据会计报表计算有关指标。考核和评价饭店财务状况和经营成果的财务分析指标很多，以下就有关的主要指标加以介绍。

（一）流动偿债比率指标

流动偿债比率指标可反映饭店偿还短期债务的能力。其基本的指标是流动比率和速动比率。

（1）流动比率。它用于衡量企业流动资产在短期债务到期以前可以变为现金用于偿还流动负债的能力。其计算公式为

$$流动比率＝\frac{流动资产}{流动负债}\times100\%$$

流动比率高，说明企业偿债能力强。一般认为企业流动比率以200％左右为最佳。如果该比率过低，企业在偿付流动负债时就可能会遇到困难。就债权人角度而言，流动比率越高越好，但就企业本身而言，比率过高，就可能表明企业流动资产大量闲置或存货结构存在问题，以致流动资产无法得到充分的利用。

由于各行业经营性质不同，营业周期各异，该比率的评价标准也应有所差别。就饭店企业而言，流动比率为150％～200％，均可说明企业的短期偿债能力正常。

（2）速动比率。它用于衡量企业流动资产中可以立即用于偿付流动负债的能力。其计算公式为

$$速动比率＝\frac{速动资产}{流动负债}\times100\%$$

速动资产＝流动资产－存货

速动比率高，说明企业具有较强的清算能力。就债权人而言，速动比率越高越好，但比率越高，速动资产利用就越不充分，闲置越多。一般认为速动比率在100％或稍超一点为宜。但具体分析时，还应考虑其他因素。因为该比率的分析虽然排除了存货，但速动资产中的应收账款也可能存在账龄过长、尚有未确认的坏账等问题，从而影响速动比率的可靠性。

（二）长期偿债比率指标

长期偿债比率指标反映饭店长期财务状况，即长期偿债能力。

（1）资产负债率。它用于衡量企业利用债权人提供的资金进行经营活动的能力。其计算公式为

$$资产负债率＝\frac{负债总额}{资产净值总额}\times100\%$$

资产负债率低，说明总资产中借入的资产少，企业偿债能力强，债权人得到保障的程度高，债权人和企业双方风险都比较小。对债权人而言，希望资产负债率越低越好。而对企

业所有者而言,如果资产报酬率能高于负债的利率,就会希望资产负债率高一些,以举债经营获取更多的收益。不过,资产负债率过高,财务风险就会明显加大。一般情况下,资产负债率较高,说明企业要承担较大的风险,也反映了经营者有较强的进取心;反之,则说明企业较为保守,对前途信心不足。当然,该负债比率受到企业盈利的稳定性、营业额增长率、行业竞争程度、负债期限等诸多因素的影响,因而分析时应注意综合考虑。若资产负债率大于 100%,则表明企业已资不抵债,面临破产。

（2）负债权益比率。这是指负债总额对所有者权益总额的比率,即

$$负债权益比率=\frac{负债总额}{所有者权益总额}\times100\%$$

负债权益比率用以反映企业财务结构的强弱及债权人资本受到所有者权益保障的程度。该比率越高,企业的长期偿债能力越弱,债权人承担的风险就越大。但对饭店经营者而言,若资产报酬率高于负债利率,就愿意保持一定的负债权益比率,以尽可能多地获利。

（三）营运能力指标

营运能力指标主要反映饭店经营管理水平的高低。这主要有:

（1）应收账款周转率。它用于反映企业应收账款的流动程度。其计算公式为

$$应收账款周转率=\frac{赊销收入净额}{应收账款平均余额}\times100\%$$

赊销收入净额＝营业收入－现销收入

应收账款平均余额＝（期初应收账款＋期末应收账款）÷2

通过应收账款周转率,饭店可进一步计算平均收款期指标,即

$$应收账款平均收款期=\frac{365}{应收账款周转率}$$

应收账款周转率越高,平均收款期越短,则表明饭店应收账款回收的工作越有效。

（2）存货周转率。它用于衡量企业的存货是否过量。其计算公式为

$$存货周转率=\frac{营业成本}{存货平均余额}\times100\%$$

存货平均余额＝（期初存货＋期末存货）÷2

存货周转率表示企业存货的周转速度。一般而言,存货周转率越高,说明企业存货从投入资金到被销售收回的时间越短,经营管理效率就越高。资金回收速度越快,在营业利润率相同的情况下,企业就能获取更高的利润。如果存货周转率低,则说明企业可能存货积压,或不适销对路,导致经营管理效率低下。但如果存货周转率过高,也应注意防止采购供应脱节影响正常经营等现象的发生。

（四）盈利能力指标

饭店经营就是要以较少的耗费获取较大的收益,盈利能力的强弱,盈利的多少,今后的发展趋势,是衡量企业生存价值和管理水平的综合指标。

（1）资本金利润率。它用于衡量投资者投入企业资本金的获利能力。其计算公式为

$$资本金利润率=\frac{利润总额}{资本金总额}\times100\%$$

一般来说,资本金利润率越高,投入资本获利越多,说明经营状况越好。

（2）营业利润率。它用于衡量企业的盈利水平。其计算公式为

$$营业利润率 = \frac{利润总额}{营业收入净额} \times 100\%$$

营业利润率反映了实现的利润在营业收入中所占的比重。该比率越高,说明企业盈利能力越强。但在对不同规模的饭店进行盈利能力比较时,还应结合考虑不同饭店在投资收益率上的差异。

(3)成本利润率。它反映了企业成本费用与利润的关系。其计算公式为

$$成本利润率 = \frac{利润总额}{成本费用总额} \times 100\%$$

该指标通过所得与所费的比率,直接反映出企业盈利能力的强弱、综合管理水平的高低。

(4)总资产报酬率。这是利润总额与利息支出之和再与平均资产总额的比率。其计算公式为

$$总资产报酬率 = \frac{利润总额 + 利息支出}{平均资产总额} \times 100\%$$

平均资产总额 = (期初资产总额 + 期末资产总额) ÷ 2

总资产报酬率反映了企业运用全部资产获利的能力。该比率越高,说明企业运用资产的效率越高,盈利能力越强。

(5)所有者权益收益率。这是投资收益率的另一种表现形式,它是利润总额与所有者权益的比率。其计算公式为

$$所有者权益收益率 = \frac{利润总额}{所有者权益平均余额} \times 100\%$$

所有者权益平均余额 = (所有者权益期初余额 + 所有者权益期末余额) ÷ 2

在实际工作中,所有者更关心的是交纳所得税后得到的净收益,在所有者权益期末余额中则包含了从本期利润中提取的盈余公积和未分配利润。因此,对上述指标加以修正,就可得到所有者权益净收益率。其计算公式为

所有者权益净收益率 =

$$\frac{净利润}{实收资本平均余额 + 资本公积平均余额 + 盈余公积期初余额 + 未分配利润期初余额} \times 100\%$$

所有者权益收益率和所有者权益净收益率直接反映了饭店管理部门使用所有者资金的效率,这两项比率越高,说明企业盈利能力越强。

(6)资本保值增值率。这是期末所有者权益总额与期初所有者权益总额的比率。其计算公式为

$$资本保值增值率 = \frac{期末所有者权益总额}{期初所有者权益总额} \times 100\%$$

资本保值增值率主要反映投资者投入企业的资本完整性和保全性。资本保值增值率等于100%,为资本保值;资本保值增值率大于100%,为资本增值。

上述四类财务指标,均采用了比率分析的方法,即对两个相互之间有内在联系的数字进行比较分析。但应注意,分析时不应只考察单个指标,财务分析指标是一个体系,各个指标都从不同的角度揭示了某一方面的财务信息,为避免产生误解,应进行全面系统的分析,并结合纵向、横向的排列对比,以得出全面正确的结论。

【思考与练习】

一、思考题①

1.饭店为什么要注重三种效益？这三种效益的关系如何？

2.如何理解饭店应承担的社会责任？

3.饭店怎样才能赢得社会公众的高度认可？

4.如何理解饭店的公众危机？

5.饭店应该建立怎样的危机预警系统？

6.饭店创建绿色饭店的行为怎样才能赢得顾客的高度认可与积极参与？

7.饭店在经济效益评价时,应采用哪些对比分析方法？

8.饭店财务分析指标有哪些类型？

二、练习题

根据饭店关系管理基本理论,设计一个塑造饭店良好形象的主题活动方案。

三、案例题①

K 饭店是一家按四星级标准建设与管理的商务会议型饭店,拥有398间(套)客房以及配套的会议、餐饮和康乐设施。1998 年 8 月开业时,饭店领导层考虑到新饭店的设施设备处于调试期,员工业务水平处于熟练期,管理系统运行处于磨合期,所以,为了顺利进入市场时的良好形象,并利于长远发展,饭店确定了开业初期的基本思路:适度对外宣传,控制接待规模(即每天控制客房与餐厅等设施的接待人数),确保服务品质。由于决策正确,加之执行到位,一开业就赢得了市场的认可。

开业一个月后,领导层根据饭店运转顺畅的情况,决定所有客房与餐饮设施投入运营。

但是,天有不测风云,正当饭店全面运营的第三天下午两点多钟,饭店电话总机房的程控机组出现系统故障,饭店所有内部电话无法拨打内外线。经过初步检查,并与供应的厂家确认,是厂家的设计与安装存在某种缺陷导致了这一结果。而当天客房的出租率已到达83%,晚上 8 点钟,还将有韩国一个城市的政府官员与企业家组成的 26 人代表团入住饭店。经过与厂家的沟通得知,他们派出的技术人员将在当天下午 6 点左右到达,但根据厂家的判断与估计,起码需要 12 小时以上的检修时间,程控机组才有可能修复使用。

思考并回答问题:面对这一突发事件,该饭店应该怎么办？

---

① 该案例由邹益民根据自己的工作经历撰写。

参考文献

[1] Fornell C. A national customer satisfaction barometer:the Swedish experience. Journal of Marketing,1992.

[2] Grove S J, Fisk R P, Bitner M J. Dramatizing the service experience:a managerial approach. Advances in Services Marketing and Management,1992(1).

[3] Kano N, Seraku N, Takahashi F, et al. Attractive quality and must-be quality. The Journal of Japaneses Society for Quality Control,1984,14(2).

[4] LIAO H. Do it right this time:the role of employee service recovery performance in customer-perceived justice and customer loyalty after service failures. Journal of Applied Psychology,2007,92(2):475-489.

[5] Parasuraman A,Zeithaml V A,Berry L L. A conceptual model of service quality and its implications for future research. Journal of Marketing,1985.

[6] Parasuraman A, Zeithaml V A, Berry L L. SERVQUAL:a multiple-item scale for measuring consumer perceptions of service quality. Journal of Retailing,1988,64(1).

[7] Kotler P,Bowen J. Marketing for Hospitality and Tourism. NJ:Prentice Hall,2013.

[8] 宝利嘉顾问. 战略执行:平衡计分法的设计与实践. 北京:中国社会科学出版社,2003.

[9] 保罗·福塞尔. 格调. 梁丽真等,译. 北京:中国社会科学出版社,1999.

[10] 贝恩特·施密特. 顾客体验管理. 北京:机械工业出版社,2004.

[11] 陈天来,陆铮岚. 饭店环境管理. 沈阳:辽宁科学技术出版社,2000.

[12] 陈文生. 酒店管理经典案例. 福州:福建人民出版社,2011.

[13] 程新友. 饭店安全管理. 北京:旅游教育出版社,2008.

[14] 方洲. 中国当代名人成功素质分析报告. 北京:中国青年出版社,1998.

[15] 冯颖如. 全球化视角饭店经营与管理. 北京:企业管理出版社,2008.

[16] 胡质建. 收益管理. 北京:旅游教育出版社,2009.

[17] 孔建霞,李琼鑫. 主动快乐. 北京:清华大学出版社,2006.

[18] 罗伯特·卡普兰,戴维·诺顿. 平衡计分法. 北京:中国人民大学出版社,2001.

[19] 迈克尔·波特. 竞争战略. 陈小悦,译. 北京:华夏出版社,1997.

[20] 孙惟微. 赌客信条——你不可不知的行为经济学. 北京:电子工业出版社,2010.

[21] 王大悟. 酒店管理180个案例品析. 北京:中国旅游出版社,2007.

[22] 王方华,张向菁. 绿色营销. 太原:山西经济出版社,1998.

[23] 伍佳. 杭州Y饭店软件服务水平提升策略研究. MBA学位论文,2010.

[24] 约瑟夫·米歇利. 金牌标准:丽思卡尔顿酒店如何打造传奇客户体验. 徐臻真,译. 北京:中信出版社,2009.

饭店管理原理与实务

［25］张玉玲.现代酒店服务质量管理.北京：北京大学出版社,2009.

［26］钟殿舟.互联网思维.北京：企业管理出版社,2014.

［27］邹益民,陈剑."宾客至上"的关键在于"读懂"客人.旅游管理,2003(4).

［28］邹益民,张冠明,颜亮等.企业持续发展的基本法则.北京：旅游教育出版社,2008.

［29］邹益民,林佑贞.饭店快乐工作环境氛围的营造策略.旅游科学,2008(6).

［30］邹益民,张世祺.现代饭店房务管理.沈阳：辽宁科学出版社,2004.

［31］邹益民.现代饭店管理——原理与实务.北京：高等教育出版社,2011.